Christian Graf von Krockow

Kaiser Wilhelm II. und seine Zeit

Christian Graf von Krockow

Kaiser Wilhelm II. und seine Zeit

Biographie einer Epoche

Siedler

Lektorat: Andrea Böltken
Bebilderungen: Ditta Ahmadi, Berlin
Register: Brigitte Speith-Kochmann, Berlin
Schutzumschlag: Rothfos + Gabler, Hamburg
Satz und Reproduktionen: Benens & Co., Berlin
Druck und Buchbinder: GGP, Pößneck
Printed in Germany 1999
ISBN 3-88680-666-9
Erste Auflage

Inhalt

Vorwort

Am 9. März 1888, um 8.22 Uhr, starb der König von Preußen und deutsche Kaiser Wilhelm I., kurz vor seinem 91. Geburtstag. Er war gewiß kein Mann der überschäumenden Phantasie oder des hohen Geistesfluges gewesen, sondern konservativ und soldatisch, sehr gerade gerichtet, ein Preuße durch und durch. Gegen seine »Beförderung« zum deutschen Kaiser hatte er sich verzweifelt gewehrt und sogar an Abdankung gedacht: »Fritz« – der Kronprinz Friedrich Wilhelm – »soll die Sache machen. Der ist mit ganzer Seele bei dem neuen Stand der Dinge. Aber ich mache mir nicht ein Haarbreit daraus und halte zu Preußen.«

Am Ende, wie stets, setzte Bismarck sich durch. Doch noch am Vorabend der Kaiserproklamation von Versailles am 18. Januar 1871 hatte der widerborstige alte Mann unter Tränen erklärt: »Morgen ist der traurigste Tag meines Lebens. Da tragen wir das preußische Königtum zu Grabe.« Nein, ein Neuerer oder gar ein Revolutionär – und sei es auch ein Revolutionär »von oben« – war Wilhelm I. gewiß nicht. »Jede Wendung zu neuen Bahnen, wie sie der Verlauf der Ereignisse notwendig machte, fiel ihm schwer und erschien ihm leicht im Lichte von etwas Unerlaubtem oder Unwürdigem«, lesen wir bei Bismarck.[1]

Doch dieser Hohenzoller war zugleich eine durch und durch vornehme Gestalt, »ein gentleman ins Königliche übersetzt, ein Edelmann im besten Sinne des Wortes«, so wiederum Bismarck. Selbstbewußtsein, Charakterstärke und Mut, Herzenstakt und Liebenswürdigkeit gegen jedermann zeichneten ihn aus, besonders die Ritterlichkeit eines »Kavaliers alter Schule« gegenüber Frauen – was sich in dem betont männlichen Preußen seit den Tagen des »Soldatenkönigs« Friedrich Wilhelms I. und Friedrichs des Großen wahrlich nicht von selbst verstand. Zu alledem gesellte sich noch die Bescheidenheit, der Abscheu gegenüber dem unnötigen Aufwand, legendär und zum Sinnbild geworden in der Badewanne, die man von Zeit zu Zeit vom benachbarten

Trauerdekorationen Unter den Linden in Berlin und in ganz Deutschland: Am 9. März 1888 starb hochbetagt Kaiser Wilhelm I.

Hotel ins Schloß trug, so daß die Berliner wußten: Der Kaiser badet.

Man kann gut verstehen, daß Wilhelm I. verehrt wurde wie kaum ein anderer Herrscher, je älter er wurde, desto mehr. Sein Kanzler von »Blut und Eisen« geriet ins Weinen, als er im Reichstag den Tod des Kaisers verkündete, und nicht wenige Abgeordnete weinten mit ihm. Tränen flossen auch reichlich in der Menge der Menschen, die die Straßen säumten, durch die der Sarg, gefolgt von den Fürsten Europas, darunter den Thronerben Rußlands, Österreich-Ungarns und Großbritanniens, geführt wurde.[2] Später, in anderen und wechselvoll bewegten Zeiten, haben die Deutschen, wenn sie sich schlecht regiert fühlten – und wann eigentlich nicht? –, halb zum Spaß und halb im Trotz immer wieder gesungen: »Wir wollen unseren guten alten Kaiser Wilhelm wiederhaben.«

»Fritz soll die Sache machen»: Der Sohn Friedrich Wilhelm folgte als Friedrich III. dem Vater auf dem Thron, freilich als ein selbst schon vom Tode gezeichneter Mann, stumm gemacht von der Krebserkrankung, die seine Stimmbänder, seinen Kehlkopf, seine Speiseröhre zerfraß. Er dachte liberal; geleitet von seiner Frau Viktoria, Tochter der englischen Königin Victoria, erschien ihm die parlamentarisch-demokratisch bestimmte Monarchie, wie sie sich in Großbritannien entwickelt hatte, als das zeitgemäße und zukunftweisende politische Ideal. Vielleicht hätte er schon viel früher regieren können; im Jahre 1862 hatte sich sein Vater in einen beinahe ausweglosen Konflikt mit dem preußischen Abgeordnetenhaus verwickelt und dachte ans Abdanken zugunsten des Sohnes; sogar die Abdankungserklärung war bereits geschrieben. Aber Friedrich Wilhelm zögerte, statt zuzugreifen, und die Geschichte verzeiht dem Zögernden nicht. Wilhelm I. berief dann Bismarck zum preußischen Ministerpräsidenten, der den Verfassungskonflikt für ihn ausfocht, am Ende als Reichsgründer, der den deutschen Jahrhunderttraum von der Einheit glorreich erfüllte.

Niemand kann sagen, wie die preußisch-deutsche Geschichte bei einem frühen Thronwechsel verlaufen wäre. Unsere Vorstellungen werden gelenkt, womöglich eingeschnürt von dem, was sich wirklich ereignete: Unter welchen Umständen denn, in welcher Gestalt hätte es ohne Bismarck einen deutschen Nationalstaat geben sollen? Aber selbst vom Jahre 1888 aus läßt sich noch vieles entwerfen, sogar ein ganz anderer Verlauf der deutschen und europäischen Geschichte im zwanzigsten Jahrhundert. Kaiser Friedrich III. war 56 Jahre alt, sein Sohn erwies sich als zählebig fast wie Wilhelm I. Ein gesunder Hohenzoller hätte darum noch zehn, zwanzig oder mehr Jahre regieren können. Nur eben: Er war nicht gesund und starb am 15. Juni 1888, nach nur 99 Tagen des Regierens – sofern man davon überhaupt sprechen kann[3]. Von welchen Zufällen oder Schicksalsschlägen hängt oftmals ab, was geschieht! Erst im Rückblick sieht alles so aus, als sei es schon vorgezeichnet gewesen.

Im schicksalhaften Dreikaiserjahr 1888 folgte also nach kurzem, schattenhaftem Zwischenspiel auf den Großvater der Enkel, Wilhelm II., 29 Jahre alt. Knapp zwei Jahre später, am 20. März 1890, entließ er den Reichskanzler und preußischen Ministerpräsidenten Bismarck, der dies mit Haß vergalt, solange er lebte. Der Form nach war diese Entlassung allerdings verletzend; Taktgefühl zeichnete den jungen Kaiser und noch den alten Mann in seinem niederländischen Exil niemals aus. In der Sache jedoch handelte es sich um eine Notwendigkeit: Bismarcks Innenpolitik hatte sich im Zeichen der Sozialistenverfolgung, die sich mehr und mehr als Fehlschlag erwies, vollkommen festgefahren. Außerdem war der Reichsgründer seiner vormodernen, ostelbisch-ländlichen Herkunft nie wirklich entwachsen; die heraufsteigende Industriegesellschaft war und blieb ihm fremd. Das Gestrige, den Mangel an Zukunft, schildert ein sensibler Zeitzeuge, wenn er vom Zusammentreffen deutscher Studenten mit Bismarck im Jahre 1891 berichtet:

»Seine Konversation war blendend, von einer Farbigkeit und Plastik, wie ich sie auch später selten erlebt habe. Leider kann eine Niederschrift keinen Begriff von diesem seltsamen Zauber geben; denn er bestand aus einer Verbindung von meisterhafter Bildhaftigkeit der Sprache mit einer teils bewußten, teils unbewußten Schauspielkunst, die so vollendet war, daß sie wie knorrige norddeutsche Natur wirkte ... Es hielt schwer, sich durch diese alle Register beherrschende verführerische Kunst nicht den Kopf verdrehen zu lassen.«

Aber »je länger man zuhörte, um so stärker zwang sich einem die Erkenntnis auf, daß, was er sagte, sich an eine Generation wandte, die der Vergangenheit angehörte ... Alles war rückwärts gerichtet. Seine Konversation hatte trotz ihres Glanzes deshalb etwas Gespenstisches, als ob wir ihn von seinen verstorbenen Zeitgenossen fort aus dem Grabe geholt hätten ... Uns, uns Jungen, hatte er offenbar nichts zu sagen. Nein, nichts, wenn er diese einzige, uns tief bewegende Situation, wo er zum erstenmal seit seinem Sturz, vielleicht zum erstenmal seit Jahrzehnten, mit der deutschen Jugend zusammentraf – wo diese Jugend mit stürmischer Verehrung und höchsten Erwartungen bei ihm Anschluß und Ziele suchte –, vorüberließ, ohne ihr zu sagen, wie er sich ihren Weg, ihre Reife, ihre Aufgabe vorstellte. Kein Zweifel, er machte sich selbst darüber keine Gedanken. Es wäre unbillig, schlimmer noch, naiv und taktlos gewesen, ihn zu fragen. Ich verzichtete, schwieg und hörte zu, wie er ein Stück nach dem andern seiner großen Vergangenheit hervorholte.«[4]

Ähnliches lesen wir, nur noch schneidender, bei dem großen Gelehrten Max Weber über die »Versöhnung«, die der Kaiser am 26. Januar 1894 in Berlin inszenierte. Als Hunderttausende den »Alten aus dem Sachsenwald« umjubelten, mischte sich zugleich die Beklemmung ein: »Es schien, als sei in der Luft des Januar-

Der Mann, in dessen Schatten Wilhelm II. unweigerlich geriet: Nach seiner Entlassung reist Bismarck am 23. März 1890 aus Berlin ab.

tages der kalte Hauch der Vergänglichkeit zu spüren. Uns überkam ein eigenartig beklemmendes Gefühl – als ob ein Geist herniederstiege aus einer großen Vergangenheit und wandelte unter einen neuer Generation durch eine ihm fremd gewordene Welt.«[5]

Ganz anders dagegen Wilhelm II.: Er gehörte zur neuen Generation und verkörperte sie wie nur selten ein einzelner Mensch seine Epoche. Mit Recht ist sie darum nach ihm benannt. Im Blick auf England sprechen wir vom elisabethanischen oder vom viktorianischen Zeitalter; entsprechend gibt es in Deutschland die wilhelminische Zeit, die 1888 mit der Thronbesteigung oder 1890 mit dem Sturz Bismarcks beginnt, sich stürmisch entfaltet und im Feuer des Ersten Weltkriegs verglüht. Zugleich handelt es sich um eine Schlüsselepoche zum Verständnis unseres zwanzigsten Jahrhunderts; eigentlich alles, was später kam, ob zum Großen oder zum Abgründigen, ist in ihr bereits angelegt.

Liest man freilich Biographien Wilhelms II., so werden sie in der Regel vom anklagend Negativen bestimmt. Das gilt schon für Bücher, die noch zu Lebzeiten des Kaisers erschienen, und setzt sich fort bis zur aktenselig umfassenden Darstellung unserer Tage, die allein für die Jugend bis zur Thronbesteigung beinahe tausend Seiten umfaßt.[6] Der Repräsentant seiner Epoche, so heißt es, war mäßig begabt, gefühlsarm und ichbezogen, redselig, ohne die Worte zu wägen, innerlich unsicher und darum ein allzeit forscher Schwadronierer, unstet und unreif, arbeitsscheu, unfähig, Kritik zu ertragen, und um so empfänglicher für Lobhudelei, ohne Welt- und Menschenkenntnis, romantisch rückwärtsgewandt, uniform- und militärverliebt, taktlos ohnehin.

Das alles ist nicht falsch und doch nur die halbe Wahrheit. Hätte denn ein Mensch, und sei es der Kaiser, mit Hohlköpfigkeit allein die Zeit repräsentieren können, die wie kaum eine andere von großen, in der Welt bewunderten Leistungen bestimmt war? Ob in Ausbildung, Wissenschaft und Forschung oder in der technischen, wirtschaftlichen und sozialstaatlichen Entwicklung: Das Neue, die Modernisierung und der Fortschritt, brach sich auf beinahe allen Gebieten Bahn.

Wählen wir zur Probe eine Rede des Kaisers, die am 24. Februar 1892 – knapp zwei Jahre nach Bismarcks Entlassung – beim Festmahl des Brandenburgischen Provinziallandtages gehalten wurde und die man im Ausblick auf die weitere Regentschaft fast als Regierungserklärung verstehen könnte. Dort heißt es:

»Wir leben in einem Übergangszustande! Deutschland wächst allmählich aus seinen Kinderschuhen heraus, um in das Jünglingsalter einzutreten. Da wäre es wohl an der Zeit, daß wir uns von unsern Kinderkrankheiten frei machten. Wir gehen durch bewegende und anregende Tage hindurch, in denen das Urteil der großen Menge der Menschen der Objektivität leider zu sehr entbehrt. Ihnen werden ruhigere Tage folgen, insofern unser Volk sich ernstlich zusammennimmt, in sich geht und unbeirrt von fremden Stimmen auf Gott baut und die ehrliche fürsorgliche Arbeit seines angestammten Herrschers.

Ich möchte dieses Übergangsstadium mit einer kleinen Geschichte vergleichend beleuchten, welche Ich einmal gehört habe. Der berühmte englische Admiral Sir Francis Drake war in Zentralamerika gelandet nach schwerer, stürmisch bewegter Reise; er suchte und forschte nach dem andern großen Ozean, von dem er überzeugt war, daß er vorhanden sei, den die meisten seiner Begleiter jedoch als nicht existierend annahmen. Der Häuptling eines Stammes, dem das eindringliche Fragen und Forschen des Admirals aufgefallen war, sagte ihm: ›Du suchst das große Wasser; folge mir, ich werde es dir zeigen‹, und nun stiegen beide trotz des warnenden Zurufs der übrigen Begleiter einen gewaltigen Berg hinan. Nach furchtbaren Beschwerden an der Spitze angekommen, wies der Häuptling auf die Wasserfläche hinter ihnen, und Drake sah die wildbewegten Wogen des zuletzt von ihm durchschifften Meeres vor sich. Darauf drehte sich der Häuptling um, führte den Admiral um einen kleinen Felsvorsprung herum, und plötzlich tat sich vor seinem entzückten Blicke der vom Gold der aufgehenden Sonne bestrahlte Wasserspiegel des in majestätischer Ruhe sich ausbreitenden Stillen Ozeans auf.

So sei es auch mit uns! Das feste Bewußtsein Ihrer Meine Arbeit treu begleitenden Sympathie flößt Mir stets neue Kraft ein, bei der Arbeit zu beharren und auf dem Wege vorwärts zu schreiten, der Mir vom Himmel gewiesen ist.

Dazu kommt das Gefühl der Verantwortung unserm obersten Herrn dort droben gegenüber und Meine felsenfeste Überzeugung, daß unser Alliierter von Roßbach und Dennewitz Mich dabei nicht im Stich lassen wird. Er hat sich solch unendliche Mühe mit unserer alten Mark und Unserem Hause gegeben, daß wir nicht annehmen können, daß er dies für nichts getan hat. Nein, im Gegenteil, Brandenburger, zu Großem sind wir noch bestimmt, und herrlichen Tagen führe Ich euch noch entgegen.«[7]

Über die »herrlichen Tage« haben schon Zeitgenossen gespottet. Und abscheulich wirkt, wie da Gott für das Haus Hohenzollern und mit ihm für Brandenburg, Preußen und Deutschland sozusagen in Erbpacht genommen wird, als sei er nicht auch für Franzosen, Russen, Engländer und andere Völker zuständig. Nur zu verständlich ist, daß die Mutter des Kaisers an die Großmutter, die Königin Victoria, schrieb: »Wenn ich den Schatten eines Einflusses hätte, würde ich Wilhelm anflehen, keine öffentlichen Reden mehr zu halten, denn sie sind zu schrecklich.«[8]

Und doch: Wenn man die Phrasen, das Brimborium beiseite läßt, dann fordert hier ein Regent die Nation dazu auf, nicht kleingläubig zu sein, sondern mit Zuversicht nach vorne zu blicken. Was sonst fordern und versprechen die Staatsmänner unserer Zeit? Am Ende seiner mit viel Beifall bedachten »Berliner Rede« vom 26. April 1997 hat Bundespräsident Roman Herzog gesagt: »Wir müssen jetzt an die Arbeit gehen. Ich rufe auf zu mehr Selbstverantwortung. Ich setze auf erneuten Mut, und ich vertraue auf unsere Gestaltungskraft. Glauben wir wieder an uns selbst. Die besten Jahre liegen noch vor uns.«[9] Der Unterschied liegt womöglich nur darin, daß einst, zu des Kaisers Zeiten, die Deutschen wirklich noch an sich selbst glaubten und an der Spitze des Fortschritts marschierten, während sie inzwischen, von Zukunftsängsten gepeinigt, in den Niedergang treiben.[10]

Ein bemerkenswert ausgewogenes Urteil findet man bei Theodor Fontane: »Was mir an dem Kaiser gefällt, ist der totale Bruch mit dem Alten, und was mir an dem Kaiser nicht gefällt, ist das dazu im Widerspruch stehende Wiederherstellenwollen des Uralten. In gewissem Sinne befreit er uns von den öden Formen und Erscheinungen des alten Preußentums, er bricht mit der Ruppigkeit, der Popligkeit, der spießbürgerlichen Sechserdreierwirtschaft der 1813er Epoche, er läßt sich, aufs Große und Kleine hin angesehen, neue Hosen machen, statt die alten auszuflicken. Er ist ganz unkleinlich, forsch und hat ein volles Einsehen davon, daß ein deutscher Kaiser was anderes ist als ein Markgraf von Brandenburg ... Ich wollte ihm auf seinem Turmseilweg willig folgen, wenn ich sähe, daß er die richtige Kreide unter den Füßen und die richtige Balancierstange in Händen hätte. Das hat er aber nicht. Er will, wenn nicht das Unmögliche, so doch das Höchstgefährliche mit falscher Ausrüstung, mit unzureichenden Mitteln.«[11]

Fontane starb freilich im Jahre 1898. Er hat den Kaiser also nur in seinen frühen Regierungsjahren gekannt; er urteilt vom Auftakt und nicht vom Ausgang her, wie wir es tun, und wahrscheinlich wird der Unterschied dadurch begründet. Wir glauben es besser zu wissen, weil wir das Ende kennen: den Krieg, der in die Niederlage und den Sturz des Kaiserreiches mündete. Wir kennen auch das traurige Schicksal der ungeliebten Republik, die daraus hervorging, und den Triumph der Gewaltherrschaft.

Doch kann es nicht sein, daß manchmal im Besserwissen ein Hochmut nistet, der das Blickfeld verengt und zum Fehlurteil verleitet? In seiner Biographie des preußischen Ministerpräsidenten in der Weimarer Republik, Otto Braun, hat Hagen Schulze gesagt: »Nicht nur der Verrat ist, nach dem bekannten Aphorismus Talleyrands, eine Frage des Datums, auch der geschichtliche Ruhm ist es. Die Großen von Weimar sind für die Nachwelt diejenigen, die früh genug starben, um das Ende nicht mitverantworten zu müssen.«[12] Das gilt zum Beispiel für Gustav Stresemann, der 1929 starb. Otto Braun aber überlebte bis 1955.

Eine Spekulation drängt sich hier auf. Im Jahre 1913 beging Wilhelm II. sein silbernes Regierungsjubiläum. Damals wurde er als »Friedensbringer« gefeiert. Angenommen, er wäre zu diesem Zeitpunkt plötzlich gestorben oder einem Attentat zum Opfer gefallen wie im Juni 1914 der österreichische Thronfolger in Sarajevo: Wie würden wir dann ihn sehen? Darf man ausschließen, daß wir anders und womöglich gerechter urteilten, als wir jetzt es tun?

Noch etwas sei hier schon angedeutet. Mit dem Kriegsausgang im deutschen November 1918 stürzte nicht bloß Wilhelm II., sondern mit ihm die wilhelminische Generation. Es war die Zeit der Anklagen und Schuldsprüche. Gerade diejenigen, die dem Kaiser eben noch zugejubelt hatten, distanzierten sich nun um so dringender; es sollte sich nicht um die eigenen Illusionen und Irrtümer handeln, sondern um die eines anderen. Wer zum Repräsentanten nicht mehr taugt, wird als Sündenbock wichtig; ihm fällt zu, was schon die Bibel beschreibt, »daß also der Bock alle ihre Missetaten auf sich in eine Wildnis trage«.

Der Sündenbock ist kein Mensch mehr, sondern ein »Fabeltier«[13] oder ein Monstrum, und darum scheint es nur gerecht zu sein, wenn man ihn in die Wildnis, die Wüste, ins Exil verbannt. Wilhelm II. aber war ein Mensch und kein Monstrum, eine zutiefst zwiespältige Persönlichkeit und eine tragische Figur, in die wir uns einfühlen können. Erst wenn wir das tun, verstehen wir mit ihm seine Epoche und gewinnen den Zugang zum deutschen Aufbruch und Scheitern im zwanzigsten Jahrhundert.

Keineswegs allerdings will dieses Buch entschuldigen oder rechtfertigen, was nicht zu entschuldigen und zu rechtfertigen ist.

Es will – mit Fontane – vom Widersprüchlichen reden, von der Verschränkung von Modernität und Rückwärtsgewandtheit, von Leistung und Wahn, in der dann das Verhängnis nistet. Es wird eine spannende Erkundung werden. Und vielleicht ist sie sogar wichtig. Denn in der Geschichte ist die Gegenwart angelegt und in der unsere Zukunft; nur wenn man in dem einen sich nicht verirrt, wird man auch im anderen seinen Weg finden.

Die Kindheit eines Kaisers

Friedrich Wilhelm Albert Victor Prinz von Preußen wurde am 27. Januar 1859 in Berlin im Kronprinzenpalais Unter den Linden geboren. Der Minister des Königlichen Hauses und der britische Botschafter beurkundeten, daß es sich um den gewünschten Thronerben handelte. Bald darauf verkündeten Salutschüsse das freudige Ereignis, und die vor dem Palais versammelte Menge zählte aufgeregt mit. Beim 26. Kanonengruß brach sie in Jubel aus. Denn für Mädchen wurden nur 25, für den Thronerben aber 101 Schüsse abgefeuert.

Auch in England gab es Begeisterung. Der Premierminister, Lord Derby, unterbrach seine Kabinettssitzung, um Ihrer Majestät, der königlichen Großmutter Victoria, zu gratulieren, und die notierte in ihrem Tagebuch: »Ich kann mit Worten kaum die Gefühle der Freude, Aufregung und Dankbarkeit ausdrücken, die unsere Herzen erfüllen! Möge Gott unser liebes Kind und ihren kleinen Sohn segnen und schützen!«[1] Dankgottesdienste wurden abgehalten und Feste veranstaltet, auf denen preußische Fahnen zusammen mit den englischen zu sehen waren.

Wer das heute liest, mag sich doppelt wundern, zunächst über diese britische Begeisterung. Im zwanzigsten Jahrhundert, im Zeitalter der Weltkriege, ist Preußen aus englischer Sicht zum Inbegriff des Bösen geworden; in seltener Eintracht hat darum am 25. Februar 1947 der Alliierte Kontrollrat diesen Staat für aufgelöst erklärt, mit der Begründung, daß er von jeher ein »Hort des Militarismus und der Reaktion« gewesen sei.

Aber im achtzehnten und im neunzehnten Jahrhundert bis zur Reichsgründung sah man das anders. Für die Seemacht Großbritannien war die kleine Großmacht Preußen der gegebene Verbündete auf dem Kontinent, um das drohende Übergewicht anderer Staaten, etwa Frankreichs, zu bekämpfen. In diesem Sinne hatte man miteinander gefochten, im Siebenjährigen Krieg von 1756 bis

1763 ebenso wie zuletzt gegen Napoleon. In der Schlacht bei Waterloo, am 18. Juni 1815, hatten Briten und Preußen unter dem Herzog von Wellington und dem Feldmarschall Blücher den gemeinsamen Sieg errungen. Und nun feierte man die Fortsetzung der Gemeinsamkeit mit anderen, friedlichen Mitteln: Die Heirat des preußischen Kronprinzen und der englischen Prinzessin Viktoria stellte einen wohlüberlegten Akt der Diplomatie dar, was übrigens nicht ausschloß, daß es sich um eine beispielhaft glückliche Ehe handelte.[2] Ohne Bündnis war eine Bindung entstanden, die mit der Geburt des Thronerben weit und vielversprechend in die Zukunft wies.

Doch was eigentlich sollen wir von dem Prinzip halten, das dem erstgeborenen Sohn samt 101 Böllerschüssen das ganze Erbe überträgt und die Töchter wie auch die Nachgeborenen leer ausgehen läßt? Wir sind die Kinder eines anderen Zeitalters, wir schwören auf die Chancengleichheit und Leistungsprinzip. Jeder soll seines Glückes Schmied sein, und die Führungspositionen in Wissenschaft und Wirtschaft, in Gesellschaft und Politik sollen im Konkurrenzkampf besetzt werden, gebunden an den immerwährenden Nachweis der Tüchtigkeit, der die Möglichkeit des Versagens und damit die Abwahl schon einschließt.

Was zählt da die Tatsache, daß jemand der älteste Sohn seines Vaters ist? Es könnte sich ja auch um einen ausgemachten Trottel oder Bruder Leichtfuß handeln, der die Firma oder den Staat ruiniert. Das moderne Unverständnis entlädt sich im Hohn wie schon bei Karl Marx: »Der König teilt das mit dem Pferd, daß, wie dieses als Pferd, der König als König geboren wird ... Der höchste konstitutionelle Akt des Königs ist daher seine Geschlechtstätigkeit, denn durch diese macht er einen König und setzt seinen Leib fort. Der Leib seines Sohnes ist die Reproduktion seines eigenen Leibes, die Schöpfung eines königlichen Leibes.«[3]

Doch versetzen wir uns einmal in »vormoderne« Verhältnisse zurück. Die Bewährung im Konkurrenzkampf spielte kaum eine Rolle. Das technische Gerät, die wirtschaftlichen Bedingungen, die Überzeugungen, die Lebensordnungen änderten sich nicht oder nur sehr langsam, und nicht das Fortschreiten in die Zukunft war wichtig, sondern das Bewahren, das Festhalten für die Dauer. Dafür gab es nichts Besseres als das Erbprinzip, denn es vermied den Streit. Gott traf die Entscheidung, nicht Menschengewalt. Das galt für Bauern und Barone wie für die Herrschaft gekrönter

Häupter. Für sie allerdings war es von besonderer Bedeutung – und für die Untertanen von wohltätiger Wirkung. Ein Emporkömmling wie Napoleon mußte immerfort Erfolge nachweisen, mußte Krieg führen und erobern, um sich auf dem selbstgeschaffenen Thron zu behaupten. Er konnte nicht stillhalten, nicht nachgeben, und die Niederlage war sein Untergang. Das Prinzip der »Legitimität« angestammter Herrschaft, dem der Wiener Kongreß von 1815 sich verschrieb, war darum das Mittel, um endlich wieder Frieden zu stiften.

Wir sind es gewohnt, die neuere Geschichte seit der Französischen Revolution von 1789 als den Kampf zwischen Fürsten- und Volksherrschaft zu sehen. Die Könige und der Adel verlieren ihre Macht, die sie seit unvordenklichen Zeiten besaßen, und das Zeitalter der Demokratie beginnt. Doch es handelt sich um viel mehr: Es geht um den weltgeschichtlichen Wandel der gesellschaftlichen Auslese und Ortsbestimmung.[4] Inzwischen schwören wir auf den Gleichheitsartikel des Grundgesetzes: »Alle Menschen sind vor dem Gesetz gleich. Männer und Frauen sind gleichberechtigt. Niemand darf wegen seines Geschlechtes, seiner Abstammung, seiner Rasse, seiner Sprache, seiner Heimat und Herkunft, seines Glaubens, seiner religiösen oder politischen Anschauungen benachteiligt oder bevorzugt werden.« Und mit Erbitterung stellen wir fest, daß die Bevorzugungen und Benachteiligungen ein zähes Nachleben führen. Aber zur Sache gehört auch, daß gerade die durchgesetzte Chancengleichheit einen Kampf aller gegen alle eröffnet. Denn die Zukunft ist offen, und wenn entscheidend wird, wer sie gewinnt, entwickelt sich statt der Vorbestimmung durch Gott der Wettstreit zum Prinzip. Noch einmal Karl Marx: »Alle festen, eingerosteten Verhältnisse mit ihrem Gefolge von altehrwürdigen Vorstellungen und Anschauungen werden aufgelöst, alle neugebildeten veralten, ehe sie verknöchern können. Alles Ständische und Stehende verdampft, alles Heilige wird entweiht, und die Menschen sind endlich gezwungen, ihre Lebensstellung, ihre gegenseitigen Beziehungen mit nüchternen Augen anzusehn.«[5]

Um ins Kronprinzenpalais und zur Geburt des künftigen Kaisers zurückzukehren: Die Jubelnden draußen wußten nichts von dem Drama, das sich drinnen abgespielt hatte. Englische wie deutsche Ärzte und Hebammen hatten sich am Bett der Wöchnerin versammelt. Sogar Friedrich Wilhelm, der Vater, war zugegen –

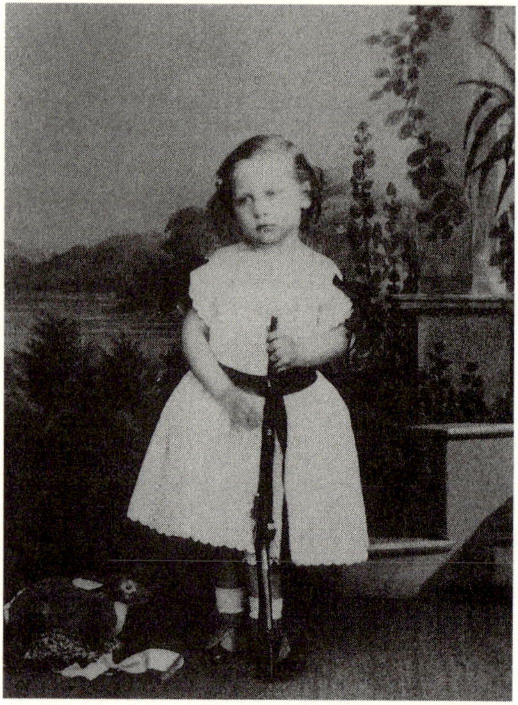

Kein glückliches Kind: Wilhelm im Alter von drei Jahren. Das scheinbar bloß dekorative Gewehr stützt den gelähmten Arm.

damals recht ungewöhnlich. Die Geburt zog sich über viele Stunden hin, und die Prinzessin erlitt so unerhörte Schmerzen, daß man sie mit Chloroform betäubte. Es stellte sich heraus, daß das Kind sich in einer Steißlage befand: eine seltene und sogar nach heutigen Maßstäben gefährliche Komplikation. Der Professor für Frauenheilkunde und Geburtshilfe, den man im letzten Augenblick zuzog, Professor Eduard Martin, brachte das Kind schließlich ans Licht, nachdem er dessen linken Arm als eine Art Hebel benutzt hatte, um den Rumpf in eine bessere Lage zu drehen.[6]

In der allgemeinen Aufregung und der Sorge um die Mutter vergaß man fast dieses Kind, das kein Lebenszeichen von sich gab. Es war die Hebamme, Fräulein Stahl, die einen klaren Kopf behielt. Wie sie selbst berichtet hat, schlug sie den kleinen Prinzen: »Ein nasses Handtuch in meiner rechten Hand zusammenfassend, fing ich an, ihn nach heimischer Sitte zu bearbeiten, obwohl die Ärzte murrten und jeder, der immer Zimmer war, sich entsetzte.« Sie schlug und schlug, »bis zuletzt ein schwacher Schrei von den bleichen Lippen des Kindes kam«. So hatte die Hebamme den Jungen »vom Grabe gerettet, für das er bestimmt war«, wie sie in berechtigtem Stolz notierte.[7]

Qualvolle Heilmethoden: Da durch Wilhelms Behinderung auch der Kopf zur Seite fiel, erfand man eine Streckmaschine.

Bald stellt sich allerdings heraus, daß der linke, vom Arzt als Hebel benutzte Arm offenbar beschädigt worden war: Schlaff, ohne jede Eigenbewegung, hing er am Körper des Kindes herab. In den folgenden Wochen, Monaten, Jahren versuchte man Abhilfe zu schaffen: mit heißen und kalten Bädern, Gymnastik, elektrischen Stromstößen, Streckapparaten. Das Kind hatte oft wahre Foltermethoden zu durchleiden.[8] Nichts half wirklich. Die Nervenverbindungen waren während der Geburt unwiderruflich beschädigt oder zerstört worden, der Arm blieb weitgehend gelähmt und, da er ungenügend wuchs, schließlich auch verkürzt.

Für die Eltern bedeutete dies einen Schock: Der künftige König von Preußen sollte doch ein »ganzer Mann« und kein »Krüppel« sein! Besonders die Mutter entwickelte zwiespältige Gefühle. Dem Professor Martin die Schuld zuschreiben war einfach und genügte doch nicht. Gab es eine eigene Schuld? Wie war es zu der fatalen Steißlage im Mutterleib gekommen? Wie ließ sich erklären, daß später noch sieben Geburten folgten[9], bei denen es keine Komplikationen gab? Fragen über Fragen ohne jede Aussicht auf Antwort!

Wenn man nun liest, was die Prinzessin schrieb, dann findet man zwar alle Zeichen der Mutterliebe, die man erwartet. So hieß es 1859 anläßlich einer der Reise nach London in ihrem Brief an den Gemahl: »Du und mein Babychen, ihr fehlt mir so sehr ... Was macht unser kleiner Engel, wie denke ich an seine lieben blauen Augen, kleiner Schatz, Gott behüte ihn!« Oder in einem Brief von Berlin aus an ihren Vater, den Prinzen Albert: »Dein Enkelsohn ist ein liebes kleines Wesen, so intelligent und so gut gelaunt.« Und wiederum: Er ist »ein großes Schätzchen und meine ganze Freude. Er ist solch ein liebenswürdiges Kind.«[10]

Aber im Laufe der Zeit drängte die Bitterkeit immer deutlicher hervor. Wenn es schon die körperliche Behinderung gab, dann erwartete Viktoria um so mehr von der Klugheit ihres Sohnes. Das Ergebnis war Enttäuschung; von dem Fünfjährigen sagte sie: »Er hat ein fabelhaftes Gedächtnis, ich finde ihn aber sonst nicht sehr geistig entwickelt – weit hinter der Intelligenz meiner Brüder im selben Alter zurück; es kommt aber viel von Faulheit im Sprechen; er schwätzt darauf los, um sich zu hören, vollständig ohne irgend etwas zu denken oder sich Mühe zu geben, einen bestimmten Gedanken auszudrücken.«[11] Im Jahre 1871 folgte das Bekenntnis, daß die frühen Jahre des Sohnes für die Mutter »nicht heiter« waren: »Ich kämpfte gegen die Enttäuschung und den nagenden Kummer, denn sein Arm verbitterte mir das Leben – und ich kam nie zur Freude über seinen Besitz.«[12] Zehn Jahre später hieß es resigniert, daß das Verhältnis von Mutter und Sohn nicht so war, wie es hätte sein sollen: »Ich habe ihn *nie* so besessen – er hat *nie* so an mir gehangen. Es gibt *wohl* Bindungen, die *so* viel enger und zärtlicher sind.«[13]

Und wie sollte es weitergehen? Kurz nach Wilhelms dreizehntem Geburtstag schrieb Viktoria: »Seine Zukunft bereitet uns in der Tat die größten Sorgen ... Sein bedauernswerter Arm ist für ihn ein *trauriger* Nachteil – eine Behinderung auch für seine Erziehung – und wird gewiß Einfluß auf die Entwicklung seines Charakters ausüben – er wird nie *männlich* und selbständig sein wie andere Jungen – und sich nie frei und ungezwungen fühlen, er kann ja nichts unternehmen, um sich zu amüsieren oder sich körperliche Bewegung zu verschaffen wie die anderen. Für mich war das immer schon ein *großer* Schmerz und ist es auch heute noch – diejenigen, die ihn nur von Zeit zu Zeit sehen, haben keine Ahnung davon, wie [der Arm] alles beeinträchtigt. Ich kann nicht anders denken, als daß dies sehr hart und sehr grausam ist. Seine äußere Erscheinung kommt mir immer ungünstiger vor ...«[14]

Nie frei und ungezwungen, niemals männlich? Aber wie sah es aus der Perspektive des Kindes, des Jungen, des Heranwachsenden aus? Schon die unaufhörlichen Torturen einer vergeblichen Heilbehandlung warfen Wilhelm zwangsläufig auf sich selbst zurück – und riefen eine weit über das Normalmaß gesunder Kinder gesteigerte Empfindsamkeit gegenüber den Menschen in seiner Umgebung hervor, die so viel von dem künftigen Thronerben erwarteten, was er nicht leisten konnte. Hierin war zweierlei angelegt. Auf der einen Seite entwickelte schon das Kind ein unstillbares Verlangen nach Anerkennung und Lob, das noch den Erwachsenen kennzeichnete und den Schmeichlern Tor und Tür öffnete. Die Kritiker des Kaisers haben darauf mit Empörung oder mit Hohn hingewiesen, vielleicht sogar mit Recht. Aber wenn wir die Wurzeln erkennen, sollten wir der Kritik doch wohl ein Mindestmaß an Verständnis und Mitgefühl beimischen.

Auf der anderen Seite konnte dem Kind kaum verborgen bleiben, daß andere Menschen es mit Bitterkeit und Enttäuschung betrachteten, und es lag jedenfalls nahe, darauf mit Verschlossenheit und Trotz zu reagieren. Das galt besonders für das Verhältnis zur Mutter. Wem war denn die Schuld an der Verkrüppelung zuzurechnen, wenn nicht ihr? Um eine lange Sache kurz zu machen: Mehr und mehr geriet die Mutterbindung ins Negative; von Anfang an war in ihr die Ablehnung angelegt, die zum Haß emporwuchs. Und wenn schon nicht mit Vorsatz, dann doch vorbewußt ging es darum, die Erwartungen der Mutter zu enttäuschen.

Dabei ist es Wilhelm durchaus gelungen, in vielerlei Hinsicht seiner Behinderung Herr zu werden und zu leisten, was im Grunde kaum zu erwarten war. Zum Beispiel ist er ein ordentlicher Reiter geworden. Besonders charakteristisch sind der Umgang mit dem Gewehr und die Passion für die Jagd. Eigentlich scheint es fast unmöglich, praktisch nur einhändig die Waffe zu führen und treffsicher zu schießen, aber Wilhelm hat es erreicht. Man kann daher den Stolz des Jungen verstehen, als er im Herbst 1872 seinen ersten Fasanen und bald darauf einen Hasen schoß, den dann der Vater für ihn ausstopfen ließ. Dieser Stolz wirkte weiter und weiter, zum Beispiel in einem Brief von der Hirschjagd in Österreich an die Großmutter, die Kaiserin Augusta: »Einen von diesen Hirschen habe ich bei einem starkem Sturme, der einen oft fast umwarf, von einer Felswand herab auf 480 Schritt! geschossen ... Der biedere Revierjäger, der mich [zur] Pürsch

Vorspiegelung von Familienglück: Das Kronprinzenpaar 1874 mit seinen Kindern.

führte, war sprachlos vor Erstaunen, so etwas hatte er noch nie gesehn ...«[15]

Man kann den Sachverhalt kaum wichtig genug nehmen, und ein eigenes Kapitel ließe sich hier anschließen. Seit jeher gehörte das Jagdrecht zu den erbittert umkämpften und verteidigten Privilegien des Adels und der Fürsten, und entprechend bildete die Jagdleidenschaft einen Ausweis der Männlichkeit. Folgerichtig findet man in der langen Reihe brandenburg-preußischer Landesherren nur zwei passionierte Nichtjäger: Friedrich den Großen und Manfred Stolpe.[16]

Wilhelm II. gehörte zu den eifrigen Jägern. In der Schorfheide, dem bevorzugten Revier der brandenburgischen Herrscher, findet man noch heute einen über die sozialistische Zeit hinweg wundersam erhaltenen Gedenkstein, auf dem geschrieben steht: »Unser durchlauchtigster Markgraff und Herre Kaiser Wilhelm II. faellete allhier am 20. IX. a.a. 1898 Allerhöchst Seinen 1000. edel Hirschen von XX Enden.« Der tausendste Hirsch! Und weit mehr noch: Vier Jahre später, am 31. Oktober 1902, teilte das Hofjagdamt der Presse mit, daß der Herre Kaiser bis zu diesem Tag insgesamt 47 443 Stück Wild erlegt hatte. Mit anderen Worten: Er war nicht nur mit Eifer bei der Sache, sondern, mit Verlaub, ein wenig waidgerechter Vielschießer. Gewiß müssen wir die Umstände in Rechnung stellen: Auch andere Majestäten haben es auf beträchtliche Strecken gebracht, weil es damals üblich war, ihnen das womöglich vorher angefütterte Wild in Massen vor die Büchsen oder Flinten zu treiben.

Für Wilhelm jedoch bedeutete jeder Schuß, den er trotz seines gelähmten Armes treffsicher abfeuerte, einen Triumph, den Beweis dafür, daß er kein Krüppel, sondern ein Mann war. Und wie der Übereifer bei der Jagd sich bemerkbar machte, so auch sonst. Wenn der Kaiser stets betont schneidig und fast immer in Uniform auftrat, wenn er forsch, oft allzu forsch daherredete, dann hatte das etwas mit der Kompensation seiner Behinderung zu tun. Sie prägte ihn gerade darum bis in die Tiefe seines Wesens, weil man von ihr so viel Aufhebens machte, angefangen bei der Enttäuschung der Mutter über ihr sozusagen nicht oder nicht voll gelungenes Kind bis hin zu den Quälereien einer vergeblichen Heilbehandlung; sie demonstrierten ja alltäglich und handgreiflich, wie wichtig man die »Verkrüppelung« nahm und für wie anstößig man sie hielt.[17]

Wir kehren zum Kinde zurück. Ein Erzieher wurde ihm zugeteilt, eine pädagogische Schicksalsfigur: Dr. Georg Ernst Hinzpeter, der 1827 geborene Sohn eines Bielefelder Gymnasiallehrers, der zuvor bei den Prinzen Wittgenstein und den Grafen Görtz als Hauslehrer gedient hatte. Im Oktober 1866 trat er sein Amt an, mit umfassenden Vollmachten ausgestattet, um nicht zu sagen als ein Erziehungsdiktator, und er behielt sein Amt bis zu Wilhelms Abitur im Januar 1877, also für mehr als zehn Jahre.

Skurriler Ausdruck der Jagdleidenschaft: Stuhl und Hocker sind aus Geweihen gefertigt, geschossen von »W. II. Schorfheide 7. 10. 1913«.

Hinzpeter war ein Pedant, ein humorloser Mann voller Pflichteifer. Der Freund und Berater der Mutter, Baron Ernst von Stockmar, warnte nach einem längeren Gespräch vor Hinzpeters Anstellung: »Er ist ein sehr außergewöhnlicher Mensch, aber ich habe Zweifel, ob er der richtige ist. Ich fürchte, es fehlt ihm an Gemüt, und er ist ein harter, spartanischer Idealist. Und was seine Ideale betrifft, so fürchte ich, daß sie etwas unpraktisch sind. Er sagt, daß ein König dazu verdammt sei, ein einsames Leben zu führen, ein Leben, daß vollkommen der Pflichterfüllung gewidmet sei, und aus diesem Prinzip folgert er unter anderem: Daß der Junge nicht zusammen mit anderen Jungen aufwachsen darf; daß es keinen Zeichen- oder Musikunterricht geben darf, da derlei Dinge nichts mit den Aufgaben eines Königs zu tun haben ...«[18]

Tatsächlich erklärte Hinzpeter, daß er nicht bereit sei, die Rolle »eines Spielgefährten oder die eines Lehrers für ein verwöhntes Kind zu übernehmen«. Immer müsse man an den künftigen König denken. »Das Unvergleichliche, alles Überragende seiner Stellung macht das Isoliertsein im Mannesalter zur Notwendigkeit; so darf schon im Knaben die natürliche Neigung des Menschen zum Anlehnen nicht begünstigt werden. Das Recht und die Pflicht der höchsten Entscheidung in seiner Hand macht die strengste Ausbildung der eigenen Persönlichkeit, die vollste Selbstgenügsamkeit im guten Sinne zu einer unausweichlichen Forderung.« Es sei darum wichtig, »den Menschen so zu formen, daß er für die Anforderung, die sein Leben an ihn machen wird, noch das ganze Maß seiner Kräfte behalte und von ihnen nur einen möglichst geringen Teil mit Leiden und Trauern über unbefriedigte Sehnsucht verliere«.[19]

Wahrscheinlich war es gerade dieses unerbittliche Programm, das die Eltern und besonders die Mutter dazu bewog, auf Hinzpeter zu setzen. Ihre eigenen Schwierigkeiten mit dem Kind waren schon hinreichend deutlich geworden, und die Erziehung auf Biegen und Brechen erschien als ein rettender Ausweg. Leider wurde das Gegenteil bewirkt; die hartnäckige Unterdrückung des kindlichen Anlehnungsbedürfnisses verstärkte die Sehnsucht nach Nähe und Freundschaft; später machte sie den Mann und den Kaiser zum um so hilfloseren Opfer jener Leute, die ihm zu schmeicheln verstanden.

Hinzpeter selbst mußte schließlich sein Scheitern eingestehen, noch bevor er sein Amt aufgab, freilich indem er alle Schuld dem Zögling zuschob: »Die Trivialität oder Unreife Seines Geschmacks frappiert mich immer wieder von Neuem; wenn man Ihn oder Er Sich gehn läßt, richtet Er Sich mit erschreckender Regelmäßigkeit auf kleine und unbedeutende Dinge und freut sich an ihnen. – Es wäre ungerecht, nicht anerkennen zu wollen, daß der Prinz sich viel Mühe gibt, fleißig arbeitet, auch einen gewissen Erfolg in der Schule erzielt, aber das eigentlich ernste Streben, das Ihn meiner Meinung nach erfüllen sollte, fehlt Ihm gänzlich, fehlt Ihm bis zum Verständnis dafür. Alles was geschieht, ist noch Frucht künstlicher Disziplin, würde mit dieser alsbald verschwinden, und ist also im Grunde nichts wert. Seine Selbstgenügsamkeit hemmt Seine Entwicklung in beklagenswerter Weise; wäre Seine Intelligenz sehr stark, würde sie Ihn fördern, da sie es nicht ist, muß sie Ihm schaden; sie hilft Ihm den kleinsten Erfolg zu mächtigen Proportionen aufblasen und den eklatantesten Mißerfolg auf ein Minimum von Bedeutung reduzieren. Äußerliche Pflichterfüllung genügt da, um Ihn mit Stolz auf Seine Leistungen zu erfüllen, und jedes Zerstören solcher Illusionen empfindet Er sehr schwer und meist als großes Unrecht.«[20]

Der Biograph von Wilhelms Jugend, John C. G. Röhl, hat dem kaum noch etwas hinzugefügt und nur immer wieder Wilhelms höchst mittelmäßige Begabung betont. Aber eine andere Deutung ist zumindest denkbar. Viele Zeitgenossen – und nicht bloß die

Georg Ernst Hinzpeter

Schmeichler – haben von der schnellen Auffassungsgabe des Kaisers berichtet, die sie überraschte. Zudem gibt es Beispiele dafür, daß gerade sensible Kinder sich gegen einen ihnen unverständlichen Lernzwang im Trotz verriegeln und in der Schule vollkommen versagen – um später dann aufzublühen und Überragendes zu leisten. Das schlagendste Beispiel liefert Winston Churchill.[21]

Seinem Freund, Philipp Graf (später Fürst) Eulenburg, hat der Kaiser einmal eine bezeichnende Geschichte erzählt: »Ich gehöre zu den Naturen, die Lob brauchen, um angefeuert zu werden und Gutes zu leisten. Tadel lähmt mich. *Niemals* habe ich aus Hinzpeters Mund ein Wort der Anerkennung erfahren. Als ich einmal in Kassel in einer Anwandlung von Fleiß abends ein großes Pensum gut gearbeitet hatte – mehr als ich brauchte –, beherrschte mich ein Gefühl der Befriedigung, eine Art Stolz. Ich wußte, daß ich ein Wort der Anerkennung verdiente. Ich *brauchte* es in jenem Augenblick. Aber Hinzpeter verzog keine Miene. Es war, als ob nichts vorgefallen sei. Das hat mich unaussprechlich verletzt, war wie ein Wendepunkt. Ich tat *nichts* mehr freiwillig.«[22]

Dieser Bericht wird durch die eigenen Aufzeichnungen Wilhelms II. bestätigt, in denen es über Hinzpeter heißt: »Lob spendete er nie... Dieser streng durchgeführte Grundsatz, nicht zu loben, war der Ausfluß eines pädagogischen Systems mit ganz bestimmter Zielsetzung: er verlangte vom Schüler das Unmögliche, um ihn wenigstens den nächsten Grad der Vollkommenheit erreichen zu lassen. Da nun das gestellte (unmögliche) Ziel natürlich nie erreicht wurde, konnte logischerweise auch kein Lob als Zeichen der Zufriedenheit verabfolgt werden... Man mag über die Hinzpetersche Pädagogik denken, wie man will, – daß aber ein Unterricht, dem die Freude fehlt, von falschen psychologischen Voraussetzungen ausgeht, erscheint mir außer Zweifel. Denn freudlos wie das Wesen des pedantischen und herben Mannes mit der hageren dürren Figur und dem Pergamentgesicht, der im Kalvinismus groß geworden war, ebenso freudlos war seine Erziehungsmethode und freundlos die Jugendzeit, durch die mich die harte Hand des ›spartanischen Idealisten‹ geführt hat.«[23]

Ja, man mag denken, wie man will, doch eines dürfte sicher sein: In der Kindheit des Kaisers ist verpfuscht worden, was sich nur verpfuschen ließ.

Das Kaisererbe

Man erschrickt, wenn man es sich nahe und persönlich genug vorstellt: Ein junger Mann war dazu bestimmt, der Kaiser eines großen und mächtigen Reiches zu werden. Nur der Tag, an dem er den Thron besteigen würde, lag noch ungewiß in der Zukunft. Was tat man, um ihn auf sein Amt vorzubereiten? Was tat er selber? Davon wird bald zu reden sein. Zunächst aber stellt sich die Frage: Was war das für ein Erbe, das Wilhelm II. antreten sollte? Wie sah im engeren und im weiteren Sinne die Verfassung des Reiches eigentlich aus, wie seine Ordnung oder Unordnung?

Die Verfassung im engeren Sinne hatte Bismarck bereits für den Norddeutschen Bund entworfen, der nach dem preußischen Sieg über Österreich von 1866 entstand. Die Reichsverfassung, die am 16. April 1871 verkündet wurde, folgte diesem Entwurf in den wesentlichen Zügen. Wie die Präambel sagte, schlossen die 22 in Deutschland regierenden Fürsten und die drei Hansestädte Lübeck, Bremen und Hamburg – nicht die Deutschen als Volk oder Nation – einen »ewigen Bund«. In den Worten des Staatsrechtslehrers Paul Laband: »Das Deutsche Reich ist nicht eine juristische Person von 40 Millionen Mitgliedern, sondern von 25 Mitgliedern.«[1] Folgerichtig war das oberste Verfassungsorgan die Gesandtenversammlung dieser Mitglieder, der Bundesrat, in dem Preußen über 17 von insgesamt 58 Stimmen verfügte. Dies entsprach bei weitem nicht dem preußischen Gebiets- und Bevölkerungsanteil; Preußen machte sich kleiner, als es war, um die Empfindlichkeiten besonders in Süddeutschland und zumal in Bayern zu schonen. Allerdings bedeutete das wenig; Kleinstaaten wie Mecklenburg-Schwerin und Mecklenburg-Strelitz, Schwarzburg-Rudolstadt und Schwarzburg-Sondershausen, Lippe und Lübeck blieb kaum eine andere Wahl, als sich der preußischen Führung anzuvertrauen. In der Praxis hat der Bundesrat dann durchweg so einmütig und so diskret entschieden, daß er aus dem Blickfeld der Öffentlichkeit fast völlig verschwand.

An zweiter Stelle stand »das Präsidium«, das unter dem Namen »deutscher Kaiser« dem König von Preußen zustand. Der Kaiser ernannte und entließ den Reichskanzler als seinen Geschäftsführer; auf Parlamentsmehrheiten kam es dabei nicht an. Im Gegensatz zu Großbritannien handelte es sich zwar um eine konstitutionelle Monarchie, aber nicht um ein parlamentarisches Regierungssystem.[2]

Neben dem Reichskanzler gab es keine Minister und Ministerien, sondern nur Staatssekretäre für die einzelnen Fachgebiete, die dem Kanzler unterstanden. Das Reich war darum sozusagen eine Dame ohne Unterleib; es fehlte das Verwaltungsfundament, und man blieb auf die Zuarbeit der preußischen Bürokratie angewiesen – eine, und zwar eine nicht unwichtige, Hintertür, um Einfluß zu sichern. Mit wenigen und nur kurzen Zwischenspielen, die sich nicht bewährten, sind darum die Kanzler des Kaiserreichs in Personalunion auch preußische Ministerpräsidenten gewesen.

An dritter Stelle stand der Reichstag, ohne dessen Zustimmung keine Reichsgesetze und Haushalte zustande kamen.

Ein höchst kompliziertes, in manchem sogar widersprüchliches System! Um nur ein Problem zu nennen: Der Kanzler, wenn er etwas erreichen wollte, mußte doch irgendwie mit dem Reichstag auskommen und hier von Fall zu Fall Mehrheiten gewinnen. Als preußischer Ministerpräsident mußte er dagegen die Zustimung der beiden Kammern seines Landtages anstreben.[3] Der Reichstag aber wurde nach dem allgemeinen und gleichen Wahlrecht gewählt, das preußische Abgeordetenhaus nach dem Drei-Klassen-Wahlrecht auf der Grundlage der Steuerleistung. Ein Krupp in Essen verfügte als Preuße über das gleiche Stimmgewicht wie alle seine Arbeiter, die ihn zugleich als Deutschen vieltausendfach überboten. Die Folge war, daß die Mehrheiten immer stärker auseinanderstrebten. Im Landtag hatten die linken Kräfte kaum eine Chance, im Reichstag kamen sie zum Zuge. Hier kämpften die Sozialdemokraten sich stetig voran und erreichten schließlich im Jahre 1912, bei der letzten Wahl vor dem Weltkrieg, 34,8 Prozent der Stimmen und 110 von 397 Mandaten.[4] Selbst Bismarck hat dieses System zunehmend in Schwierigkeiten gebracht, und seine Nachfolger hat es zeitweilig fast gelähmt.

Der Sachverhalt hatte natürlich mit dem Wandel zu tun, in dem das Reich sich befand. 1871 war Deutschland im wesentlichen noch ein Agrarland, aber doch schon unterwegs zur Industriegesellschaft. Die Bevölkerung wuchs – und zwar sehr rasch: von 41 Millionen im Jahr 1871 auf 67 Millionen 1913. Noch dramatischer wuchsen die Städte. 1850 zählte Berlin 419 000 Einwohner. 1910 waren es – allerdings nach Eingemeindungen – bereits 3,7 Millionen. Für Leipzig lauten die entsprechenden Zahlen: 63 000 und 588 000, für Düsseldorf 27 000 und 358 000, für Essen 9 000 und 291 000. Die Reihe der Beispiele ließe sich beliebig fortsetzen, und man gerät einmal mehr in Versuchung, Karl Marx das Wort zu geben:

»Die Bourgeoisie hat das Land der Herrschaft der Stadt unterworfen. Sie hat enorme Städte geschaffen, sie hat die Zahl der städtischen Bevölkerung gegenüber der ländlichen in hohem Grade vermehrt und so einen bedeutenden Teil der Bevölkerung dem Idiotismus des Landlebens entrissen ... Erst sie hat bewiesen, was die Tätigkeit der Menschen zustande bringen kann. Sie hat ganz andere Wunderwerke vollbracht als ägyptische Pyramiden, römische Wasserleitungen und gotische Kathedralen, sie hat ganz andere Züge ausgeführt als Völkerwanderungen und Kreuzzüge.«[5]

Was die Völkerwanderungen angeht, so sind im neunzehnten Jahrhundert Massen von Europäern nach Übersee gezogen, besonders nach Amerika. Die Deutschen waren allein in den Jahren zwischen 1871 und 1890 mit fast zwei Millionen beteiligt; auf dem Höhepunkt der Auswanderungswelle in den Jahren 1881 und 1882 waren es jeweils über 200 000. Noch bedeutender waren die Binnenwanderungen von Osten nach Westen. In alten Agrarprovinzen wie Ostpreußen, Pommern oder Posen nahm die Bevölkerung nur geringfügig zu, im Rheinland dagegen wuchs sie zwischen 1875 und 1910 von 3,8 auf 7,2 Millionen, in Westfalen von 1,9 auf 4,1 Millionen.

Von technischen Entwicklungen und wissenschaftlichen Entdeckungen, vom Sieg über Seuchen, von verbesserter Ernährung und verbesserter Bildung, von wachsender Lebenserwartung und sinkenden Geburtenraten, von veränderten Einstellungen und Verhaltensweisen wird später noch die Rede sein. Aber schon jetzt drängt sich die Frage auf: Konnte die überlieferte monarchische Staatsform, konnte ein Kaisererbe diesem ungeheuren Wandel überhaupt noch gerecht werden? Die Antwort erfordert ein Ausholen, einen Rückblick in die Geschichte.

Die Monarchie, das König- oder Kaisertum in der Vielfalt seiner Spielarten, ist eine uralte und eine menschheitliche Institution; man findet sie in allen Kulturkreisen. Sie verkörpert die Einheit eines Volkes oder Reiches, sein Selbstverständnis und seine Dauer. Darum ist etwas Heiliges an ihr. Oft wird sie als eine Stiftung Gottes oder der Götter, der Himmelsmächte angesehen, oft ist der König auch der oberste Priester. Und je älter eine Monarchie in ihrer ungebrochenen Erbfolge, desto besser. In der Dauer ist selbst schon eine Form der Heiligung angelegt; sie zeigt die Zustimmung der Schicksalsmächte, das Gottesgnadentum einer Dynastie. Sie bildet damit auch einen Sperriegel gegen die Wirren, die aus menschlichem Frevel entstehen, eine Barriere wider die Thronräuberei, die nur ihren Kampfesmut und ihre Verschlagenheit, um nicht zu sagen ihre kriminelle Energie einbringen kann. Der Königsmörder Macbeth ist im Grunde schon im voraus verurteilt und zum Scheitern bestimmt.

Die Heiligung findet ihren Ausdruck im Ritual, angefangen bei der Salbung und Krönung des Thronerben. Mitunter mag das Ritual die Person des Herrschers so dicht umstellen und gewissermaßen zuwuchern, daß für ein eigenes, zweckgerichtet rationales Handeln, wie es dem modernen Denken als das allein noch wichtige erscheint, kaum mehr Raum bleibt. Man denke an das chinesische Kaisertum, an den Tenno in Japan und andere asiatische Kulturen. Der Herrscher nimmt sich dann aus wie eine Marionette an den Fäden des Rituals; an seinen »richtigen« Bewegungen und Worten hängt das Heil, die Gunst des Himmels und der Götter. Nichts darf sich verändern; neue, ungewohnte Worte oder Handlungen wären die falschen und müßten den Fluch, das Unheil heraufbeschwören. Auch in Europa findet man viele Formen des Rituals,[6] schließlich zum Hofzeremoniell ausgeformt und fast schon ernüchtert.

Aber was uns als Starrheit erscheint, ermöglicht das Überdauern, weil das Besondere der Person zurückgedrängt und beinahe ausgelöscht wird. Und eben darauf kommt es an. In seiner großen Untersuchung über die englische Verfassung hat Walter Bagehot geschrieben, daß Könige in der Regel nur Durchschnittsmenschen seien – und zwar durch die Umstände ihres Lebens und ihrer Erziehung beschädigte Durchschnittsmenschen; an ihrem Leistungsvermögen gemessen, müßten viele von ihnen als Versager eingestuft werden.[7] Doch in die Anleitungen des Rituals kann jeder sich einfügen, auch oder vielleicht gerade der Schwächere. Inzwischen mögen Hausmeier, Minister und Feldherren das praktisch zweckgerichtete Denken und Handeln übernehmen – Leute, die sich als tüchtig erweisen oder die man köpfen kann, wenn sie versagen.

Gewiß ist nicht auszuschließen, daß es kluge Könige gibt. Aber diese Klugheit darf niemanden überbieten wollen. »Tatsächlich«, so Bagehot, »besteht dauernder Anlaß dafür, daß der klügste König und einer, der sich seiner Klugheit am sichersten ist, von ihr nur sehr zögernd Gebrauch macht.«[8] Der weise Monarch stellt sein Licht eher unter den Scheffel, als daß er es glänzen läßt. Insgesamt gilt als Regel, die von Ausnahmen eher bestätigt als widerlegt wird: Die Monarchie darf nicht an »Leistungen« im modernen Sinne gemessen werden – und erst recht nicht an einer »Größe«, die sich ins Heldische verklärt.

Schon die Märchen sagen uns dies: Der jugendliche Held, gleich ob vornehmer oder geringer Herkunft, mag durch seine Klugheit oder Kraft, durch Verwegenheit oder durch List das Herz und die Hand der Königstochter gewinnen. Mit der Hochzeit jedoch, also mit dem Übertritt in die königliche Erbfolge, endet die Geschichte seiner Abenteuer, und nichts bleibt mehr zu berichten, als daß König und Königin glücklich bis zum Ende ihrer Tage gelebt haben. Wo dagegen der König und der Held sich in einer Person vereinigen, wie bei dem Welteneroberer Alexander, den die Geschichte dann als den Großen feiert, da kündigt sich bereits das Zeitalter der Verwirrungen, der Diadochenkämpfe, der Abbruch der Dauer, ein Ende aller Sicherheit an.

Aber reden wir nicht vom längst Vergangenen? Bedeutet es noch etwas in einer Zeit, in der, laut Marx, alles Stehende verdampft, alles Heilige entweiht wird und die Menschen endlich gezwungen sind, ihre Lebensstellung, ihre gegenseitigen Beziehungen mit nüchternen Augen anzusehen? Doch, durchaus. Bagehot hat dies am Beispiel der englischen Verfassung gezeigt und dabei eine grundlegende Unterscheidung zwischen den Institutionen getroffen, die er »efficient« und »dignified« nennt.[9] Man könnte dies als »leistungsbezogen« und »ehrwürdig« übersetzen: Es gibt Institutionen der Macht und Institutionen des Vertrauens; dort wird der Konflikt organisiert, ausgetragen und entschieden, hier die höhere, überdauernde Einheit ins Bild gebracht. Natürlich setzt Bagehot bei seiner Unterscheidung die englische Verfassungsentwicklung spätestens seit der »glorreichen« Revolution von 1688 schon voraus: Im Unterhaus und bei der von ihm getragenen Regierung konzentriert sich die Macht, von der die Monarchie Abschied nimmt. Was für sie bleibt, ist die symbolische Funktion: die Repräsentation der Nation, ihres Ursprungs, ihrer Einheit und ihres Überdauerns in der Geschichte.

Das ist nicht wenig und keineswegs etwas Überflüssiges, mit dessen Beseitigung man Zeit und Geld sparen könnte. Die symbolische Funktion wird im Gegenteil um so wichtiger, wenn das Zeitalter der Demokratie beginnt. Denn in einer Epoche, in der die Verhältnisse und Vorstellungen – ganz im Sinne von Marx – nicht mehr aufs Bewahren des Hergebrachten, sondern auf die Zukunft, aufs schnelle und gründliche Verändern angelegt sind, geht auch die Macht immer schneller von Hand zu Hand, von Gruppe zu Gruppe und von Mehrheit zu Mehrheit, je nach dem Wechsel der wirtschaftlichen und gesellschaftlichen Umstände oder der geistigen, manchmal bloß modischen Strömungen, kurz: all der Kräfte, die sich in Parteien, Verbänden, Bürgerinitiativen organisieren und ihre Interessenkonflikte austragen.

Diese Konflikte sind kein Übel, das man beheben muß, sondern sie gehören als Lebenselement zur offenen Gesellschaft; sie bewahren vor der Verkrustung und bewirken den Wandel, ohne den es kein Überdauern mehr gibt. Aber friedlich und zivilisiert, ohne Panik, die dann rasch in die Aggression umschlägt, können solche Konflikte nur ausgetragen werden, wenn zugleich die Einheit gewahrt wird, wenn etwas bleibt, das Vertrauen und jene »Identität« stiftet, nach der wir hierzulande immerfort rastlos und ohne Rat suchen. Eben diese Einheit oder Identität, die Einheit im Konflikt und das Überdauern im Wandel, macht die Monarchie sinnfällig, die damit gewissermaßen zum Widerlager des demokratischen Machtkampfes wird.[10]

Voraussetzung ist allerdings die gelungene Trennung der ehrwürdigen von den mächtigen Institutionen. Alexis de Tocqueville hat dies beispielhaft dargestellt. Er spricht zwar von der Religion, aber was er sagt, gilt ebenso für die Monarchie. Tauschte man also die Begriffe aus, so läse man über die Monarchie: »In die bitteren Leidenschaften dieser Welt verstrickt, wird sie manchmal gezwungen, Verbündete zu verteidigen, die eher aus Nützlichkeit denn aus Liebe zu ihr stehen, und Menschen als Gegner zurückzustoßen, die sie oft noch lieben, obwohl sie die Verbündeten der Monarchie bekämpfen. Die Monarchie kann sich daher an der

Macht der Regierenden nicht beteiligen, ohne etwas von dem Haß auf sich zu ziehen, den diese erregen ... Mit unbeständigen Mächten verkettet, erduldet sie deren Schicksal, und oft stürzt sie mit den Eintagsleidenschaften, von denen jene getragen werden. Wenn also die Monarchie sich auf die politischen Mächte einläßt, gerät sie in Bündnisse, die sie belasten. Sie bedarf ihrer Hilfe zum Leben nicht, und ihnen dienend kann sie untergehen ... Je mehr eine Nation sich demokratisiert ... desto gefährlicher ist diese Verbindung von Monarchie und Macht, denn die Zeiten nahen, da die Macht von Hand zu Hand geht.«[11]

Doch zurück zum deutschen Kaisererbe: Seine Grundlage war natürlich das preußische Königtum, das – keineswegs ehrwürdig, sondern zunächst einmal vollkommen traditionslos – im Jahre 1701 mit der Selbstkrönung Friedrichs I. begann.[12] Aber nicht er, sondern sein Sohn Friedrich Wilhelm I., der »Soldatenkönig«, hat dem preußischen Königtum seine gültige Gestalt gegeben. Wollte man hierfür einen Begriff finden, so müßte man von der *tätigen* Monarchie sprechen. Denn aufs Tätig- und Tüchtigsein kam es Friedrich Wilhelm an, und eben dies versuchte er den Beamten und Offizieren und all seinen Untertanen vom eigenen Vorbild her einzuprägen. So stammt aus der Arbeit des »Soldatenkönigs« jener Tugendkatalog, den wir seither als »typisch preußisch« oder, von der Patenschaft Preußens bei der Reichsgründung her, als »typisch deutsch« einstufen: Ordnungssinn, Fleiß und Sparsamkeit, Arbeits- und Leistungsbereitschaft samt dem Gebot, nur ja nicht wehleidig zu sein. An den Freund und Exerziermeister seiner Armee, den Fürsten Leopold von Anhalt-Dessau, den »Alten Dessauer«, schrieb Friedrich Wilhelm einmal: »Parol' auf dieser Welt ist nichts als Müh' und Arbeit.« Das ließe sich als preußisches Staatsprinzip oder mehr noch als das preußische Königsmotto vorstellen – die schöne Berliner Variation inbegriffen: »Preuße zu sein ist eine Ehre, aber kein Vernügen.«

Man könnte auch von einer Paradoxie sprechen. Einerseits war Friedrich Wilhelm I. ein durch und durch machtbewußter absolutistischer Herrscher. Andererseits stellte er eine Art von Bürgerkönig dar. Das galt für seine persönliche Lebensführung ebenso wie für die Tugenden, die er predigte und durchsetzte. Denn was waren sie anders als die klassischen Bürgertugenden der Neuzeit, die, den Lehrbüchern gemäß, die Revolution der Moderne bewirkt haben? Friedrich Wilhelm hatte in seiner Jugend die Nieder-

Ein Kaisertum ohne Tradition braucht um so dringender die Rückbindung: Im Kaisersaal zu Goslar präsentieren sich die Hohenzollern als Erben mittelalterlicher Reichsherrlichkeit.

lande besucht und dort erfahren, was solche Tugenden hervorzubringen vermögen: ein blühendes, im Vergleich zum rückständigen Preußen unvorstellbar wohlhabendes Gemeinwesen.

Im Gegensatz zu den Niederlanden gab es jedoch in Preußen kein selbstbewußt tatkräftiges Bürgertum; das war – und nicht bloß in Preußen, sondern weithin in Deutschland – durch den Dreißigjährigen Krieg langfristig ruiniert worden. Statt dessen gab es den Obrigkeitsstaat und seine Untertanen. Darum mußte alle Tatkraft vom Staat ausgehen – und alles Selbstbewußtsein davon, ihm dienen zu dürfen. Darum wurden die Bürgertugenden preußisch verwandelt; darum haben sie nicht die staunenswerte Bürgergesellschaft geschaffen, sondern den staunenswerten Staat, für den nicht der Wohlstand zählte, sondern die Macht.

Friedrich der Große hat die preußische Erziehung seiner Untertanen fortgesetzt, die er selbst als Thronerbe schreckensvoll durchlitt. Er hat ihr nur den Glanz und vor allem den militärischen Ruhm noch hinzugefügt und damit ein Vorbild geschaffen, den Maßstab, der fortan gültig blieb. Jeder Hohenzollernkönig mußte als pflichtbewußt fleißig zumindest erscheinen. Und er mußte, wenn ein Krieg ausbrach, mit seinen Truppen ins Feld ziehen, auch wenn natürlich ein anderer als Generalstabschef die Entscheidungen traf. Friedrichs Neffe und Nachfolger, Friedrich Wilhelm II., schnitt allein schon deshalb in der borussischen Geschichtsbetrachtung schlecht ab, weil er träge und als der »Vielgeliebte« – vielmehr der Vielliebende – den Sinnenfreuden weit mehr als der Arbeit ergeben war.

Im Vorgriff auf Späteres sei hier schon erwähnt, daß man bei Wilhelm II. die Wirkung des Vorbildes deutlich erkennen kann. Wann immer es möglich war, trat er in friderizianischer Kostümierung auf, allerdings nicht bis zur Schäbigkeit verschlissen wie beim Alten Fritz. Vor allem hat er wieder und wieder davon gesprochen, welch ein Übermaß an Arbeit ihm sein Herrscheramt auferlegte: »Das feste Bewußtsein Ihrer Meine Arbeit treu begleitenden Sympathie flößt Mir stets neue Kraft ein, bei der Arbeit zu beharren«, hieß es in der bereits zitierten Rede von 1892. In einer anderen Rede, 1903 in Kassel gehalten, wo er die Schule besucht hatte, sagte der Kaiser:

»Die ernsthaften, unablässigen Vorbereitungen, die Ich in meinen Studien auf dem Gymnasium und unter der Leitung des Geheimrats Hinzpeter hier vornehmen konnte, haben Mich befähigt, die Arbeitslast auf die Schultern zu nehmen, die von Tag zu Tag in wachsender Bürde zunimmt. Und wenn schon damals Meine Lehrer, überzeugt von der hohen Aufgabe, die ihnen übergeben war, alles daransetzten, jede Stunde und jede Minute auszunutzen, um Mich für den kommenden Beruf vorzubereiten, so glaube Ich doch, daß niemand von ihnen sich darüber hat klar sein können, welche ungeheure Arbeitslast und welche niederdrückende Verantwortung demjenigen aufgebürdet ist, der für 58 Millionen Deutsche verantwortlich ist. Jedenfalls bereue Ich keinen Augenblick die Mir damals schwer vorkommenden Zeiten, und Ich kann wohl sagen, daß die Arbeit und das Leben in der Arbeit Mir zur zweiten Natur geworden sind.«[13]

In Wahrheit war der Kaiser fast ständig unterwegs, wie auf der Flucht vor geregelter Arbeit, so daß der Hofmarschall Graf Zedlitz-Trützschler klagte oder mit Bosheit notierte: »Neun Monate reisen, nur die Wintermonate zu Hause! Wo aber bleibt auch da bei fortgesetzter Geselligkeit Zeit für ruhige Sammlung und ernste Arbeit?«[14] Gewohnt treffsicher erfand der Berliner Witz die passende Formel: »Ich habe keine Zeit zum Regieren.« Doch gerade im Kontrast von Wahrheit und Worten wird die Macht des preußischen Maßstabs sichtbar: Der Monarch *mußte* ihm huldigen. Betrachtet man im übrigen die Kasseler Rede genauer, so erkennt man wieder die friderizianische Stilisierung: Der schweren Jugend folgt die Berufung zum Herrscher, die sich nicht nur aus dem Gesetz der Erbfolge, sondern im tieferen Sinne dadurch begründet, daß dem Regenten »das Leben in der Arbeit zur zweiten Natur geworden ist«.

Eine andere Frage ist freilich, ob der Kaiser womöglich im Recht war, wenn er hier bloß Schauspielerei betrieb. Taugte denn das karge preußische Vorbild noch für eine moderne nationaldeutsche Monarchie? War es abwegig, wenn der alte Theodor Fontane an dem jungen Kaiser lobte, daß »er uns von den öden Formen und Erscheinungen des alten Preußentums«, von seiner »Ruppigkeit« und »Popligkeit« befreit und »ein volles Einsehen davon [hat], daß ein deutscher Kaiser was anderes ist als ein Markgraf von Brandenburg«?

Das Problem war dann nur, daß es ohne Preußen eigentlich überhaupt keinen Maßstab mehr gab. Das deutsche Kaiserreich war ja brandneu, gerade einmal siebzehn Jahre alt, als Wilhelm II. den Thron bestieg. Und sein Großvater hatte wahrlich kaum dazu beigetragen, etwas Zukunftweisendes zu schaffen. Mit Seufzen hatte er sich darein gefügt, Kaiser zu werden – und war im Grunde schlicht der König von Preußen geblieben, der er sein wollte.

Gewiß, es gab gefühlsbeladene Erinnerungen, die romantischen Sehnsüchte zurück ins Mittelalter. Jedes Schulkind hörte und lernte das Lied von Friedrich Rückert, das mit den Zeilen begann:

»Der alte Barbarossa,
der Kaiser Friederich,
im unterird'schen Schlosse
hält er verzaubert sich.

Er ist niemals gestorben,
er lebt darin noch jetzt;
er hat im Schloß verborgen
zum Schlaf sich hingesetzt.

Er hat hinabgenommen
des Reiches Herrlichkeit
und wird einst wiederkommen
mit ihr, zu seiner Zeit.«

Bismarck kannte diese romantischen Sehnsüchte nur zu gut und hat sie kaltblütig genutzt, als er das »Präsidium« der Reichsgründung mit dem Kaisertitel schmückte. Auch später hat man getan, was man konnte – unter Mitwirkung Wilhelms II. –, um den »Weißbart« Wilhelm I. sozusagen als den Nachkommen und Testamentsvollstrecker des »Rotbarts« Friedrich darzustellen. Was daraus geworden ist, kann man an der Ausmalung des Kaisersaals zu Goslar und noch eindrucksvoller (oder grotesker) am thüringischen Kyffhäuser-Denkmal sehen. Aber mit dem modernen Nationalstaat hatte das Heilige Römische Reich Deutscher Nation überhaupt nichts zu tun, auch nicht im Sinne einer Vorläuferschaft; sein Wesen und sein Verhängnis bestanden gerade darin, daß es zur neueren Staatsentwicklung vollkommen querstand und mit ihr der Auflösung verfiel. Nein, der Rückgriff aufs Mittelalter taugte allenfalls für Mißverständnisse oder zur Flucht aus der Gegenwart.

Von der Einführung des Kaisertitels abgesehen, hat Bismarck wenig dafür getan, der neudeutschen Monarchie ein Profil zu geben. Er selbst verfügte über die Schalthebel der Macht, solange Wilhelm I. lebte, und das genügte ihm. Ohnehin war er ein zweifelhafter Monarchist. Schon 1861 hat er verächtlich vom »ganz unhistorischen, gott- und rechtlosen Souveränitätsschwindel der deutschen Fürsten« gesprochen,[15] und an den Kriegsminister Albrecht von Roon schrieb er: »Ich bin meinem Fürsten treu bis in die Vendée, aber gegen alle anderen fühle ich in keinem Blutstropfen eine Spur von Verbindlichkeit, den Finger für sie aufzuheben.«[16]

Doch sogar gegenüber dem eigenen Fürstenhaus gab es Vorbehalte. Schließlich gehörten die Bismarcks zu den alten Familien der Mark Brandenburg, von denen Fontane gesagt hat, sie seien mit dem Selbstgefühl gerüstet, daß sie »schon vor den Hohenzollern da waren«.[17] Und die, hat der Reichsgründer angemerkt, waren im Prinzip nicht besser als die eigenen Vorfahren – oder nicht ganz so gut, weil es sich eben nur um eine verspätet zugewanderte »schwäbische Familie« handelte. Sogar alter Groll blieb unvergessen: Von ihrem angestammten Besitz in Burgstall waren die Bismarcks von den Hohenzollern im sechzehnten Jahrhundert »mit allerlei Zwang und Gewalttat, rein aus Jagdneid« vertrieben[18] und zur Umsiedlung nach Schönhausen gezwungen worden. Im Jahre 1866 hat dann Bismarck gezeigt, wie man mit Schwertstreich und Federstrich Dynastien vernichtet, darunter eine so alte und traditionsreiche wie das Welfenhaus in Hannover.

Was Bismarck dem Thronerben allerdings hinterließ, war eine tief gespaltene Nation. Zwar verfehlte die Sozialistenverfolgung ihr Ziel. Mit einem Stimmenanteil von 7,6 Prozent und neun Mandaten wurden die Sozialdemokraten 1878 in die Illegalität gestoßen; mit 19,8 Prozent und 35 Mandaten feierten sie 1890 ihren Sieg. Seitdem schritten sie unaufhaltsam weiter voran, und mehr und mehr rückte ihr Führer, August Bebel, zum heimlichen deutschen »Gegenkaiser« auf. Aber es war Bismarck gelungen, dem Bürgertum den Abscheu vor den »vaterlandslosen Gesellen«, die Furcht vor der »roten Gefahr« einzuimpfen – und damit die Sozialdemokraten in ein Getto zu verbannen, in dem sie sich auf marxistische Dogmatik und Revolutionsrhetorik einschworen, obwohl sie sich in ihrer Praxis zu einer sozialstaatlichen Reformpartei entwickelten.

Unwillkürlich erinnert man sich noch einmal an den Schattenkaiser der 99 Tage, Friedrich III. Hätte er etwas Besseres erreicht, wenn er gesund geblieben wäre? Wäre es ihm gelungen, eine »englische» Entwicklung im Sinne Walter Bagehots einzuleiten? Niemand kann das ausschließen, aber viel spricht dagegen. Allzu stark waren die konservativen Gegenkräfte, beglaubigt durch die preußische Tradition einer tätigen und mächtigen Monarchie. Darum erschien das englische Vorbild als unpatriotisch, als Gefahr, um nicht zu sagen als Landesverrat. Kaum von ungefähr konzentrierten sich – mit Bismarck voran – der Argwohn und der Haß auf Viktoria, die englische Prinzessin, der man einen verderblichen Einfluß auf ihren Gemahl zuschrieb.[19]

Worin bestand also das Kaisererbe, das Wilhelm II. erwartete? Welche Formen sollte es finden? Solange Bismarck regierte, stellte sich die Frage nicht. Er verkörperte, er *war* das von ihm geschaffene Reich. Darum gab es für ihn keine Zukunft über die eigene Amtszeit hinaus, es sei denn, je älter er wurde, desto düsterer, in Alpträumen vom Niedergang oder vom Absturz: »Wehe meinen Enkeln!«[20] Doch was kam wirklich nach ihm? Zu dieser Frage fehlte auch den Nachgeborenen die Antwort. Was es gab, war nur ein undeutliches und widersprüchliches Gemisch aus Ängsten und Hoffnungen, nicht selten bis zum Wahn übersteigert.

Das heißt mit anderen Worten: Für Wilhelm II. blieb sehr wenig, woran er sich halten konnte, sofern man von den weitreichenden Machtbefugnissen absieht, die die Verfassung ihm verlieh. Er mußte dem Kaisererbe, für das er bestimmt war, erst noch seine Gestalt geben, es gleichsam erfinden und mit Leben erfüllen. Das hat er getan, und auf seine Weise ist es ihm gelungen: In den Augen der Zeitgenossen und der Nachwelt war er nicht mehr der König von Preußen, sondern schlechthin »der Kaiser«, das Sinnbild der nach ihm benannten Epoche.

Die Vorbereitung

Der Norddeutsche Bund und das Deutsche Reich wurden 1866 und 1870/71 im Krieg erschaffen. Um jedoch die innere Einheit herzustellen, waren Friedensleistungen erforderlich, zwar weit weniger dramatisch als die Schlachten bei Königgrätz und bei Sedan, aber in ihrer Summe ebenso bedeutend wie die militärischen Triumphe. Bismarck berief dafür den besten Mann, den er finden konnte, Rudolf Delbrück (1817–1903). Als leitender Beamter im preußischen Handelsministerium hatte er schon wesentlich an der Entwicklung des Zollvereins mitgewirkt. Im April 1867 ernannte Bismarck ihn zum Leiter des neugegründeten Bundeskanzleramtes und zwei Jahre später zum preußischen Staatsminister. Es begann innerhalb der »Ära Bismarck« die »Ära Delbrück«, die bis 1876 dauerte. Da es weniger um Machtfragen als um technische und rechtliche Probleme ging, überließ Bismarck seinem Mitarbeiter das weite Feld, das nun bestellt werden sollte.

Die Maße, die Gewichte und viele andere, oft altertümliche Normen mußten wie die Grundlagen des Rechts vereinheitlicht werden. Man wird an die Arbeit der Europäischen Kommission in Brüssel erinnert, nur daß Delbrück weitaus erfolgreicher war als dort jemals ein Präsident. Die deutschen Mittel- und Kleinstaaten hatten dem Übergewicht und dem Sachverstand der preußischen Beamten ohnehin wenig entgegenzusetzen. Eine Verordnungsflut ging auf Sachsen, Bayern, Hanseaten und alle übrigen nieder; Bismarck sprach spöttisch vom »Verordnungsdurchfall«. Um nur Stichworte zu nennen: Am Anfang stand die Freizügigkeit im Bundes- und Reichsgebiet. Es folgten die Maße und Gewichte. Das Feldmaß »Morgen« zum Beispiel, verschieden in bayerischer, badischer, württembergischer, sächsischer und preußischer oder »alter Magdeburger« Berechnung, wurde durch Hektar und Ar ersetzt – was die Gutsherrn und Bauern natürlich nicht daran hinderte, sich ihre Feldgrößen weiterhin in Morgen vorzustellen, so wie heute Autobesitzer ihre Motorleistungen in den längst abgeschafften Pferdestärken benennen und vergleichen.

Ein »Deutsches Handelsgesetzbuch« wurde verabschiedet und mit der Einrichtung eines obersten Handelsgerichts in Leipzig verbunden. 1869 erging die Gewerbeordnung, die die Gewerbefreiheit in den Mittelpunkt stellte und die Beschränkungen aufhob, die es noch gab. Das war nicht nur, aber besonders für die Juden wichtig; man kann darum sagen, daß die formelle Judenemanzipation 1869 zum Abschluß kam. Ein Jahr später folgte das Strafgesetzbuch. Das Münzgesetz vom 9. Juli 1873 brachte die Reichsgoldwährung mit der Rechnungseinheit 1 Mark = 100 Pfennige = 0,384 Gramm Feingold. Und so ging es immer weiter; am 1. Oktober 1879 nahm das Reichsgericht in Leipzig seine Arbeit auf. Besonders viel Zeit brauchte man, mit deutscher Gründlichkeit, für das Bürgerliche Gesetzbuch. Es wurde erst 1896 verkündet und zum 1. Januar 1900 in Kraft gesetzt. Doch von der Schweiz bis Japan diente es dann anderen Ländern zum Vorbild.

Insgesamt mutete der »Verordnungsdurchfall« den Bürgern große Umstellungsleistungen zu. Aber aus den Zumutungen wuchs der Erfolg. Das Kaiserreich wurde beispielhaft modern, weit moderner als die meisten anderen Länder Europas und der Welt. Diese Modernität gehörte nicht zu den Beigaben, sondern sie bildete ein Kernstück des Erbes, das Wilhelm II. im Jahre 1888 übernahm.

Zu den kaum nachzählbaren Neuerungen gehörte auch die Bestimmung über die Volljährigkeit. Mit Reichsgesetz vom 17. Februar 1875, das am 1. Januar 1876 in Kraft trat, wurde sie auf die Vollendung des 21. Lebensjahres festgelegt. Nur ein paar Ausnahmen blieben, darunter das Hausgesetz der Hohenzollern, das vom achtzehnten Geburtstag ausging. Theoretisch hätte Wilhelm also schon am 27. Januar 1877 Kaiser werden können. Doch es blieben ihm noch elf Jahre der Vorbereitung.

Gleichwohl war sein achtzehnter Geburtstag eine Wendemarke. Kurz zuvor hatte er das Abitur erreicht, und sein Plagegeist Hinzpeter wurde verabschiedet.[1] Zur Feier des Mündigwerdens ging ein Ordensregen auf den jungen Mann nieder. Sein Großvater, Wilhelm I., verlieh ihm die höchste Auszeichnung, die er zu vergeben hatte, den Schwarzen Adlerorden.[2] Auch der Zar von Rußland, der Kaiser von Österreich und der König von Italien ließen sich nicht lumpen und hielten mit.

Wilhelms englische Großmutter allerdings, die Königin Victoria, wollte erst einmal sparsam bleiben und dachte an den Order of the Bath, nicht an die höchste Auszeichnung, den Hosenbandorden. Aber ihre Tochter, die Prinzessin Viktoria, warnte sie: »Ich fürchte, wenn Willy einen Orden erhält, der hier als zweitrangig gilt, könnte man das als Affront auffassen.«[3] Und der Premierminister, Benjamin Disraeli, fügte weise hinzu: »Der junge Prinz wird es niemals vergessen, wenn er zu seinem Geburtstag von Eurer Majestät den vornehmsten Orden der Christenheit erhält.«[4] Ordensverleihungen haben eben nicht nur mit Verdiensten zu tun; sie stellen zugleich eine feinsinnige (und dazu noch preiswerte) Form der Bestechung dar. Also überbrachte der britische Botschafter in Berlin, Lord Odo Russell, doch noch den Hosenbandorden.

Disraelis »niemals« muß man mit einem Fragezeichen versehen. Zunächst aber war Wilhelm wirklich hingerissen. »Ich bin«, so schrieb er der Großmutter, »stolz darauf, Dein Enkel und als Ritter des Hosenbandordens Dein Untertan zu sein. Ja, an diesem Tag fühle ich mich ganz als Engländer. Und ich bin froh, sagen zu können: Ich bin auch Brite!«[5]

Zum wirklichen Mündigwerden gehört freilich mehr als bloß ein Federstrich des Gesetzgebers, der das Datum bestimmt, oder gar ein Ordensregen. Jede neue Generation und jeder junge Mensch muß sich früher oder später – und sei es noch so ungerecht – von der Fürsorge der Eltern und Erzieher losreißen, um auf den eigenen Füßen zu stehen, Selbstbewußtsein zu entwickeln und nicht lebenslang duckmäuserisch zu bleiben. Um mit Immanuel Kant zu reden: »Sapere aude! Habe Mut, dich deines *eigenen* Verstandes zu bedienen! ist also der Wahlspruch der Aufklärung« – und des Ausgangs des Menschen aus seiner Unmündigkeit.[6]

Die Abkehr Wilhelms II. von dem Erziehungsdiktator Hinzpeter war längst vollendet, bevor sie der Form nach vollzogen wurde, und die Entfremdung von den Eltern hatte sich zumindest schon angebahnt. Besonders im Verhältnis zur Mutter verdichtete sie sich schließlich bis zum Haß.[7] Seinen düsteren Höhepunkt erreichte dieser Haß beim Tode des Vaters: Der Kaisererbe ließ das Schloß von Soldaten umstellen, um zu verhindern, daß die Mutter Dokumente und Briefe beiseite schaffte, die ihren »Ver-

rat«, ihre »undeutsche« Leidenschaft für das Vorbild der britischen Verfassungsordnung belegten. Viktoria hatte das allerdings vorausgesehen. Bei einem Besuch des Kronprinzenpaares in England waren darum im Sommer 1887 vorsorglich mehrere Kisten mit persönlichen Papieren im Schloß Windsor deponiert worden, mit der Anweisung versehen, daß sie nur nach einer vom Kronprinzen oder der Kronprinzessin persönlich unterzeichneten Gnehmigung ausgehändigt werden dürften. Für den Sohn blieb also der Zugang verriegelt. Zwei weitere Kisten folgten im Mai und im Juni 1888, kurz vor dem Tod Friedrichs III.

Wie soll man den Sachverhalt beurteilen? Ein fast alltäglicher und ganz natürlicher Generationenkonflikt kam gewiß ins Spiel. Doch in diesem Falle ging es um mehr – und um weitreichende politische Konsequenzen. Der Thronerbe geriet in Opposition zu den liberalen Vorstellungen seiner Eltern. Ganz besonders galt das für die »englischen« Ideale der Mutter; die Begeisterung des Achtzehnjährigen über den Hosenbandorden hielt eben doch nicht, was sie versprach.

Ungeschicklichkeit kam noch hinzu, etwa wenn die Mutter ihrem Sohn mehr aufdringlich als einfühlsam – auf englisch – schrieb: »Da England die freieste, die fortschrittlichste und fortgeschrittenste, die liberalste und die am meisten entwickelte Nation der Welt ist, auch die *reichste*, so ist es besonders geeignet, um *andere* Länder zu zivilisieren!«[8] Und nach einem offenbar vorausgegangenen Wort- oder Briefwechsel hieß es, wiederum auf englisch: »Du sagst, Dein Wunsch sei es, Dein Vaterland an *erster* Stelle in Europa zu sehen; zweifellos tut Dir die Idee gut, daß dies der Fall sein *könnte*, genau wie sie den meisten Deutschen, so denke ich mir, gefällt! Du kannst sagen, daß Ihr den *waghalsigsten* Staatsmann in Europa [Bismarck] habt und auch die größte und mächtigste Armee und außerdem, daß Eure Bevölkerung einen ansehnlichen Teil *guter* Eigenschaften besitzt, intelligent ist und über zahlreiche *gute* und nützliche Einrichtungen verfügt, mit denen sie regiert werden kann. Aber leider kann ich weder die Meinung akzeptieren, daß die *Regierungsform erstklassig* ist *noch* die Entwicklung Eures Handels und der Landwirtschaft *noch* die sozialen Zustände bei Euch, selbst in der *Kunst* könntet Ihr die anderen nicht schlagen – und Ihr seid *rückständig* in *vielen vielen* Dingen, in denen *zivilisierte moderne* Nationen perfekt sein *müssen*, wenn sie sich mit dem Gedanken tragen, Führer der anderen zu sein! Der *Wunsch*, daß das eigene Land an erster Stelle stehen soll, ist richtig und nützlich, weil er dazu führt, daß jeder einzelne bestrebt ist, *vorwärts* zu kommen – und sein Land voranzubringen! Aber die plumpe und leere Prahlerei ›Wir *sind* die Ersten‹ ist nicht nur lächerlich, sondern *verletzend* – und hindert nur den Fortschritt! Verstehst Du, was ich Dir sage?«[9]

Nein, das verstand der Neunzehnjährige nicht oder wollte es nicht verstehen. Prahlte Viktoria nicht selbst damit, daß *ihr* Land an erster Stelle stehe? Mehr und mehr zog Wilhelm sich darauf zurück, die Briefe der Mutter unbeantwortet zu lassen, was die wiederum bitter beklagte. Pychologisch betrachtet ist hier, im Verhältnis oder Mißverhältnis von Mutter und Sohn, vieles angelegt, was zwiespältig in die Zukunft weist, bis hin zur Marinebegeisterung des Kaisers und bis zum Schlachtflottenbau, der den *Rivalen* England herausforderte: ein Schwanken zwischen Verachtung und Bewunderung, eine Haßliebe zu dem traditionsmächtigen Inselreich, in dessen Rang man aufrücken oder dessen Nachfolge man antreten wollte.

Der Kronprinz und die Kronprinzessin standen in Opposition zu Bismarck, und vor allem Viktoria verabscheute den Gewaltmenschen, als den sie ihn sah.[10] Das entging dem Sohn natürlich nicht, und so entwickelte er, im Gegenzug zur Entfremdung von den Eltern, zumindest zeitweilig eine fast überschäumende Bismarckbegeisterung. Womöglich noch wichtiger und jedenfalls dauerhafter war die Hinwendung zu dem konservativen Großvater, der wiederum in einem gespannten Verhältnis zu den Eltern stand. Diese Hinwendung hatte zunächst einmal praktische Gründe. Wenn es darum ging, etwas zu erreichen, zum Beispiel eine Reisegenehmigung ins Ausland, war der alte Kaiser die ausschlaggebende Instanz. Und wenn dann der Vater protestierte, um so besser. Dann konnte man triumphierend erklären: »Aber Seine Majestät hat schon die Erlaubnis erteilt.«

Später, nach Wilhelms Thronbesteigung und dem Bruch mit

Bismarck, wurde die Verehrung, die Verherrlichung des alten Kaisers womöglich noch bedeutsamer. Denn nun ging es nicht mehr um die ohnmächtigen Eltern, sondern darum, gegen den zwar gestürzten, aber aus dem Sachsenwald um so drohender aufragenden Bismarck eine Gegenposition aufzubauen. Freilich half das nicht viel, und Wilhelm II. geriet sogar ins Lächerliche, als er versuchte, den Großvater zum »Großen« auszurufen und ihn zum eigentlichen Reichsgründer zu stilisieren, der bestenfalls »Handlanger« gehabt habe – so in einer Ansprache im Jahre 1897, in der es hieß:

»Wir können ihn [Wilhelm I.] verfolgen, wie er langsam heranreifte von der schweren Zeit der Prüfung bis zu dem Zeitpunkt, wo er als fertiger Mann, dem Greisenalter nahe, zur Arbeit gerufen wurde, sich jahrelang auf seinen Beruf vorbereitend, die großen Gedanken in seinem Haupte fertig ... Meine Herren, wenn der hohe Herr im Mittelalter gelebt hätte, er wäre heilig gesprochen und Pilgerzüge aus allen Ländern wären hingezogen, um an seinen Gebeinen Gebete zu verrichten ...« Die Zukunft aber sei nur zu bestehen, »wenn wir uns immerdar des Mannes erinnern, dem wir unser Vaterland, das deutsche Reich verdanken, in dessen Nähe durch Gottes Fügung so mancher brave, tüchtige Ratgeber war, der die Ehre hatte, seine Gedanken ausführen zu dürfen, die aber alle Handlanger seines erhabenen Wollens waren, erfüllt vom Geiste dieses erhabenen Kaisers.«[11] In einigen in Umlauf gebrachten Versionen der Rede war statt von Handlangern auch von »Pygmäen« die Rede.

Wilhelm I. als der zielbewußte und willensstarke Reichsgründer – obwohl er in Wahrheit doch immer nur König von Preußen sein wollte und sich verzweifelt gegen seine »Beförderung« auf den Kaiserthron zur Wehr setzte? Und Bismarck nichts als ein braver, eher zwergwüchsiger Handlanger? Darüber haben schon die Zeitgenossen gespottet oder sich empört. Theodor Fontane notierte: »Ich bin kein Bismarckianer, das Letzte und Beste in mir wendet sich von ihm ab, er ist keine edle Natur; aber die Hohenzollern sollten sich *nicht* von ihm abwenden, denn die ganze Glorie, die den alten Wilhelm umstrahlt – und die dazu noch eine *reine* Glorie ist, weil das Häßliche davon an Bismarcks Händen kleben blieb –, die ganze neue Glorie des Hauses verdankt das Hohenzollerntum dem genialen Kraftmeier aus dem Sachsenwald. ›Es wächst das Riesenmaß der Leiber hoch über Menschliches hinaus.‹ Und das Riesenmaß seines Geistes stellt noch wieder das seines Leibes in den Schatten. Und *der* soll Werkzeug gewesen sein oder Handlanger oder gar Pygmäe! Wie kann man die Geschichte *so* fälschen wollen. Es ist der sprichwörtliche Undank der Hohenzollern, der einen hier anstarrt.«[12]

Ja, gewiß. Aber bevor wir uns dem Hohn oder der Empörung ganz ohne Vorbehalt anschließen, sollten wir zumindest bedenken, daß die Verehrung, ja Verherrlichung des Großvaters schon in der Jugendgeschichte Wilhelms II. beinahe zwingend angelegt war – und daß er, seitdem er selber regierte, in der Konfrontation mit Bismarck sozusagen mit dem Rücken zur Wand stand. Denn solange der Reichsgründer im Amt war, blieb er umstritten, von Nörglern, von Feinden umgeben. Mit dem Tag seiner Entlassung aber wandelte sich das Bild; er wuchs ins Gewaltige und Heldenhafte, zur deutschen Sagengestalt empor. Überall gingen im übertragenen wie im direkten Sinne die Denkmalerbauer ans Werk, so daß Max Ehrhardt-Apolda in seinem Buch »Bismarck als Denkmal« bereits im Jahre 1903 feststellte:

»Die Fülle der schon vorhandenen Bismarckdenkmäler läßt kaum erwarten, daß der nationale Eifer nach solchem künstlerischen Beweis des Patriotismus seinen Höhepunkt schon überschritten hat. Leider drängt sich uns in diesen Tagen, da wir unter dem Eindruck der neuen Zusammensetzung des Reichstages, dieses hehrsten Denkmals Bismarcks, stehen, die Frage auf, ob denn nun alle diese aus ehrlichem Herzen geborenen Bismarckdenkmäler einmal Gedenksteine sein werden auf dem Grabe der größten nationalen Ruhmesepoche unseres Vaterlandes? O, daß uns die lebendige Erinnerung an den deutschen Mann Bismarck, der uns einzigste politische Kraft zeigte in den unbegrenzten Weiten und Tiefen seines deutschen Gemütes, Kraft verleihen möge zu hoffen. Deshalb lassen wir uns auch nicht davon abhalten, unsere Marktplätze und unsere Höhen zu schmücken mit Bildern Otto von Bismarcks. Die Menschheit hat doch einmal Symbole nötig für ihre Ziele und für die Kraft zum Verfolg dieser Ziele ... Und so ist unsere Frage an den Gott, der Eisen wachsen ließ: Wann wirst du uns einen zweiten Bismarck schenken? Und erst, wenn wir den haben – ja dann wird die deutsche Welt aufhören, ihrem Bismarck Denkmäler zu setzen.«[13]

Zum Verständnis: Bei den Reichstagswahlen von 1903 war es zu einem Linksruck gekommen; die Zentrumspartei und die So-

Bismarck-Verherrlichung in Bad Harzburg: »Nach Canossa gehen wir nicht« schmückt als Motto den Obelisken.

zialdemokraten gewannen Stimmen und Mandate, während die Nationalliberalen und die Konservativen verloren. In einem parlamentarischen System wäre jetzt eine »linke« Regierung möglich geworden. Davor fürchtete man sich, und diese Furcht vor »Reichsfeinden« und »vaterlandslosen Gesellen« hatte Bismarck dem Bürgertum absichtsvoll eingebrannt. Abhilfe konnte nur eine starke, notfalls sogar gewaltbereite Führung schaffen, und die gab es offenbar nicht. So enthielt die Bismarckverehrung zugleich eine Kritik am nun regierenden Kaiser. Anzumerken wäre vielleicht noch, daß die Vorhersage des Max Ehrhardt-Apolda sich auf fatale Weise erfüllte: Seit es mit der nationalsozialistischen Machtergreifung von 1933 den Führer gab, der mit dem »linken« Gesindel ohne Rücksicht auf den Rechtsstaat aufräumte, sind keine Bismarckdenkmäler mehr erbaut worden.

Doch zurück zu dem gerade mündig gesprochenen und mit Orden überschütteten jungen Mann: Wie sind die elf Jahre genutzt worden, die ihm bis zur Übernahme des Thronerbes blieben?

Im Oktober 1877 wurde der preußische Prinz für zwei Jahre oder vier Semester Student in Bonn. Von einem ernsthaften Fachstudium, gar mit dem Ziel, ein Examen abzulegen, konnte freilich nicht die Rede sein; es ging in einem leichteren und weiteren, vielleicht sogar besseren Sinne um Bildung, übrigens im Zeichen der Tradition: Schon Wilhelms Vater und sein Coburger Großvater, Prinz Albert, hatten hier einige Semester verbracht, und allgemein galt Bonn als »Prinzenuniversität«. Die großen Bildungsreisen, die einst der europäische Hochadel unternahm, besonders nach Frankreich und Italien, waren gewissermaßen akademisch seßhaft geworden. Wilhelm hörte, teils in Privatveranstaltungen, Vorlesungen des Staats- und Verwaltungsrechts, der Finanzwissenschaften, der Literatur- und Kunstgeschichte, der allgemeinen Geschichte und sogar der Naturwissenschaften.

Aber womöglich weit bedeutsamer war ein erstmals unbeschwertes Leben unter gleichaltrigen jungen Leuten. Die Stadt am Rhein, mit damals kaum 30 000 Einwohnern, stellte sich so idyllisch dar, wie sie es im Grunde geblieben ist, bis auf Betreiben Konrad Adenauers 1949 der Bundestag und die Bundesregierung Einzug hielten; die Universität zählte gerade einmal 859 Studenten. Köln und der Karneval lagen nahe, wie nach Süden hin Koblenz und die Burg Stolzenfels, die der Großonkel, Friedrich Wilhelm IV., sich zum romantischen Rittersitz hatte ausbauen lassen. Reisen und Jagdunterbrechungen kamen ohnehin noch hinzu. Von Bonn aus hat Wilhelm auch – im Herbst 1878, anläßlich einer Weltausstellung – Paris besucht, zum einzigen Mal in seinem Leben.[14]

Wichtig waren wahrscheinlich die Vorlesungen des konservativen Historikers Wilhelm Maurenbrecher, und es ist nicht auszuschließen, daß der Professor seinen Studenten im antibritischen und elternfeindlichen Sinne beeinflußt hat. Jedenfalls liest man in Maurenbrechers späterem Buch über die Reichsgründung: »Bekanntlich haben die Engländer immer geliebt, ihre Ratschläge ungebeten nach Deutschland zu erteilen, so wie ein reicher Großkaufmann wohl seinen von ihm abhängigen und unterstützten armen Verwandten gegenüber zu tun beliebt.« Und noch viel schärfer heißt es, gegen Wilhelms Vater gerichtet: »Die Auslassungen des Kronprinzen ... zeigen ihn völlig in englischen und liberalen Irrwegen«, was zu heftigen »Reibungen und Kämpfen« mit Bismarck führte.[15]

Von unbestreitbarer Bedeutung aber war die Mitgliedschaft des Prinzen bei den Bonner Borussen. Es handelte sich um eine Corpsbruderschaft und um die wohl feudalste Verbindung, die es in Deutschland gab. Unter den 390 Studenten, die zwischen 1871 und 1914 im Corps aktiv waren, verloren sich zwei Bürgersöhne unter 44 Fürstenkindern, 99 Grafen und dem sonstigen Adel.[16] Als künftiger Kaiser durfte Wilhelm allerdings keine Mensuren fechten und war darum zunächst nur Gast des Corps. Erst nachträglich und ehrenhalber wurde er zum »Alten Herren« und damit zum Vollmitglied ernannt – natürlich auch zum Vorteil der Borussia, wie Harry Graf Kessler anmerkt, der etwas später in Bonn studierte: »Es war das Corps, dem der junge Kaiser als ›Alter Herr‹ angehörte und dem durch die große Zahl seiner führenden Mitglieder in hohen und höchsten Stellen der Regierung, Verwaltung und Diplomatie ein unsichtbarer, aber maßgeblicher Einfluß im öffentlichen Leben zukam. Es war, wenn man die Definition Ferdinand Lassalles gelten läßt, daß die Verfassung eines Volkes nicht seine geschriebenen Gesetze, sondern die in ihm sich auswirkenden Machtverhältnisse sind, ein Stück der deutschen oder wenigstens preußischen Verfassung.«[17]

Wilhelm selbst hat im Rückblick gesagt: »Es ist Meine feste Überzeugung, daß jeder junge Mann, der in ein Corps eintritt, durch den Geist, welcher in demselben herrscht, und mit diesem Geist seine wahre Richtung fürs Leben erhält. Denn es ist die beste Erziehung, die ein junger Mann für sein späteres Leben bekommt.«[18]

Spötter mögen von einem trüben Gemisch aus Bierdunst und Patriotismus reden. Aber man sollte die Dinge wohl nicht zu ernst nehmen und bedenken, was es für einen mit wenig Liebe und vielen Beschränkungen sehr einsam aufgewachsenen jungen Mann bedeutete, wenn er eine unbeschwerte Zugehörigkeit und, falls schon nicht Freundschaft, dann doch Kameradschaft fand. Der scharfäugige Professor Justi hat nach dem »Wegessen« des Prinzen und dem »Niederfall roter Vögel« vom scheidenden Studenten gesagt: »Von reaktionären Grundsätzen hat er gewiß hier nichts eingesogen, er ist in die Geheimnisse der unverfälschten konstitutionellen Politik und des Freihandels etc. eingeweiht wor-

Eine glückliche Zeit: Prinz Wilhelm als Student in Bonn.

den; nur in Bezug auf Korpswesen, dem er vor allen akademischen Bildungsmitteln den lebhaftesten Anteil gewidmet hat, dürfte er streng konservative Eindrücke mitnehmen ... Er ist von großer Lebhaftigkeit, auch in der Auffassung, aber von keineswegs hervorragender Begabung. Aufgefallen ist, daß man ihm in so entscheidenden Jahren nicht einen Mann von überlegenem Geist zur Seite gegeben hat. Übrigens scheint er in seinen Neigungen und Abneigungen ebenso dezidiert wie rasch zu sein und dann sich jedem Eingehen auf entgegenstehende Erwägungen zu verschließen.«[19]

Das letzte Wort zu seinen akademischen Eindrücken sollte wohl Wilhelm selbst haben. Denn vielleicht im Stil, aber kaum in der Sache klingt gekünstelt, was der Kaiser im April 1901 bei einer Festansprache vor Verbindungsstudenten und »Alten Herren« in der Bonner Beethovenhalle erklärte: »Es bedarf wohl für Sie ... nicht besonderer Erwägung oder Betonung, welche Gefühle Mein Herz durchzittern, wenn Ich Mich im lieben Bonn wieder unter Studenten finde. Es entrollt sich vor Meines Geistes Augen das herrlich schimmernde Bild voll Sonnenscheins und glücklicher Zufriedenheit, welche die Zeit meines Hierseins damals erfüllte. Freude am Leben, Freude an den Leuten, alt wie jung, und vor allem Freude am eben erstarkenden jungen Deutschen Reiche!«[20]

Gleich nach der Studienzeit begann Wilhelm auf Anordnung des Großvaters seinen aktiven Militärdienst in Potsdam, zunächst als Leutnant beim 1. Garderegiment zu Fuß, dem »ersten Regiment der Christenheit«, wie man es nannte, und jedenfalls dem feudalsten und darum vornehmsten, das es in Preußen gab. Der Plan der Eltern, ihn erst einmal auf längere Bildungsreisen ins Ausland zu schicken, wurde vereitelt – ganz wie er selbst es wünschte. »Ich verzichte mit leichtem Herzen darauf«, bekam die Mutter schadenfroh zu hören. »Ich kann warten; in ein oder zwei Jahren wird es vielleicht möglich sein. Mit der größten Freude werde ich in mein geliebtes Regiment eintreten, so wie der Kaiser es wünscht; denn ich sehne mich nach dem geliebten Potsdam, und das Leben dort ist ja so angenehm und schön. Und der strenge und regelmäßige Dienst wird mir guttun nach dem vielen Sitzen, das ich hinter mir habe.«[21]

In der Tat, das Soldatsein machte ihm Freude – und zwar nicht nur kurzfristig, wie es sonst bei seinen Beschäftigungen oft der Fall war, sondern dauerhaft. Es bedeutete für ihn Bewährung, den Beweis dafür, daß er trotz seiner Behinderung ein ganzer Mann war. Außerdem gab es Kameradschaft, vom Potsdamer Garnisonsgeist geprägt, sogar noch mehr als beim Corps Borussia in Bonn, klare Verhältnisse und Anschauungen, Rangordnung, Befehl und Gehorsam: Nichts blieb vieldeutig, alles einfach und abgesichert.

»Ich liebe mein Regiment mit seinen lieben netten jungen Männern sehr«, schrieb Wilhelm an die Gräfin Marie Dönhoff.[22] Und so machte er denn Karriere, wie es sich für einen Kaiserenkel und Thronerben gehört. Am Kaisergeburtstag 1880 wurde er zum Hauptmann befördert und übernahm die Führung einer Kompanie. Anderthalb Jahre später folgte die Ernennung zum Major und wiederum ein Jahr später, nach einigen Monaten beim Ersten

Garde-Feldartillerie-Regiment, die Führung des I. Bataillons des Ersten Garderegiments. 1885 übernahm Wilhelm als Oberst und Kommandeur das Garde-Husaren-Regiment.[23]

Die Frage ist freilich, was der »Geist von Potsdam« eigentlich bedeutete und was er für den künftigen Herrscher erbrachte. Der Historiker Friedrich Meinecke hat die Entwicklung des preußisch-deutschen Militärgeistes kritisch beschrieben, wenn er für die Mitte des neunzehnten Jahrhunderts über das Offizierkorps sagt: »Es stand, trotz vieler minderwertiger Elemente in seinen Reihen, auch der geistigen Bildung seiner Zeit nicht fern, – das heißt, es benutzte sie, aber es eignete sie sich nicht innerlich an; es übernahm mehr ihre positiven Lehren als ihren ideellen Kern. Aus dieser Schule gingen die späteren Generale von 1866 und 1870 hervor. Sie hatten alle fleißig gelernt und die Fortschritte des Wissens aufmerksam verfolgt, aber sie hatten nicht, wie die Reformer von 1808, den heißen Trieb, das eigene Leben mit den allgemeinen geistigen Kräften zu durchdringen. So bildete sich ein Typus des modernen preußischen Offiziers aus: von Kindheit an gerade gerichtet, um nicht zu sagen dressiert; alle, die Klugen wie die Dummen, zu ritterlichem und straffem Auftreten erzogen ... Und die geistigen Mächte der Zeit, die zu Beginn des Jahrhunderts die Dämme des Standesbewußtseins hatten durchreißen können, hatten sich verwandelt. Teils hatten sie an innerer Stärke verloren, teils wirkten sie sogar als günstige Winde in den Segeln. Jene Verbindung einer realistisch-utilitaristischen Bildung mit einem sozialen Standesgeist, der Elemente aus anderen Kreisen nur soweit aufnahm, als sie gleichartig oder verwandt waren, war und wurde immer mehr modern und wurde im preußischen Offizierkorps eigentlich zuerst verwirklicht. Fachbildung und Standesgeist förderten sich gegenseitig, denn der moderne Realismus erkannte sehr genau, daß nicht nur Bildung, sondern auch Milieu und Tradition, selbst irrationale Tradition, Macht sei. Nicht Universalität, sondern Einseitigkeit der Bildung macht schneidig für den Zweck, sagte Roon später einmal, als er die Kadetteninstitute verteidigte.«[24]

Jetzt, wieder eine Generation später, war von dieser Bildung beinahe nur noch das Schneidigsein geblieben, nur zu leicht auch mit der Schnöseligkeit verbunden, von der dann die »Zitzewitze« erzählten, etwa nach der Art, daß Leutnant von Zitzewitz dem Leutnant von Itzenplitz berichtet: »Doller Abend jestern! Janze

Männer unter sich: Wilhelm II. beim Altherrenfest der Gardekavallerie 1912.

Nacht Beethoven gespielt!« – »Na und? Wat jewonnen?« – Oder, als der Wachtmeister den Rekruten in der Reitbahn anbrüllt: »Mann, Sie sitzen ja auf'm Pferd wie Iphigenie auf Aulis!«, Zitzewitz dem Wachtmeister entgegnet: »Ist ja jut, wenn Sie den Leuten auch gleich noch Bildung beibringen wollen, aber die Bibel lassen Sie doch besser aus dem Spiel!« – Oder die Kasinogemütlichkeit bei Bier und Gelächter: »Kaum hat man sich am Abend hingesetzt – bums, geht das Aas, die Sonne, auf!«

Eine angemessene Vorbereitung auf das Thronerbe? Philipp Eulenburg, selbst einmal Offizier, dann Diplomat und für beinahe zwanzig Jahre der Freund und Vertraute des Kaisers, hat vielleicht am genauesten beschrieben, worum es sich handelte: »Kaiser Wilhelm II., der im Gegensatz zu seinem hochgebildeten Elternhaus seine Erziehung im Offizierkorps des I. Garderegiments ›vollendet‹ hatte, sog wie ein Kind an den Mutterbrüsten die Tradition ein, daß jeder preußische Offizier nicht nur die Quintessenz aller Ehrenhaftigkeit, sondern auch aller guten Sitten, aller Bildung und geistigen Begabung sei. Daß ein Mann von hellem Blick wie Wilhelm II. auch die beiden letzteren Eigenschaften *jedem* Garderock zuzurechnen vermochte, ist mir stets ein Rätsel gewesen. Wir wollen es eine Mischung von militärischer Hohenzollerninzucht und Selbsthypnose nennen.«[25]

Natürlich gab es einige Unterbrechungen des Militärdienstes. Im Herbst 1882 bestimmte Seine Majestät, daß der Enkel »während des bevorstehenden Winter-Halbjahrs in die Kenntnis der Zivil-Verwaltung Meiner Monarchie durch den Ober-Präsidenten, Staats-Minister Dr. Achenbach, nach einem von demselben entworfenen Programm« einzuführen sei. Achenbach tat, was er konnte, und der Kaiser zeigte sich zufrieden. Aber weil er selbst soldatisch erzogen worden war und soldatisch dachte, genügten ihm wenige Monate für Wilhelms Einführung in die zivilen Angelegenheiten, und er schickte ihn nach Potsdam zurück.

Es gab auch Reisen, so 1884 nach St. Petersburg. Wilhelm wurde am Zarenhof als der deutsche Thronerbe mit allen Ehren und als naher Verwandter herzlich aufgenommen.[26] Dem Zaren Alexander III., so schien es, gefiel der junge Mann, der ihm von seiner Liebe zu Rußland und von der Abneigung gegenüber England erzählte.[27] Freilich nicht alle urteilten so günstig wie der Zar. Dem österreichischen Kronprinzen Rudolf zum Beispiel, einem skeptischen Erben ehrwürdiger Traditionen, der am Fortbestand der alten Ordnung zweifelte, vielleicht verzweifelte und im Jahre 1889 Selbstmord beging, erschien der fast gleichaltrige Wilhelm eher wie ein neureicher Emporkömmling – was genau betrachtet die Hohenzollern gegenüber den Habsburgern ja auch waren.[28]

Seine Reisen nach Rußland, Österreich und England weckten in Wilhelm den begreiflichen Wunsch, mehr über die Geheimnisse der Außenpolitik zu erfahren, und er drängte seinen Großvater dazu, ihm einen Zugang zu verschaffen. Nach dem üblichen Hin und Her erging schließlich am 17. Dezember 1886 die Anweisung des Kaisers: »Ich wünsche, daß Mein Enkel, der Prinz Wilhelm von Preußen, Königliche Hoheit, Sich im Laufe dieses Winters über die Organisation des Auswärtigen Amtes und den Dienstbetrieb in demselben informiere, um auf diese Weise einen Einblick in die Geschäfte dieser Behörde zu gewinnen. Bezüglich der Art der Informierung des Prinzen Wilhelm bestimme Ich, daß Derselbe bei ein- oder zweimaligem Besuche in der Woche über die Einrichtungen des Amtes, über die Verteilung der Geschäfte unter den Beamten in den einzelnen Abteilungen unterrichtet sowie durch Vorlage und Erläuterung einzelner Depeschen über den Gang der Politik orientiert werde.«[29]

Das allerdings bedeutete eher Aktenstaub als Aktualität, und man spürt Bismarcks hintergründige Regie. Die Außenpolitik war das ureigene Gebiet des Reichskanzlers, und er dachte nicht daran, sich in die Karten schauen zu lassen, die er in der Hand hielt und ausspielen wollte. Aufs Ganze gesehen ist es ohnehin auffallend, wie sehr er sich bei der Vorbereitung des Thronerben zurückgehalten hat. Gegen seine Gewohnheit überließ er fast alles, was geschah oder versäumt wurde, dem Kaiser und den Auseinandersetzungen zwischen Großvater, Vater und Sohn. Im Rückblick fällt es nicht schwer, das zu verstehen. Der bevorstehende Regierungswechsel vom alten Kaiser Wilhelm zu einem Kaiser Friedrich – und damit, Ärger verheißend, zu einer Kaiserin Viktoria – bereitete Bismarck schon genug Sorgen. Warum sollte er sich da noch um den Enkel kümmern, der aller Wahrscheinlichkeit erst zum Zuge kommen würde, wenn er selbst schon tot war?

Oder, anders berechnet: Falls es denn doch bald einen Kaiser Wilhelm II. geben sollte, konnte es nur von Vorteil sein, wenn der ein Soldat war und von den eigentlich politischen Dingen wenig verstand. Denn dann würde ihm kaum etwas anderes übrigbleiben, als sich auf die Erfahrungen des ererbten Kanzlers zu verlassen und den weiterhin herrschen zu lassen. Schon mit der Soldatennatur Wilhelms I. hatte Bismarck ja die besten Erfahrungen gemacht; sie bildete vom Anfang bis zum Ende die Bedingung seiner eigenen Macht.[30] Aber nur selten in seiner langen Laufbahn hat der große Staatsmann sich bitterer getäuscht.

Der Beginn

»Der König ist tot, es lebe der König«: Am 15. Juni 1888 bestieg Wilhelm II. den deutschen Kaiserthron. Seinen Titeln nach war er noch viel mehr: »König von Preußen, Markgraf zu Brandenburg, Burggraf zu Nürnberg, Graf zu Hohenzollern, souveräner und oberster Herzog von Schlesien wie auch der Grafschaft Glatz, Großherzog vom Niederrhein und von Posen, Herzog zu Sachsen, Westfalen und Engern, zu Pommern, Lüneburg, Holstein und Schleswig, zu Magdeburg, Bremen, Geldern, Kleve, Jülich und Berg sowie auch der Wenden und Kassuben, zu Krossen, Lauenburg, Mecklenburg, Landgraf zu Hessen und Thüringen, Markgraf der Ober- und Nieder-Lausitz, Prinz von Oranien, Fürst zu Rügen, zu Ostfriesland, zu Paderborn und Pyrmont, zu Halberstadt, Münster, Minden, Osnabrück, Hildesheim, zu Verden, Kammin, Fulda, Nassau und Mörs, gefürsteter Graf zu Henneberg, Graf der Mark und zu Ravensberg, zu Hohenstein, Tecklenburg und Lingen, zu Mansfeld, Sigmaringen und Veringen, Herr zu Frankfurt.« Wahrscheinlich kannte sich Seine Majestät in alledem selber kaum aus, und niemand kann es ihm verdenken. Wer weiß schon, ohne im Lexikon nachzuschlagen, was Engern bedeutet und wo ungefähr es liegt?

Aber der wirkliche Fürst des Reiches hieß vorläufig noch Bismarck. Die eigentlich wilhelminische Zeit beginnt deshalb erst knapp zwei Jahre später am 20. März 1890 mit Bismarcks Entlassung. Wie kam es dazu?

Es gab nicht ein einziges Mordmotiv, wie in billigen Kriminalgeschichten, sondern ein Bündel von ihnen. 1888 war Bismarck 73, Wilhelm 29 Jahre alt, und ein ganz natürlicher Generationenkonflikt machte sich bemerkbar. Es hätte sich um Vater und Sohn handeln können. Wenn der Kaiser etwas durchsetzen wollte, was der Kanzler ablehnte, berief der sich auf seine Erfahrung, und dem Kaiser blieb nur, erregt hervorzustoßen: »Erfahrung? Ja die habe ich allerdings nicht.«[1] So etwas pflegt sich aufzustauen, bis ein Funke genügt, um die Explosion zu entzünden, die alles zum Einsturz bringt.

Doch in diesem Fall ging es um weit mehr als nur den Konflikt zwischen einem jungen und einem alten Mann. Erfahrung ist der Baustoff vormoderner Verhältnisse, in denen sehr wenig sich verändert. Die Erfahrung, von Generation zu Generation weitergegeben, ist darum für den Bauern im Umgang mit dem Wetter, mit Aussaat und Ernte und mit dem Vieh so wichtig wie für den Kapitän auf dem Segelschiff, und ein Fürst tut gut daran, wenn er auf erfahrene, das heißt altersgraue Ratgeber hört. Inzwischen aber entscheidet die Fähigkeit der Jugend, Neues zu lernen und bei der Eroberung der Zukunft schneller als andere zu sein. Die Erfahrung taugt darum immer weniger, und der mit ihr gerüstete ältere Arbeitnehmer sieht sich in den vorzeitigen und »verdienten« Ruhestand fortgestoßen, mit dem er kaum etwas anfangen kann.

Diesen Umbruch von den vormodernen zu modernen Verhältnissen, oder jedenfalls einen Ansatz dazu, markiert der Übergang von der Ära Bismarck zur wilhelminischen Zeit, und darum kommt dem Zusammenstoß zwischen Kanzler und Kaiser eine exemplarische Bedeutung zu. Denn man sollte doch denken: Amtsübergaben in der Abfolge der Generationen sind normal; sie gehören zum Lauf der Welt. Hier aber war überhaupt nichts normal. Selten ist ein Wechsel mit größerer Ungeduld erwartet und herbeigetrotzt, selten mit abgründigerem Haß vergolten worden.

Die Verstimmung Wilhelms II. gegenüber Bismarck hatte schon um die Jahreswende 1887/88 mit einem Briefwechsel begonnen, aus scheinbar nichtigem Anlaß. Es ging um die Berliner Stadtmission, die sich um Obdachlose und andere Randgruppen kümmerte; deren Elend bildete eine Kehrseite des Glanzes, den die rasch wachsende Hauptstadt entfaltete. Es hatte nun eine Versammlung von prominenten Förderern der Stadtmission gegeben, an der Prinz Wilhelm teilnahm. Ihre Brisanz bekam die Angelegenheit durch den Vorsitzenden der Stadtmission, den Pfarrer Adolf Stoecker (1835–1909). Er war seit 1874 Dom- und Hofprediger und gründete 1878 die Christlichsoziale Arbeiterpartei. Ihr Erfolg blieb gering. Stärker jedoch wirkte Stoecker auf den Mittelstand ein, besonders in der »Berliner Bewegung«, zu deren Feindbildern neben den Sozialdemokraten auch die Juden gehörten;

Stoecker war im neuen Nationalstaat einer der ersten, der den Antisemitismus in politische Münze umzusetzen versuchte.[2]

In einem Rechtfertigungsbrief an den Kanzler berief Wilhelm sich auf Friedrich den Großen und bekam dann in Bismarcks Antwort zu lesen: »Es lag nicht in der Art des großen Königs, auf Elemente wie die innere Mission zu setzen.« Die Ironie war deutlich, und Wilhelms Spürsinn für Lob oder Tadel ist sie gewiß nicht entgangen. Zwar diene die Stadtmission einem wohltätigen Zweck, fuhr Bismarck fort, doch nicht daran werde sie von einer kritischen Öffentlichkeit gemessen, sondern an den Personen, die sie repräsentierten. Das seien Redner, Geistliche und Damen, »lauter Elemente, die zu einer politischen Wirksamkeit im Staate nur mit Vorsicht verwendbar sind«. Von deren Auftreten dürfe sich ein künftiger Kaiser auf keinen Fall abhängig machen; er müsse unanfechtbar über den Parteien stehen. »Jedes Ungeschick, jeder Übereifer in der Vereinstätigkeit wird den republikanischen Blättern Anlaß geben, den hohen Protektor des Vereins mit dessen Verirrungen zu identifizieren.«[3]

In seinen »Gedanken und Erinnerungen« sagt Bismarck: »Die vorstehende Korrespondenz rief die erste, vorübergehende Empfindlichkeit des Prinzen mir gegenüber hervor. Er hatte geglaubt, daß ich sein Schreiben mit einer Anerkennung im Stile seiner strebsamen Umgebung beantworten würde, während ich es für meine Pflicht gehalten hatte, in meinem eigenhändigen, vielleicht etwas lehrhaft gehaltenen Schreiben ... vor den Bestrebungen zu warnen, durch welche Cliquen und Personen sich der Protektion des Thronerben zu versichern suchten.«[4]

Der Sache nach war Bismarck hier gewiß im Recht, auch im Hinblick auf die Cliquen oder Personen, auf die er kritisch anspielte. Zu ihnen gehörte der General Alfred Graf Waldersee (1832–1904); in seinem Hause hatte die Versammlung der Stadtmission stattgefunden, an der Prinz Wilhelm teilnahm. Seit 1882 war er der Stellvertreter des berühmten Generalstabschefs Helmuth von Moltke, des Siegers von Königgrätz und Sedan, und trat 1888 dessen Nachfolge an. Aber im Gegensatz zu dem vornehm zurückhaltenden Moltke war Waldersee ein innen- und außenpolitischer Scharfmacher; fast hysterisch erwartete er in jedem Augenblick den großen Krieg gegen Rußland und Frankreich, der ihm zu Feldherrenglanz verhelfen sollte. (Moltke war schon sehr alt, im Jahre 1800 geboren, und starb 1891.) Mit mehr Arglist als

Wilhelm II. war ein Mann des Fortschritts, auch des sozialen – sofern er nicht »von unten« erstritten, sondern »von oben« gewährt wurde. Hier besucht der Kaiser eine Arbeitersiedlung in Essen. Zum Fortschritt gehörte auch die Seegeltung, aber mit symbolträchtigen Hindernissen: Die »Imperator«, damals das größte Schiff der Welt, lief 1913 bei seiner Jungfernfahrt im Hamburger Hafen auf Grund, und viel Mühe war nötig, um sie freizuschleppen.

wirklicher Zuneigung setzte er darum auf Wilhelm II. und legte gegen den Friedenswahrer Bismarck das Netz seiner Intrigen aus. Hoffnungsvoll notierte er nach der Stoecker-Affäre: »Der Kanzler hat den Prinzen einschüchtern wollen und ist damit verunglückt; er hat sich gemeiner Mittel bedient und ist dabei entlarvt ... Wie wird sich nun Prinz Wilhelm stellen? Es ist für ihn ein großer Moment. Beugt er sich vor dem Kanzler, so kann er sich schwer von ihm wieder los machen.«[5] So träufelte Waldersee dem Thronerben ein, daß er »sein eigener Kanzler« werden müsse, daß die Herrschsucht Bismarcks eine Gefahr für die Dynastie sei und »daß Friedrich der Große nie der Große geworden sein würde, wenn er bei seinem Regierungsantritt einen Minister von der Bedeutung und Machtstellung Bismarcks vorgefunden und behalten hätte«.[6]

Immerhin: Als das Ziel erreicht und Bismarck gestürzt war, sah sich Waldersee um die Frucht seiner Intrigen geprellt. In der Praxis erwies sich der Kaiser durchaus nicht als kriegslüstern, sondern als friedliebend. Rasch verlor darum Waldersee seinen Einfluß. 1891 wurde er vom Amt als Generalstabschef entbunden und in die Provinz versetzt. Das Ende seiner militärischen Ruhmeslaufbahn war angemessen: Er wurde zum Oberbefehlshaber der europäischen, amerikanischen und japanischen Truppen ernannt, die in den Jahren 1900/1901 in China gegen den »Boxer«-Aufstand eingesetzt wurden.[7] Spöttisch sprach man vom Welt- statt vom Feldmarschall. Waldersee traf aber am Ort des Geschehens erst ein, als schon alles entschieden war.

In dem Streit, der zu Bismarcks Entlassung führte, ging es nicht um den äußeren, sondern um den inneren Frieden. Wenn man alle Neben- und Formfragen beiseite läßt, die auch noch im Spiel waren,[8] dann handelte es sich um Kernprobleme der Sozialpolitik. Im Mai 1889 brach im Ruhrgebiet ein großer Streik der Bergarbeiter los, und der Kaiser empfing eine Abordnung der Streikenden. Er sagte ihnen eine unvoreingenommene, beinahe wohlwollende Prüfung ihrer Forderungen zu, allerdings mit Drohungen untermischt: »Denn für Mich ist jeder Sozialdemokrat gleichbedeutend mit Reichs- und Vaterlandsfeind. Merke Ich daher, daß sich sozialdemokratische Tendenzen in die Bewegung mischen und zu ungesetzlichem Widerstand anreizen, so würde Ich mit unnachsichtiger Strenge einschreiten und die volle Gewalt, die Mir zusteht – und die ist eine große –, zur Anwendung bringen.«[9] Wenig später empfing Seine Majestät die Arbeitgeber und sagte ihnen am Schluß seiner Rede: »Ich betrachte es als Meine Königliche Pflicht, den Beteiligten, den Arbeitgebern wie den Arbeitenden, Meine Unterstützung bei vorkommenden Meinungsverschiedenheiten in dem Maße zuzuwenden, in welchem sie ihrerseits bemüht sind, die Interessen ihrer gesamten Mitbürger durch Pflege ihrer Einigkeit untereinander zu fördern und vor Erschütterungen, wie diesen, zu bewahren.«[10]

Das waren zumindest neue Zwischentöne, die aufhorchen ließen. Wenig später erbat der Kaiser vom Staatssekretär des Innern und preußischen Staatsminister Karl Heinrich von Bötticher Pläne für die Sozialpolitik und berief für den 24. Januar 1890 eine Sitzung des Kronrats ein, um sie dort vorzutragen.[11] Für den nächsten Tag stand im Reichstag die Schlußabstimmung über die Verlängerung des Gesetzes gegen die »gemeingefährlichen Bestrebungen» der Sozialdemokratie bevor. Dieses Gesetz, so der Kaiser, könnte in dem einen oder anderen Punkt vielleicht noch verändert und gemildert werden. Bismarck fuhr auf: Jedes Nachgeben hätte »verhängnisvolle Folgen«. Und wenn der Kaiser in einer so wichtigen Frage anderer Meinung sei, dann wäre er selbst »wohl nicht mehr recht an seinem Platze«. Wenn im übrigen der Reichstag das Gesetz nicht beschließe, dann müsse man sich eben »ohne dasselbe behelfen und die Wogen höher gehen lassen«.[12]

Das waren Drohungen mit düsterem Hintergrund. Sollte etwa der Reichstag auf unbestimmte Zeit geschlossen und mit einer Art von Notstandsdiktatur regiert werden, wenn nötig unter Einsatz des Militärs? Zuspitzung der Situation bis zum dramatischen Konflikt: Das allerdings war Bismarcks erprobtes Mittel, um Macht zu gewinnen und unentbehrlich zu bleiben. Es gab sogar, wenn schon nicht fertige Pläne, dann doch Gedanken an einen Staatsstreich. Das Reich war ja als Fürstenbund gegründet worden; könnten darum die Fürsten diesen Bund nicht aufkündigen und neu beschließen, mit Änderung des Wahlrechts und weitgehender Entmachtung des Reichstags?[13]

Nein, nicht mit dem jungen Kaiser, der gerade sein Amt angetreten hatte. Er war zwar ein Mann der starken Worte, aber nicht der Taten, und er wollte endlich selbst regieren, statt sich Bismarck auf Gedeih und Verderben auszuliefern. So kam, was kommen mußte. Am 25. Januar 1890 fiel das Sozialistengesetz im Reichstag. Am 4. Februar wurden – ohne die eigentlich erforderliche Gegenzeichnung des Kanzlers! – zwei kaiserliche Erlasse zur Sozialpolitik veröffentlicht. Der eine kündigte eine internationale Konferenz zum Arbeiterschutz an, der andere eine umfangreiche Gesetzgebung: Beschränkung der Frauenarbeit in den Fabriken und Verbot der Kinderarbeit, Beschränkung der Höchstarbeitszeit pro Tag und Woche, Regelungen für die Sonn- und Feiertagsruhe, Arbeitsschutzbestimmungen und vermehrte Fabrikinspektionen, um das Beschlossene durchzusetzen.

Das verhieß wahrlich einen Neuanfang, der in die Zukunft wies, aus der Sackgasse heraus, in die der altersstarre Reichskanzler geraten war. Nicht wenige Zeitgenossen haben darum Bismarcks Entlassung wie das Erwachen aus einem Alptraum begrüßt; nur zwei Zeugnisse seien hier angeführt. Theodor Fontane rief dem Gestürzten nach: »Es ist ein Glück, daß wir ihn los sind, und viele,

viele Fragen werden jetzt besser, ehrlicher, klarer behandelt werden als vorher. Er war eigentlich nur noch ein Gewohnheitsregent, tat, was er wollte, ließ alles warten und forderte nur immer mehr Devotion. Seine Größe lag hinter ihm.«[14] Friedrich Meinecke schrieb in seinen Lebenserinnerungen: »Nur einmal habe ich, nicht lange Zeit, auf Wilhelm II. ernstlich zu hoffen vermocht, und zwar gerade bei der Entlassung Bismarcks, die doch sonst weithin das Vertrauen zu ihm ins Wanken brachte ... Die sozialpolitischen Erlasse des Kaisers und der Widerstand Bismarcks gegen eine Sozialreform großen Stils schienen mir einen Moment großer historischer Notwendigkeit heraufgeführt zu haben, wo das schwere Opfer der Entlassung Bismarcks unvermeidlich wurde.«[15]

Der Kaiser selbst hat zu seinem sozialpolitischen Erlaß eine Art von Vorrede geschrieben: »Fast alle Revolutionen, von welchen die Geschichte spricht, lassen sich darauf zurückführen, daß rechtzeitige Reformen versäumt worden sind ... Es wäre jedoch in jeder Hinsicht beklagenswert, wenn ich den Anfang meiner Regierung mit dem Blut meiner Untertanen färben müßte! Das so lange wie möglich zu verhüten ist mein sehnlichster Wunsch. Man würde mir das nie vergessen, und alle Erwartungen, die man etwa in mich gesetzt hätte, würden ins Gegenteil umschlagen. In eine solche Zwangslage darf ich nicht und will ich nicht gebracht werden. Wer es also redlich mit mir meint, muß alles aufbieten, um ein solches Unglück zu verhüten ... Ich wünsche, daß der Erlaß in warmer und begeisterter Sprache gehalten werde, welche den Arbeitern zeigt, daß nach wie vor der König ein warmes Herz für sie habe, ihre wahren Bedürfnisse erkenne und auch gewillt sei, ihnen zu helfen.«[16]

Wirklich begeisternd nimmt sich die Sprache freilich nicht aus; man spürt, daß der Erlaß durch Beamtenhände gegangen ist. Doch Erstaunliches wurde angekündigt, zum Beispiel dies: »Für die Pflege des Friedens zwischen Arbeitgebern und Arbeitnehmern sind gesetzliche Bestimmungen über die Formen in Aussicht zu nehmen, in denen die Arbeiter durch Vertreter, welche ihr Vertrauen besitzen, an der Regelung gemeinsamer Angelegenheiten beteiligt und zur Wahrnehmung ihrer Interessen bei Verhandlung mit den Arbeitgebern und mit den Organen Meiner Regierung befähigt werden.«[17] Klingt das nicht schon wie eine Ankündigung der Mitbestimmung, die erst viel später zu ihrer Form gefunden hat?

Der politische Widerhall war jedenfalls groß. Ludwig Windthorst, der in vielen Redeschlachten mit Bismarck als sturmfest erprobte Niedersachse und Führer der Zentrumspartei, erklärte: »Sozialreform ... ist die wichtigste Frage am Ende unseres Jahrhunderts, wie die Frage der bürgerlichen Rechte es war am Ausgang des vorigen Jahrhunderts. Es ist nicht die Zeit für irgendwen, sich die Nachtmütze über die Augen zu ziehen. Der Kaiser trägt das Banner. Wir marschieren hinter ihm.«[18]

Sogar aus dem politischen Gegenlager kam ein Echo. Am 1. Juni 1891 hielt der Führer der bayerischen Sozialdemokraten, Georg von Vollmar, eine aufsehenerregende Rede, in der er sagte: »Das hauptsächliche Merkmal der Bismarckschen Herrschaft war die völlige Erstarrung, die eiserne Unbeweglichkeit unserer öffentlichen Verhältnisse. Die Reichspolitik blieb auch dem geringsten modernen Gedanken grundsätzlich und hartnäckig verschlossen, namentlich auf dem Gebiete der Arbeiterbewegung. Die Verhältnisse wurden eigensinnig, ja mit Absicht auf die äußerste Spitze getrieben, erklärte doch Bismarck nach seinem Fall offenherzig, daß er gewünscht habe, den Kampf mit der Sozialdemokratie baldmöglich ›militärisch zu lösen‹, solange diese noch nicht die Übermacht habe. Diese gefahrdrohende Lage besteht heute nicht mehr. Das Unbewegliche ist in Bewegung gekommen... Die frühere Erstarrung ist gewichen, das alte Eis ist aufgetaut, eine Menge von Kräften, die bis dahin gefangen waren, beginnen zu keimen, sich zu regen.«[19]

Ja, ein hoffnungsvoller Beginn! Leider hielt er nicht, was er versprach. Schon bald besann sich der Kaiser eines Schlechteren, und mit Worten zumindest übertraf er noch Bismarcks düstere Drohungen. So sagte er bei einer Rekrutenvereidigung der Garderegimenter in Potsdam am 23. November 1891: »Denket daran, daß die deutsche Armee gerüstet sein muß gegen den inneren Feind sowohl als gegen den äußeren. Mehr denn je hebt der Unglaube und Mißmut sein Haupt im Vaterlande empor, und es kann vorkommen, daß ihr eure eignen Verwandten und Brüder niederschießen und -stechen müßt. Dann besiegelt die Treue mit Aufopferung eures Herzblutes.«

Verschiedene Fassungen dieser Rede sind überliefert. In einer anderen heißt es: »Ihr habt Mir Treue geschworen, und das – Kinder Meiner Garde – heißt, ihr seid jetzt Meine Soldaten, ihr habt euch Mir mit Leib und Seele ergeben; es gibt für euch nur einen Feind, und das ist Mein Feind. Bei den jetzigen sozialistischen Umtrieben kann es vorkommen, daß Ich euch befehle, eure eignen Verwandten, Brüder, ja Eltern niederzuschießen – was ja Gott verhüten möge –, aber auch dann müßt ihr Meine Befehle ohne Murren befolgen.«[20]

Und immer so weiter, etwa 1899: »Ehe nicht die sozialdemokratischen Führer durch Soldaten aus dem Reichstag herausgeholt und füseliert sind, ist keine Besserung zu erhoffen.«[21] Oder ein Jahr später bei einem Streik der Straßenbahner in Berlin: »Ich erwarte, daß beim Einschreiten der Truppe mindestens 500 Leute zur Strecke gebracht werden.«[22] Auch die Verfolgungen, obwohl unblutig, gingen weiter, fast als hätte es Bismarcks Unterdrückungsgesetz noch gegeben, das doch 1890 fiel und damit die sozialdemokratische Partei in die Legalität zurückkehren ließ.[23]

Als Zwischenbemerkung, um den Mißverständnissen vorzubeugen: Die blutrünstigen Kaiserworte und die Ängste, die sie verrieten, standen zu den wirklichen Lebensverhältnissen in einem verblüffenden Gegensatz. Selten hat es so friedliche Verhältnisse gegeben wie in der wilhelminischen Zeit. Die Sozialdemokraten verhielten sich beispielhaft diszipliniert. Wenn eine große Versammlung aufgelöst wurde, weil angeblich Seine Majestät beleidigt oder sonst etwas Verbotenes gesagt worden war, brauchte man kein Massenaufgebot der Polizei, sondern nur einen einzelnen, älteren Mann mit Uniform und Pickelhaube. Auf seine Anweisung hin gingen die Leute ruhig auseinander.[24] Auch der Kaiser fühlte sich sicher. Er kam ohne Leibwächter aus, und sein Polizeischutz war kaum der Rede wert. Bei seinen Morgenausritten im Tiergarten etwa hätte jeder, der einen Revolver zu führen verstand, ihn ohne Mühe niederschießen können. Aber die Attentate, denen noch Wilhelm I. und Bismarck ausgesetzt waren, lagen weit zurück.

Wie soll man den Bruch erklären? Warum wurde nicht weitergeführt, was so hoffnungsvoll begann? Eine konsequente Fortsetzung der neuen Politik hätte dem Kaiserreich und der deutschen Zukunft ein anderes Gesicht geben können. Und die Entlassung Bismarcks hätte ihre Rechtfertigung gewonnen. Die innere, gewissermaßen zweite Reichsgründung: Welch ein Ziel! Was also kam den guten Vorsätzen in die Quere?

Es gibt verschiedene Gründe. Den ersten findet man bei Wilhelm II. selbst, in den Anlagen seines Charakters und Temperaments. Ungeduld kennzeichnete ihn; er war kein Mann für das langsame und beharrliche Bohren von harten Brettern. Wo etwas nicht gleich gelang, schlug seine Begeisterung schnell in Langeweile, Überdruß, in Enttäuschung um. Wie wir inzwischen aus eigener Erfahrung wissen, läßt sich unter glücklichen Umständen die äußere Einigung einer Nation sehr rasch vollziehen, aber die innere braucht, wenn ihr eine mehr als flüchtige Spaltung vorausging, sehr viel Zeit, den langen Atem der Geduld, mit der man in vielen mühsamen Schritten einen langen und steinigen Weg zurücklegt. Es geht um die Lebensaufgabe einer ganzen Generation. Nein, dafür war der Kaiser der denkbar ungeeignete Mann.

Wohl noch wichtiger waren die äußeren Umstände. Es gab ja nicht nur das neue Deutschland, sondern auch sein preußisches Erbe, das in Staat und Armee die alten Eliten des Adels verkörperten. Durch Bismarcks Erfolgspolitik, im triumphalen Nachweis der Leistungstüchtigkeit, war dieses Erbe nachhaltig aufgewertet worden. Und das Bürgertum, statt seinen eigenen Machtanspruch durchzusetzen, suchte – nachdem Bismarck ihm die Angst vor der »roten Gefahr« eingeprägt hatte – Zuflucht beim alten Staat und nahm seine Eliten zum Vorbild. Es verjunkerte sozusagen.[25] Wie sollte der Kaiser dagegen ankommen, gegen all die Menschen, die ihn umgaben, die berufenen und unberufenen Ratgeber, die Höflinge, die herbeidrängten, die Minister und die Militärs, unter denen er aufgewachsen war und mit denen er täglich zu tun hatte? Wie sollte er sich gegen eine Grundströmung der Zeit stellen?

Was Theodor Fontane über den Kaiser dachte, wurde bereits erwähnt. Es lohnt sich, dort noch einmal anzusetzen und den weiteren Text zu zitieren: »Er [der Kaiser] glaubt das Neue mit ganz Altem besorgen zu können, er will Modernes aufrichten mit Rumpelkammerwaffen; er sorgt für neuen Most, und weil er selber den alten Schläuchen nicht mehr traut, umwickelt er eben diese Schläuche mit immer dickerem Bindfaden und denkt ›nun wird es halten‹. Es wird aber nicht halten ... Preußen – und mittelbar ganz Deutschland – krankt an unsren Ostelbiern. Über unsren Adel muß hinweggegangen werden; man kann ihn besuchen wie das ägyptische Museum und sich vor Ramses und Amenophis verneigen, aber das Land ihm zu Liebe regieren, in dem Wahn: dieser Adel sei das Land, – das ist unser Unglück, und so lange dieser Zustand fortbesteht, ist an eine Fortentwicklung deutscher Macht und deutschen Ansehns nach außen hin gar nicht zu denken. Worin unser Kaiser die Säule sieht, das sind nur tönerne Füße. Wir brauchen einen ganz andren Unterbau. Vor diesem erschrickt man; aber wer nicht wagt, nicht gewinnt. Daß Staaten an einer kühnen Umformung, die die Zeit forderte, zu Grunde gegangen wären, – dieser Fall ist sehr selten. Ich wüßte keinen zu nennen. Aber das Umgekehrte zeigt sich hundertfältig.«[26]

Noch etwas kam hinzu. Konsequent weitergeführte Sozialreformen und ein Geist der Versöhnung, der ihnen entsprach, hätten früher oder später auch zu politischen Reformen führen müssen, das heißt zu einer Parlamentarisierung der Regierungsverantwortung. Im Prinzip wäre das durchaus möglich gewesen, sogar ohne Verfassungsänderung. Der Kaiser hätte nur auf sein Vorrecht verzichten müssen, Kanzler nach seinem Gutdünken zu ernennen und zu entlassen. Er hätte dies den Mehrheitsbildungen im Reichstag überlassen können; nach einiger Zeit wäre aus dem Verzicht gewiß ein Gewohnheitsrecht des Parlaments geworden, das sich kaum mehr hätte umstoßen lassen, es sei denn im Sinne von Notstandsbefugnissen, wie die Weimarer Verfassung sie dann dem Reichspräsidenten verlieh. Aber solch eine Entwicklung hätte auf den *englischen* Weg geführt, den Wilhelms Vater und besonders seine Mutter für wünschenswert hielten, und wir haben gesehen, wie dieser Pfad bereits in der Jugend des Kaisers psychologisch blockiert wurde.

Daß die konservativen Kräfte alles versuchten, um solch eine Möglichkeit zu verhindern, versteht sich von selbst. Der Freund und Ratgeber des Kaisers, Philipp Eulenburg, hat im Jahre 1899 notiert, was er damals glaubte und gewiß auch Seiner Majestät ins Ohr flüsterte: »Ein König, der sich zum Träger demokratischer Ideale macht, wird seine Dynastie ebenso zugrunde richten, wie der Maler, der nicht das Ideale vertritt, die Kunst zugrunde richtet.«[27] Das Gegenteil erwies sich als wahr, in der Politik wie in der Kunst, aber zur politischen Geschichte gehört, daß sie das einmal Versäumte mit ihrem unerbittlichen »Zu spät!« versieht.

Mit anderen Worten: Der Kaiser *wollte* modern sein, und in vieler Hinsicht war er es auch. Aber seine eigenen Anlagen und seine Umgebung hinderten ihn daran, es wirklich und folgerichtig zu werden. Dieser Zwiespalt kennzeichnete seine Regentschaft. Auf der einen Seite schwärmte er von seinem Gottesgnadentum. Auf der anderen Seite war er ein begabter, oft begeisternder Vielredner, der wie die demokratischen Staatsmänner der Gegenwart

»Waldspaziergang« von Sozialdemokraten in der Zeit der Sozialistenverfolgung, als Versammlungen verboten waren. Wahrscheinlich wurde das Foto absichtlich unscharf gehalten, um eine Identifizierung der Beteiligten zu verhindern.

ein Gespür dafür besaß, daß man die Massen ansprechen, mitreißen, begeistern muß. Ein Monarch, der erklärte, daß er seine Berufung »vom Himmel« und nicht aus Menschenhand habe und der sich doch fast schon so verhielt, als müsse er gewählt und wiedergewählt werden: Vom Beginn an gab es ein Hin und Her, etwas Irrlichterndes und Irritierendes, das schon die Zeitgenossen faszinierte oder empörte. Aber in gewissem Sinne war der Widerspruch sogar folgerichtig, jedenfalls unausweichlich: Wenn, anders als in England, die Scheidung des Ehrwürdigen von den leistungs- und machtbezogenen Institutionen nicht gelungen war, dann mußte man eben zusammenzwingen, was nicht mehr zusammengehörte.

Es lohnt sich, den Sachverhalt auch aus seiner Gegenperspektive zu beleuchten. Denn bei den Ausgeschlossenen des Kaiserreichs, den Sozialdemokraten, findet man, wenn auch nicht die gleichen, dann doch ähnlich schillernde Widersprüche. Die SPD war durch ihre Verfolgung und Verfemung in ein Getto abgedrängt worden, das sie jedoch nicht schwächte, sondern stärkte. Das galt auch geistig. Es entstand eine unbeirrbare und zukunftsgläubige Spielart der Heilsarmee. Der Glaube löste die kirchlichen Traditionen auf; marxistische Dialektik ersetzte die christliche: Die Letzten werden die Ersten sein. Und wie in ihren römischen Katakomben die frühen Christen das Jüngste Gericht erwarteten, so sah man im proletarischen Getto dem »großen Kladderadatsch« der Oberwelt mit Zuversicht entgegen. Gerade die Verfemungen ließen den Marxismus als die Sinngebung triumphieren, die Joseph Schumpeter nachgezeichnet hat: »Einfach das Ziel zu predigen wäre wirkungslos geblieben; eine Analyse des sozialen Prozesses hätte nur ein paar hundert Spezialisten interessiert. Aber im Kleid des Analytikers zu predigen und mit einem Blick auf die Bedürfnisse des Herzens zu analysieren, dies schuf eine leidenschaftliche Anhängerschaft und gab dem Marxisten jenes größte Geschenk, das in der Überzeugung besteht, daß das, was man ist und wofür man einsteht, niemals unterliegen, sondern am Ende siegreich sein wird.«[28]

Es gab freilich eine Dialektik in der Dialektik, eine Schwäche, womöglich sogar ein durch Stärke hervorgerufenes Verhängnis. Denn die reine Lehre führte zum Abwarten statt zum aktiven Handeln, zur Selbstisolierung statt zu Kompromißfähigkeit und zu praktisch wirksamen Koalitionen mit anderen Parteien. Karl Kautsky (1854–1938), der Lehr- und Zuchtmeister der SPD, hat die Paradoxie des Abwartens beispielhaft formuliert: »Die Sozialdemokratie ist eine revolutionäre, nicht aber Revolution machende Partei. Wir wissen, daß unsere Ziele nur durch eine Revolution erreicht werden können, wir wissen aber auch, daß es ebensowenig in unserer Macht steht, diese Revolution zu machen, als in der unserer Gegner, sie zu verhindern.«[29]

Aber die Arbeiterbewegung war nicht nur Partei, sondern ebenso oder erst recht Gewerkschaftsorganisation. Zu ihr gehörte notwendig der Kampf um Reformen, um Verbesserungen in Teilschritten, um bessere Löhne und Arbeitsbedingungen, um die Entwicklung des Sozialstaats. Als dann Eduard Bernstein (1850 bis 1932) diese Praxis beim Namen nannte und forderte, die Theorie daran anzugleichen,[30] löste er einen Sturm der Entrüstung aus und wurde auf allen Parteitagen mit eindeutigen Mehrheiten niedergestimmt. Wie Ignaz Auer, der langjährige Parteisekretär, ihm in einem Brief vorhielt: »Speziell seitens der leitenden Parteikreise so zu handeln, wie Du es verlangst, hieße einfach die Partei sprengen, jahrzehntelange Arbeit in den Wind streuen. Mein lieber Ede, was Du verlangst, so etwas *beschließt* man nicht, so etwas *sagt* man nicht, so etwas *tut* man. Unsere ganze Tätigkeit – sogar unter dem Schandgesetz – war die Tätigkeit einer sozialdemokratischen Reformpartei. Eine Partei, die mit den Massen rechnet, kann auch gar nicht anders sein.«[31]

Genauer kann man den Widerspruch kaum bezeichnen, der eben nicht nur das kaiserliche Reden und Handeln, sondern auch ihren Gegenpol und damit die Epoche kennzeichnete. Das Kaiserreich stürzte mit dem Ersten Weltkrieg in der Niederlage von 1918; für die SPD bedurfte es erst noch der Katastrophe der Gewaltherrschaft und des Zweiten Weltkriegs, bis sie sich, halbwegs widerspruchsfrei, in ihrem Handeln *und* in ihrem Reden zu einer pragmatischen Volkspartei entwickelte. Dabei ist noch anzumerken, daß die erstarrte Revolutionsrhetorik einen hohen Preis forderte; sie verstärkte wiederum auf der Gegenseite die Ängste und Aggressionen und befestigte zu ihrem Teil die Scheidung der wilhelminischen Gesellschaft in zwei feindliche Heerlager.

Bertrand Russell (1872–1970), später berühmt als Philosoph, engagierter Pazifist und Nobelpreisträger, ein junger Mann aus gutem englischen Hause, der Enkel eines Premierministers, kam 1895 als Student nach Berlin. Statt aber, wie es sich gehörte, die Universität zu besuchen und sich in die feine Gesellschaft, in Hofkreise einführen lassen, interessierte er sich für die Leute im Abseits, die man als vaterlandslose Gesellen beschimpfte. Ein Jahr später veröffentlichte er sein erstes Buch: »German Social Democracy«. Da es für Freund und Feind nicht ins Schema paßte, vergingen fast achtzig Jahre, bevor es ins Deutsche übertragen wurde. Aber es hätte sich gelohnt (und lohnt sich noch immer), es zu lesen. In seinem Schlußteil heißt es:

»*Wenn* die Sozialdemokraten ihre kompromißlose Haltung aufgeben können, ohne ihre Stärke einzubüßen; *wenn* andere Parteien, diese Veränderung wahrnehmend, einen versöhnlicheren Ton anschlagen; und *wenn* ein Kaiser oder Kanzler auftauchen sollte, der weniger kompromißlos feindlich gegen jeden Fortschritt an Zivilisation oder Freiheit eingestellt ist als Bismarck oder Wilhelm II. – wenn alle diese glücklichen Umstände eintreten sollten, dann mag Deutschland sich auf friedlichem Wege, wie England, zu einer freien und zivilisierten Demokratie entwickeln. Wenn aber nicht, wenn die Regierung und die anderen Parteien ihre derzeitige bigotte Verfolgung fortsetzen, dann scheint es keine Macht zu geben, die das Anwachsen der Sozialdemokratie stoppen oder ihre kompromißlose Opposition mildern könnte ... Für alle jene aber, die die derzeitige gespannte Feindschaft zwischen Reich und Arm in Deutschland auf friedlichem Wege vermindert sehen möchten, kann es nur eine einzige Hoffnung geben: daß die herrschenden Klassen zu guter Letzt ein gewisses Maß an politischer Einsicht, an Mut und Großherzigkeit zeigen werden. Sie haben in der Vergangenheit nichts davon gezeigt, und sie zeigen im Augenblick wenig davon; aber Furcht mag sie einsichtig machen, oder neue Männer mit einem besseren Geist mögen heranwachsen. Einstellung der Verfolgung, vollständige und uneingeschränkte Demokratie, absolute Koalitions-, Rede- und Pressefreiheit – sie allein können Deutschland retten, und wir hoffen ganz inständig, daß die deutschen Herrscher sie gewähren werden, ehe es zu spät ist. Tun sie es nicht, so sind Krieg und eine Auslöschung des nationalen Lebens das unvermeidliche Schicksal des deutschen Kaiserreiches.«[32]

Im Banne des Fortschritts

Unaufhaltsam, so schien es, schritten die Sozialdemokraten von Erfolg zu Erfolg. Mit beinahe jeder Wahl vermehrten sie ihren Stimmenanteil und ihre Sitze im Reichstag.[1] Das verdankten sie nicht nur ihrer Heilslehre, ihrer straffen Organisation, ihrer beispielhaften Disziplin oder ihren Werbefeldzügen, sondern in erster Linie dem deutschen Wandel von der Agrar- zur Industriegesellschaft. Vom Wachstum der Bevölkerung, der Städte und Industrieregionen war bereits die Rede, und natürlich erzielte die SPD ihre größten Gewinne in Städten wie Berlin oder Hamburg und in den Ballungsräumen des wirtschaftlichen Fortschritts wie dem Ruhrgebiet oder Sachsen. In einem parlamentarischen Regierungssystem hätten die »Reichsfeinde« des Zentrums und die »vaterlandslosen Gesellen« der Arbeiterbewegung schon im Jahre 1903 und erst recht 1912 eine sichere Mehrheit gewonnen und den Reichskanzler stellen können.[2]

Daß dem Erfolg Grenzen gesetzt waren und daß in der Zukunft nicht – wie Karl Marx geglaubt hatte – ein brüchiger Restbestand der Bourgeoisie mit der in jedem Sinne überwältigenden Mehrheit des Proletariats konfrontiert sein würde, daß die Entwicklung vielmehr auf eine Mittelstandsgesellschaft der Beamten und Angestellten, der Akademiker und Ingenieure, der Handwerker und Kleinunternehmer, der Werkmeister und auch der Facharbeiter zulief, ahnten vielleicht ein paar Fachleute, die mit Statistiken umgingen – aber in der Hitze ihres Gefechts weder Freund noch Feind der Sozialdemokratie. Die marxistische Theorie sah das so wenig vor wie die Standfestigkeit, die Behauptung der Klein- und Mittelbetriebe gegenüber den Großunternehmen, und der Augenschein sprach für die Theorie. Alle starrten auf das, was sich vordergründig vollzog, und sahen sich damit in ihrer Zuversicht oder in ihren Ängsten bestätigt.[3]

Die Ängste zeigten sich in vielerlei Gestalt, zum Beispiel in den

Wutausbrüchen Wilhelms II. und in seinem Geschimpfe. Man begegnet ihm schon bei dem Prinzen, etwa wenn der österreichische Kronprinz Rudolf kopfschüttelnd notierte, was er von seinem deutschen Jagdgast zu hören bekam: »Er spricht vom Parlament nie anders als ›diese Saubude‹ und von den Oppositionsmitgliedern als von diesen ›Hundekerlen, die man mit der Peitsche traktieren muß‹«, wie auch davon, daß sechs Unteroffiziere den linksliberalen Parteiführer Eugen Richter »durchhauen« sollten.[4] Solch ein Gerede setzte sich fort und fort, über die Thronbesteigung hinweg bis ans Ende. Und es wurde nicht nur gesagt, sondern auch notiert. »Elendes Pack«, »Lumpenkerle«, »Sauhunde«: Das zierte die Aktennotizen Seiner Majestät, die Kopfschütteln verursachten.

Mochten indessen die sensiblen Zeitgenossen auch irritiert sein: Der Untertan, wie Heinrich Mann ihn gezeichnet hat,[5] fürchtete sich vor den demokratischen Gefahren und setzte darum auf des Kaisers »schimmernde Wehr«. Oder wie der erzkonservative Abgeordnete Oldenburg-Januschau es dem Parlament ins Gesicht gesagt hat: »Der König von Preußen und der deutsche Kaiser muß jeden Moment imstande sein, zu einem Leutnant zu sagen: Nehmen Sie zehn Mann und schließen Sie den Reichstag.«[6]

Der Antisemitismus war ein anderer Ausdruck jener Ängste, aus denen Aggressionen erwachsen. Die Juden – nicht alle, aber ein wichtiger und weithin sichtbarer Teil – gehörten zu den Gewinnern der modernen Entwicklung. Weil von der Landwirtschaft und den Handwerkszünften über das Beamtentum bis zum Militär die meisten Traditionsbereiche ihnen kaum oder gar nicht zugänglich waren, drängten sie als Bankiers und als Kaufleute, als Ärzte, Rechtsanwälte, Gelehrte, Journalisten, Künstler und Kritiker um so stärker in die neuen, zukunftsträchtigen Bereiche. Vielleicht nie, meint Fritz Stern, ist eine Minderheit so schnell und so erfolgreich aufgestiegen wie im neunzehnten Jahrhundert die deutschen Juden.[7] Aber für die Antisemiten hieß das im Umkehrschluß: Die Juden waren die Verursacher eines Weltenlaufs, der ins Unheil führte.

Einer der Stichwortgeber des Antisemitismus war der Historiker Heinrich von Treitschke. Als Historiker und als Demagoge von Rang predigte er vom Katheder herab, und man kann seinen Einfluß kaum hoch genug veranschlagen. Er war der Erzieher einer ganzen, der wilhelminischen Akademikergeneration. Was er bewirkte, hat Heinrich Claß (1868–1953) beispielhaft beschrieben: »Ein Schatten fiel für beide Eltern auf mein Berliner Erlebnis: meine Ablehnung des Judentums. Man muß bedenken, daß drei Worte über dem Denken und Trachten von Häusern wie dem unseren standen – drei Fremdworte: Patriotismus, Toleranz, Humanität. Das waren die politischen und menschlichen Ideale jener beiden Geschlechterfolgen, die ganz unter liberalen Einflüssen standen und auf die Gleichberechtigung der Staatsangehörigen schwuren. Wir Jungen waren fortgeschritten: wir waren national schlechthin; wir wollten von Toleranz nichts wissen, wenn sie Volks- und Staatsfeinde schonte ... Das trug ich den Eltern vor, und meinem gütigen Vater sagte ich: Er habe mich zu Treitschke geschickt, und nun habe ich von dem großen Mann gelernt, was dieser sich erst unter schweren Kämpfen hatte erarbeiten müssen. Da sei nichts zu machen, er müsse sich damit abfinden, daß ich auf Treitschkes Erkenntnisse schwöre.«[8]

Wahrscheinlich noch verbreiteter als der Antisemitismus war eine ehrenwert verkleidete Verliererideologie, ein Pessimismus, der in der modernen Entwicklung, in Freiheit und Gleichheit das Abgründige, das Zersetzende entdeckte, den Zerfall der überlieferten Werte und Tugenden, die Auflösung aller Kultur in bloße Zivilisation. Schon Arthur Schopenhauer (1788–1860) hatte den Kulturpessimismus philosophisch begründet,[9] und viele sind von ihm beeinflußt worden, darunter Richard Wagner, Friedrich Nietzsche und Thomas Mann. Genau passend zum Auftakt der wilhelminischen Epoche erschien dann im Jahre 1890 ein Buch, das zum Sensationserfolg wurde und in kurzer Zeit 39 Auflagen erlebte: »Rembrandt als Erzieher«. Der Autor, Julius Langbehn (1851–1907), war eigentlich ein Wirrkopf, der es im bürgerlichen Leben zu nichts gebracht hatte, nahe am Rande des Wahns und der Geisteskrankheit.[10] Aber was er schrieb, traf einen Nerv der Zeit. Einleitend hieß es: »Es ist nachgerade zum öffentlichen Geheimnis geworden, daß das geistige Leben des deutschen Volkes sich gegenwärtig in einem Zustand des langsamen, einige meinen auch, des rapiden Verfalls befindet.« Das gelte für die Wissenschaft wie für die Kunst und die Literatur; überall zeige sich zersetzend und verhängnisvoll »der demokratische, nivellierende, atomisierende Geist des jetzigen Jahrhunderts«.[11]

Fritz Stern, dem wir eine grundlegende Untersuchung des deutschen Kulturpessimismus verdanken, sagt über Langbehn: »Er lehnte die zeitgenössische Kultur ab, verhöhnte die Vernunft und fürchtete die Wissenschaft; die Art seiner Kritik begründete weniger den Wunsch nach Reform als vielmehr das Verlangen, die moderne Gesellschaft zu vernichten. Diese Verwerfung der Modernität und der rationalistischen Tradition, die er ihr gleichsetzte, war das eigentliche Thema seines Werkes. Wie widersprüchlich es sich auch immer ausdrücken mochte – das ganze Buch wird von einer starken Sehnsucht nach einer Art Primitivismus beherrscht, der nach der Zerstörung der bestehenden Gesellschaft darauf abzielte, die elementaren menschlichen Leidenschaften freizusetzen und eine neue germanische Gesellschaft zu schaffen; deren Grundlagen sollten Kunst, Genialität und Macht sein.«[12]

Es gab den Kulturpessimismus in wechselnden Gestalten und mit vielen, mehr oder weniger prominenten Namen. Er bildete einen Grundton der Epoche. Und wenn Langbehn für die wilhelminische Zeit einen Auftakt bezeichnete, dann Oswald Spengler mit seinem »Untergang des Abendlandes« das Ende, Aufsehen erregend bereits durch den Titel. Stern hat die treffende Formel vom »weinerlichen Heroismus« gefunden;[13] zum Klagen über den Zerfall der Werte gesellte sich das Verlangen nach der Vernichtung, um aus den Trümmern der modernen Zivilisation die neue und wahre Kultur zu schaffen. Untergangsängste, in denen die Gewalt auf der Lauer liegt: Zum Kampf der Welten – das heißt zunächst einmal zur Zerstörung des Bestehenden – wurde eine heldisch opferbereite Jugend aufgerufen.[14]

Aber bezeichnete der Kulturpessimismus denn die herrschende Stimmung? Gab es nichts anderes? Doch, durchaus. Der Widerspruch, das Miteinander des Unvereinbaren, gehört zu den Kennzeichen der Epoche. Gleich neben den Ängsten findet man Optimismus, das Vertrauen aufs Bestehende und den Glauben an den Fortschritt, ganz im Sinne der »herrlichen Tage«, zu denen der Kaiser die Nation führen wollte. In seinem Lebensrückblick hat der 1881 in Wien geborene Stefan Zweig geschrieben:

»Wenn ich versuche, für die Zeit vor dem Ersten Weltkriege, in der ich aufgewachsen bin, eine handliche Formel zu finden, so hoffe ich am prägnantesten zu sein, wenn ich sage: es war das goldene Zeitalter der Sicherheit. Alles in unserer fast tausendjährigen Monarchie schien auf Dauer gegründet und der Staat selbst der oberste Garant dieser Beständigkeit. Die Rechte, die er seinen Bürgern gewährte, waren verbrieft vom Parlament, der frei gewählten Vertretung des Volkes, und jede Pflicht genau begrenzt. Unsere Währung, die österreichische Krone, lief in blanken Goldstücken um und verbürgte damit ihre Unwandelbarkeit.

Jeder wußte, wieviel er besaß und was ihm zukam, was erlaubt und was verboten war. Alles hatte seine Norm, sein bestimmtes Maß und Gewicht. Wer ein Vermögen besaß, konnte genau errechnen, wieviel Zinsen es alljährlich zubrachte, der Beamte, der Offizier wiederum fand im Kalender verläßlich das Jahr, in dem er avancieren werde und in dem er in Pension gehen würde. Jede Familie hatte ihr bestimmtes Budget, sie wußte, wieviel sie zu verbrauchen hatte für Wohnen und Essen, für Sommerreise und Repräsentation, außerdem war unweigerlich ein kleiner Betrag sorgsam für das Unvorhergesehene, für Krankheit und Arzt bereitgestellt. Wer ein Haus besaß, betrachtete es als sichere Heimstatt für Kinder und Enkel, Hof und Geschäft vererbte sich von Geschlecht zu Geschlecht; während ein Säugling in der Wiege lag, legte man in der Sparbüchse oder Sparkasse bereits einen ersten Obolus für den Lebensweg zurecht, eine kleine ›Reserve‹ für die Zukunft. Alles stand in diesem weiten Reiche fest und unverrückbar an seiner Stelle und an der höchsten der greise Kaiser; aber sollte er sterben, so wußte man (oder meinte man), würde ein anderer kommen und nichts ändern in der wohlberechneten Ordnung. Niemand glaubte an Kriege, Revolutionen und Umstürze. Alles Radikale, alles Gewaltsame schien bereits unmöglich in einem Zeitalter der Vernunft.«[15]

Wenn dies schon für das alte und morsche Österreich galt, dann für das junge und aufstrebende Deutschland erst recht, nur eben unterlegt von der Zukunftsgewißheit, vom Glauben an den Fortschritt. Und dieser Glaube schien gut genug begründet.

Um zunächst noch einmal an das rasche Wachstum der Bevölkerung zu erinnern: Zu ihren Kennzeichen oder zu ihrer Kehrseite gehörte im neunzehnten Jahrhundert die millionenfache Auswanderung nach Übersee, besonders nach Amerika. Dafür gab es verschiedene Anlässe, religiöse mitunter[16] und mehr noch politische. So haben nach der verlorenen Revolution von 1848 Tausende von deutschen Demokraten in den Vereinigten Staaten Zuflucht gefunden und sich dort wieder engagiert, zum Beispiel im Bürgerkrieg von 1861 bis 1865, als es um die Sklavenbefreiung ging.[17] Aber weit überwiegend trieb blanke Not die Menschen fort. In einer neuen Welt hoffte man auf ein besseres Leben, und sei es auch erst für die Kinder oder die Enkel, auf die in der alten Heimat nur Armut und Arbeitslosigkeit warteten.

Betrachtet man die Auswanderungswellen genauer, so erkennt man eine bemerkenswerte Entwicklung. Noch in den achtziger Jahren des neunzehnten Jahrhunderts erreichten die Zahlen einen Höhepunkt. Aber in der wilhelminischen Zeit gingen sie stetig zurück. Während es 1882 über 200 000 Emigranten gegeben hatte, dann waren es 1895 nur noch 37 498, und seit 1908 pendelte sich die Zahl, fast schon bedeutungslos, um die 20 000 pro Jahr ein. Noch erstaunlicher wirkt der Vergleich: Im Jahre 1912 verzeichnete das Reich 18 545 Auswanderer, Großbritannien – mit Irland – fast eine halbe Million, Italien mehr als 700 000. Aus dem russischen Polen wurden in deutschen Häfen 127 747 Personen registriert. Das heißt mit anderen Worten: Es gab zwar keineswegs überall in Europa Arbeit und Brot für alle, aber endlich in Deutschland – und Zuversicht im Blick auf die Zukunft; der wirtschaftliche Fortschritt hatte das Bevölkerungswachstum eingeholt.[18]

Zur Sache gehört allerdings etwas Unheimliches: Im neunzehnten Jahrhundert hat niemand davon gesprochen, daß man »Lebensraum« erobern müsse, um die wachsende Bevölkerung zu versorgen. In dem Maße dagegen, in dem der Überdruck tatsächlich aufgefangen wurde, begann man, danach zu rufen. Im Sommer 1915 verfaßten deutsche Professoren eine Erklärung, in der sie sich gegen jeden Verständigungsfrieden wandten und Gebietsabtretungen von Frankreich forderten. Dann hieß es: »Grundlage zur Wahrung unseres Volkswachstums aber bietet Land, das Rußland abtreten muß. Es muß landwirtschaftliches Siedlungsland sein, das uns gesunde Bauern, diesen Jungbrunnen aller Volks- und Staatskraft, bringt.«[19] Damit wurde, fast bis in die Wortwahl hinein, Hitlers Programm schon vorweggenommen. Andere, angeblich Gemäßigte, erklärten: »Die erste und wichtigste aller nationalen Forderungen, die wir beim künftigen Friedensschluß zu stellen haben, wird die eines sehr großen Kolonialreiches sein müssen, eines deutschen Indien.«[20] Woher man die Jungbrunnnenleute eigentlich nehmen und wohin man die von ihnen Vertriebenen schicken sollte, blieb ungesagt.

Doch noch ist vom wilhelminischen Fortschritt in der Friedenszeit die Rede. Am 20. Januar 1914 legte der Staatssekretär des Innern und Vizekanzler Clemens Delbrück[21] im Reichstag eine stolze Erfolgsbilanz vor und nannte viele Zahlen. Unter anderem sagte er: »Ein Vergleich mit Frankreich, Großbritannien und den Vereinigten Staaten von Nordamerika zeigt, daß Deutschland in seinem Gesamthandel noch im Jahre 1891 mit Frankreich und den Vereinigten Staaten von Nordamerika auf einer Stufe gestanden hat, britischerseits um rund 75 Prozent übertroffen wurde. Heute hat Deutschland die beiden zuerst genannten Länder weit überflügelt und ist dem britischen Gesamthandel nahegerückt ... Der britische Gesamthandel übertrifft hiernach den französischen um 92 Prozent, den amerikanischen um 44 Prozent und den deutschen nur noch um 16 Prozent.«[22] Inzwischen sprechen wir von »Tigerstaaten«, wenn wir Länder meinen, die besonders schnelle Fortschritte machen und ihre Konkurrenten das Fürchten lehren. In der wilhelminischen Zeit war Deutschland der Tiger.

Die AEG, von Emil, dann von Walther Rathenau geleitet, entwickelte sich zu einer der Weltfirmen des Kaiserreiches. Das Kunstverständnis, das aus der Werbung spricht, war allerdings dem Kaiser zuwider.

Es ist unvermeidbar, jetzt Delbrück zu folgen und hier auch von Zahlen zu reden. Einzig mit – vielleicht dürren – Zahlen läßt sich zeigen, was der wilhelminische Fortschritt praktisch bedeutete.

Die Agrarproduktion wuchs. Dank der künstlichen Düngung, für die Justus von Liebig die Grundlagen schuf,[23] und mit verbessertem Saatgut verdoppelten sich zwischen 1880 und 1912 die Ernteerträge bei Roggen, Weizen, Hafer und Gerste; bei den Kartoffeln war ein Anstieg von 19,5 auf 50,2 Millionen Tonnen zu verzeichnen. Auch die Viehbestände wuchsen, allerdings weniger dramatisch, und trotz der beginnenden Motorisierung vermehrten sich sogar noch die Pferde von 3,8 auf 4,5 Millionen.[24]

Aber weitaus stärker nahm die Industrieproduktion zu. Von 1891 bis 1912 stieg die Braunkohleförderung von 20,5 auf 80,9 Millionen Tonnen, die Steinkohleförderung von 73,7 auf 174,9 Millionen, die Roheisenerzeugung von 4,6 auf 17,9 Millionen.

Im Kontrast zur schnellen technischen Entwicklung standen vorläufig noch – jedenfalls für die Mehrheit der Menschen – die kargen Einkommen, eine knappe Freizeit und sehr bescheidene Sonntagsvergnügen. Hans Baluschek malte »Der

Entsprechend die Verkehrsentwicklung: 1890 erreichten die Eisenbahnen 11,3 Milliarden Personen-Kilometer, 1913 waren es 41,4 und im Gütertransport nach 22,5 nun 67,7 Milliarden Tonnen-Kilometer.

Im Kapitalverkehr erhöhte sich der Gesamtumsatz der Reichsbank von 110 Milliarden Mark im Jahre 1891 auf 414 Milliarden im Jahre 1912. Die Einzahlungen bei den Sparkassen betrugen 1892 – nur in Preußen – 3,552 Milliarden Mark und 1911 schon 11,837 Milliarden. Das durchschnittliche Einzelguthaben stieg von 595 auf 882 Mark. Ebenfalls nur in Preußen beliefen sich die veranlagten Vermögen 1895 auf 63,857 Milliarden Mark, 1911/13 auf 104,057 Milliarden.

Die deutsche Handelsflotte wuchs zwischen 1890 und 1912 von 1,569 auf 4,629 Millionen Bruttoregistertonnen. Hiermit lag man zwar noch weit hinter dem britischen Empire mit 19,874, aber

Bahnhof« (1904) und »Sonntag auf dem Tempelhofer Feld« (1907). Er erregte Anstoß, denn bewußt sollten seine Bilder nicht schön oder malerisch, sondern ehrlich sein.

deutlich vor den Vereinigten Staaten mit 2,849 Millionen BRT. Dabei war im Vergleich mit den USA die deutsche Flotte ungleich moderner; das Verhältnis von Dampf- zu Segelschiffen betrug für Deutschland 4,276 : 0,353; für die Vereinigten Staaten waren es 1,798 : 1,501 Millionen BRT. Im Grunde lieferten sich nur die Briten und die Deutschen mit immer größeren, luxuriöseren und schnelleren Passagierschiffen auf dem Nordatlantik zwischen Bishops Rock (westlich von Cherbourg) und Ambrose Feuerschiff (vor New York) ihre prestigeträchtigen Wettrennen. Unter den deutschen Reedereien nahm die HAPAG den ersten Platz ein, gefolgt vom Norddeutschen Lloyd.[25]

Bei alledem schnellte die Zahl der Beschäftigten in die Höhe: Von 1890 bis 1913 wuchs sie von 22,4 auf 31 Millionen, also fast um die Hälfte. Dabei blieb der Beitrag der Land- und Forstwirtschaft sowie der Fischerei mit einem Anstieg von 9,6 auf 10,7

Millionen bescheiden, was im wesentlichen auf intensivere Anbaumethoden zurückging. Für Diener, Dienstmädchen und Köchinnen kündigte sich zwar noch nicht das Ende an, aber die »häuslichen Dienste« stagnierten bei 1,5 Millionen. Dagegen stellten Industrie und Handwerk 3,5 Millionen neuer Arbeitsplätze zur Verfügung. Andere Wachstumsbereiche waren der Bergbau und vor allem die modernen Dienstleistungen: Banken und Sparkassen, Versicherungswesen und Handel, öffentliche Verwaltungen und die Polizei besonders in den Städten, das Gesundheitswesen und die Lehrberufe, der Verkehr.

Den Übergang von der Agrar- zur Industriegesellschaft markieren die Anteile an der volkswirtschaftlichen Wertschöpfung. Industrie und Handwerk, die 1883 noch hinter der Land- und Forstwirtschaft zurücklagen, erreichten um die Jahrhundertwende einen Vorsprung, und 1913 betrug das Verhältnis 19,9 zu 11,3 Milliarden. Die weiteren Hauptanteile an der Gesamtleistung von 48,5 Milliarden entfielen wiederum auf moderne Bereiche wie Bergbau, Verkehr und Dienstleistungen.

Der soziale Fortschritt kam dabei keineswegs unter die Räder. Der Lebensstandard stieg zwar langsam, aber stetig; das durchschnittliche Jahreseinkommen in Industrie, Handel und Verkehr wuchs von 493 Mark im Jahre 1871 über 650 Mark im Jahre 1890 auf 1083 Mark im Jahre 1913. Real – in Preisen von 1895 berechnet – handelte es sich immerhin noch um einen Anstieg von 466 über 636 auf 834 Mark, also in der Gesamtzeit des Kaiserreiches fast um eine Verdoppelung. Erste Industriegüter einer gehobenen Kategorie – zum Beispiel Nähmaschinen – fanden ihren Weg in die Arbeiterhaushalte. Sogar die in der Frühzeit der Industrialisierung übermäßig langen Arbeitszeiten von zwölf bis vierzehn Stunden täglich gehörten der Vergangenheit an. Gegen Ende der wilhelminischen Epoche waren 56 bis 60 Arbeitsstunden in der Sechstagewoche die Regel, mit abnehmender Tendenz.

Noch in der Bismarckzeit wurden 1883 die Krankenversicherung für Arbeiter, 1884 die Unfallversicherung, 1889 die Invaliditäts- und Altersversicherung eingeführt. Der Ausbau des Arbeitsrechts nahm 1890 mit der Einführung von Gewerbegerichten seinen Anfang. 1891 wurde ein Arbeitsschutzgesetz erlassen, dem 1903 Verbesserungen folgten, besonders im Hinblick auf den Mutter- und Kinderschutz. Die Reichsversicherungsordnung von 1911 und die Versicherung für Angestelle, die, obwohl im gleichen

Jahr verabschiedet, erst 1913 in Kraft trat, bildeten weitere Bausteine des Sozialstaats.

Wie soll man den wilhelminischen Fortschritt erklären? Er hatte nicht eine, sondern viele Wurzeln. Um mit dem eher Zufälligen, mit dem Glück zu beginnen: Der »Gründerkrach« von 1873, begleitet von Konkursen und Skandalen, beendete die Hochkonjunktur, die die Reichsgründung nach sich gezogen hatte. Es folgte – und zwar nicht bloß in Deutschland, sondern weltwirtschaftlich – die »Große Depression«, eine Phase stark gebremster Entwicklung, mitunter sogar des Stillstands, die bis in die Mitte der neunziger Jahre dauerte. Die Stockungsjahre überwogen. Doch dann begann eine neue und ausdauernde Konjunktur: Von 1895 bis 1913 gab es vierzehn Jahre des deutlichen Aufschwungs und vier mit eher flauem Verlauf.

Aber Glück hat auf die Dauer nur der Tüchtige. Die protestantisch-preußische Erziehung zu Sparsamkeit, Ordnung, Fleiß und Leistungsbereitschaft kam mit der industriellen Revolution eigentlich erst voll zum Zuge. Diese Tugenden fanden ihren Ausdruck auch in einer beispielhaft tüchtigen, weitgehend korruptionsfreien Verwaltung. Mit der Entwicklung des Zollvereins, der Durchsetzung der Gewerbefreiheit und mit all den Modernisierungen, die die Schaffung des Nationalstaates begleiteten, hat sie wesentlich dazu beigetragen, Voraussetzungen des Erfolges zu schaffen. Beispielhaft sparsam war diese Verwaltung außerdem; man kam mit weniger Steuern aus als Frankreich oder Großbritannien.

Beispielhaft war weiterhin die Bildungsentwicklung in allen ihren Stufen, von den Volksschulen bis zu den Universitäten. Auch hierbei wirkte Preußen im neunzehnten Jahrhundert (und noch bis in die Weimarer Republik hinein) als Schrittmacher und nötigte die anderen deutschen Länder zum Nachfolgen. Man hat gesagt, in der Schlacht bei Königgrätz habe der preußische Schulmeister gesiegt. Das läßt sich bezweifeln; das Feldherrngenie Helmuth von Moltkes und das Hinterladergewehr der preußischen Grenadiere waren gewiß viel wichtigter. Doch mit der industriellen Entwicklung gewinnt die qualifizierte Ausbildung tatsächlich eine zentrale Bedeutung. Immer weniger kann man sich auf die ererbten Erfahrungen verlassen; immer mehr kommt es auf die Lernfähigkeit an.

Zwei Umstände seien besonders hervorgehoben. Einmal handelte es sich – eher konservativ – um die hartnäckige Beibehaltung eines Ausbildungsmodells, das eigentlich noch mit den vormodernen Handwerkstraditionen zu tun hatte und darauf bestand, an die Volksschule eine Lehrzeit anzuschließen. Darüber seufzte die aufkommende Industrie; es war umständlich, kostete Zeit und Geld. Und wozu brauchte man es überhaupt noch, wenn immer mehr Leute nur einfache, immer wiederholte Handgriffe ausführen sollten, die sogar Kinder erledigen konnten?

Aber nur zu bald erwies die Tradition sich als segensreich. Sie schuf eine Facharbeiterschaft, deren Selbstbewußtsein vom Willen und von der Fähigkeit zu qualitätsbestimmter Leistung getragen wurde. Wie wichtig das war, zeigte sich, als die Engländer seit 1887 eine Herkunftsbezeichnung für Exportprodukte forderten. Damit sollten billige und minderwertige Schleuderwaren abgewehrt werden. Doch rasch wandelte sich das »Made in Germany« zu einem Markenzeichen für Qualität, das den Erfolg nicht behinderte, sondern beflügelte.

Ebenso wichtig, oder noch wichtiger, war der zweite Umstand. Im Dampfzeitalter der industriellen Revolution hatte man geniale Tüftler gebraucht, wie den Erfinder der Dampfmaschine, James Watt, den Erfinder des mechanischen Webstuhls, Edmund Cartwright, oder den Erfinder der Lokomotive, George Stephenson. Aber im letzten Drittel des neunzehnten Jahrhunderts neigte sich dieses Dampfzeitalter seinem Ende zu; was es bieten konnte, war weitgehend ausgereizt, und die Stagnation, die bald nach 1870 einsetzte, hatte auch damit zu tun. Für die Zukunft, die der Elektrotechnik und Optik und besonders der Chemie und Pharmazie gehörte, benötigte man neue, wissenschaftliche Grundlagen und systematische Forschung.

Dafür nun war nicht mehr England, wohl aber Deutschland hervorragend gerüstet. Bereits am Anfang des neunzehnten Jahrhunderts hatte die Humboldtsche Universitätsreform Gelehrsamkeit und Forschung statt des bloß schulmäßigen Lehrens und Lernens in den Vordergrund gerückt, und die Gründung der Universität von Berlin im Jahre 1810 wirkte beispielgebend für ganz Deutschland.[26] Von hier aus wurde der Rang, vielmehr der Vorrang begründet, den die deutschen Hochschulen und die deutsche Wissenschaft für mehr als ein Jahrhundert in der Welt einnahmen.[27] Entsprechend die Zukunftsindustrien: In der Chemie und vor allem der Pharmazie erreichte Deutschland fast schon eine Monopolstellung, in der Elektrotechnik, der Feinmechanik und Optik eine Spitzenposition. Firmen wie die AEG, Siemens und Halske, Robert Bosch, Carl Zeiss, die BASF, Bayer und Hoechst befanden sich auf dem Weg zur Weltgeltung, und für die Zukunft bedeuteten sie im Grunde viel mehr als Krupp oder Thyssen. Oder, im Vergleich: Großbritannien behauptete den ersten Platz in den »klassischen« Bereichen wie der Textil- und der Schwerindustrie oder dem Schiffbau, doch eben nicht mehr in den Zukunftsindustrien. In diesem Unterschied waren für das zwanzigste Jahrhundert die Wege zum Niedergang und zum Aufstieg angelegt.[28]

Die preußische Kultusverwaltung sorgte im übrigen dafür, daß man nicht in Selbstzufriedenheit erstarrte. Die zentrale Figur war in der wilhelminischen Zeit Friedrich Althoff (1836–1908). Seit 1882 vortragender Rat, leitete er bis 1907 die Hochschulabteilung und seit 1897 auch die Abteilung für das höhere Schulwesen. Autoritär, in der Regel aber segensreich, griff er in die Berufungspolitik der Universitäten ein; man sprach darum teils empört, teils bewundernd vom »System Althoff«.[29] Ebenso setzte er sich nachdrücklich und erfolgreich für neue Entwicklungen ein. Dabei fand er einen wichtigen Partner, nämlich Wilhelm II. – hier in seiner Eigenschaft als König von Preußen[30] –, der ihm das für einen Ministerialdirektor ungewöhnliche Recht zum direkten Vortrag einräumte. Drei Beispiele für das erfolgreiche Zusammenwirken mögen genügen:

Einmal ging es um die Förderung der Technischen Hochschulen. Sie waren nicht, wie die Universitäten, aus den Idealen unbefleckter Gelehrsamkeit und zweckfreier Forschung, sondern aus handfest irdischen Bedürfnissen hervorgegangen und oft lediglich eine Fortsetzung beinahe noch handwerklicher Ingenieurschulen. Doch gerade weil sie von Hause aus an der Praxis orientiert waren, häufig auch Praktiker aus der Industrie zu Professoren beriefen, wurden sie mit der modernen Entwicklung immer wichtiger. Darum wollten Althoff und Wilhelm II. ihnen zu akademischer Gleichberechtigung verhelfen, unter anderem mit dem Recht, Doktortitel zu vergeben und wie die Universitäten im Preußischen Herrenhaus vertreten zu sein.

Wie stets, wenn alte Vorrechte in Gefahr geraten, erhob sich bei den bisher Privilegierten ein Sturm der Entrüstung. Der Kaiser selbst hat darüber berichtet: »Unter dem Eindruck der Leistungen der Technischen Hochschulen und solcher Männer wie Slaby,

Intze und anderer[31] beschloß ich, den Hochschulen dieselbe Berechtigung der Vertretung im Herrenhause zu verleihen, wie die Universitäten sie besaßen. Allein die Universitäten erhoben beim Kultusminister energischen Einspruch dagegen; es folgte ein heftiger Kampf gegen den klassisch-wissenschaftlichen Gelehrtenstolz, bis ich durch einen Erlaß meinen Willen durchsetzte.«[32]

Auf die Dankadresse der Technischen Hochschulen zur Verleihung des Promotionsrechtes antwortete der Kaiser am 9. Januar 1900 mit einer charakteristischen Rede: »Es hat Mich gefreut, die Technischen Hochschulen auszeichnen zu können... Ich wollte die Technischen Hochschulen in den Vordergrund bringen, denn sie haben große Aufgaben zu lösen ... Das Ansehen der deutschen Technik ist schon sehr groß. Die besten Familien, die sich sonst anscheinend ferngehalten haben, wenden ihre Söhne der Technik zu, und Ich hoffe, daß das zunehmen wird. Auch im Ausland ist Ihr Ansehen sehr groß. Die Ausländer sprechen mit der größten Begeisterung von der Bildung, die sie an Ihrer Hochschule erhalten haben. Es ist gut, daß Sie auch Ausländer heranziehen; das schafft Achtung vor unserer Arbeit. Auch in England habe Ich überall die größte Hochachtung vor der deutschen Technik gefunden. Das habe Ich jetzt wieder erfahren, wie man dort die deutsche technische Bildung und die Leistungen der deutschen Technik schätzt. Wenden Sie sich daher auch mit aller Kraft den großen wirtschaftlichen und sozialen Aufgaben zu.«[33]

Einen weiteren und erfolgreichen Kampf führten Althoff und Wilhelm II. für die Einführung der Realgymnasien, durch die das Monopol der altsprachlichen Schulen gebrochen wurde. Hierbei spielte die Aversion mit, die schon der junge Prinz, unter Hinzpeters Joch, in seiner Kasseler Schulzeit entwickelt hatte. Einem Amtsrichter, der das altsprachliche Gymnasium angriff, schrieb er: »Wie viele Dinge, welche Sie anführen, habe Ich im Stillen bei Mir bedacht. Nur um einige Sachen zu erwähnen: von einundzwanzig Primanern, die unsere Klasse zählte, trugen neunzehn Brillen, drei davon mußten jedoch noch einen Kneifer vor die Brille setzen, wenn sie bis zur Tafel sehen wollten! Homer, der herrliche Mann, für den Ich sehr geschwärmt, Horaz, Demosthenes, dessen Reden ja jeden begeistern müssen, wie wurden sie gelesen? Etwa mit Enthusiasmus für den Kampf oder die Waffen oder die Naturbeschreibungen? Bewahre! Unter dem Seziermesser der grammatikalischen, fanatisierten Philologen wurde jedes

Sätzchen geteilt, gevierteilt, bis das Skelett mit Behagen gefunden... Es war zum Weinen! Die lateinischen und griechischen Aufsätze (ein rasender Unsinn!), was haben die für Mühe und Arbeit gekostet! Und was für ein Zeug kam da zum Vorschein! Ich glaube, Horaz hätte vor Schreck den Geist aufgegeben! Fort mit dem Brast!«[34]

Schließlich sei noch die Gründung der Kaiser-Wilhelm-Gesellschaft zur Förderung der Wissenschaften erwähnt, die 1911 erfolgte. Sie übernahm Forschungsaufgaben, die in Universitätsinstituten nicht mehr zu erbringen waren, und bis heute spielt sie eine wichtige Rolle, inzwischen als Max-Planck-Gesellschaft. Gewiß leisteten hier wie überall andere Männer die eigentliche Arbeit; an erster Stelle ist Adolf von Harnack zu nennen.[35] Aber der Kaiser lieh nicht nur sein Ansehen. Er war ein nachdrücklicher Förderer, und darum trug die Gesellschaft bis zum Ende des Zweiten Weltkriegs mit Recht seinen Namen.[36]

Alles in allem: Wilhelm II. war wirklich ein Mann des wilhelminischen Fortschritts. Nirgendwo sonst gab es einen Monarchen oder einen leitenden Staatsmann mit ähnlich eindeutigen Neigungen. Die Herren bei Hofe, wahrlich an anderes gewöhnt, registrierten verblüfft die Begeisterung: »Immer von neuem muß man staunen, welch ungewöhnliches Interesse der Kaiser für viele moderne Anforderungen und Fortschritte hat. Heute sind es die Radiumstrahlen, morgen die Ausgrabungen in Babylonien, dann wieder die freie und voraussetzungslose wissenschaftliche Forschung und schließlich auch ganz besonders die Entwicklung der Maschinentechnik. Mit dem Übergang von der Kolbenmaschine zur Turbine und eventuell zum Automobil beschäftigt er sich auf das allereingehendste. Alle auf diesen Gebieten sich vollziehenden Fortschritte werden sowohl in der Literatur und, soweit möglich, auch in der Praxis auf das sorgfältigste verfolgt, und Männer, die mit diesen Fortschritten in Beziehung stehen, werden, wenn irgend möglich, zu persönlicher Erklärung und Bekanntschaft herangezogen.«[37]

Eine Anmerkung drängt sich hier auf. Viele der Kritiker und Biographen schildern uns den Kaiser als einen höchst mittelmäßig begabten und fast immer überforderten Mann. Aber dort, wo seine Interessen geweckt wurden, gewinnt man ein anderes Bild. Um auf die Gespräche mit Männern der Wirtschaft, der Wissenschaft und Technik zurückzukommen und nochmals den Hofmarschall zu zitieren:

»Die größten Erfolge hatte der Kaiser bei kühlen, nüchternen Geschäftsleuten, die höfischem Getriebe sonst fernstanden. Das reiche Wissen und die geschickte Art, es zu verwerten, verfehlten nicht den gewünschten Eindruck. Solche Unterredungen wurden auch vielfach gut vorbereitet, indem der Kaiser sich das entsprechende Material durch das Auswärtige Amt oder die Ministerien einreichen ließ und nun im eigenen Ressort der Herren Ballin, Professor Slaby, Rathenau oder Mendelssohn ganz verblüffend Bescheid wußte. Mit seiner raschen Auffassungsgabe brauchte der Kaiser ein Manuskript von zwanzig oder mehr Seiten, auch mit schwierigen technischen Einzelheiten, nur einmal durchzulesen, um es für Diskussionszwecke überraschend zu beherrschen. Und so kam es vor, daß bedeutende Männer, die sich im schwersten Kampfe des Erwerbslebens emporgearbeitet, ihn mit dem Gefühl verließen, von einem Propheten, von einem übermenschlichen Wesen empfangen zu sein.«[38] Was die Herren nachher wirklich dachten, bleibe dahingestellt. Aber daß sie es mit einem Dummkopf zu tun hatten, gehörte schwerlich zu ihren Eindrücken.

Unter den Neuheiten, für die der Kaiser sich einsetzte, nahm der Automobilbau einen wichtigen Platz ein. 1914 gab es in Deutschland 55 000 Autos. Im Jahrhundertrückblick ist das keine imponierende Zahl, aber seit dem Tag, an dem Carl Benz 1886 in Mannheim seine erste motorgetriebene Kutsche vorstellte, waren keine dreißig Jahre vergangen. Als dann im Jahre 1911 ein Benz-Rennwagen den kaum glaublichen Weltrekord von 228 Kilometern pro Stunde aufstellte, erfüllte das nicht nur den Kaiser mit Stolz.

Zugegeben: Manchmal übertrieb Seine Majestät, so in einer Ansprache an den Grafen Zeppelin am 10. November 1908: »In Meinem Namen und im Namen unseres ganzen deutschen Volkes freue Ich Mich, Euere Exzellenz zu diesem herrlichen Werke, das Sie Mir heute so schön vorgeführt haben, aus tiefstem Herzen zu beglückwünschen. Unser Vaterland kann stolz sein, einen solchen Sohn zu besitzen, den größten Deutschen des zwanzigsten Jahrhunderts, der durch seine Erfindung uns an einen neuen Entwicklungspunkt des Menschengeschlechts geführt hat. Es dürfte wohl nicht zu viel gesagt sein, daß wir heute einen der größten Momente in der Entwicklung der menschlichen Kultur erblickt haben. Ich danke Gott mit allen Deutschen, daß er unser Volk für würdig erachtete, Sie den Unseren zu nennen … Als Zeichen

Meiner bewundernden Anerkennung, die gewiß alle hier versammelten Gäste und unser ganzes deutsches Volk teilen, verleihe Ich Ihnen hiermit Meinen hohen Orden vom Schwarzen Adler … Seine Exzellenz Graf Zeppelin, der Bezwinger der Lüfte, hurra!«[39]

Ja, das ist der übliche und nicht selten peinliche Überschwang. Und wie denn durfte man den größten Deutschen des zwanzigsten Jahrhunderts schon im Jahre 1908 ausrufen, so als sei für die folgenden Jahrzehnte kaum noch etwas zu erwarten? Man muß jedoch hinzufügen: Nach dem Explosionsunglück von »LZ 4« bei Echterdingen im August 1908 hatte eine Nationalspende die für damalige Verhältnisse gewaltige Summe von sechs Millionen Mark erbracht, und der Zeppelin-Nationalstolz war so allgemein und so groß, daß er für skeptische Beobachter fast schon an Wahnsinn grenzte.[40]

Gerade in seinem Überschwang also war Wilhelm II. der Repräsentant der Epoche, die den Fortschritt nicht nur nicht fürchtete, sondern weit mehr noch an ihm sich begeisterte.

Wilhelm II. und die wilhelminische Gesellschaft

Wilhelm II. lebte im Zeitalter der Fotografie und der Ansichtspostkarte. In vielen guten Stuben gab es darum auf dem Vertiko ein Bild des Kaisers oder der kaiserlichen Familie, gleich neben dem eigenen Hochzeitsfoto und dem »Gruß aus Zinnowitz!« als Andenken an die neu erfundene Sommerfrische.

Sieht man die Kaiserbilder an, so zeigen sie fast immer den schmucken Mann in der Uniform. Natürlich gab es die zivile Kleidung. Aber zur Repräsentation, zur öffentlichen Darstellung des Kaisertums paßte sie offenbar nicht. Dazu gehörte der militärische Glanz – und zwar nicht einförmig, sondern im immerwährenden Wechsel, in einer Art von Verkleidungs- und Umkleidemanie; wer boshaft wäre, könnte von einem niemals endenden martialischen Karneval sprechen. Es gab die bunte Vielfalt der Waffengattungen und Regimenter, die Uniformen des 1. Garderegiments zu Fuß, der Husaren oder der Dragoner, den Kürassierhelm, dann die historischen Rückgriffe, besonders aufs friderizianische Vorbild. Weiterhin standen dem Ehrenkommandeur ausländischer Regimenter britische, österreichische und russische Uniformen zur Verfügung, und die der Marine nicht zu vergessen, je nach dem Anlaß wiederum im Wechsel. Zum Routineempfang des britischen Botschafters erschien Seine Majestät im englischen Admiralsrock und am Abend, zum Opernbesuch, dann im deutschen, falls »Der fliegende Holländer« auf dem Programm stand.[1]

Wie soll man das verstehen, wie es deuten? Gewiß, auch der zivile Snob besitzt viele Anzüge und trägt sie im modischen Wechsel zur Schau. Mehr noch wäre an das Herkommen zu denken: Bis 1914 stellte sich die höfische Gesellschaft so schmetterlingsbunt dar wie ihre Soldaten, im Kontrast zum pinguindunkel gekleideten Bürger im Gehrock oder mit Frack und Zylinder. Das vormoderne, alteuropäische Lebensideal war die kultivierte Muße; darum zeigte die Farb- und die Sinnenfreude, daß man zu den Spitzen der Gesellschaft gehörte. Wer nicht vor 1789 gelebt hat, weiß nicht, was Leben ist, soll Talleyrand gesagt haben. Aber in der großen Bürgerrevolution schleift man die edlen Damen und Herren aufs Blutgerüst und legt ihnen den Kopf vor die Füße. Der Siegeszug der dunklen Herrenbekleidung im neunzehnten Jahrhundert demonstriert dann, daß man der aristokratischen Frivolität abgeschworen hat, daß man den Sinn des Lebens in der Arbeit findet und daß man – eben damit – kreditwürdig ist.

Wie nehmen sich vor solchem Hintergrund die Kaiserbilder aus? Sollen sie etwa einen Sieg der Gegenrevolution und die Rückkehr in ein aristokratisches Zeitalter andeuten? Kann man sich den alten Kaiser Wilhelm oder Franz Joseph von Österreich so theatralisch aufgeputzt vorstellen wie Wilhelm II.? Und wie paßt das alles zum preußischen Ideal eines Monarchen, der sein Leben der Arbeit widmet? Fragen über Fragen. Der Hohn liegt nahe und der psychologische Rückschluß auf eine tiefsitzende Unsicherheit, die durch das betont schneidige Auftreten überspielt werden sollte. In militärischer Tonart, wie er sie auf den Potsdamer Kasernenhöfen erlernte, hat Wilhelm II. ja auch seine Reden gehalten, im Gegensatz zu Bismarcks ziviler Sprechweise, zu der im Ablauf des zwanzigsten Jahrhunderts eigentlich erst Konrad Adenauer zurückgefunden hat.[2]

Solch eine Deutung ist nicht falsch, aber sie greift zu kurz. Der Kaiser war das Sinnbild, die Vorbildfigur der Epoche – und das heißt hier: einer Gesellschaft, die im Bann der Uniform stand, um nicht zu sagen von ihr zusammengehalten wurde. Das kam nicht von ungefähr. Jedes Gemeinwesen wird wesentlich von seiner Gründung geprägt, und die Gründung des ersten deutschen Nationalstaats vollzog sich im siegreichen Krieg, im militärischen Triumph zunächst über Österreich, dann über den »Erbfeind« Frankreich. Damit wurde alles Soldatische nachhaltig aufgewertet und das Datum des Triumphes, der 2. September, der Sedantag, zum Nationalfeiertag, übrigens zum einzig populären, den es hierzulande jemals gegeben hat.[3]

Uniformträger zu sein, wenn möglich als Offizier, zumindest als Reserveoffizier, gehörte darum zu den begehrten und in ihrer Bedeutung kaum zu unterschätzenden Auszeichnungen. Um eine Potsdamer Kindergeschichte zu erzählen: »Eines Tages spielten wir während der Pause auf dem Schulhof, als ich zufällig Herrn von Krieger in seiner Uniform mit den roten Streifen des General-

Kaiserliche »Home-story«: Auch im Umgang mit der Öffentlichkeit zeigte Wilhelm II. Modernität. Hier gruppiert sich die Familie zum »Weihnachtsabend im Kaiserhause«.

stäblers auf einen unserer Lehrer zugehen sah. Er wollte sich nach den Leistungen seiner Tochter erkundigen. Gleichzeitig sah ich aber auch die Veränderung, die plötzlich mit dem Lehrer vor sich ging. Ich sah ihn zusammenknicken, als habe sein Rückgrat keinen Halt mehr, und ich sah sein unterwürfiges Lächeln. Dieser Lehrer machte es dem Offizier völlig unmöglich, mit ihm zu verkehren wie ein Bürger mit dem anderen.«[4]

Um so wichtiger war es, dem Selbstbewußtsein als Reserveoffizier aufzuhelfen. Dann konnte zum Beispiel der Lehrer am Sedantag die Uniform anziehen und in der Schulaula eine patriotische Rede halten. Und so überall, sei es in der Nachahmung: Der Bahnhofsvorsteher gürtete sich mit dem höchst funktionswidrigen Schleppsäbel, wie auch der Schutzmann unter der Pickelhaube fast eine Symbolfigur und jedenfalls eine Respektsperson des Zeitalters war.[5] Selbst im Hinscheiden war der Offiziersrang wichtig; es gab Todesanzeigen berühmter Professoren, in denen der »Leutnant der Reserve a. D.« noch vor der Mitgliedschaft in deutschen und ausländischen Akademien der Wissenschaft genannt wurde. Nur hartnäckige Außenseiter, wie der alte Fontane, schüttelten den Kopf: »Je mehr wir verassessort und verreserveleutnantet werden, desto toller wird es.«[6]

Jede Gesellschaft wird an dem Possenspiel kenntlich, das zu ihr gehört. Für die deutsche Gegenwart wäre das wohl die Geschichte des »Baulöwen« Schneider. In der wilhelminischen Zeit war es der falsche Hauptmann, der Schuster Wilhelm Voigt, der, als Offizer verkleidet, am 16. Oktober 1906 auf der Straße einige Soldaten anhielt, um dann mit ihnen den Bürgermeister von Köpenick zu verhaften und die Stadtkasse zu beschlagnahmen. Leicht verkürzt sei hier eine Szene aus Carl Zuckmayers »Hauptmann von Köpenick« wiedergegeben:

»OBERMÜLLER: Der Bataillonsadjutant hat mir heute mitgeteilt, daß meine Ernennung zum Leutnant der Reserve soeben erfolgt ist, es kam mir etwas überraschend, ich muß nun sehen, wie ich mit der Equipierung fertig werde. Sie müssen mir da helfen, Herr Wormser –

WORMSER: Gemacht, gemacht, aber das sage ich Ihnen gleich, Herr Doktor, gute Arbeit braucht gute Zeit. Sie wollen doch auch was vorstellen in Ihrem neuen Glanz. Nein, das freut mich, das freut mich aber wirklich für Sie. War doch erst Ihre zweite Übung, nich?

OBERMÜLLER: Die dritte, Herr Wormser, die dritte. Ich hatte nämlich einige Schwierigkeiten mit dem Schießen, wegen meiner Kurzsichtigkeit. Aber – das habe ich nun Gott sei Dank hinter mir.

WORMSER: Recht so. Muß 'n schönes Gefühl sein, wenn man auf einmal mit Herr Leutnant angeredet wird, das schmeichelt den Gehörknöchelchen. Wissen Sie, ich sage immer: vom Gefreiten aufwärts beginnt der Darwinismus. Aber der Mensch, der fängt erst beim Leutnant an, is nich so, is nich so?

OBERMÜLLER: Das möchte ich nicht gerade behaupten – aber für meine Laufbahn ist es natürlich außerordentlich wertvoll. Ich brauche die Uniform wirklich besonders eilig, Herr Wormser, ich –

WORMSER: Wabschke, holense's Maßbuch. Sie sind doch Staatsbeamter, Herr Leutnant, nich?

OBERMÜLLER: Meine Mutter kommt nämlich zu Besuch, sie legt besonderen Wert drauf, sie ist ja aus einer Offiziersfamilie. Ich? Kommunalbeamter, Herr Wormser.

WORMSER: Beamter is auch immer sehr schön.

OBERMÜLLER: Gewiß doch, man kann gut vorwärtskommen – ich bin jetzt schon im Köpenicker Stadtmagistrat; wenn ich Glück habe, kann ich mal Bürgermeister von Köpenick werden.

WORMSER: Na, zum Reserveleutnant hamse's ja schon gebracht, das is die Hauptsache, das muß man sein heutzutage – gesellschaftlich – beruflich – in jeder Beziehung! Der Doktor ist die Visitenkarte, der Reserveoffizier ist die offene Tür, das is mal so.«[7]

Viele Geschichten dieser Art ließen sich erzählen. Angemerkt sei noch, daß die Uniform sogar in die zivile Institution schlechthin hineingetragen wurde, in den Reichstag, wie der liberale Abgeordnete Ludwig Bamberger (1823–1899) das geschildert hat: »Das deutsche Parlament ist das einzige auf der Welt, in welchem die Minister und ihre Vertreter mit dem Säbel an der Seite erscheinen und mit der Hand auf dem Degenknauf ihre Reden halten. Bei etwas lebhaften Regungen der Debatte geschieht es auch, daß unwillkürlich diese Stützung der Hand auf dem Schwertgriff sich zu einer charakteristischen Gebärde gestaltet. Auch diese Eigentümlichkeit unserer repräsentativen Zustände entbehrt nicht des tiefen Sinnes.«[8]

Heute fällt es uns schwer, eine Gesellschaft im Banne der Uniformgläubigkeit und ihren kaiserlichen Schirmherrn noch zu ver-

Gott mit uns: Gardesoldaten sind vor dem Dom angetreten, um dem »Alliierten von Roßbach und Dennewitz« zu huldigen.

stehen, geschweige denn ihnen gerecht zu werden. Ein Bundeskanzler oder Bundesminister, der in Uniform seine Parlamentsrede hält, gesetzt denn, daß er gedient und es bis zum Offizier gebracht hätte? Nein, das ist undenkbar. Wir sind die Erben einer ganz anderen Geschichte; der im Frevel begonnene und schreckensvoll verlorene Zweite Weltkrieg hat uns – nicht durch eigenes Verdienst – aus diesem Bann befreit. Darum sind wir, weit mehr noch als Frankreich, Großbritannien oder die Vereinigten Staaten, zu einer überzeugungstüchtig zivilen Gesellschaft geworden, und die Uniform bildet bloß noch eine Dienstbekleidung, kaum anders als der orangerote Overall bei der Müllabfuhr.

Die wilhelminische Gesellschaft aber stammte aus dem Erbe der Reichsgründung und aus dem preußischen Siegesglanz. Man könnte auch vom Erbe Bismarcks reden – ganz abgesehen davon, daß er selbst, seit er zum General ehrenhalber befördert worden war, gern in der Uniform auftrat und sie in den Reichstag trug, obwohl er sogar im Krieg und hart genug um die Vorherrschaft der Politik gegenüber den »Halbgöttern« des Generalstabs gekämpft hatte. Daß man im gerüsteten Glanz vielleicht Gott, aber sonst nichts auf der Welt zu fürchten habe, das haben die Deutschen als dieses Erbe verstanden oder mißverstanden; es ist zum geflügelten Wort, zum Wahlspruch der Epoche geworden.[9] Gleichzeitig hat der Titan dem Bürgertum eingeprägt, sich dennoch zu fürchten, nämlich vor der »roten Gefahr« und den »vaterlandslosen Gesellen« der Arbeiterbewegung. Als um so wichtiger erschien dann wiederum das Militär, um der Gefahr zu begegnen.

In solchem Sinne hat kurz nach der Jahrhundertwende der Theologe und Philosoph Ernst Troeltsch von der politischen Erziehung durch Bismarck gesprochen: »Ihr Kern war gerade der, daß das Wesen des Staates Macht ist, daß er sein festes Knochengerüst hat an einem schlagfertigen Heere, daß er der beständig drohenden Gefahr von außen und innen nur durch ebenso vorsichtigen als rücksichtslosen Machtgebrauch begegnen kann und daß hierfür nichts so hinderlich ist wie die Prinzipien und die Theorie ... Es ist ein Ideal der Vorurteilslosigkeit und Unbefangenheit, das alles nur dem einen politischen Grundgedanken der dauernden, jedem Gegner überlegenen Macht unterordnet.« Damit ist der Verzicht auf ethisch begründete Prinzipien »unter uns selbst zur Theorie geworden, die wir wohl auch mit etwas Nietzschescher Herrenmoral oder Darwinistischem Kampf ums Dasein versetzen und die sich nur allzu leicht mit den Idealen der kurz angebundenen Schneidigkeit und der bürokratischen Amtshoheit verbinden, von denen der Nachwuchs der regierenden Klassen weithin erfüllt ist.«[10]

Man kann den Sachverhalt vielleicht noch verdeutlichen, wenn man nach anderen Möglichkeiten fragt. Was gab es denn für den Zusammenhalt und das Selbstbewußtsein der Nation, wenn nicht den militärischen Ruhm? Die Konfession schied aus. Wenn man sie politisch ins Spiel brachte, wie es nach 1871 im Kulturkampf geschah, dann spaltete man, statt zu einigen. Die Sprache, die Kunst und Musik, die wissenschaftlichen und wirtschaftlichen Erfolge mochten wichtig sein, aber was erbringen sie für das Gemeinwesen? Deutsch sprach man auch in Teilen der Schweiz und Österreichs; Kunst, Musik und Wissenschaft gehören gerade in ihren Spitzenleistungen der Welt und nicht einer einzelnen Nation; der wirtschaftliche Erfolg gibt nur für den Augenblick und für den etwas her, der ihn erringt. »D-Mark und Goldmedaillen bilden den Kern des deutschen Nationalbewußtseins«, hat einmal ein Historiker über die Bundesrepublik und die DDR gesagt.[11] Doch damit wird politisch eher Schwäche als Stärke und Standfestigkeit bezeichnet; in der Krise schlägt die Zuversicht schnell in Verzagtheit und Zukunftsangst um.

In den älteren westlichen Demokratien erkennt man die Mythen des Ursprungs, die in die Zukunft weisen; man denke an die Tell- und Rütli-Saga der Eidgenossen, an den Freiheitskampf der Niederländer gegen Habsburg-Spanien, an die »glorreiche« Revolution in England und die große in Frankreich, an die Unabhängkeitserklärung und den Unabhängigkeitskrieg der Vereinigten Staaten. Der Sieg der Freiheit und Unabhängigkeit begründet den Stolz und das Selbstverständnis der Nationen. In Deutschland dagegen ist die Revolution von 1848 gescheitert, und es blieb eigentlich nur, was Bismarck schon 1862 erklärte: »Nicht durch Reden und Majoritätsbeschlüsse werden die großen Fragen der Zeit entschieden – das ist der Fehler von 1848 und 1849 gewesen –, sondern durch Eisen und Blut.« Der Erfolg redete dann seine eigene und bezwingende Sprache. Er entschied darüber, daß eben nicht eine Zivilgesellschaft, sondern der Bann der Uniformen das Kaiserreich bestimmte.

Im Jahrhundertrückblick sollten wir uns also vor dem Pharisäertum hüten. Niemand kann sagen, wie er sich unter den wilhelminischen Bedingungen verhalten, wie er sich gekleidet und wie er geredet hätte. Und niemand weiß, wie künftige Generationen über unsere Bewährung oder womöglich unser Versagen urteilen werden. Was den Kaiser betrifft, darf man ihm eigentlich nur vorhalten, daß er vollendet zur Schau stellte, was man erwartete, und daß er damit wirklich der Repräsentant seiner Epoche war.

Zum Siegesstolz gesellte sich die Angst. Die wilhelminische Gesellschaft blieb ja tief gespalten und abgründig vom Widerspruch geprägt. Zwar rückte das Bürgertum zur bestimmenden Schicht auf, vor allem wirtschaftlich. Aber es wollte eben nicht mehr, wie in der Revolution von 1848, gegen den alten Obrigkeitsstaat seine politische Selbstbestimmung erkämpfen, sondern es ängstigte sich vor der »roten Gefahr«, der man im Zeichen demokratischer

Mehrheitsherrschaft womöglich ausgeliefert sein würde; darum setzte man auf den starken, im Grunde vormodernen Staat mit seiner »schimmernden Wehr« und erwartete von Seiner Majestät, daß er sie so eindrucksvoll martialisch verkörperte, wie er es tat. Es mochte ungeschickt oder sogar empörend sein, wenn der Kaiser bei einer Rekrutenvereidigung den Soldaten sagte, daß sie gegen den inneren Feind ebenso wie gegen den äußeren gerüstet sein und notfalls auf Väter und Brüder schießen müßten. Doch die Empörung betraf genau betrachtet das Ausplaudern einer Wahrheit.

Um hier nochmals auf die Uniformen zurückzukommen: Längst war klar, daß im Kriegsfalle ihre Buntheit verschwinden und daß man so feldgrau ins Feld ziehen würde, wie es 1914 geschah. Die Farbenfreude der Friedens mit all ihrem Zierat an Litzen und Schnüren, wehenden Helmbüschen und blitzenden Säbeln stellte sich also für den gesunden Menschenverstand als höchst kostspielige und überflüssige Spielerei, um nicht zu sagen als lächerlich dar.[12] Gleichwohl war sie es nicht; sie beglaubigte – vorbewußt vielleicht, doch darum um so wichtiger – eine Macht, die Sicherheit, Geborgenheit verhieß nach dem seit 1848 erprobten Motto: »Gegen Demokraten helfen nur Soldaten.«

Wer wollte, könnte von einem Friedensmilitarismus sprechen. Alexander Rüstow hat ihn mit einer Anekdote anschaulich gemacht: »In unserem Regiment wurde im Ersten Weltkrieg sprichwörtlich der Ausruf eines aktiven Hauptmanns: ›Rüstow, Sie sind kein Soldat, Sie sind nur im Krieg zu gebrauchen!‹ Subordination und Höflichkeit hinderten mich zu antworten: ›Herr Hauptmann, Sie sind ein Soldat, Sie sind nur im Frieden zu gebrauchen!‹«[13]

Rüstow kommentiert: »Wer sich der paradoxen und für den gesunden Menschenverstand unverständlichen, aber grundlegenden Tatsache der Kriegsscheu und Kriegsfeindlichkeit des Friedens-, Kasernenhof-, Kasino- und Manövermilitarismus nicht bewußt ist, seiner Front nach innen und unten statt nach außen, dem fehlt ein wesentlicher Schlüssel zum soziologischen Verständnis der neueren preußisch-deutschen Geschichte.«[14] Man kann hinzufügen: Wer der Paradoxie nicht auf den Grund kommt, der versteht auch Wilhelm II. nicht. Er war der geradezu klassische Kasernenhof-, Kasino- und Manövermilitarist und darum ein Kaiser für den Frieden statt für den Krieg. Und wenn er seinen schneidigen Reden keine Taten folgen ließ, dann verhielt er sich weitaus klüger oder instinktsicherer als die rechten Scharfmacher, die ihn dafür als halbherzig und hasenfüßig anklagten.

Was man jedoch für den Friedensmilitarismus unbedingt braucht, ist die fugenlose Geschlossenheit der Armee, besonders im Offizierskorps. In der preußischen Geschichte wurde sie durch den Adel garantiert. Schon Friedrich der Große hat nach der Notlage des Siebenjährigen Krieges nichtadlige Offiziere ohne Rücksicht auf vergangene Verdienste ausgeschieden, aber ohne Bedenken Nichtpreußen eingestellt, falls sie von Adel waren.

Nach 1807 wurde allerdings eine Änderung notwendig. Denn nur zu offenkundig folgte der Zusammenbruch Preußens aus dem schmählichen Versagen einer Standesarmee gegenüber der napoleonischen Nationalarmee. Scharnhorst – ein Offizier bürgerlicher Herkunft – formulierte das revolutionäre Prinzip, das in der königlichen Verordnung vom 6. August 1809 seinen Ausdruck fand:

»Einen Anspruch auf Offiziersstellen sollen von nun an in Friedenszeiten nur Kenntnisse und Bildung gewähren, in Kriegszeiten ausgezeichnete Tapferkeit und Überblick. Aus der ganzen Nation können daher alle Individuen, die diese Eigenschaften besitzen, auf die höchsten Ehrenstellen im Militär Anspruch machen. Aller bisher stattgehabter Vorzug des Standes hört beim Militär ganz auf, und jeder ohne Rücksicht auf seine Herkunft hat gleiche Pflichten und gleiche Rechte.«

Doch die Reaktion nach 1815 siegte über Scharnhorsts Vermächtnis, besonders nach dem Sturz Hermann von Boyens, des Vaters der Landwehr, im Jahre 1819. Mehr und mehr geriet die »demokratische« Landwehr in den Schatten der königlichen »Linien«-Armee; diese Entwicklung vollendete sich mit der Roonschen Heeresreform der sechziger Jahre, die Bismarck gegen den preußischen Landtag politisch durchfocht. Um 1865 gehörte noch immer gut die Hälfte aller Offiziere zum Adel. Dieser Anteil sank langsam, aber stetig; am Vorabend des Ersten Weltkriegs war er auf 30 Prozent und sogar bei den Generalen auf bloß noch 52 Prozent geschrumpft. Das Bürgertum stellte erst recht die Masse der Reserveoffiziere. Aber bei der Beurteilung solcher Zahlen muß man sich daran erinnern, daß die Reichseinigung zugleich und entscheidend eine Einigung zwischen dem traditionellen Obrigkeitsstaat und dem Bürgertum gewesen war. Beide, der alte Staat und die bürgerliche Gesellschaft, bildeten seitdem eine gemeinsame Front, ein »Kartell der Angst« gegen die Arbeiterbewegung.

Wie weit die militärische Erziehung sich als wirksam erwies, beleuchtet die Erklärung, die der Unteroffizierssohn Bebel 1892 im Reichstag abgab und die Rüstow »leider völlig zutreffend« nennt: »Der Herr Reichskanzler« – von Hause aus General und kein ziviler Politiker – »können versichert sein, daß die deutsche sozialdemokratische Partei eine Art Vorschule des Militarismus ist.«[15] Kaum von ungefähr war Bebel ja der Gegen-Kaiser; nicht umsonst wurden Disziplin und Ordnungssinn der »königlich preußischen Sozialdemokratie« gerühmt – oder verhöhnt, wie von Lenin, der gesagt haben soll, die deutschen Genossen würden, falls sie in der Revolution einen Bahnhof zu stürmen hätten, erst einmal Bahnsteigkarten lösen.[16]

Der alten Machtelite war stets bewußt, daß es darauf ankam, die Geschlossenheit des Offizierkorps um beinahe jeden Preis zu wahren. Oldenburg-Januschau zitiert in seinen Erinnerungen die Autorität schlechthin, den Reichsgründer Bismarck: »Man kann die deutsche Armee pekuniär und an Mannschaftsbestand ziemlich unbegrenzt vermehren. Die Grenze liegt in der Zusammensetzung des Offizierkorps. Das hat Preußen groß gemacht.«[17] Der eher kritisch urteilende Freiherr von Rheinbaben nennt es rückblickend »unbegreiflich«, daß die Heeresleitung und der preußische Kriegsminister bis 1912 keine Vergrößerung des Heeres forderten, »um nicht zuviel ›bürgerliche‹ Elemente in das Offizierkorps hineinzubekommen.«[18]

Nein, man begreift es nur zu gut. Denn »unsere Macht findet dort ihre Begrenzung, wo unser Junkermaterial zur Besetzung der Offiziersstellen aufhört«.[19] Wie nach 1871 der Kriegsminister Albrecht von Roon es dankenswert deutlich ausdrückte, ist »eine tüchtige Armee ... der einzig denkbare Schutz sowohl gegen das rote als gegen das schwarze Gespenst. Ruinieren Sie die Armee, dann ist das Ende da; dann adieu Preußischer Kriegsruhm und Deutsche Herrlichkeit!«[20] Solche Sätze bezeichnen präzise die Beweggründe und die hintergründigen Ängste eines Friedensmilitarismus, mit dem sich, wie in der Bismarckzeit, allenfalls kurze und siegreiche Kriege führen ließen. Ein lange und verlustreich hingezogener Kampf mußte dagegen das unersetzbare »Junkermaterial« ebenso aufreiben, wie er die Kasernenhofdisziplin zersetzte. Ablauf und Ausgang des Ersten Weltkriegs haben das demonstriert. – Um das ernste Thema ein wenig aufzuheitern, sei das Gedicht aus Friedenszeiten zitiert, das Ludwig Thoma unter dem Titel »Reserve« schrieb:

Die Aufgeschlossenheit für den technischen Fortschritt endete am Kasernentor. Zumindest bei den Kaisermanövern sollte noch immer der Kavallerieangriff den Sieg bringen.

»Wie schön ist's auf dem Platz der Stadt
In Uniform herumspazieren,
Die Würde zeigen, die man hat,
Und exquisiteste Manieren.

Der Helmbusch schwankt, der Säbel klirrt,
Und kriegerisch ist der Assesser,
Ganz martialisch angeschirrt.
Ja, so gefällt er jedem besser.

Zwar ging ihm leider im Büro
Der Magen etwas in die Weite,
Und auf dem Drehstuhl der Popo
Zu unsoldatisch in die Breite.

Doch macht die edle Männerzier
Mit Troddel, Portepee und Klunker
Den Staatsanwalt zum Kavalier,
Den Richter selbst zum Junker.

Nur manchmal gibt es ein Problem.
Das Spiel wird ernst. Man soll sich schießen;
Da läßt das heldische System
Sich nicht mehr ungetrübt genießen.«[21]

Friedensmilitarismus als Frontstellung nach innen statt nach außen: Der Sachverhalt besagt, daß die kaiserlich wilhelminische Gesellschaft eben nicht die ganze Nation als selbstverständliche Einheit umfaßte, sondern daß viele Menschen im Abseits standen oder ins Abseits gedrängt wurden. Das Zeitalter des Nationalismus schuf viele und abgründige Probleme, die eine ältere Zeit nicht gekannt hatte. Nicht nur das ehrwürdige Habsburgerreich sah sich durch die auseinanderstrebende Vielfalt seiner Völker von Auflösung bedroht. Zum Bismarckreich gehörten die Elsässer in ihrer zwiespältigen Stellung zwischen Frankreich und Deutschland. Im nördlichen Schleswig gab es die Dänen und vor allem in Westpreußen, Posen und Oberschlesien die Polen. Aber nicht von ihnen soll hier die Rede sein, sondern von drei höchst unterschiedlichen Gruppen, die zusammengenommen keine Minderheit, sondern eine deutliche Mehrheit darstellten.

Zunächst die Juden. Sie mochten in Wirtschaft und Wissenschaft, in Kunst und Kultur noch so erfolgreich und im übrigen Patrioten sein, die sich als Deutsche fühlten und von der Gründung eines eigenen Staates in Palästina nichts wissen wollten:[22] Wenn aber die militärische Hierarchie das Leitbild war, dann zeigt der Ausschluß der deutschen Juden von der Offizierslaufbahn die andauernde Härte ihrer Diskriminierung, die mit Vorsatz darauf angelegt war, sie in ihrer Absonderung kenntlich zu machen. Der Kaiser verkehrte mit Großindustriellen und Großreedern wie Emil Rathenau und Albert Ballin, aber für Walther Rathenau blieb die Karriere als Gardeoffizier, nach der er sich sehnte, ehern verriegelt. Später – im Ersten Weltkrieg und danach – gehörte es zur Infamie der Antisemiten, daß sie den Juden vorhielten, was sie selbst zu verantworten hatten, nämlich daß es kaum jüdische Soldaten von Rang und Namen gab.[23]

An zweiter Stelle sind die Sozialdemokraten zu nennen. Wer zu ihnen sich bekannte, lebte in einer eigenen Welt, weitab vom kaiserlichen Gepränge. Natürlich gehörten nicht nur beim revolutionären Sturm auf den Bahnhof, sondern auch im Alltag Ordnungssinn und Disziplin charakteristisch hinzu, und August Bebel sah höchstpersönlich auf die – selbstverständlich zivile – Kleiderordnung. Denn für ihn »war der Reichstag etwas wirklich Großes, Bedeutsames. Das kam nicht nur in gelegentlichen Bemerkungen und Erzählungen zum Ausdruck, sondern in seinem ganzen Verhalten dem Parlament gegenüber, sogar in seiner Kleidung. Ich kann mich nicht erinnern, Bebel im Reichstag jemals anders als im schwarzen Gehrock gesehen zu haben. Dagegen erinnere ich mich sehr wohl, daß er einmal einen sozialdemokratischen Abgeordneten, der sich in der kleinen Wandelhalle auf der linken Seite des Hauses eine kurze Pfeife angebrannt hatte, in schärfster Weise zur Rede stellte. Der Reichstag sei kein Dorfwirtshaus ... Für Bebel war der Reichstag tatsächlich das ›Hohe Haus‹, das er nur in Feiertagskleidung betrat ... In ein solches Haus, das war Bebels Auffassung, geht man nicht, wie man in eine Kaschemme gehen kann.«[24]

Zum »Milieu« gehörte im übrigen viel mehr als bloß die Parteizugehörigkeit. Die Gewerkschaftsaktivitäten kamen durchweg hinzu, wie das gemeinsame Wohnen in den Arbeiterbezirken, die Kneipen, die man besuchte oder mied, die Zeitungen, die man kaufte und nicht kaufte, die Feste, die man miteinander feierte, und die Nöte, die man teilte, eine intensive Bildungsarbeit, die Mitgliedschaft in Sport- und Wandervereinen, in Gesangs- und Theatergruppen. Es gab eigene Sterbekassen und Grabredner. Die Beerdigung Wilhelm Liebknechts brachte an einem Augustsonntag des Jahres 1900 eine halbe Million Menschen auf die Beine, und die sonst überfüllten Ausflugslokale blieben an diesem Tage leer. Ein Augenzeuge berichtet:

»Ich drängte mich durch die vordersten Reihen, und bald darauf erschien dann auch, unter Vorantritt einer Musikkapelle, eine unendlich lange Marschsäule. Es waren die Genossen des VI. Berliner Wahlkreises, deren Abgeordneter im Reichstag Wilhelm Liebknecht gewesen war. Dann folgte ein einfacher Leichenwagen, der Sarg mit Blumenkränzen bedeckt. Hinter dem Sarge nur wenige Kutschen mit den nächsten Angehörigen und dann zu Fuß die Mitglieder des Parteivorstandes und die Reichstagsabgeordneten, an ihrer Spitze die beiden Vorsitzenden der Partei, August Bebel und Paul Singer ... Ich hatte bis dahin als Berliner Junge mich an Kaiserparaden, an Umzügen des Strelauer Fischzuges und so weiter begeistert. Aber der Eindruck, wie diese vielhunderttausendköpfige Masse ihrem verstorbenen Führer das letzte Geleit gab, war nach meiner damaligen Vorstellung etwas so Unerhörtes, daß ich darüber nachzudenken begann, was wohl die Menge bewogen haben mochte, an diesem schönen Augustsonntag die Strapazen eines fünfeinhalbstündigen Marsches durch die Straßen Berlins auf sich zu nehmen. Gerade diese Schlichtheit, dieses Weglassen allen Pomps und aller agitatorischen Effekte, daß ganz allein die Menschenmasse durch ihre stumme Teilnahme die Straßen schmückte, machte auf mich den stärksten Eindruck.«[25] – Wahrlich, es gab nicht nur die Kaiserwelt, sondern zugleich ihre Gegenwelt – und zu Wilhelm II. den Gegenkaiser August Bebel.

An dritter, aber keinesfalls an letzter Stelle geht es um die Frauen. Auf den ersten Blick gibt es wenig, was sie verbindet. Sie gehören zu ihren Männern und ihren Familien, und je nach der Herkunft führen sie ihr Leben, voneinander durch Welten geschieden. Hier das Dienstmädchen, das vom Lande in die Stadt zieht, um ihr Glück zu suchen, und nur zu leicht ins Unglück, in »Schande«, womöglich ins Bordell gerät – oder das zur »Perle« heranreift, lebenslang einer, ihrer Familie verbunden, dennoch ohne Erfüllung in einem eigenen Leben.[26] Dort die Proletarierfrau, früh schon abgearbeitet und verhärmt, die mit Nähen, Waschen, Scheuern ein Zubrot verdient, um die Hungermäuler der Kinder zu stopfen, und die vor dem Fabriktor ihren Mann abfängt, damit er den Wochenlohn nicht vertrinkt. Dann die Bürgersgattin, in vielen Abstufungen bis hinauf zur Frau Kommerzienrätin, von der ihr Mann stolz erklärt, daß sie es nicht nötig habe zu arbeiten und die – eben darum – nicht recht weiß, wie sie den Tag füllen soll, es sei denn mit Sticken, Lesen, Klavierspiel, Geschwätz oder wahlweise mit der Migräne. Daneben bleibt, was es stets schon gab, zum Beispiel die Bäuerin, die Kuhmagd, die Frau des Gutsarbeiters, die Gutsherrin; zu Beginn der Kaiserzeit lebt noch rund die Hälfte, an ihrem Ende etwa ein Drittel der Bevölkerung auf dem Lande und von der Landwirtschaft.

Wie soll man diese Lebenswelten vergleichen? Bleibt überhaupt etwas Verbindendes? Doch, durchaus und jedenfalls negativ. Zunächst einmal sind die Frauen die politisch Ausgeschlossenen. Das allgemeine und gleiche Wahlrecht, das Bismarck für den Reichstag fast revolutionär verordnete, ist Männersache und bleibt es bis zur Gründung der Weimarer Republik. Und höchst charakteristisch nicht nur für die eigene Person, sondern zeittypisch füllt der

Die Beerdigung Wilhelm Liebknechts am 12. August 1900, verbunden mit einem fünfstündigen Trauerzug durch Berlin, wurde zu einer Demonstration sozialdemokratischer Stärke.

Frauenverehrer Bismarck seine »Gedanken und Erinnerungen« mit dem Abscheu vor politisierenden Frauen; alle Intrigen und Ärgernisse, die er nur finden oder erfinden kann, haben ihren Ursprung unter Weiberröcken. Das setzt sich im Generationenwechsel fort; die Kronprinzessin und Mutter Wilhelms II., Viktoria, wird schon deshalb verabscheut und der Abscheu gerechtfertigt, weil sie politischen Ehrgeiz entwickelt und ihrem Mann eingibt, was er tun oder lassen soll. »Gottlob« verhindert das Schicksal, daß sie für mehr als die 99 Schattentage regiert.

Diese Diskriminierung griff weit über die Politik hinaus. Das Bürgerliche Gesetzbuch, 1896 verabschiedet und zum Jahrhundertwechsel in Kraft gesetzt, galt zwar als beispielhaft modern. Aber gleichwohl bestimmte es, daß der Mann finanziell und damit wirtschaftlich der Vormund seiner Gattin und das Oberhaupt der Familie war; er verfügte über das Vermögen, sogar über den Anteil, den die Gattin in die Ehe eingebracht hatte. Um selbständig zu sein, mußte man ledig bleiben und sich dann als »Blaustrumpf« oder »alte Jungfer« verhöhnen lassen. Erst das Gleichberechtigungsgesetz von 1957 hat wesentliche Änderungen erbracht. Daß für Frauen die leitenden Positionen im Staat, in Wirtschaft und Wissenschaft verschlossen blieben, mit hart umkämpften Ausnahmen auch noch das Studium, versteht sich bei alledem fast von selbst.

Die Sozialdemokraten allerdings zeigten sich einmal mehr als die Außenseiter der wilhelminischen Gesellschaft, wenn sie von der Emanzipation der Frauen sprachen und behaupteten, daß der Sozialismus sie bringen werde. In diesem Sinne schrieb August Bebel 1883 ein Buch mit dem Titel: »Die Frau und der Sozialismus«. Es wurde zum Bestseller, sogar international, und in der wilhelminischen Epoche zu einem der meistgelesenen Bücher in deutscher Sprache; im Jahre 1910 erschien die fünfzigste Auflage. Dies deutet an, wie sehr es unter der Oberfläche einer dem Anschein nach festgefügten Männergesellschaft bereits gärte. Doch um so verbissener wurde ihr wankendes Gehäuse verteidigt, und auch die Sozialdemokraten erwiesen sich als Kinder, vielmehr als die Männer ihrer Zeit. Die Theorie war das eine, die Praxis etwas anderes. Die Parteihierarchie blieb weithin ein Herrenmonopol, selbst wenn Frauen wie Rosa Luxemburg für Unruhe sorgten.[27] Wer Anschauung sucht, lese die zwiespältigen »Memoiren einer Sozialistin« von Lily Braun.[28]

Um zum Bürgertum zurückzukehren: Es war die bestimmende, das Zeitalter prägende Schicht natürlich nicht nur in Deutschland, sondern überall in Mittel- und Westeuropa. Was sie kennzeichnet, ist ihre Doppelbödigkeit. Auf der einen Seite herrscht die Prüderie und mit ihr eine Frauenverehrung, welche die edelsinnige Hausfrau, Gattin und Mutter der Kinder fast so darstellt, als sei sie ohne Sexualität[29] – mit den entsprechenden und unerbittlichen Sanktionen gegenüber jedem abweichenden Verhalten.[30] Auf der anderen Seite gehört zur geordneten Bürgerwelt die Gegenwelt, die schillernde Bohème, die vom eintönigen und einfarbigen Berufsleben entlastet; die einschlägigen Opern von Puccini und Leoncavallo stammen aus den Jahren 1896 und 1897. Vom Druck der Sexualität aber entlastet rotleuchtend der Tempel der Venus, das Bordell. Es mag eine uralte, alle Umbrüche überdauernde

Einrichtung sein. Doch unter den Vorzeichen der Prüderie ist seine Bedeutung ungleich größer als in einer Zeit, in der Sex in allen seinen Spielarten als elementares und einklagbares Menschenrecht erscheint.

Sieht man die bürgerliche Oberwelt und ihre Gegen- oder Unterwelt als die Einheit an, die sie im Widerspruch bilden, dann hat es selten eine moralisch zwielichtigere Epoche gegeben als die des neunzehnten Jahrhunderts, die 1914 zu Ende geht. Ins Bild gehören darum die Schnürleiber ebenso wie die Reformbewegungen, die gegen das Unnatürliche aufbegehren und von denen noch zu reden sein wird. Im übrigen gesellt sich zur vordergründigen Frauenverehrung stets die hintergründige Verachtung: Wenn die Frauen, im Gegensatz zu den Männern, sich noch buntfarbig kleiden dürfen, dann spricht das ebenso für ihren minderen Rang wie die Verweigerung von Beruf und Karrriere in einer Ordnung, die die Arbeit zum Lebenssinn verklärt.

Etwas Wesentliches und Fatales kommt noch hinzu. Über einer Gesellschaft, in der sogar die bürgerlichen Dunkelmänner im Banne der Uniform stehen, tönt die Schiller-Fanfare:

> »Der dem Tod ins Angesicht schauen kann,
> der Soldat allein ist der freie Mann.«

Oder wenn schon nicht der freie, dann doch der wahre Mann, allein schon dadurch über die Frau erhoben, daß sie zum Kampf und zum heldischen Sterben für König und Vaterland nicht zugelassen ist. Sie darf ihm nur zujubeln, wenn er ins Feld zieht, und ihn beweinen, falls er nicht mehr zurückkehrt.[31]

Dies bedeutet zugleich, daß die Männer ihre eigentliche Bestimmung und ihre wahre Befriedigung finden, wenn sie mit ihresgleichen unter sich sind. Hierfür gibt es eine lange, in den Geschichts-, Schul- und Bilderbüchern der Zeit immer wieder geschilderte Tradition. Gleichsam ihr Urbild stellt das Tabakkollegium dar, in dem der prägende Erzieher zum Preußentum, der Soldatenkönig Friedrich Wilhelm I., sich mit seinen Ministern und Generalen zusammenfand. Da redete man frei von der Leber weg, und eben weil die Frauen fehlten, mußte man sich keinen Zwang auferlegen, wenn es ans Derbe und Anzügliche ging. Eine verfeinerte, aber auch ins Zynische gehobene Variante bildete die Tafelrunde Friedrichs des Großen in Sanssouci.[32]

Die gewöhnliche Spielart findet man im Offizierskasino, sei es

Die Frauen sollten politisch unmündig bleiben. Aber die Frauenvereine fanden wachsenden Zulauf – hier 1910 bei einer Demonstration vor dem Neuen Palais in Potsdam.

irgendwo in der Provinz oder, als Spitze des Vornehmseins, beim 1. Garderegiment zu Fuß in Potsdam. Hier hat ja auch Wilhelm II. sich heimisch gefühlt und die wohl glücklichsten Jahre seines Lebens verbracht. Hier, so schrieb er, sei sein »el dorado«, hier gebe es »so viele Soldaten, wie man will, denn ich liebe mein Regiment mit seinen lieben netten jungen Männern sehr«.[33] Bismarck freilich, der derlei nicht mochte und seine eigene Dienstzeit so schnell wie möglich hinter sich brachte, warnte neugierige Damen: »Das erste Garderegiment ist das militärische Mönchtum, der Korpsgeist bis zum Unsinn; diesen Herren müßte man das Heiraten verbieten; ich rate jeder ab, einen aus diesem Regimente zu heiraten, sie wird dienstlich geheiratet, dienstlich unglücklich gemacht, dienstlich in den Tod getrieben.«[34] Später hat der Kaiser sich sein eigenes Männerasyl geschaffen: Bei den jährlichen Nordlandreisen an Bord der »Hohenzollern« war er mit alternden Generalen, ergrauten Geheimräten und jugendfrischen Matrosen zusammen; Frauen und Kinder blieben ausgeschlossen. Und da der Kaiser ein schlechter Briefschreiber war – im Gegensatz zu

Bismarck, der seiner Johanna in den Zeiten der Trennung fast von Tag zu Tag wunderbar anschaulich schilderte, was sich zutrug –, blieb es dem Hausfreund Eulenburg überlassen, die Kaiserin halbwegs auf dem laufenden zu halten.

Im Miteinander der Männer, das sie von den Frauen entlastet, entsteht zwangsläufig eine homoerotische Atmosphäre, je vornehmer dem Anspruch nach und damit je exklusiver der Kreis, desto deutlicher. Wohlgemerkt: Dies ist nicht zu verwechseln mit Homosexualität. Eher gilt das Gegenteil. Gerade weil die Zuwendung der Männer zueinander diese Spielart der Geschlechtlichkeit nahelegt und womöglich herausfordert, wird sie um so heftiger unterdrückt, geächtet und mit Ausschluß geahndet, falls sie sich zeigt. Paradox und doch folgerichtig, um die eigene Ordnung nicht zu gefährden und guten Gewissens die Frauen ausschließen zu können, gehört darum die Homosexuellenverfolgung zur homoerotischen Männergesellschaft. Es wird noch zu zeigen sein, welche Konsequenzen sich daraus ergaben.

Auch sonst ist in der Regel ein Preis zu entrichten. Die Männer lassen sich gehen, wenn sie unter sich sind. Man trinkt viel und betrinkt sich, und grölendes Gelächter untermalt die Zoten, die man erzählt. Die Goethesche Weisheit, daß man bei edlen Frauen erfährt, was sich ziemt, wird außer Kraft gesetzt oder auf den Kopf gestellt; das Ewig-Weibliche zieht in der Sicht der Männer nicht hinan, sondern herab. Es lenkt vom Wesentlichen ab, und es verweichlicht, statt so hart zu machen, wie es sich gehört.

Uneingestanden kommt dabei eine Angst vor den Frauen ins Spiel; jede wirkliche Hingabe an sie könnte das heroische Selbstverständnis zerstören. Darum bilden die Tabakkollegien, die Kasinos, die Nordlandreisen insgeheim Fluchtburgen wider den Andrang des Weiblichen. Dasselbe gilt natürlich auch für den bürgerlichen Beruf; nicht nur aus Konkurrenzgründen wird er gegen das Eindringen der Frauen verbissen verteidigt. Und womöglich ist die zuverlässigste Fluchtburg der Krieg, vorausgesetzt allerdings, daß er zum glorreichen Sieg und nicht in die Niederlage führt.[35] Bei alledem verarmt folgerichtig das Geschlechterverhältnis, sogar in der Ehe. Der Tendenz nach reduziert sie sich aufs Repräsentieren. Zugespitzt: Es bleibt bloß der gesellschaftliche Verkehr – und der geschlechtliche, der die Kinder erzeugt.

Das hier nur knapp Skizzierte findet seinen Ausdruck in der beispielhaften Figur der Epoche. Schon Bismarck bescheinigte

Wilhelm II. eine »starke sexuelle Entwicklung«,[36] und dem ist kaum zu widersprechen. Es gab die üblichen »Erfahrungen« und Abenteuer, zuerst wohl mit einer Dame im Elsaß, Emilie Klopp, die sich passend »Miss Love« nannte und sich ein Kind machen ließ in der Hoffnung, damit beim künftigen Kaiser eine Geldquelle zu erschließen.[37] Sodann gab es Jagdbesuche in Österreich, die nicht bloß dem Erlegen von Gemsen oder Hirschen gewidmet waren.[38]

Bereits mit 22 Jahren heiratete Wilhelm II. Nach einigen Schwärmereien für hessische Prinzessinnen am Hof zu Darmstadt fiel seine Wahl auf Auguste Viktoria, »Dona« genannt, Tochter des Herzogs Friedrich aus dem Hause Schleswig-Holstein-Sonderburg-Augustenburg. Zwar gab es Bedenken; es handelte sich nicht um ein regierendes Haus, und manche zweifelten an der »Ebenbürtigkeit«. Vor allem hatte Herzog Friedrich Ansprüche auf den Thron von Schleswig-Holstein erhoben und war nach dem Krieg von 1864 von Bismarck rüde beiseite gestoßen worden, um das Land für Preußen zu sichern. Aber dieser Vater starb 1880, und man konnte die Verbindung mit dem Hause Hohenzollern ja auch als Geste der Aussöhnung deuten ebenso wie später, im Jahre 1913, die Eheschließung der Kaisertochter Viktoria Luise mit dem Herzog Ernst August von Braunschweig und Lüneburg als Mitglied des Welfenhauses, das Bismarck 1866 vertrieben hatte.[39] Am 25. Februar 1881 hielt die Prinzessin jedenfalls ihren feierlichen Einzug in Berlin, und zwei Tage später wurde ihre Hochzeit mit dem gebührenden Prunk gefeiert.

»Dona«, am 22. Oktober 1858, also drei Monate vor Wilhelm geboren, war das, was man eine »stattliche Erscheinung« nennt. Sonst allerdings besaß sie mehr Enge als Weite des Charakters und der Bildung. Politischer Ehrgeiz war ihr fremd, und wenn sie ihren Mann überhaupt beeinflußte, dann im streng konservativen Sinne. Wenig oder nichts erinnerte an die Kaiserin Augusta oder gar an die Schwiegermutter Viktoria. Der boshafte Bernhard von Bülow hat gesagt, daß sie eine vortreffliche Provinzgemahlin für einen Oberpräsidenten oder Kommandierenden General abgegeben hätte, aber zur deutschen Kaiserin nur bedingt taugte, besonders weil sie sich gegenüber allem, was nicht deutsch war, höchst geziert und abweisend verhielt. »Sie mochte die Ausländer nicht. Die Russen erschienen ihr barbarisch und frivol, die Franzosen liederlich, den Südländern traute sie nicht, die Engländer hielt sie für selbstsüchtige und brutale Heuchler und liebte sie noch weniger als die drei anderen.«[40] Aber vermutlich hat Wilhelm sie genau darum geheiratet, weil sie zum weltoffenen und entschieden liberalen Wesen seiner Mutter in so krassem Gegensatz stand. Er wollte ein »Frauchen« fürs Bett und eine Mutter für seine Kinder, mehr nicht; genau das hat er bekommen.

Doch was kam danach? Die Ansichtspostkarten zeigen uns natürlich ein glückliches Braut- und Ehepaar, dann die beispielhafte Familie. In rascher Folge wurden sechs Söhne und eine Tochter geboren: Wilhelm, der künftige Kronprinz, 1882, Eitel Friedrich 1883, Adalbert 1884, August Wilhelm 1887, Oskar 1888, Joachim 1890, Viktoria Luise 1892. Wie es hinter den Kulissen aussah, ist eine andere Frage. Von einer wirklich intimen Beziehung und von geistiger Ergänzung wie bei Wilhelms Eltern ist wenig zu spüren. Auch eine große und unglückliche Leidenschaft wie die Jugendliebe des Großvaters, Wilhelms I., für die Prinzessin Elisa Radziwill hat es bei dem Enkel nicht gegeben. Nein, wenn man an die Fassaden klopft, dann klingen sie bald hohl. Um John Röhl zu zitieren:

»Die Ehebriefe Donas gehören zu den deprimierendsten Quellen, die ein Historiker der Hohenzollernfamilie zu lesen verpflichtet ist. Zwar unterzeichnete auch sie ›Victoria‹ oder ›Frauchen‹, sonst aber kann der Kontrast zur Korrespondenz ihrer Schwiegermutter nicht größer sein. Stilistisch backfischhaft, inhaltlich öde und leer, bieten sie einen beklemmenden Einblick in die geistige Beschränktheit dieser bigotten Prinzessin und in die klaustrophobische Ehe, in der sich Wilhelm schon mit zweiundzwanzig Jahren befand. Er flüchtete, sie rief ihn zurück. Vor allem, nachdem sie schwanger wurde, brachte es Wilhelm fertig, ständig auf Manöver- und Jagdreisen zu gehen, so daß sie ein einsames, trauriges Dasein führte.«[41]

Was so schon begann, wurde im Laufe der Zeit nicht besser, sondern schlimmer. Die Rückrufe verhallten ungehört; wachsende Einsamkeit auf der Seite Auguste Viktorias, zunehmende Gleichgültigkeit auf Wilhelms Seite kennzeichneten die Entwicklung.[42] Bloß nach außen hin wurde der Anschein der Harmonie noch bewahrt. Fast möchte man meinen, daß sich hier exemplarisch vollzog, was Bismarck von der Frau gesagte hatte, die sich, vom Glanz geblendet, ins 1. Garderegiment vorwagte: Sie wurde dienstlich geheiratet, um den Bedürfnissen oder der Form zu genügen – und dienstlich unglücklich macht, weil ihr der Zutritt zur eigentlichen Männerwelt verschlossen blieb.

Man darf das gewiß nicht verallgemeinern, wenn man von der wilhelminischen Epoche spricht. In ihr, wie zu allen Zeiten, hat es erfüllte Ehen gegeben. Aber daß das Verhältnis der Geschlechter in ein Mißverhältnis geriet, daß in der wilhelminischen Männergesellschaft die Frauen keine Partner waren, sondern am Rande standen, um nicht zu sagen die Mißachteten und Ausgestoßenen blieben: das tritt doch im Verhältnis und Mißverhältnis des Kaisers und der Kaiserin charakteristisch zutage.

Bismarcks Schatten und der Platz an der Sonne

»Die staatsmännische Größe des Fürsten Bismarck und seine unvergänglichen Verdienste um Preußen und Deutschland sind historische Tatsachen von so gewaltiger Bedeutung, daß es wohl in keinem politischen Lager einen Menschen gibt, der es wagen könnte, sie anzuzweifeln. Deshalb schon ist es eine törichte Legende, daß ich die Größe Bismarcks nicht anerkannt hätte. Das Gegenteil ist richtig. Ich verehrte und vergötterte ihn. Das konnte nicht anders sein. Man bedenke, mit welcher Generation ich groß geworden bin. Es war die Generation der Bismarckverehrer. Er war der Schöpfer des deutschen Reiches, der Paladin meines Großvaters. Wir alle hielten ihn für den größten Staatsmann seiner Zeit und waren stolz darauf, daß er ein Deutscher war. Bismarck war der Götze in meinem Tempel, den ich anbetete. Aber Monarchen sind eben auch Menschen aus Fleisch und Blut, deshalb sind auch sie den Wirkungen ausgesetzt, die sich aus den Handlungen anderer ergeben. So wird man wohl menschlich verstehen können, daß Fürst Bismarck durch seinen Kampf gegen mich mit wuchtigen Schlägen selbst den Götzen zertrümmert hat, von dem ich vorher sprach.«

Mit diesen Worten eröffnet Wilhelm II. das Erinnerungsbuch »Ereignisse und Gestalten aus den Jahren 1878–1918«, das er nach seinem Sturz im niederländischen Exil schrieb und das im Jahre 1922 erschien.[1] Es fehlt der sprachliche Glanz, der Bismarcks »Gedanken und Erinnerungen« auszeichnet, und es fehlt die Selbstkritik. Alles, was der Kaiser tat, war offenbar richtig, und wenn es nicht zum Guten, sondern zum Unheil ausschlug, dann trugen andere die Schuld. Dennoch enthält dieses Buch interessante Einzelheiten, und mehr noch ungewollt als gewollt sagt es viel über den Verfasser, so daß es sich durchaus lohnt, es zu lesen. Wenig später heißt es:

»Meine Tragik im Falle Bismarcks liegt darin, daß ich der Nachfolger meines Großvaters wurde, also gewissermaßen eine Generation übersprang. Das ist schwer. Man hat immer mit alten verdienten Männern zu tun, die mehr in der Vergangenheit als in der Gegenwart leben und in die Zukunft nicht hineinwachsen können. Wenn der Enkel auf den Großvater folgt und einen von ihm verehrten alten Staatsmann von der Größe Bismarcks vorfindet, so ist das nicht ein Glück, wie es scheinen könnte und wie ich gedacht hatte.«[2]

Nein, es ist ein Unglück und eine Last, die sich je länger desto schwerer tragen läßt. Immer werden die Enkel an den Großvätern gemessen, und wie sollen sie bestehen, wenn zu deren Taten die ruhmreichen Schlachten, die glorreich gewonnenen Kriege und die Erfüllung des deutschen Jahrhunderttraums, der Triumph der Reichsgründung gehören? Der große Gelehrte Max Weber, nur wenige Jahre jünger als Wilhelm II., hat 1895 gesagt: »An unserer Wiege stand der schwerste Fluch, den die Geschichte einem Geschlecht als Angebinde mit auf den Weg geben kann: das harte Schicksal des politischen Epigonentums.«[3]

Ob es wirklich nichts Schlimmeres gibt, bleibe dahingestellt. Sollte es nicht auch eine lohnende Aufgabe und ehrenwerte Leistung sein, das Alltägliche, das menschliche Normalmaß wieder in sein Recht einzusetzen und so das Riesenhafte oder Heldische der Vergangenheit erst bekömmlich zu machen, es gleichsam zu zivilisieren? Dafür werden zwar keine Orden verliehen oder Denkmäler errichtet. Das Normalmaß stellt sich in seinem Anblick und erst recht im Rückblick eher langweilig dar und gerät in Vergessenheit; woran wir uns erinnern, sind die dramatischen Höhen und Tiefen des Glücks oder Unglücks, von Liebe und Leid. Aber das Normalmaß hütet das Leben, und es bewahrt uns vor den Katastrophen, nach dem Brechtschen Motto: Wehe dem Land, das Helden nötig hat.

Im kaiserlichen Deutschland träumte man freilich von den Helden; nichts oder nur wenig wurde für ihre Zivilisierung geleistet.[4] Sogar die Kritik am Reichsgründer verstummte nach seiner Entlassung, und die große Zeit der Denkmalserbauer begann. Exemplarisch nimmt sich aus, wofür die Bürger der Freien und Hansestadt Hamburg ihr gutes Geld gaben. Wie das Preisgericht erklärte: »Die Darstellung Bismarcks als reckenhafter Rolandriese auf wuchtigem, wirkungsvoll abgestuftem Unterbau gewann diesem Entwurfe die einstimmige Zuerkennung des ersten Preises. Jene Auffassung verkörpert in treffender Weise nicht nur die sich im Volksbewußtsein allmählich vollziehende Steigerung der Gestalt Bismarcks ins Heldenhafte, sondern entspricht auch am besten dem Aufstellungsorte, der ein weither, womöglich auch vom Hafen aus sichtbares Standbild erwünscht erscheinen läßt.«[5]

Es sollte hinzugefügt werden, daß die vom Volksbewußtsein schwärmende Einstimmigkeit erst zustande kam, als der bekannte Kunstpädagoge Alfred Lichtwark sich aus dem Preisgericht zurückgezogen hatte. Schon mehrfach hatte er sich gegen Kolossalwerke ausgesprochen und erwartet, jedenfalls gehofft, »daß eine vornehmer gesonnene und künstlerisch empfindlichere Nachwelt sie nicht ertragen kann«. Aber Lichtwark blieb isoliert, und er irrte; die Kolossalzeit, in der man sich gegen eine angeblich »entartete« Kunst aufs »gesunde Volksempfinden« berief, sollte erst noch komnmen. Und so steht der Riese von Hamburg seither an seinem Aussichtsplatz, nahe bei der Reeperbahn von St. Pauli, als die »Steigerung der Gestalt Bismarcks ins Heldenhafte«.

Was sollte Wilhelm II. dagegen ausrichten, nachdem er Bismarck schnöde entlassen hatte? Er verpaßte seine Chance, als er den Versuch abbrach, ein Sozialkaiser zu sein und die gespaltene Nation aus ihren Ängsten heraus zur Einheit zu führen. Hinzu kam, daß der gestürzte Recke von seinem Exil im Sachsenwald aus die Nachfolger mit Haß und Hohn überzog. Unermüdlich empfing er in Friedrichsruh Journalisten, Historiker und alle, die sich zum Sprachrohr eigneten. Die *Hamburger Nachrichten* druckten willig ab, was Bismarck dem zuständigen Redakteur in die Feder diktierte; alle Welt druckte begierig nach und las, was er zu sagen hatte. Im Frühjahr 1891 ließ Bismarck sich sogar in den Reichstag wählen, obwohl er nie die Absicht hatte, dort aufzutreten, nur um seine Nachfolger in Panik zu versetzen. Mit Arglist erklärte er: »Ich habe mit dem Reichstag jahrelang bis aufs Blut gekämpft ...« Aber »vielleicht habe ich dabei zu viel getan. Wir brauchen ein Gegengewicht, und die freie Kritik halte ich für die monarchische Regierung für unentbehrlich, sonst verfällt sie dem Absolutismus der Beamten.«[6]

Wahrlich, Wilhelm II. war kaum zu beneiden. Was immer er und die von ihm gewählten Kanzler versuchten, es wurde an Bismarck gemessen und für zu kleinlich oder zu großsprecherisch gehalten, als zu feige oder zu forsch abgeurteilt. Mitleid mag unangebracht sein, aber die Mühe um Verständnis sollte sich lohnen.[7] Übrigens änderte sich nichts, oder nur zum Schlimmeren, als Bismarck 1898 starb. Denn damit wurde er endgültig und unanfechtbar zur Instanz, an der sich die Anklage gegen die Nachfolger orientierte. Aber schon zu Lebzeiten, 1891, hatte er für sein Verhältnis zum Kaiser die gültige Formel gefunden: »Ich bin der dicke Schatten, der zwischen ihm und der Ruhmessonne steht.«[8]

Zum allgemeinen Erstaunen berief der Kaiser als Nachfolger Bismarcks Leo von Caprivi (1831–1899), einen in Ehren ergrauten General ohne alle Erfahrung in politischen Ämtern. Vielmehr, genauer: Wilhelm II. befahl Caprivi praktisch ins Amt, und der glaubte, gehorchen zu müssen wie ein Soldat, der auf dem Schlachtfeld zum Angriff antritt wird und in den Tod marschiert.[9] »In dieser Auffassung«, kommentiert Bismarck, »liegt der schärfste Ausdruck der Gesinnung des Offizierkorps, welche den letzten Grund der militärischen Stärke Preußens in diesem und dem vorigen Jahrhundert gebildet hat und hoffentlich ferner bilden wird. Aber auf die Gesetzgebung, die Politik, die innere wie die äußere, übertragen, hat dieses, auf seinem eigentlichen Gebiete bewundernswürdige Element doch seine Gefahren ... Ich kann die Caprivische Schlachtfeldtheorie nur gelten lassen in Situationen, wo die Existenz des Vaterlandes und der Monarchie auf dem Spiel steht.«[10]

Bismarck schweigt allerdings zu der Frage, wen denn sonst der Kaiser hätte ernennen sollen. Er selbst hatte seit seiner Ernennung zum preußischen Ministerpräsidenten fast 28 Jahre lang regiert, besser gesagt, geherrscht. Er glich einem riesenhaftem alten Baum, in dessen Schatten nichts mehr gedeiht; sein eifersüchtiges Machtbewußtsein hatte ringsum die politischen Talente ausgedörrt oder mit Vorsatz zertreten und neue nicht aufkommen lassen. Die Politik war gewissermaßen sein Monopol geworden. Darum hinterließ er »eine Nation ohne allen und jeden politischen Willen, gewohnt, daß der große Staatsmann an ihrer Spitze für sie die Politik schon besorgen werde ... Eine politische Tradition dagegen hinterließ der große Staatsmann überhaupt nicht. Innerlich selbständige Köpfe und vollends Charaktere hatte er weder herangezogen noch auch nur ertragen.«[11] Was blieb also übrig, als einen Soldaten wie Caprivi oder später einen Beamten wie Bethmann Hollweg ins höchste Regierungsamt zu berufen?

Dabei erwies sich Caprivi durchaus als Charakter, der sich keineswegs kommandieren ließ, wie der Kaiser erwartete. Er wußte, daß es darauf ankam, »die Nation nach der vorangegangenen Epoche großer Männer und Taten in ein Alltagsdasein zurückzuführen«.[12] Daß die Nation sich damit nicht abfand und der Kaiser erst recht nicht, war ein Grund für Caprivis Scheitern. Aber wenn ihm etwas zugemutet wurde, was er nicht verantworten wollte, bat er um seine Entlassung. Und als ihm nach viereinhalb Jahren im Herbst 1894 der Abschied schließlich bewilligt wurde, sagte er zu dem bayerischen Bundesratsgesandten Graf Lerchenfeld: »Sie werden nie mehr von mir hören. Meine Amtsführung und ich persönlich haben unter den Angriffen des Fürsten Bismarck zu schwer gelitten, als daß ich diesem Beispiel folgen möchte.«[13] Daran hat er sich gehalten, ein Ehrenmann im besten Sinne des Wortes.[14]

Zu Caprivis ersten Amtshandlungen gehörte, daß er den Rückversicherungsvertrag mit Rußland nicht erneuerte, der zur Verlängerung anstand. Der Kanzler-General hielt Bismarcks »Spiel mit vielen Kugeln« für zu kompliziert – oder wohl auch für ein Falschspiel: Beim Wort genommen ließen sich das Bündnis mit Österreich und der russische Vertrag kaum vereinbaren; aus gutem Grund handelte es sich um ein Geheimabkommen. Dennoch ist dieser Kanzler, allen voran von Bismarck, fast wie ein Vaterlandsverräter beschimpft worden: Er habe den lebenswichtigen »Draht nach St. Petersburg« abreißen lassen und so die Annäherung Rußlands an Frankreich möglich gemacht, die die »Einkreisung« Deutschlands einleitete und den Zweifrontenkrieg heraufbeschwor.

Aber einmal mehr müßte man eigentlich Rückfragen an Bismarck richten. War er es nicht gewesen, der seit 1879 immer höhere Schutzzollmauern errichtete, zugunsten der eigenen Landwirtschaft, aber zum Schaden des russischen Getreideexports? Oder der durch seine Anweisungen an die Reichsbank deutsche Kredite unterband, die das Zarenreich für seine wirtschaftliche Entwicklung unbedingt brauchte – mit der Folge, daß diese Kredite dann aus Frankreich kamen? Wie weit tragen Geheimverträge noch, wenn sie zu den offenkundigen Interessen in Widerspruch geraten?

Caprivi hat versucht, den Schaden zu begrenzen. Er schloß Handelsverträge, die die Getreidezölle herabsetzten. Dafür ist er erst recht beschimpft worden, als der Mann »ohne Ar und Halm«, so als sei es ehrenrührig, über keinen eigenen Grundbesitz zu verfügen. Im Aufruhr gegen die neue Handelspolitik entstand 1893 der »Bund der Landwirte«, eine Organisation vor allem des mittel- und ostdeutschen Großgrundbesitzes, die vor keinem demagogischen Mittel zurückschreckte.[15]

Ein weiterer Stein des Anstoßes war 1891 der Tausch des vor der ostafrikanischen Küste gelegenen Sansibar gegen das bis dahin englische Helgoland. Für eine halbwegs einsatzfähige Flotte und die Verteidigung der deutschen Nordseeküste war der Besitz von Helgoland eine Voraussetzung. Doch es hieß, daß man eine Weste oder eine Hose, wenn nicht gar den Anzug gegen einen Knopf weggegeben habe. Aus dem Protest entstand der »Alldeutsche Verband«, der sich bald als ebenso lautstark wie einflußreich erwies, als eine »Opposition von rechts« gegen die Regierungspolitik, wie es sie bisher nicht gegeben hatte. Zwar handelte es sich nicht um eine Massenorganisation; Ende 1891 zählte man 10 000 und 18 000 Mitglieder 1914. Aber überwiegend waren dies angesehene Leute, zum Beispiel Professoren und Gymnasiallehrer, Journalisten und Juristen, und zielgenau wirkte man durch Vorträge, Pressearbeit und sonstige Publizistik auf die öffentliche Meinung ein.

Um vorzugreifen: Spätestens seit 1908, als Heinrich Claß den Vorsitz übernahm, müßte man nach heutigen Begriffen von einer rechtsradikalen Organisation sprechen, die eine Eroberungspolitik mit dem Schwert betreiben wollte. »Wenn ich der Kaiser wär« – Unter diesem Titel veröffentlichte Claß im Jahre 1912 ein Buch, das nach außen den Kampf um die Weltherrschaft, nach innen Ausnahmegesetze gegen Juden und Sozialdemokraten forderte.[16] 1891 wurden die Ziele noch weniger ausschweifend formuliert, doch die vereinigte Hetzjagd der »Alldeutschen«, des »Bundes der Landwirte« und Bismarcks gegen den Kanzler Caprivi nahm sich schon finster genug aus.

Weil dem Nachfolger Bismarcks so wenig Gerechtigkeit widerfahren ist, sei hier das Urteil von Otto Hammann zitiert, des langjährigen Leiters der Pressestelle im Auswärtigen Amt: »Bei der Berufung ins Kanzleramt war er der gehorsame Diener seines Königs. Es ist aber ein Irrtum, daß er dieses Amtes ohne das Bewußtsein der Verantwortlichkeit vor der Nation nur nach höheren Weisungen gewaltet habe. Im Gegenteil, er fühlte sich durchaus als Staatsmann und sprach offen aus, daß ein Staatsmann, der sich ohne innere Überzeugung zu einem beliebigen Schritt drängen lasse, nichts

Einsamkeit und ein Haß, der niemals erlosch: Bismarck um 1895 in Friedrichsruh.

tauge ... In den großen Zeitfragen, die für die Zukunft des Reiches entscheidend waren, hat er nicht geirrt und nicht gefehlt. Wer ihm immer noch Skrupellosigkeit, Unfähigkeit und Eitelkeit nachsagt, hat die Schwere der Aufgabe, Nachfolger Bismarcks zu sein, nicht begriffen und redet kritiklos parteiische Urteile von Zeitgenossen nach, die der Lauf der Geschichte widerlegt hat.«[17]

Als Nachfolger Caprivis wurde 1894 der Fürst Chlodwig zu Hohenlohe-Schillingsfürst (1819–1901) berufen, bis dahin Statthalter in Elsaß-Lothringen, der selbst die Einwände gegen seine Amtsübernahme notierte: »1. Alter und Gedächtnisschwäche, Krankheit. 2. Mangelnde Rednergabe. 3. Mangelnde Kenntnis der preußischen Gesetze und Verhältnisse. 4. Nichtmilitär. 5. Mangel an den nötigen Mitteln. Ich kann wohl ohne das Statthaltergehalt leben, aber nicht in Berlin. Ruin. Russische Verhältnisse.«[18] Hohenlohe war in der Tat schon an der Grenze seiner körperlichen und geistigen Leistungsfähigkeit angekommen. Nach einem Besuch bei diesem Kanzler schrieb Bernhard von Bülow: »Fürst Hohenlohe macht mir äußerlich einen älteren und schwächeren Eindruck als bei unserer letzten Begegnung. In sich versunken, mit gebeugtem Kopf, saß der achtundsiebzigjährige Mann in seinem tiefen Lehnstuhl. Ein gelber hübscher Teckel schmiegte sich an ihn und ließ sich von dem Kanzler streicheln, dessen Greisenhand mit den im hohen Alter stark hervortretenden bläulichen Adern das niedliche Tierchen liebkoste. Der Kanzler empfing mich mit einem Zitat: ›Hier steh' ich, ein entlaubter Stamm.‹«[19]

Was brachte den Kaiser dazu, solch einem Mann das höchste Regierungsamt zu übertragen? Im Rückblick Wilhelms II. heißt es: »Nach reiflicher Überlegung entschloß ich mich, den Fürsten Hohenlohe ... mit der Kanzlerschaft zu betrauen. Er hatte beim Ausbruch des Krieges 1870 als bayerischer Minister durchgesetzt, daß Bayern an Preußens Seite trat. Seitdem wurde er vom Fürsten Bismarck wegen seiner Reichstreue hochgeschätzt. Man konnte erwarten, daß diesem Nachfolger gegenüber des Fürsten Gegnerschaft nachlassen werde. Diese Kanzlerwahl war also stark beeinflußt durch die Rücksicht auf die Person des Fürsten Bismarck und die von ihm inspirierte öffentliche Meinung.«[20]

Das läßt tief blicken. Ausdrücklich wurde Hohenlohe auch angeraten, bei Bismarck eine Art von Antrittsbesuch zu machen, um den finsteren Riesen im Sachsenwald für sich einzunehmen oder ihn zumindest milde zu stimmen.

Noch etwas kam hinzu: Wilhelm II. wollte selbst regieren oder jedenfalls die Richtlinien der Politik bestimmen. Wozu denn sonst hatte er Bismarck entlassen? Die Kanzler sollten eigentlich nur seine Handlanger, die Kärrner für die Alltagsarbeit sein. Nachdem nun der General sich zwar ins Amt kommandieren ließ, es dann aber nach besten Kräften ausfüllte und sich als unerwartet steifnackig erwies, mochte ein Greis leichter zu lenken sein. Dazu paßte, daß es sich bei Hohenlohe um einen weitläufigen Verwandten handelte. In Wilhelms Worten: »Trotz unserem großen Altersunterschiede hat er sich sehr gut mit mir eingelebt. Das wurde auch äußerlich dadurch betont, daß er sowohl von der Kaiserin wie von mir als Oheim behandelt und angeredet wurde, wodurch sich eine gewisse Atmosphäre von familiärer Vertraulichkeit beim Beisammensein um uns wob.«[21]

Intimität schließt freilich die Ruppigkeit nicht aus, sondern oft genug ein; so auch hier. Unter dem Vorwand, daß er sich schonen müsse, wurden dem alten Mann die Dinge mehr und mehr aus der Hand genommen, so daß er schließlich mit Bitterkeit feststellte: »Alles, was auf die auswärtige Politik Bezug hat, wird von Seiner Majestät und Bülow beraten und beschlossen. Die Fragen der inneren Politik bearbeiten die Ressortchefs ohne meine Mitwirkung, weil sie wissen, daß Seine Majestät meinen Rat nicht hört. Ich werde in der Presse zur Verantwortung gezogen und werde im Reichstag Rede und Antwort stehen müssen, ohne eingeweiht zu sein. Alle Personalfragen werden ohne meinen Rat und sogar ohne meine Kenntnis entschieden.«[22] Doch genau so war es gemeint: Der Reichskanzler sollte nur nach außen hin vertreten, was in Wahrheit der Kaiser mit seinen verantwortlichen oder unverantwortlichen Beratern in Gang brachte.

Gleichwohl erwies sich das Greisenexperiment nur bedingt als erfolgreich. Immer wieder und durchaus mit Nachdruck hat Hohenlohe versucht, Wilhelm II. vor seinem Eigenwillen, seiner Sprunghaftigkeit, seinen Zuflüsterern zu schützen, so daß die Beziehung zwischen Kaiser und Kanzler zunehmend konfliktreich geriet. Was aber blieb dann? Man mußte einen Mann finden, der sich ganz auf die Wünsche des Kaisers einstellte und – jedenfalls dem Anschein nach – genau das tat, was er wollte. Dieser Mann war Bernhard von Bülow. 1897 wurde er zum Staatssekretär des Auswärtigen Amts ernannt und im Jahre 1900 zum Kanzler berufen. Mit ihm betrat eine Schlüssel- und Schicksalsfigur der wilhelminischen Epoche die politische Bühne.

Bülow wurde 1849 geboren. Schon sein Vater war Staatssekretär des Auswärtigen Amtes, ein enger Mitarbeiter Bismarcks, und darum bot sich für den Sohn die diplomatische Laufbahn wie von selbst an. Nach verschiedenen Auslandsstationen, darunter in St. Petersburg, wurde er 1888 Gesandter in Bukarest und 1893 Botschafter in Rom. Mit einer italienischen Fürstentochter verheiratet, war er ein Diplomat und Weltmann, vielsprachig und vielzüngig, ein Meister des Taktierens und gefälligen Redens, geistreich und höchst geschickt vor allem darin, anderen Menschen Komplimente zu machen, um sie für sich einzunehmen.

Eine feinfühlige Dame und genaue Beobachterin wie die Baronin Spitzemberg notierte allerdings: »Ich habe nun öfters in kleinem Kreise mit Bülow gegessen, kann also einigermaßen begründete Ansichten über ihn haben – sympathisch ist mir sein Wesen nicht. Er gehört zu jenen, die Frauen gegenüber selten ernsthaft sprechen, sondern einen Schauer von Komplimenten über sie ausschütten, und zwar so direkter Art, daß das Wort geschmacklos kaum zu hart dafür ist... Witzig und unterhaltend ist er zweifellos, aber allzu glatt und ›rhetorisch‹, als daß man nicht den Wert seiner Freundschaftsversicherungen bezweifeln müßte. Ich mag darin besonders schwerfällig, fadengerade und ernst sein oder geworden sein, muß aber gestehen, daß ein solches Geplänkel von faden Schmeicheleien, paradoxen Aussprüchen, unwahren Behauptungen mir stark auf die Nerven geht.«[23] Man könnte wohl auch von Eitelkeit reden, über die Bismarck gesagt hat: »Die Eitelkeit an sich ist eine Hypothek, welche von der Leistungsfähigkeit des Mannes, auf dem sie lastet, in Abzug gebracht werden muß, um den Reinertrag darzustellen, der als brauchbares Ergebnis seiner Begabung übrig bleibt.«[24]

Philipp Eulenburg, der Bülow in der Gunst des Kaisers entscheidend beförderte, schrieb 1897 an den künftigen Leiter der auswärtigen Politik: »Vergiß nie, daß S. M. [Seine Majestät] ein Lob hin und wieder braucht. Er gehört zu den Naturen, die ohne eine Anerkennung, hin und wieder, aus *bedeutendem* Mund *mißmutig* werden. Du wirst immer Zugang zu allen Deinen Wünschen haben, wenn Du nicht versäumst, Anerkennung zu äußern, wo S. M. sie verdient. Er ist dankbar dafür wie ein gutes kluges Kind. Bei fortgesetztem Schweigen, wo er Anerkennung verdient, sucht er schließlich *Übelwollen.*«[25]

Das ließ ein Bernhard von Bülow sich nicht zweimal sagen, und was daraus wurde, hat der Hofmarschall Zedlitz-Trützschler scharfzüngig geschildert: »Ein Reichskanzler aber, der auf der ›Hohenzollern‹, sobald ihm gesagt wird: ›Sie verderben mit Ihren hellen Hosen noch die besten Wetteraussichten‹, sofort in seine Kabine geht und dunkle Hosen anzieht, ein Reichskanzler, der bei allen Gelegenheiten Notizen auf seinen Manschetten macht, um nur ja nichts von den im Gespräch hingeworfenen Wünschen zu vergessen, ein Kanzler, dem dann doch einmal die Unvorsichtigkeit passiert, eine diametral entgegengesetzte Ansicht auszusprechen, dies bemerkend, nur einen kurzen Augenblick schweigt, um sofort das gerade Gegenteil seiner früheren Auffassung mit den Worten einzuleiten: ›Wie Eure Majestät so treffend bemerkten, verhält sich die Angelegenheit ...‹, ein solcher Kanzler macht eben trotz größter Begabung, trotz vorhandener größter Machtmittel die denkbar schlechteste Politik. Ich fürchte, er wird in der Geschichte nicht günstig beurteilt werden.«[26]

Aber man kann den Sachverhalt natürlich auch anders betrachten und sagen: Das Umschmeicheln des Kaisers war ein notwendiges Übel, ein Mittel dazu, das Vertrauen Seiner Majestät zu gewinnen und zu erhalten, um, eben damit, freie Hand für das eigene politische Handeln zu schaffen. Die Frage ist darum, für welche Politik Bülow eintrat.

Am 6. Dezember 1897 hielt er seine Jungfernrede im Reichstag. Es ging dabei um die Sicherung eines Marinestützpunktes im chinesischen Kiautschou. Aufsehen erregten jedoch Sätze wie diese: »Die Zeiten, wo der Deutsche dem einen seiner Nachbarn die Erde überließ, dem anderen das Meer und sich selbst den Himmel reservierte, wo die reine Doktrin thront – diese Zeiten sind vorüber ... Wir wollen niemand in den Schatten stellen, aber wir verlangen auch unseren Platz an der Sonne.«[27] Zwei Jahre später hieß es, wieder in einer Reichstagsrede: »Träumend beiseite stehen, während andere Leute sich den Kuchen teilen, das können wir nicht, und das wollen wir nicht ... Wenn die Engländer von einem Greater Britain reden, wenn die Franzosen sprechen von einer Nouvelle France, wenn die Russen sich Asien erschließen, haben auch wir Anspruch auf ein größeres Deutschland ... In dem kommenden Jahrhundert wird das deutsche Volk Hammer oder Amboß sein.«[28]

Der »Platz an der Sonne« ist rasch zum geflügelten Wort geworden. Aber was war gemeint? Und warum mußte man diesen Platz erst noch erkämpfen? Im Rückblick läßt sich erkennen, daß man ihn an der Wende vom neunzehnten zum zwanzigsten Jahrhundert schon erreicht hatte. Deutschland war ein großes, mächtiges Land. Es verfügte über die schlagkräftigste Armee der Welt, seine wissenschaftlichen Leistungen wurden bewundert, und es schickte sich an, auch eine der führenden Wirtschaftsnationen zu werden. Die industrielle Entwicklung machte schnelle Fortschritte, die Einkommen stiegen, der Handel und die Exporte wuchsen, der Bevölkerungsdruck, der bis dahin nur durch die Auswanderung gelindert werden konnte, ließ nach. Was dagegen sollte man mit Kolonien anfangen oder mit Marinestützpunkten irgendwo weitab, gar im fernen China? In nüchternen Zahlen nachgerechnet, stand die Bedeutung, die man solchen Erwerbungen zumaß, ohnehin in einem grotesken Mißverhältnis zu ihrem tatsächlichen Wert.[29] Wäre es also nicht besser gewesen, den Mund zu halten oder Deutschland für saturiert zu erklären, wie Bismarck es getan hatte, um nach Kräften den Frieden zu wahren und die Nachbarn nicht zu beunruhigen?

Je eindringlicher man solche Fragen stellt, desto weniger läßt sich das Wortgerassel vernünftig erklären. Offenbar kommt ein tiefsitzender Minderwertigkeitskomplex ins Spiel, dessen Kern nicht als sachlich begründet, sondern als irrational zu deuten ist. Dieses Minderwertigkeitsgefühl läßt sich ins Bild bringen mit Bismarcks »dickem Schatten«, der nicht nur auf Wilhelm II., sondern auf der gesamten wilhelminischen Generation lag. Aus ihm zu entkommen und damit einen »Platz an der Sonne« zu finden, das war es, worum es eigentlich ging.

Es sei an Max Webers Klage über den Fluch des politischen Epigonentums erinnert. Wenn aber das Große schon von den Vätern oder Großvätern getan worden war, dann gab es nur ein einziges Mittel, um diesem Bannfluch zu entkommen: Man mußte selbst etwas Großes leisten und Bismarck noch überbieten. Folgerichtig hat Weber schon 1895 erklärt: »Entscheidend ist auch für unsere Entwicklung, ob eine große Politik uns wieder die Bedeutung der großen politischen Machtfragen vor Augen zu stellen vermag. Wir müssen begreifen, daß die Einigung Deutschlands ein Jugendstreich war, den die Nation auf ihre alten Tage beging und seiner Kostspieligkeit halber besser unterlassen hätte, wenn sie der Abschluß und nicht der Ausgang einer deutschen Weltmachtpolitik sein sollte.«[30]

Der Kampf um den Platz an der Sonne als Ausbruch aus dem Schatten Bismarcks: Vorerst ist das nur eine These. Doch sie läßt sich prüfen an dem großen Machtprojekt, für das Wilhelm II. und die wilhelminische Zeit sich begeisterten.

Das Riesenspielzeug

»Das Riesenspielzeug« heißt ein Gedicht von Adelbert von Chamisso. Es beginnt und endet mit den Zeilen:

> »Burg Nideck ist im Elsaß der Sage wohlbekannt,
> die Höhe, wo vorzeiten die Burg der Riesen stand;
> sie selbst ist nun verfallen, die Stätte wüst und leer,
> du fragest nach den Riesen, du findest sie nicht mehr.«

So ungefähr könnte man auch von der kaiserlichen Schlachtflotte berichten, wenn sie ins Reich der Märchen oder Mythen, der Sagen und Legenden entrückt wäre. Zwischen schottischen Felseninseln, in der Bucht von Scapa Flow, bereitete sie sich am 21. Juni 1919 selbst den Untergang; die stählernen Riesen versanken im Meer, das sie hatten beherrschen sollen. Aber wer konnte von diesem bitteren Ende am hoffnungsvollen Beginn etwas wissen? Der Schlachtflottenbau war das Riesenspielzeug, das Traumgebilde und zugleich das handfeste Machtprojekt der wilhelminischen Epoche.

Im Sommer 1897 ernannte der Kaiser den Admiral Alfred Tirpitz[1] zum Staatssekretär des Reichsmarineamtes. Fast zeitgleich mit Bernhard von Bülow betrat er die politische Bühne, und wie Bülow, oder noch über ihn hinaus, ist er zu einer deutschen Schicksalsfigur geworden. Bülow hat ihn so beschrieben: »Der Großadmiral von Tirpitz gehörte zu den bedeutendsten Männern, die mir im Leben begegnet sind. Schon seine äußere Erscheinung war imposant. Seine Gegner, und es fehlte ihm nicht an Gegnern, behaupteten, daß, wenn man ihm seinen großen und langen Bart abnähme, alle Welt zurückschrecken würde vor der Häßlichkeit seiner Züge und seines Ausdrucks. Ich enthalte mich in dieser Beziehung jeden Urteils, da ich Tirpitz nie ohne seinen mächtigen Bart gesehen habe … So wie Tirpitz war, lenkte er jedenfalls die

Aufmerksamkeit auf sich. Der hochgewachsene, breitschultrige Mann mit dem ruhigen und festen Ausdruck seiner bedeutenden Augen würde nie und nirgends unbeachtet geblieben sein. Er hatte den Gang des Seeoffiziers, der auf dem Festland die Gewohnheit verrät, sich bei schwankender See im Gleichgewicht zu halten. Selbst in einem Volk, das wie das deutsche Volk so starke Anlage und so regen Trieb zum Organisieren hat, war der Admiral von Tirpitz ein Organisator von ungewöhnlichem Maß. Er war großer Konzeptionen fähig, der allergrößten, und dabei drang sein Blick in jede Einzelheit. Er verband kühne Phantasie mit nüchterner Berechnung.«[2]

Tirpitz wurde 1849 geboren. Schon mit sechzehn Jahren trat er in die preußische Marine ein. Als Seekadett lernte er die britischen Verhältnisse kennen und sprach seitdem ein perfektes Englisch. 1877 wurde er mit der Entwicklung der Torpedobootwaffe betraut. Von 1892 bis 1895 war er Stabschef im Oberkommando der Marine. 1895 wurde er zum Konteradmiral befördert, und vor seiner Ernennung zum Staatssekretär befehligte er das Kreuzergeschwader in Ostasien. Neben technischem Sachverstand und Organisationstalent zeichnete ihn Willensstärke aus. »Ziel erkannt – Kraft gespannt«, hieß seine Parole.

Dem Prinzen Wilhelm war er schon 1884 und 1887 begegnet und setzte seitdem auf ihn. Er wurde nicht enttäuscht: Der junge Kaiser hatte, wie ein Beobachter feststellte, »nichts wie Marine im Kopf«.[3] Seine einschlägigen Aussprüche sind kaum zu zählen, und immer wieder gelangen ihm griffige Wendungen: »Volldampf voraus!«[4] »Der Dreizack [des Meeresgottes Poseidon] gehört in unsere Faust.«[5] »Unsere Zukunft liegt auf dem Wasser.«[6] »Reichsgewalt bedeutet Seegewalt, und Seegewalt und Reichsgewalt bedingen sich gegenseitig so, daß die eine ohne die andere nicht bestehen kann.«[7] »Der Ozean ist unentbehrlich für Deutschlands Größe.«[8] In seiner Begeisterung malte Wilhelm II. sogar Marinebilder und zeichnete die Schlachtschiffe der Zukunft, natürlich als Dilettant.[9] Doch warum nicht? In Tirpitz fand er seinen Partner und den Fachmann von Rang.

Bevor wir näher auf den Schlachtflottenbau eingehen, ist eine historische Anmerkung wichtig. Brandenburg-Preußen war trotz seiner langen Ostseeküste und – seit den Tagen Friedrichs des Großen – seines ostfriesischen Besitzes an der Nordsee fast ausschließlich Landmacht geblieben, sofern man vom kurzfristigen

Zwischenspiel des in den Niederlanden erzogenen Großen Kurfürsten im siebzehnten Jahrhundert absieht. Denn nur die Armee konnte das zerrissene Staatsgebilde zusammenhalten und sichern; in ihr stellte der Adel das Offizierkorps, mit ihr kämpfte sich Preußen zur europäischen Großmacht empor, und mit ihrer Tüchtigkeit wurde in den Kriegen von 1866 und 1870/71 die deutsche Einheit errungen. Mit dem Drang zur See machte sich also etwas Ungewohntes bemerkbar, das den preußischen Traditionen widersprach. Bezeichend haben denn auch ostelbische Adelskreise von der »gräßlichen Flotte« gesprochen, ohne allerdings einen nachhaltigen Widerstand gegen ihren Bau zu organisieren.[10]

In der Gegenrichtung heißt das: Mit der Marinebegeisterung und dem Schlachtflottenbau kam etwas Neues, Nationaldeutsches ins Spiel. Charakteristisch genug hatte schon 1848 die provisorische »Reichsregierung«, die vom Frankfurter Paulskirchenparlament eingesetzt worden war, mit dem Bau einer Nationalflotte begonnen, um mit ihr den Krieg gegen Dänemark zu führen. Diese Flotte wurde nach dem Sieg der Reaktion meistbietend versteigert, weil niemand unter den deutschen Fürsten und schon gar nicht der König von Preußen sie haben wollte.[11]

Im Bismarckreich war die Marine »reichsunmittelbar«; sie unterstand dem Kaiser und nicht, wie jedenfalls in Friedenszeiten die Armee, dem König von Preußen. Sie war tatsächlich ein nationales Instrument und nicht mehr der Ausdruck eines besonderen Milieus. Als Seeoffiziere konnten Bürgersöhne wie Tirpitz Karriere machen und Ansehen gewinnen, ohne vom Prestige des Adels überschattet und erdrückt zu werden, das in Preußen ja nicht nur die Postdamer Garderegimenter bestimmte. Folgerichtig rekrutierte sich das Offizierkorps der Marine anders als das der Armee.[12] Auf den Kaiser bezogen bedeutete der Sachverhalt: Wenn er sozusagen als der erste Seemann der Nation auftrat und überall im Lande die Marineleidenschaft entfachte, dann erwies er sich einmal mehr als ein moderner Bürgerkaiser. Kaum zufällig geriet fast aus dem Blick, daß er außerdem noch der König von Preußen war.

Noch etwas gehört ins Bild. Die Marine war nicht nur der Ausdruck eines neuen Nationalbewußtseins, sondern zugleich der Beweis für technische Leistungsfähigkeit und Modernität. Sogar darin unterschied sie sich von der Armee. Der Adel nämlich, der dort den Ton angab, liebte die traditionsreiche, aber im Zeitalter

Schicksalsmänner im Gespräch: der Kaiser, der Flottenbaumeister Tirpitz und Holtzendorff, Kommandierender Admiral.

der Repetier- und Maschinengewehre kaum noch brauchbare Kavallerie. Im Grunde befand er den »Rittmeister« für feiner als den »Hauptmann« und sah auf Artillerie oder Pioniere als eigentlich nicht standesgemäß herab. Folgerichtig zog das Heer 1914 mit viel zu vielen – und unnötig kostspieligen – Reiterregimentern ins Feld, die dann absitzen mußten.[13] Die Marine dagegen stellte sich als Ingenieursmodernität dar, als die Macht aus Maschinen: nicht als die Nostalgie, sondern als die Zukunft der Gewalt.[14] Und Wilhelm II. zeigte mit seinem Interesse für technische Fragen wiederum, wie vortrefflich er in die Zeit paßte.

Mit der Kaiserbegeisterung allein war es freilich nicht getan. Als Tirpitz an die Arbeit ging, wußte er, daß er die Werbetrommel rühren und eine nationale Bewegung in Gang setzen mußte, mit der dann der Reichstag dazu gebracht werden konnte, Flottengesetze zu verabschieden und das notwendige Geld zu bewilligen – viel und immer mehr Geld, denn die technische Hochrüstung einer modernen Marine war überaus kostspielig.[15] Im Reichsmarineamt entstand die »Abteilung für Nachrichtenwesen und allgemeine Parlamentsangelegenheiten«, eine Propagandaeinrichtung, wie es sie bis dahin noch nicht gegeben hatte. Mit Recht ist gesagt worden, daß der Admiral »mit unwiderstehlicher Werbekraft den Weg zu einer neuen Ideologie eröffnete. Seinen Ton und Stil über nahmen Hunderte von Journalisten und Gelehrten, Parlamentariern und Diplomaten in Tausenden von Zeitungsartikeln, Broschüren, Abhandlungen, Vorträgen und Reden«. Dabei war Tirpitz' Propaganda »nicht eine gesteigerte Endphase jener Politik des neunzehnten Jahrhunderts, die Volksbeeinflussung durch erhöhte Werbetätigkeit der Regierungen schon gekannt hat. Sie ist vielmehr ein Neubeginn; sie muß als Einsatzpunkt einer neuen Propagandaära betrachtet werden, wie sie dann das zwanzigste Jahrhundert zu höchster Vollkommenheit herausgebildet hat, in der zur Unterstützung und Legitimierung der Regierungspolitik die Massen durch umfassende und pausenlose staatliche Einwirkung umworben, gewonnen, fanatisiert wurden, wobei man jedoch den Vorgang gleichzeitig so darstellte, als werde diese Regierungstätigkeit von einer schon vorher bestehenden Volksmeinung gefordert, als sei sie von einem Massenwillen zwangsläufig getrieben.«[16]

Als Parallelaktion entstand 1898 der Flottenverein, der schon im Gründungsjahr 78 000 und ab 1908 mehr als eine Million Mitglieder zählte. Als Redner wurden besonders Professoren aktiv.[17] Und wer sich publizistisch besonders hervortat, wie der Sozialreformer und Herausgeber der Zeitschrift *Soziale Praxis*, Ernst Francke, erhielt von Tirpitz persönlich einen Brief: »Euer Hochwohlgeboren beehre ich mich, für die Unterstützung, welche Sie in den letzten Monaten der Marineverwaltung durch Ihre schriftstellerische Tätigkeit haben angedeihen lassen, meinen verbindlichsten Dank auszusprechen. Gleichzeitig gestatte ich mir, Ihnen anliegend als Honorar für Ihre Bemühungen den Betrag von 800 M. ergebenst zu übersenden.«[18] Niemand wurde vergessen, der sich als so nützlich erwies, auch nicht die Marinemaler, die man in Lohn und Brot setzte.[19] Sogar an die Matrosenanzüge und Matrosenkleider als »Sonntagsstaat« für Jungen und Mädchen wäre zu erinnern, vorzugsweise von der Firma Bleyle.[20]

Tirpitz fing mit seinem Flottenbau natürlich nicht bei Null an. Es gab Panzerschiffe, Kreuzer, Kanonen- und Torpedoboote. Doch davon abgesehen, daß viele von ihnen veraltet, manche beinahe schrottreif waren: Wozu taugten sie eigentlich, außer bestenfalls zur Verteidigung der Küsten an der Ostsee oder zwischen Brunsbüttel und Borkum und sonst vielleicht noch zum eher dekorativen als praktisch bedeutsamen Flaggezeigen in Übersee? Und was war mit dem Schutz der Kolonien? 1881 hatte Bismarck erklärt: »Solange ich Reichskanzler bin, treiben wir keine Kolonialpolitik. Wir haben eine Flotte, die nicht fahren kann, und wir dürfen keine verwundbaren Punkte in fernen Weltteilen haben, die den Franzosen zur Beute fallen, sobald es losgeht.«[21] So ganz allerdings hat der Kanzler sich an das eigene Prinzip dann doch nicht gehalten, 1884 hat er Kolonien gegründet. Aber wirklich interessiert haben sie ihn nie; statt von »Weltmacht« zu träumen, dachte er altpreußisch nüchtern und im Blick auf Deutschland an das europäische Gleichgewicht der Mächte. Daß dabei die Flotte nicht »fahren«, das heißt im Kriegsfalle sich aus ihren Schlupfwinkeln in Nord- und Ostsee kaum herauswagen konnte, nahm er gelassen in Kauf.

Wenn man allerdings Kolonien besaß, wenn möglich noch neue erwerben und Marinestützpunkte einrichten wollte, wie im chinesischen Kiautschou, und wenn es darum ging – wie immer wieder betont wurde –, den Überseehandel zu schützen, dann lag es nahe, eine Kreuzerflotte von modernen, schnellen Schiffen mit möglichst weitem Aktionsradius zu schaffen. Daran haben viele gedacht, Admirale ebenso wie der Reeder Ballin und zunächst auch der Kaiser. Aber Tirpitz wollte eine Schlachtflotte und setzte sich durch. Wer andere Meinungen verfocht, sah sich rücksichtslos beiseite gestoßen, wie der Admiral Oldekop, der an Admiral von Diederichsen in Ohnmacht und Bitterkeit schrieb: »Die Marine ist in den Händen eines gewissenlosen, ehrsüchtigen Spekulanten, dessen Flottenvergrößerungspläne die Marine ins Unglück bringen müssen.«[22]

Eine Schlachtflotte bestand im Kern aus Schlacht- oder Linienschiffen, die in Linie – daher der Name – gegen eine feindliche Flotte kämpfen und sie besiegen konnten, etwa so, wie am 27. Mai 1905 in der Seeschlacht bei Tsushima eine japanische Flotte die russische.[23] Dafür brauchte man Schiffe mit möglichst starker Bewaffnung und Panzerung, bei Abstrichen an Geschwindigkeit und »Dampfstrecke«, das heißt der Entfernung, die ohne Ergänzung der Kohlevorräte zurückgelegt werden konnte. Dank Tirpitz' Energie und der Ingenieurskünste deutscher Werften, samt Kruppschen Kanonen und Panzerplatten[24], ist diese Schlachtflotte in den nur siebzehn Jahren vom Amtsantritt des Marinestaatssekretärs bis zum Beginn des Ersten Weltkriegs tatsächlich gebaut worden – rein technisch gesehen eine Meisterleistung.[25]

Eine solche Flotte konnte freilich noch weniger »fahren« als die, die Bismarck gekannt hatte, obwohl sie »Hochseeflotte« genannt wurde. Denn wie sollte sie im Kriegsfalle durch den Ärmelkanal hindurch oder um Schottland herum in den Atlantik gelangen und dort kämpfen, wenn es dort für sie weder Kohlestationen noch Reparaturmöglichkeiten gab? Nein, dieser Flottenbau konnte nur sinnvoll sein, wenn er auf den Entscheidungskampf irgendwo zwischen Helgoländer Bucht und Themsemündung, also auf das Duell mit der britischen Seemacht angelegt war. Und genau darum handelte es sich. Gleich nach seiner Ernennung zum Leiter des Reichsmarineamtes entwarf Tirpitz »Allgemeine Gesichtspunkte bei der Feststellung unserer Flotte nach Schiffsklassen und Schiffstypen«. Darin hieß es:

»2. Für Deutschland ist zur Zeit der gefährlichste Gegner zur See England. Es ist auch der Gegner, gegen den wir am dringendsten ein gewisses Maß an Flottenmacht als politischer Machtfaktor haben müssen. – 3. Kreuzerkrieg und transozeanischer Krieg gegen England sind wegen Mangels an Stützpunkten unsererseits und des Überflusses Englands an solchen so aussichtslos, daß planmäßig von dieser Kriegsart gegen England bei Feststellung unserer Flottenart abgesehen werden muß. – 4. Unsere Flotte muß demnach so eingerichtet werden, daß sie ihre höchste Kriegsleistung zwischen Helgoland und Themse entfalten kann.«[26] In den Worten von Volker Berghahn: »Bei Tirpitz spitzte sich alles auf ein einziges militärisches Ereignis zu, die ›durchgeschlagene rangierte Hochseeschlacht‹, an deren Ende Sieg oder Niederlage stand. Was zuvor oder danach geschah, war allein durch Beginn und Ausgang dieses Treffens bestimmt. Alternativen gab es nicht.«[27]

Um es knapp und klar zu sagen: Der kaiserlich wilhelminische Traum von der Weltmacht und ihrem »Platz an der Sonne« bestand darin, die alte Seemacht Großbritannien herauszufordern, zu besiegen und zu beerben, und Tirpitz schuf dafür das Machtinstrument. Er betrieb nur Verschleierung, wenn er von der »Risikoflotte« sprach und behauptete, daß England das Duell nicht wagen würde, wenn es dabei riskierte, seine Seegeltung zu verlieren. Wahrscheinlich, so Tirpitz, würden die Briten sogar »kommen« und das Bündnis mit Deutschland suchen. Inzwischen aber brachten die Offiziere auf den stolzen Schiffen Seiner Majestät, wenn sie in ihren Messeräumen zu vorgerückter Stunde beisammensaßen, einen Toast auf »den Tag« aus – den Tag der großen und glorreichen Entscheidungsschlacht.

Aber barg die Verschleierung nicht Illusionen? Gab es das Risiko etwa nicht, daß England die Herausforderung annahm und sich zu den feindlichen Landmächten gesellte, mit denen Deutschland ohnehin schon rechnen mußte? Das Reich in der Mitte Europas war seit seiner Gründung niemals ungefährdet. Mit der Annexion von Elsaß-Lothringen hatte es Frankreich auf die Revanche festgelegt, und Rußland mochte hinzukommen. Stets hat der mögliche Zweifrontenkrieg Bismarck mit Sorgen, ja Ängsten erfüllt, und als Reichskanzler hat er getan, was er konnte, um das Unheil abzuwenden. Immerhin gab es für diesen schlimmen Fall die wohlerprobte Armee, und die Chancen, daß sie siegte oder jedenfalls sich behauptete, standen eher gut als schlecht. Aber sogar in seinen finstersten Alpträumen und bei allem Hohn, allem Haß, aller Verachtung für seine Nachfolger hat Bismarck sich schwerlich vorstellen können, daß man halb fahrlässig, halb vorsätzlich sich auch noch England zum Feind machen würde.

Und würde es die große Entscheidungsschlacht zwischen Themsemündung und Helgoländer Bucht überhaupt einmal geben? Enthielt die Rüstung einzig dafür nicht wiederum eine Illusion? Ein paar Jahre vor dem Beginn des Schlachtflottenbaus veröffentlichte der Clausewitz der Meere, der amerikanische Admiral und Marinehistoriker Alfred Thayer Mahan, das grundlegende Werk: »Vom Einfluß der Seemacht auf die Geschichte«.[28] Seine Lehre ließ sich in drei Worten zusammenfassen: Weltmacht ist Seemacht. Das kam Tirpitz gerade recht; er ließ das Buch übersetzen und verteilen, um damit seine Werbung für den Flottenbau zu verstärken. Aber vielleicht hat der Admiral nicht genau genug hingeschaut. »Communications dominate war«, auf die Verbindungslinien und Nachschubwege kommt es an, hätte er bei Mahan lesen können.[29]

Im Seekrieg ist nicht der Blitzfeldzug mit der einen heroischen Schlacht, die in Stunden oder Tagen alles entscheidet, das Ziel, sondern die Sicherung der eigenen Verbindungen wie die Blockade der feindlichen, die nur langfristig sich auswirkt. Alles übrige ist bloß Mittel zum Zweck; Seegefechte bleiben meist Episoden, und große Seeschlachten sind sehr selten.[30] Daher gehören zum

Seekrieg andere Dimensionen des Raumes und der Zeit als zum Landkrieg.[31]

Ein Blick auf die Land- oder Seekarte hätte Tirpitz belehren können: England befand sich in der günstigen, Deutschland in der benachteiligten Position. Das Inselreich mußte die Schlacht gar nicht schlagen, es konnte seine Blockadelinien weitab von den deutschen Küsten aufbauen und sie fast ohne Risiko sichern, wie es folgerichtig im Weltkrieg geschah und schon vorher mit der Verlegung der wichtigsten Flottenstützpunkte nach Norden sich ankündigte. Damit erfüllte die »Grand Fleet« die Aufgabe, die ihr zukam, während die »Hochsee«-Flotte funktionslos, als gäbe es sie nicht, auf Schillig-Reede vor Anker lag und verdarb. Um so hart zu formulieren, wie die Tatsachen es fordern: Tirpitz hat die See nicht verstanden. In seinen Vorstellungen übersetzte er sozusagen den Triumph bei Sedan ins falsche Element; sein Traum paßte zum Sturmangriff preußischer Garderegimenter, nicht aufs Wasser, und das Machtinstrument, das er schuf, blieb ein Riesenspielzeug ohne Sinn, über das die Geschichte ihr Urteil sprach.

Wie es kaum anders zu erwarten war, scheute Großbritannien das Risiko nicht, sondern nahm die deutsche Herausforderung an. Admiral John Fisher (1841–1920), seit 1904 Erster Seelord der britischen Admiralität, stand mit seiner Entschlossenheit und seinem technischen Sachverstand hinter Tirpitz nicht zurück. Er versuchte sogar, im Handstreich das Wettrüsten für sich zu entscheiden: Am 10. Februar 1906 lief mit der »Dreadnought« – übersetzt »Fürchtenichts« – das Schlachtschiff der Zukunft vom Stapel, das weit größer, stärker bewaffnet und gepanzert war als alle die Linienschiffe, die man bisher gekannt hatte.[32] Die Deutschen, so hoffte Fisher, würden nicht nachziehen können. Und wie sollten sie ihre Flotte zwischen Nord- und Ostsee hin und her verlegen, außer auf dem weiten und im Kriegsfall gefährlichen Weg um Jütland herum, wenn sich der Kaiser-Wilhelm-Kanal für die neuen Schiffsgrößen als unpassierbar erwies?

Diese Rechnung ging nicht auf, weil sie ohne Tirpitz gemacht war. Am 3. März 1908 lief auf der Kaiserlichen Werft in Wilhelmshaven die »Nassau« als erster deutscher »Dreadnought« vom Stapel, und der Kanal zwischen Nord- und Ostsee wurde erweitert. Damit schlug der britische Vorsprung in einen Nachteil um, denn viel mehr englische als deutsche Linienschiffe älterer Bauart wurden entwertet. Ende 1909 betrug das deutsch-britische Verhältnis an Großkampfschiffen 2 : 8, zwei Jahre später aber 9 : 11.

Für die Briten war dies ein Ansporn, ihre Anstrengungen zu vergrößern und ihr Bauprogramm zu beschleunigen. So wuchs ihr Vorsprung wieder, bis 1914 auf 34 Großkampfschiffe gegen 22, über die Deutschland verfügte. Im Krieg wuchs der Vorsprung weiter; 1917 gab es – trotz größerer englischer Verluste in der Skagerrakschlacht – 44 britische und 25 deutsche Schlachtschiffe und Schlachtkreuzer. Doch schon vor dem Krieg zeichnete sich ab, daß Tirpitz den Wettkampf verlieren würde. Dafür gab es auch finanzielle Gründe. Deutschland brauchte zu seinem Schutz eine große Armee und durfte sie nicht vernachlässigen; das Inselreich dagegen, übrigens noch immer wohlhabender als Deutschland, konnte sich mit einer kleinen Berufsarmee begnügen und den Einsatz für die Marinerüstung beinahe beliebig erhöhen.

Sogar in technischer Hinsicht ließ sich erkennen, daß Tirpitz auf die Verliererstraße geriet. Denn noch vor dem Krieg begann die britische Marine mit der Umstellung von der Kohle- auf die Ölfeuerung. Das brachte viele Vorteile. Man sparte die Heizer und Kohlenschaufler; deren Knochenarbeit übernahmen maschinell betriebene Pumpen. Das Auffüllen der Vorräte lief einfacher und schneller ab als bisher. Entscheidend war, daß die Schiffe ihre Geschwindigkeit und ihre Reichweite erhöhten – und sich dabei vom Feind schlechter orten ließen, weil ihre Rauchfahnen dünner wurden. Die Tirpitzflotte aber war dazu verurteilt, bei der Kohlefeuerung zu bleiben, denn Deutschland verfügte über keine Ölquellen und mußte im Kriegsfalle damit rechnen, von den überseeischen Zufuhren abgeschnitten zu werden.

Im Rückblick stellen sich viele Fragen. Warum wurde die Schlachtflotte überhaupt gebaut? Warum ließ man Tirpitz schalten und walten, wie er wollte, warum fiel ihm niemand in den Arm? Warum setzte die Einsicht sich nicht durch, daß der Schlachtflottenbau ein Risiko barg – nur anders, als Tirpitz behauptete –, daß es England zum Feind machte und damit die »Einkreisung« des Reiches bewirkte, die man dann beklagte? Und wie konnte man der Einsicht sich verschließen, daß die Schlachtflotte ein Luxus, ein Riesenspielzeug war, untauglich für den Zweck, für den sie gebaut wurde? Nur einer hat dies ausgesprochen, allerdings auf der falschen Seite: Winston Churchill, seit 1911 Erster Lord der britischen Admiralität. Die Flotte, so Churchill, sei für Deutschland ein Luxus, für England und sein Empire dagegen eine Notwendigkeit. Das Wort von der »Luxusflotte«

Der Entwicklungssprung beim Bau der abgebildeten »Dreadnought« (1906) sollte die Briten in Vorteil bringen. Aber die Deutschen zogen nach, und das Wettrüsten zur See wurde erst recht angeheizt.

war damit geboren, und es erregte in Deutschland wohl gerade darum Empörung, weil es den Nagel auf den Kopf traf.[33]

Die Fragen erfordern ein Bündel von Antworten. Zunächst: Der Kaiser und Tirpitz trafen sich in ihrer aus Bewunderung und Neid gemischten Haßliebe zu England. Bei Wilhelm II. stammte sie bereits aus der Kindheit und dem gespannten Verhältnis zu seiner englischen Mutter. Für Tirpitz sei nur ein bezeichnendes Detail genannt: Während er zum Krieg gegen England rüstete, schickte er seine Tochter ins englische Cheltenham College.[34] Aber

Wilhelm II. und sein Großadmiral repräsentierten, was die wilhelminische Epoche mehr und mehr prägte; anders hätte die Propaganda für den Schlachtflottenbau niemals erfolgreich sein können. England stellte sich dar im Glanz seines Wohlstandes, seines Empire, seiner Seegeltung; es *war* die Weltmacht, die man selbst werden wollte. Es stand dem eigenen Traum im Wege, und darum sollte, mußte es aus dem Weg geräumt werden.

Als dann am 4. August 1914 Großbritannien den Krieg erklärte, zeigte man sich grenzenlos überrascht und empört: »Perfides Albion! Gott strafe England!« Professoren verkündeten dem Publikum, worum es ging. Der Nationalökonom Werner Sombart beschrieb den britisch-deutschen Gegensatz unter dem Titel »Händler und Helden«[35], der Philosoph Max Scheler entwarf in seinem Buch »Der Genius des Krieges und der deutsche Krieg« eine Kategorientafel britischer Perversitäten,[36] und der berühmte Altphilologe Ulrich von Wilamowitz-Moellendorff sprach aus, was Millionen von England hielten:

»Dort ist der eigentlich treibende böse Geist, der diesen Krieg emporgerufen hat aus der Hölle, der Geist des Neides und der Heuchelei. Was gönnen sie uns nicht? Unsere Freiheit, unsere Selbständigkeit wollen sie untergraben, jenen Bau der Ordnung, der Gesittung und der freilich selbstbewußten Freiheit, den wir uns errichtet haben, wollen sie zerstören, die Tüchtigkeit und Ordnung nicht bloß in unserem Heer und in unserem Staatsaufbau, nein, in dem ganzen Bau unserer Gesellschaft. Wenn der englische Marineoffizier jetzt durch ein feines, schönes Glas hinausschaut, umschaut nach deutschen Kreuzern, so ärgert ihn – wir verdenken es ihm nicht –, daß das Glas in Jena geschliffen sein wird, und die Kabel, die die Meere durchziehen, sind zum größten Teil in Charlottenburg am Nonnendamm gefertigt. Die Güte der deutschen Arbeit wurmt ihn.«[37]

Der Geist des Neides und der Heuchelei? Wenn es jemals eine Projektion, die Übertragung eigener Gefühle auf andere, auf den Feind gegeben hat, dann hier.

Zweitens muß man sehen, daß der Schlachtflottenbau – wie der Traum von der Weltmacht, dem er Ausdruck gab – sich nicht nur nach außen richtete, sondern auch oder sogar in erster Linie dem inneren Gebrauch diente.[38] Daher wurde man von der Wirkung nach außen so sehr überrascht, als man ihr im August 1914 unversehens begegnete. Im Grunde ging es mehr um Symbol- als um

Realpolitik, um die Beschwichtigung von Ängsten im Blick auf die zwischen Bürgertum und Arbeiterbewegung abgrundtief gespaltene Gesellschaft. Wenn daraus ein Feindbild entstand: um so besser. Denn der äußere Feind lenkt von den inneren Konflikten ab und gebietet, daß man gegen ihn zusammensteht.

Drittens kamen handfeste Interessen ins Spiel, zum Beispiel der Firma Krupp, der Werftindustrie, der Motorenbauer oder anderer Zulieferer und ihrer Aktionäre. Die Interessen werden sichtbar in einem Brief, den der Präsident des Deutschen Flottenvereins, Otto Fürst zu Salm-Horstmar, am 3. Dezember 1901 an Tirpitz richtete. Es hieß darin: »Von Herren verschiedener Parteirichtungen bin ich gebeten worden, eine Bewegung einzuleiten, welche dahin geht, den Reichstag zu veranlassen, an die Regierung die Bitte zu richten, angesichts der schlechten Konjunktur und der ungünstigen Geschäftslage von Handel und Industrie und der damit verbundenen Arbeitslosigkeit vieler Tausender von Arbeitern den auf längeren Zeitraum verteilten Bau von Kriegsschiffen in möglichst beschleunigtem Tempo herbeizuführen. – Dadurch, daß der Bau der durch die letzte Marine-Vorlage bewilligten Schiffe so beschleunigt würde, wie es die deutschen Werften überhaupt leisten könnten, würden viele Industriezweige neue Aufträge erhalten, wodurch nicht nur diese über Wasser gehalten, sondern auch in den Stand gesetzt würden, ihre Arbeiter zu beschäftigen und bereits entlassene wieder einzustellen. Einer der wichtigsten Faktoren, die hier zur Sprache kommen, wäre aber der, daß durch den Auftrag neuer Kriegsschiffe und die dadurch herbeigeführte Belebung von Handel und Industrie die betreffenden Börsen-Kurse steigen, viele Werte gerettet und eine Konsolidierung des Marktes eintreten würde.«[39] In der Tat, jede Aufrüstung wirkt als Konjunkturprogramm, wenn auch in weiterer Perspektive als ein höchst problematisches.

Reichen diese Erklärungen aus? Nein, für sich genommen taugen sie wenig. Die Haßliebe zu England bedarf selbst der Erklärung, und der Hinweis auf Wirtschaftsinteressen führt nicht sehr weit. Denn Rüstungsunternehmen wie Krupp und die Werftindustrie bildeten doch nur einen schmalen Ausschnitt der Gesamtwirtschaft. Kaum jemandem sonst konnte an der Herausforderung Englands gelegen sein, weder dem Mittelstand noch den mächtig vorwärtsdrängenden Großunternehmen der Chemie, der Pharmazie oder der Elektroindustrie. In den hanseatischen

Kontoren wußte man es ohnehin besser; ein Mann wie Albert Ballin hat offen ausgesprochen, daß zur Sicherung der Schiffahrt und des Welthandels die Verständigung mit England nützlicher sei als der Schlachtflottenbau.[40] Und wie fügen sich die altpreußischen Interessen des ostelbischen Adels, der Armee, der Bürokratie ins Bild, denen man sonst immer einen finsteren, fatal beherrschenden Einfluß zuschreibt?[41]

Das Entscheidende kommt erst noch hinzu: jenes seltsame Frösteln einer Epigonengeneration im Schatten Bismarcks und ihr Verlangen nach dem »Platz an der Sonne«, von dem bereits die Rede war. Mit seiner triumphalen Reichsgründung hatte der große Mann einen deutschen Jahrhunderttraum erfüllt. Doch zugleich hatte er das Bürgertum in seinem politischen Selbstbewußtsein gebrochen. Er hatte erreicht, daß es auf seine ureigenen, parlamentarischen Herrschaftsansprüche verzichtete, sich dem Obrigkeitsstaat unterwarf und in die »machtgeschützte Innerlichkeit« einfügte, wie Thomas Mann dies genannt hat. Schließlich hatte Bismarck die Furcht vor dem inneren Feind, vor der »roten Gefahr« in die Seelen gesenkt. Die finster entschlossen und fast immer kriegerisch statt zivil dreinblickenden Denkmäler, die man dem Reichsgründer errichtete, zeugen von dieser Angst deutscher Bürger, von ihrer Sehnsucht nach Schutz unter überlegener Stärke.

Selbstaufgabe, der Verzicht auf eigene und die Unterwerfung unter fremde Macht ist indes ein sehr zwiespältiger Vorgang und fordert seinen Preis. Die Verachtung, ein Selbsthaß ist in ihr angelegt. »Warum habe ich mich selber verraten?« fragt eine innere Stimme. Man muß sie übertönen und zum Schweigen bringen durch Lautstärke, schneidig martialisches Auftreten, wie es die wilhelminische Generation und ihren Repräsentanten kennzeichnete. Außerdem wird die Gier nach der Macht geweckt, nun allerdings nach außen gerichtet. Machtentfaltung als Kompensation des eigenen Machtverzichts wird wichtig, geradezu überlebenswichtig; die Demütigung und Unterwerfung anderer soll die eigene auslöschen und die Selbstachtung wiederherstellen.

Man kann sich den Sachverhalt anschaulich machen an einer exemplarischen Figur. Heinrich von Treitschke war, wie geschildert, der überragende akademische Lehrer der wilhelminischen Generation – und der Prototyp des Renegaten. Aus einer sächsischen Offiziersfamilie stammend, wandelte er sich zum Superpreußen, der 1866 die Annexion seiner mit Österreich besiegten Heimat durch den Sieger forderte. Seine Familie sagte sich darum von ihm los. Er begann als liberaler Verteidiger der bürgerlichen Selbstbestimmung: »Höre ich ... einen so flachen Junker wie diesen Bismarck von dem ›Eisen und Blut‹ prahlen, womit er Deutschland unterjochen will, so scheint mir die Gemeinheit nur noch durch die Lächerlichkeit unterboten.«[42] Daraus wurde im Handumdrehen der bedingungslose Parteigänger Bismarcks und der »Herold der Reichsgründung«. Schließlich geriet der Widerruf von Freiheit, Gleichheit und politischer Selbstbestimmung zum angeblichen Naturprinzip:

»Betrachtet man nun näher dieses ganze Geflecht gegenseitiger Abhängigkeitsverhältnisse, das man als bürgerliche Gesellschaft bezeichnet, so ist deutlich, daß alle Gesellschaft von Natur eine Aristokratie bildet. Die Sozialdemokratie kennzeichnet den Unsinn ihrer Bestrebungen schon durch den Namen. Wie mit dem Staat gegeben ist ein Unterschied von Obrigkeit und Untertan, der niemals aufgehoben werden kann, so ist mit dem Wesen der Gesellschaft ein für allemal gegeben die Verschiedenheit der Lebenslage und Lebensbedingungen ihrer Glieder. Um es kurz zu sagen: Alle bürgerliche Gesellschaft ist Klassenordnung ... Oder um es trivial auszudrücken: Die Masse wird immer die Masse bleiben müssen. Keine Kultur ohne Dienstboten. Es versteht sich doch von selbst, wenn nicht Menschen da wären, die die niedrigen Arbeiten verrichten, so könnte die höhere Kultur nicht gedeihen. Wir kommen zu der Erkenntnis, daß die Millionen ackern, schmieden und hobeln müssen, damit einige Tausende forschen, malen und dichten können. Das klingt hart, aber es ist wahr und wird in alle Zukunft wahr bleiben. Mit Jammern und Klagen ist hiergegen gar nichts auszurichten. Der Jammer entspricht auch nicht der Menschenliebe, sondern dem Materialismus und Bildungsdünkel unserer Zeit.«[43]

Wie gesagt: Hier spricht der Lehrer der wilhelminischen Generation. Sein eigenes Renegatentum lenkte er nach außen in den Antisemitismus ab. Und fast mit Sicherheit darf man annehmen: Hätte er länger gelebt – er starb 1896 –, so wäre er zum Herold des Schlachtflottenbaus und des Englandhasses geworden.

Der abgrundtiefe politische Zwiespalt der wilhelminischen Generation, ihr Schwanken zwischen Angst und Aggression, Ohnmacht und Macht, zwischen Selbstverachtung und Selbstüberschätzung wird auch in der historischen Perspektive kenntlich. Zwar war das Kaiserreich im Sieg über den »Erbfeind« Frankreich entstanden, der im alljährlichen »Sedan«-Triumph gefeiert wurde. Aber Frankreich war der Gegner Preußens gewesen. Für das Kraftbewußtsein des wilhelminischen Deutschland zählte es kaum mehr oder bloß noch als zweitrangig.[44] Wozu wiederholen, was schon Bismarck und Moltke gelang? Um aus dem Schatten des Epigonentums herauszufinden und ein eigenes Selbstgefühl tragfähig zu begründen, brauchte man etwas Neues und Größeres, etwas, das alle Kühnheit, den ganzen Einsatz herausforderte. Das war der Traum von der Weltmacht, der seine Speerspitze gegen England richtete – und das traumhafte Riesenspielzeug, sein phantastisches Machtprojekt war der Schlachtflottenbau.

Das klingt höchst irrational und ist es auch. Aber gerade darum geht es: das Irrationale, den Wahn zu erklären. Nüchternheit hätte geboten, England nicht herauszufordern, sondern seine Freundschaft zu suchen, um den Frieden zu sichern. Denn aller Erfolg, der rasche Fortschritt zur Modernität, der wirtschaftliche Aufstieg und der wachsende Wohlstand setzten den Frieden voraus. Die Feindschaft, die man mutwillig heraufbeschwor, lief auf ein Vabanquespiel hinaus, das wenig erbringen und alles zerstören konnte.

Im Rückblick scheint kein Zweifel möglich: Im Traumprojekt des Schlachtflottenbaus war das Unheil angelegt. Sebastian Haffner hat von einer Todsünde des Deutschen Reiches gesprochen,[45] und Michael Stürmer hat bitter gefragt: »Wo blieb jener gesunde Überlebensinstinkt, der die Omnipotenzphantasien der Flottenideologien der tödlichen Lächerlichkeit preisgab? Wo die nüchterne Rechenhaftigkeit der Industrie, die in der ganzen Welt Geschäfte machte und doch heroischen Alpträumen vom Endkampf zum Opfer fiel? Deutschland war zur Fabrikhalle der Welt geworden. Aber die deutschen Eliten, statt Realpolitik zu treiben, träumten von Weltpolitik, Kolonialexpansion und Flottenbau, und wenn das alles zu nichts führte, dann mochte die Fabrikhalle einstürzen, wie die Festhalle des Hunnenkönigs die letzten Nibelungen unter sich begrub: atavistischer Alptraum in der Welt der Konstruktionsbüros.«[46]

Doch was die Menschen und die Völker wirklich bewegt, stammt eben nicht oder nur selten aus nüchterner Rechenhaftigkeit, weit eher aus Ängsten und Hoffnungen, aus dem Frieren im

Schatten der Belanglosigkeit und der Sehnsucht nach einem Platz an der Sonne, aus Ohnmacht und dem Willen zur Macht.[47] Daran sollten wir denken, bevor wir leichthin den Stab brechen und uns für gefeit halten; es geht um unsere eigene Geschichte nicht bloß im historischen Sinne.

Mit seiner Marinebegeisterung verkörperte Wilhelm II. die Epoche. Aber es war seine Tragik, daß er an einen so tüchtigen und willensstarken Mann wie Tirpitz geriet, der meinte, was er sagte und tat. Der Kaiser dagegen sah die Flotte weit eher als das an, was sie wirklich war: als ein Riesenspielzeug. Er betrieb Symbolpolitik. Im Grunde war seine Vision nicht die blutige Entscheidungsschlacht, sondern die gemeinsame Flottenparade, bei der der englische König in deutscher und der Kaiser in britischer Admiralunform auftrat.[48] Darum hielt Wilhelm II. säbelrasselnde Reden, ohne zu handeln. Darum liebte er die alljährlichen Herbstmanöver der Armee und scheute den Krieg. Darum war in seinen Augen die Flotte eigentlich nicht dazu bestimmt, dereinst vor Helgoland zu siegen oder unterzugehen, sondern dazu, die kaiserliche Macht zur Schau zu stellen. Und warum denn nicht? Symbole sind wichtig und bewegen die Herzen. Es durfte dann nur keine Männer wie Tirpitz und keine Engländer geben, die sich als Spielverderber erwiesen, indem sie die Schaustellung ernst nahmen.

Für den Kaiser ergab wiederum der Flottenbau eine glänzende Bühne, zum Beispiel bei Stapelläufen neuer Schlachtschiffe oder bei der Kieler Woche. Regelmäßig nahm Wilhelm II. an ihr teil, und selbstverständlich übernahm er den Ehrenvorsitz des Kaiserlichen Yachtklubs. Mit seiner eigenen Jacht »Meteor« nahm er sogar an Regatten teil. Weil indessen ein Torpedoboot die Kaiserjacht begleitete – weniger zum Schutz vor Piraten und Attentätern oder zur Lebensrettung beim Kentern als vielmehr zur etwa notwendigen Nachrichtenübermittlung –, liefen in Seglerkreisen, vielfach abgewandelt, Verse wie diese um:

> »Was taucht da qualmend am Horizont empor?
> Es ist des Kaisers herrliche Jacht,
> die stolze ›Meteor‹.«

Sei's drum! Manchmal schien es fast so, als werde das Bühnenbild zur Wirklichkeit: »Ende Juni besuchten britische Geschwader

Als interessierter Beobachter lud sich Winston Churchill mehrfach zu Kaisermanövern ein und wurde Wilhelm II. vorgestellt, der den Gast huldvoll empfing.

Kronstadt und Kiel. Zum erstenmal seit mehreren Jahren lagen einige der besten Schiffe der britischen und der deutschen Flotte in Kiel nebeneinander vor Anker und um sie herum geschart Dampfer, Jachten und Vergnügungsschiffe aller Art. Gegenseitige freundschaftliche Übereinkunft schloß ungebührliche Neugier über technische Einzelheiten aus. Man veranstaltete Regatten, lud sich zu Banketts ein, auf denen Reden gehalten wurden. Alles war eitel Sonnenschein. Auch der Kaiser war anwesend, Offiziere und Mannschaften verbrüderten sich miteinander und unterhielten sich an Bord und an Land auf das beste. Arm in Arm wanderten sie durch die Straßen der gastfreundlichen Stadt.«

Das allerdings erzählt Winston Churchill in seiner Vorgeschichte des Ersten Weltkriegs und vom Juni 1914.[49] Wenige Wochen später folgte der Sturz in den Abgrund.

Vom Reisen und Reden

Historiker konzentrieren ihre Aufmerksamkeit auf die großen politischen Ereignisse und auf die gesellschaftlichen und geistigen Hintergründe; darum nennen sie die wilhelminische Epoche das Zeitalter des Imperialismus und suchen nach den Ursachen des Ersten Weltkriegs. Dagegen ist nichts einzuwenden. Die Zeitgenossen allerdings wußten noch nichts von den kommenden Dingen und interessierten sich zumeist für ganz anderes, zum Beispiel fürs Reisen. Denn wie die Menschen nun einmal sind, zeichnen sie sich durch die angeborene Neugier aus oder werden von ihr geplagt: Wohnen hinter den Bergen auch Menschen? Wie verhalten sie sich? Kann man mit ihnen reden, von ihnen etwas lernen oder sie belehren? Reisen bildet, und die deutsche Klassik, angeregt von Goethes »Italienischer Reise«, hat hieraus gleich ein Bildungsprinzip gemacht: Wir nebelumwallten Nordmenschen brauchen das mediterrane Gegenlicht, die Begegnung mit Italien oder Griechenland, um zu uns selbst zu finden, und das Eintauchen ins Fremde läßt uns die eigene Lebenswelt mit anderen Augen sehen oder aus dem glücklich gewonnenen Abstand überhaupt erst verstehen.[1]

Freilich konnten in der älteren, »vormodernen« Zeit nur wenige es sich leisten, in die Ferne zu schweifen. Die Söhne des europäischen Hochadels unternahmen Bildungsreisen, einige Kaufleute Handelsreisen. Hinzu kam das fahrende Volk eher zweifelhafter Gestalt: Seeleute und Soldaten, Studenten und Handwerksburschen, angehende Künstler, Abenteurer und Diebesgesindel – durchweg nur Männer. Die Frauen blieben fast völlig ausgeschlossen.[2]

Erst im achtzehnten Jahrhundert bahnte sich ein Wandel an, zunächst in England. Die Pioniere der industriellen Revolution waren zugleich die Pioniere des modernen Reisens. Frankreich und Italien waren ihre bevorzugten Ziele. Auch die Romantik des Rheins wurde ein bis zwei Generationen vor den Deutschen von Engländern entdeckt.

Das Unbekannte erkennen und verstehen, und sei es zunächst nur in der eigenen Vorstellungskraft: Immanuel Kant, der berühmte Philosoph, der Ostpreußen niemals verließ und sich in seinen reiferen Jahren nicht mehr als zehn oder zwölf Kilometer weit aus Königsberg hinauswagte, hielt seine am besten besuchten Vorlesungen über Anthropologie und Geographie; wir würden von Völker- und Länderkunde sprechen. Wer wirklich etwas zu sehen bekam, konnte der Aufmerksamkeit gewiß sein. Georg Forster, der zusammen mit seinem Vater von 1772 bis 1775 James Cook auf dessen zweiter Weltumseglung begleitete, wurde zum Begründer der literarisch anspruchsvollen Reisebeschreibung in deutscher Sprache. Etwas später erreichte der Fürst Hermann von Pückler-Muskau mit seinen Reisebüchern Bestsellerränge. Wer kein Fürst und auch sonst mit Gütern kaum gesegnet war, aber das Herz auf dem rechten Fleck hatte, nahm den Knotenstock in die Hand, wie von 1801 bis 1802 Johann Gottfried Seume bei seinem »Spaziergang nach Syrakus«.

Im Zeichen der Eisenbahnen und Dampfschiffe brach eine neue Ära heran. Im Jahre 1845 gründete der wagemutige Thomas Cook das erste Reisebüro; er wurde zum Erfinder des modernen Tourismus, der Pauschal- und Gesellschaftsreisen mit fachkundiger Begleitung, kompletten Fahrscheinheften und Hotelcoupons. Auch die Druckwerke gehörten zur Sache. Seit 1850 erschien die Monatsschrift *The Excursionist*, Der Ausflügler, und Kataloge oder Handbücher bereiteten die Reisenden auf das vor, was sie zu sehen bekamen. Hinzu traten dann die Kur- und Badeaufenthalte und die »Sommerfrische«, nun nicht mehr für wenige Auserwählte, sondern für ein rasch wachsendes, zunächst einmal »gutbürgerliches« Publikum. Denn vom bezahlten Jahresurlaub war noch längst nicht die Rede;[3] für Arbeiter blieben bloß der Sonntagsausflug »ins Grüne« und die Einkehr in Lokale, in die man seine eigenen Butterbrote mitbringen durfte.

Die wilhelminische Gesellschaft erreichte eine Zwischenstation, auf halbem Weg zwischen der uralten Unbeweglichkeit und der Mobilität der Moderne. Von der sprunghaften Zunahme des Verkehrs spricht die Vergleichszahl: Im Jahre 1890 betrug die Gesamtstrecke, die die Menschen in Deutschland mit Eisenbahnen zurücklegten, 11,3 und 1913 bereits 41,4 Milliarden Kilometer –

am Äquator gemessen eine millionenfache Erdumrundung. Dabei erreichten die Züge eine Spitzengeschwindigkeit von 100 Kilometer pro Stunde. Und der Passagierdampfer »Kaiser Wilhelm der Große« des Norddeutschen Lloyd brauchte im Frühjahr 1898 von Southampton nach New York 5 Tage und 20 Stunden; er entwikkelte eine Durchschnittsgeschwindigkeit von 22,29 Knoten oder mehr als 40 Kilometer pro Stunde.

Im Zeitalter der Düsenflugzeuge und Weltraumraketen mögen uns diese Zahlen kaum imponieren, aber damals bedeuteten sie Unerhörtes: Triumphe der Technik, die zu einer Wende in der Menschheitsgeschichte führten. Denn vom Anbeginn der Geschichte bis zur Goethezeit gab es natürliche Grenzen; schneller als auf dem Rücken eines galoppierenden Pferdes oder mit einem Segelschiff, abhängig von Wind und Flaute, konnte sich niemand bewegen. Jetzt wurden die Grenzen gesprengt, und mit Automobil, Zeppelin und Flugzeug kündigte sich der weitere Fortschritt an.

Wilhelm II. teilte die Reiselust seiner Epoche; er wurde zum Reisekaiser und hat mit seinem Umherziehen die Zeitgenossen ebenso irritiert wie fasziniert. Dabei folgte er einem genau festgelegten Ablauf, der sich Jahr für Jahr exakt wiederholte.

Vom November bis zum Februar hielt sich Seine Majestät zumeist in Berlin, zum Teil auch in Potsdam auf. Anlaß war die winterliche Fest- und Ballsaison mit ihren Eckpunkten. Am 18. Januar versammelten sich zum Beispiel die Ritter des Schwarzen Adlerordens, zu denen an diesem Datum neue feierlich hinzutraten, weil der Orden am 18. Januar 1701 vom ersten Preußenkönig, Friedrich I., bei seiner Krönung gestiftet worden war. Des Kaisers Geburstag am 27. Januar wurde nicht nur bei Hofe, sondern überall im Lande mit Beflaggung, Truppenparaden, Ansprachen und Ordensverleihungen gefeiert, umrahmt von patriotischem Gesang:

»Heil Dir im Siegerkranz,
Herrscher des Vaterlands,
Heil, Kaiser, Dir!«[4]

Ein besonderes Ereignis, die jährliche Reichstagseröffnung, sei von einer Augenzeugin näher geschildert:

»Am Vormittag des 7. Februar wurde der Reichstag in feierlicher Weise im Weißen Saal [des Berliner Stadtschlosses] nach einem Gottesdienst eröffnet, der für die evangelischen Mitglieder in der Schloßkapelle, für die katholischen in der Hedwigskirche stattfand. Die Reichstagseröffnungsfeiern im Beisein Seiner Majestät und unter Entfaltung höfischen Glanzes zeigten stets ein eindrucksvolles Gepräge. Ihre Majestät und die Prinzessinnen mit ihren Hofstaaten wohnten ihnen meist von der Kapellentribüne aus bei, auch wurden einzelne Damen und Herren der Gesellschaft geladen. Der Saal war dicht gefüllt von den Reichstagsabgeordneten aller Parteien – nur die Sozialdemokraten hielten sich fern –, den Mitgliedern des Bundesrates, den Ministern, der Generalität und so weiter. Fanfarenrufe kündigten das Nahen des kaiserlichen Zuges an. Voran die Schloßgarde-Kompanie, ihr folgten die Hoffouriere, zwei adlige Herolde, die Hof-, Oberhof- und obersten Hofchargen, dann die Herren, die die Reichsinsignien trugen, General der Infanterie von Moltke mit dem Reichssiegel, Feldmarschall Freiherr von der Goltz mit dem Zepter, Großadmiral von Tirpitz mit dem Reichsapfel, der Kriegsminister von Heeringen mit dem entblößten Reichsschwert, Feldmarschall Graf Schlieffen mit der Krone, Generaloberst von Kessel mit dem Reichspanier. Seine Majestät in der Galauniform der Garde-du-Corps, den Adlerhelm auf dem Haupt, gefolgt von den königlichen Prinzen, dem Hauptquartier, dem Hausminister und den Gefolgen der Prinzen. – Nachdem Seine Majestät die Stufen erstiegen hatte und die Insignienträger sich um ihn gruppiert hatten, erfolgte die Verlesung der Thronrede. Die ganze Zeremonie war ungemein packend und wirkungsvoll und übte einen eigenartigen Zauber aus. Selbst die kühle, kritische Fürstin Anton Radziwill-Castellane, eine geborene Französin, äußerte sich mir gegenüber einmal bei einer derartigen Gelegenheit mit überströmender Begeisterung: ›Was seid ihr Deutschen für kalte Menschen, welchen Jubel hätte diese Szene in Frankreich ausgelöst, wie wären die Franzosen hingerissen gewesen von diesem Kaiser.!‹«[5]

Ja, Wilhelm II. verstand sich auf Inszenierungen, nicht von ungefähr interessierte er sich für die Ausstattung und die Regie bei Theater- und Opernaufführungen. Im übrigen wird man an britische Parlamentseröffnungen erinnert, die bis heute mit großem Zeremoniell ablaufen, allerdings mit einem bezeichnenden Unterschied: Nicht die Abgeordneten kommen in den Buckingham-Palast, sondern die Königin fährt mit ihrer Staatskarosse ins Parlament.

Doch zurück zu den Reisen. Im März und April befuhr der Kaiser mit der »Hohenzollern«[6] das Mittelmeer und landete auf der griechischen Insel Korfu. Dort hatte er das Achilleion, das Schloß von »Sissi«, der 1898 ermordeten Kaiserin Elisabeth von Österreich, erworben und interessierte sich leidenschaftlich für Ausgrabungen. Die Archäologie war, modern ausgedrückt, sein Hobby, das er auch in der Zeit des Exils noch pflegte.

Der spätere April und der Mai gehörten Elsaß-Lothringen, wo Wilhelm II. in Urville bei Metz ein Schloß besaß. Unterbrochen wurde dieser Aufenthalt nur von Kurzbesuchen in Karlsruhe und der Kurstadt Wiesbaden anläßlich der dortigen Maifestspiele.

Im Juni fuhr der Kaiser zur Kieler Woche, »einem politisch-gesellschaftlichen Großereignis mit internationaler Besetzung, das er ins Leben gerufen hatte, um für seine Lieblingsidee ›Deutschlands Zukunft liegt auf dem Wasser‹ zu werben. Wilhelm II. hielt hof im Kreise europäischer Fürstlichkeiten[7] und amerikanischer Millionäre, rheinischer Großindustrieller und hanseatischer Patrizier, die mit ihren Segelyachten an der Kaiserlichen Regatta teilnahmen. Das war nicht nach dem Geschmack der Entourage [des traditionellen Gefolges], aber elegant, sportlich und modern und beinahe so schick wie die britischen Segeltage in Cowes, die ihm als Kronprinzen so imponiert hatten.«[8]

Die vierwöchige Nordlandreise schloß sich an, von der gleich noch näher berichtet werden soll, und den August verbrachte der Kaiser oft auf Schloß Wilhelmshöhe bei Kassel, einer preußisch-bismarckschen Eroberung aus dem Jahre 1866.

Im September fanden Truppenparaden und die Heeresmanöver statt, jedes Jahr in einer anderen Provinz. Sie leiteteten über zur Jagdsaison, mit Vorliebe in Ostpreußen und Schlesien, aber natürlich auch in der brandenburgischen Schorfheide, der hannoverschen Göhrde oder im Harz. Darüber verging der Oktober.

Zu all diesen Jahresrundgängen sozusagen im eigenen Revier kamen dann die halb familiären, halb diplomatischen Besuche in Rußland, in Österreich und in England noch hinzu; die alte Königin Victoria starb am 22. Januar 1901 in den Armen ihres deutschen Enkels. Schließlich gab es die außerordentlichen Reisen aus besonderem Anlaß. Die herausragendste war wohl die nach Palästina im Jahre 1898.

Die Reise begann am 12. Oktober in Venedig. Weil die »Hohenzollern» für das große Gefolge – darunter viele Geistliche[9] – bei weitem nicht ausreichte, fuhren außerdem das Passagierschiff »Mitternachtssonne« und der gerade fertiggestellte Kreuzer »Hertha« mit. Man besuchte unter anderem den türkischen Sultan in Konstantinopel [dem heutigen Istanbul], bevor man Jerusalem und Damaskus erreichte. Im Heiligen Land wurde die Reise von Thomas Cook organisiert; zur Kaiserkarawane gehörten 1300 Pferde und Maultiere, 100 Kutschen, 12 Packwagen mit 230 Zelten, 600 Treiber, 10 Reiseleiter, 12 Köche und 60 Kellner. Vor Jerusalem – damals einem Nest von gerade einmal 60 000 Einwohnern – wurde ein großes Zeltlager aufgeschlagen. Zum feierlichen Einzug in die Stadt trug Seine Majestät die offenbar passende Uniform des Regiments Garde-du-Corps, dazu einen golddurchwirkten Seidenumhang. Während der ganzen Reise herrschte eine enorme Hitze, so daß der Chef des Zivilkabinetts, Hermann Friedrich von Lucanus, schließlich entnervt an seine Frau im kühlen Potsdam telegrafierte: »Bin den Rummel satt. Sehne mich nach Dir und nach Hasenbraten mit Rotkohl.«[10] Doch erst am 1. Dezember 1898 kehrte der Kaiser nach Berlin zurück.

In Jerusalem empfing Wilhelm II. den Führer der zionistischen Bewegung, Theodor Herzl, und versprach ihm Hilfe beim Aufbau eines Judenstaates. In Damaskus dagegen hielt er eine Tischrede, in der er sagte: »Möge der Sultan und mögen die 300 Millionen Mohammedaner, die, auf der Erde zerstreut lebend, in ihm ihren Kalifen verehren, dessen versichert sein, daß zu allen Zeiten der deutsche Kaiser ihr Freund sein wird!«[11] In London, St. Petersburg und Paris horchte man auf: Was war damit gemeint? Wollte Deutschland etwa zur Schutzmacht der Türkei werden und Einfluß im Nahen Osten gewinnen? Die *Alldeutschen Blätter* jedenfalls zeigten sich begeistert und schrieben: »Also Volldampf voraus nach dem Euphrat und Tigris und nach dem Persischen Meer und damit der Landweg nach Indien wieder in die Hände, in die er allein gehört, in die kampf- und arbeitsfreudigen deutschen Hände.«[12]

Doch wir lassen jetzt das garstige politische Lied beiseite und stimmen in ein anderes ein. Der Dichter und Dramatiker Frank Wedekind (1864–1918) hat es geschrieben und es dem biblischen König David als Preislied auf Wilhelm II. in den Mund gelegt; erschienen ist es in der satirischen Zeitschrift *Simplicissimus*. Unter anderem lesen wir:

»So sei uns denn noch einmal hochwillkommen
Und laß Dir unsre tiefste Ehrfurcht weihn,
Daß Du die Schmach vom Heil'gen Land genommen,
Von Dir noch nicht besucht zu sein.
Mit Stolz erfüllst Du Millionen Christen;
Wie wird von nun an Golgatha sich brüsten,
Das einst vernahm das letzte Wort vom Kreuz
Und nun das erste Deinerseits.«[13]

Diese Majestätsbeleidigung wurde mit einer Festungshaft von sechs Monaten geahndet, die Wedekind auf dem sächsischen Königstein verbrachte, wo – unter anderen – auch schon August Bebel eine Strafe abgesessen hatte. Immerhin galt die Festungshaft im Gegensatz zur Gefängnis- oder gar Zuchthausstrafe nicht als ehrenrührig, und daß die Sachsen es jemandem verübelten, wenn er einen Preußen aufs Korn nahm, ist unwahrscheinlich. So konnte also Wedekind im immerhin neuneinhalb Hektar großen Festungsgelände herumspazieren und die erzwungene Muße zum Lesen und zum Schreiben nutzen.

Was bei der Rückkehr von der Reise nach Jerusalem geschah, hat die Baronin Spitzemberg notiert: »Donnerstag zog der Kaiser zu Pferde, die Kaiserin zu Wagen von Bellevue aus in Berlin ein – warum, das weiß S. M. allein. Bis dato fanden solche Feierlichkeiten statt bei Hochzeiten, Leichenbegängnissen und besonders nach glücklichen Kriegen; heute war kein vernünftiger Grund dafür erfindlich, die Sache also ein bloßes Theaterschaustück, das jedem, der es gut mit unserm Herrn meint, leid und peinlich sein mußte. Der Magistrat empfing ihn am Tor, die Truppen standen Spalier bis ans Schloß, Neugierige waren in Menge herzugeströmt, ich konnte mich nicht entschließen dazu zu gehen – ›kein Augenmaß‹! Und doch, als ich die Tausende ehrbarer Bürger zurückströmen sah, die mit Kind und Kegel sich das Schauspiel angesehen hatten, ihren Kaiser und die schmucken Soldaten, mußte ich mich fragen, urteilen die breiten Schichten … nicht anders in solchen Dingen, und ist ihnen der Hang ihres Kaisers für theatralische Schaustellung nicht sympathisch?«[14] Das ist eine wichtige Frage, und wir kommen auf sie zurück.

Ganz anders als bei der Fahrt in den Orient ging es bei den alljährlichen Nordlandreisen zu, die von 1889 bis 1914 regelmäßig stattfanden. Rückzug in die erhabene Natur, in die Einsamkeit norwegischer Fjorde, eine Zeit der Stille und der Besinnung? Nur wenige Auserwählte und, wie schon gesagt, nur Männer waren als Begleiter zugelassen: Minister, Offiziere, Geheimräte, Freunde wie Philipp Eulenburg, manchmal Gelehrte oder Künstler wie der kaum bedeutende, aber vom Kaiser geschätzte Historienmaler, Kunstschriftsteller und Akademieprofessor Hermann Knackfuß (1848–1915). Zur Teilnahme eingeladen zu werden war eine hohe Auszeichnung.

Eulenburg verdanken wir eine eingehende Darstellung der Nordlandreisen, natürlich aus seiner sehr persönlichen Perspektive.[15] Er war eine empfindsame Künstlernatur und ein Stimmungsmensch, der zum Übersinnlichen ebenso neigte wie zu Begeisterung und Schwermut. In dem, was er festhielt, zeichnet sich ein Wandel vom Überschwang fast zur Verzweiflung ab. 1889 hieß es:

»Sonntag. Um zehn Uhr versammelten wir uns auf dem Vorderdeck. Über einen Kasten war die Kriegsflagge gedeckt, und der Kaiser nahm seinen Platz am Altar ein. Er hatte den Stern des Schwarzen Adler-Ordens angelegt, und seine Figur hob sich von dem großen preußischen Adler der zweiten Flagge ab, die den Mast umhüllte. In zwei Reihen standen die Matrosen und wir dem Altar gegenüber. Nach der Verlesung des Evangeliums und der Epistel las der Kaiser eine kurze Predigt und schloß den Gottesdienst mit dem ›Vaterunser‹ und dem Segen. Der Tag war hell und klar. Wir fuhren zwischen herrlichen Felseninseln hin, während der geliebte Kaiser in seiner schlichten, geraden Art uns Gottes Wort vortrug. Welcher deutsche Kaiser hat wohl je in solcher Form und Umgebung seines priesterlichen Amtes gewaltet? Es hatte etwas außerordentlich Bewegendes, diesen in Jugend und Frische strahlenden Herrn so schlicht und einfach seine Glaubensüberzeugung, seine Zugehörigkeit zum Christentum bekennen zu sehen.«[16]

Dann, 1894: »Die Orchestermusik von früh bis abends ist auf die Dauer recht ermüdend, um nicht zu sagen ›unerträglich‹. Aber der Kaiser gehört zu den Menschen, denen Lärm einen angenehmen Eindruck macht. Man weiß nicht, wohin man fliehen soll, um den Trompeten zu entgehen.«[17]

Hierzu passen die Ferienvergnügen. Notiz 1894: »Nach dem Frühstück warf man mit Steinen nach Flaschen, und es herrschte große Heiterkeit.«[18] Oder 1896: »Während wir alle auf dem Vordeck standen und die Wasserfälle, die phantastischen Schluchten und die Felsen betrachteten, führten die Matrosen zur Feier des Tages eine Art Theater auf, mit Liedern, in den lächerlichsten Kostümen. Es war höchst lustig.«[19]

Aber Wiederholung schafft Langeweile und Verfinsterung. »Leider verblaßt das Interesse für die schönste Gegend, wenn sie nicht mehr den vollen Reiz der Neuheit hat«, heißt es 1901.[20] Das gilt auch für die Mitreisenden: »Mehr als ein Jahr meines Lebens sitze ich nun in diesem Kreise, an diesem Tisch. Ich kenne die Genossen so genau wie die Teller, Tassen, Gläser – wie die Metzger Hühner, gefüllte Hammelkeulen und Semmeln.« Und »eine Landpartie, die um fünf Uhr morgens angetreten wird, ist keine Landpartie, es ist eine Katastrophe, ein Phänomen, ein Unglück – aber keine Landpartie«.[21] Selbst die Einrichtung verstört schließlich, zum Beispiel die nach den Vorbildern einstiger Segelschiffe gebauten »gräßlichen Betten«: »Es gehört die ganze verdrehte Marinetollheit dazu, um auf einer Lustyacht des Kaisers derartige Kommodenschubladen zu Schlafstätten einzurichten.«[22]

Und dann, 1903: »Der Kaiser saß viel in seinem Zimmer, scherzte laut mit den Fahrtgenossen, die er manchmal in die Beine zu kneifen oder zu kitzeln liebt ... Der Widerspruch der Jahre zu der verkrampften Heiterkeit verletzt mich am meisten. Die Fahrtgenossen sind ohne Ausnahmen zu hohen Würden gestiegen: Fürsten, Exzellenzen, Geheime Räte und Professoren sind aus den Grafen, Majoren und Malern geworden, und sie sind alle recht verbraucht. Aber es bleibt doch noch genug Energie, um heiter, frisch, witzig – ja geistreich zu erscheinen. So frisch, daß alles morgens turnen kann. Mich ekelt das sehr. Ich kann diese Exzellenzen, die die Kniebeugen machen, nicht mehr ertragen – auch nicht Witze vor morgens 9 Uhr. Bisweilen frage ich mich, wie es der Kaiser erträgt, der doch auch fünfzehn Jahre älter wurde, und er stiftet oft selber das alles an.«[23]

Und was sollen wir davon halten? Für die guten und besseren Menschen, die wir natürlich sind, stellt sich unversehens die Frage, ob wir nicht in einen Spiegel schauen. Wie eigentlich geht es in unseren Tagen auf Mallorca oder in Florida zu? Wie in Ferienclubs am Mittelmeer oder auf Clubschiffen? Gibt es da die Lautstärke, die lächerlichen und angeblich höchst lustigen Kostümierungen und die Morgengymnastik etwa nicht? Oder was ist mit dem Eingeständnis des Alterns? Wie kommt es, daß so viele

Leute reiferen Jahrgangs noch immer versuchen, ihren Kindern oder Enkeln Konkurrenz zu machen? Nur in einem Punkt verhielt man sich vor hundert Jahren anders und klüger als heute: An die Riviera fuhr man im Winter, und im Sommer reiste der Kaiser eben nicht in die sengende Sonne des Südens, sondern nach Norden.

Die Reiselust Wilhelms II. läßt sich verschieden auslegen. Man kann zum Beispiel murrköpfig sagen: Ein Kaiser gehört in seine Hauptstadt und an den Schreibtisch, um Akten zu lesen. Bismarck hat – im absichtsvollen Kontrast – den Großvater, Wilhelm I., geschildert: »Von dem Augenblicke des Antritts der Regentschaft an hatte Prinz Wilhelm den Mangel an geschäftlicher Vorbildung so lebhaft empfunden, daß er keine Arbeit Tag und Nacht scheute, um demselben abzuhelfen. Wenn er ›Staatsgeschäfte erledigte‹, so arbeitete er wirklich, mit vollem Ernst und voller Gewissenhaftigkeit. Er las alle Eingänge, nicht bloß die, welche ihn anzogen, studierte die Verträge und Gesetze, um sich ein selbständiges Urteil zu bilden. Er kannte keine Vergnügung, die den Staatsgeschäften Zeit entzogen hätte.«[24] Natürlich spielt Bismarck hier gegen Wilhelm II. auch die preußisch-deutsche Vorstellung aus, daß Müßiggang der Anfang aller Laster sei und daß der Monarch der erste und unermüdlichste Arbeiter der Nation sein sollte – wobei allerdings daran zu erinnern wäre, daß der Reichsgründer selbst seit 1871 fast die Hälfte seiner Amtszeit gar nicht im Amt, sondern in der Abgeschiedenheit von Varzin und Friedrichsruh oder zum Kuraufenthalt in Kissingen verbracht hat.

Aber trifft die preußische Vorstellung denn zu? Verwechselt man das Staatsoberhaupt womöglich mit einem Staatssekretär, Fachminister oder Kanzler? Ist das Aktenlesen wirklich seine Hauptaufgabe? Wozu ist heutzutage ein Bundespräsident da, wenn nicht zum Repräsentieren, Umherreisen und Redenhalten?

In eine ganz andere Richtung führen romantische Vorstellungen, die zurückgreifen auf das Mittelalter: Die Kaiser des Heiligen Römischen Reiches verfügten über keinen festen Wohnsitz, sondern zogen von Pfalz zu Pfalz umher. Was das Kaisertum bedeutete und seine Ausstrahlung ausmachte, ließ sich einer seßhaften und durchweg leseunkundigen Bevölkerung nur zur Anschauung bringen, wenn die Kaiser selbst mobil waren. Wilhelm II. nahm also Uraltes, fast Vergessenes und doch Wichtiges wieder auf, wenn er im Rundgang des Jahres mit mehr oder weniger regel-

Wie kaum etwas sonst liebte der Kaiser die Frühjahrsreisen ins Mittelmeer und die sommerlichen Nordlandreisen mit der »Hohenzollern«. Hier versteckt er Ostereier.

mäßigen Stationen Deutschland durchreiste. Mit besonderer Pointierung vertritt Nicolaus Sombart diese Deutung.[25]

Aber sie läßt sich gleich mehrfach bestreiten. Erstens konnten die Deutschen inzwischen lesen und waren mit Zeitungen wohlversorgt.[26] Zweitens erzielt die Ausstrahlung und »Heiligung« des Herrschers vielleicht gerade im Geheimnis seine größte Wirkung, dann also, wenn der Monarch sich nicht vom Fleck rührt, sondern in seinem Palast den Blicken der Menschen entzogen bleibt. Man denke an den Kaiser von China oder an den Tenno in Japan. Drittens hatte das mittelalterliche Umherziehen auch etwas mit höchst unromantischen Versorgungsproblemen, mit der »Logistik« zu tun; ein fester Wohnsitz des Kaisers fraß sozusagen seine Umgebung kahl, und die Transportmöglichkeiten reichten nicht aus, um Abhilfe zu schaffen.

Viertens: Der Kaiser schwärmte zwar von seinem Gottesgnadentum, aber sonst dachte er praktisch. Es war einfach angenehm, das Frühjahr erst auf einer Mittelmeerinsel, dann im Elsaß und in der Kurstadt Wiesbaden zu genießen. Die Heeresmanöver mußten dann stattfinden, wenn die Ernte eingebracht war und auf Stoppelfeldern die Flurschäden sich in Grenzen hielten. Die Jagdsaison hatte mit dem Beginn der Hirschbrunft zu tun – und die Auswahl der Orte mit der Frage, wo es die meisten Hirsche und die stärksten Geweihe gab. Und so fort. Im übrigen passen zu einem gewissermaßen sakralen Rundgang durch das Reich die Aufenthalte auf Korfu und die Nordlandreisen ebensowenig wie die Tatsache, daß Sachsen und Süddeutschland außer bei unregelmäßigen Besuchen in den Residenzen fast völlig ausgespart blieben. Sogar die Alpen sahen den Kaiser kaum, obwohl sie im Nationalbewußtsein ebenso ihren Platz hatten wie die Meeresstrände oder Maas und Memel. Das Skilaufen wurde nach norwegischem Vorbild zwar gerade entdeckt – 1892 entstanden die ersten einschlägigen Vereine in Todtnau und Braunlage –, aber zu spät für einen inzwischen erwachsenen Mann, unter dessen Würde es war, mit Hinz und Kunz in den Schnee zu purzeln.

Nein, Wilhelm II. war ein moderner Mensch, der Mann seiner Epoche, und zu ihr gehörte die Faszination durch das Reisen. Diese Faszination war noch nicht durch Gewohnheit und Massenbetrieb abgestumpft, weil die Möglichkeiten sich gerade erst erschlossen, mit der Eisenbahn in die Ferne zu gelangen oder mit Dampfschiffen die Flüsse und Meere zu befahren.[27] Zur Sache gehört auch, daß der Kreis der Reisenden sich zwar rasch erweiterte, aber gleichwohl begrenzt blieb. Das Reisen war daher ein Statussymbol, ein Ausweis des Dazugehörens zu den gehobenen Schichten und ein Gegenstand des Neides. Nicht von ungefähr beglückten die Sommerfrischler in Ahlbeck, Bansin, Heringsdorf oder Zinnowitz ihre in jedem Sinne zurückgebliebenen Verwandten und Bekannten mit Postkartengrüßen.[28] Der Kaiser aber *verkörperte* den Aufbruch, die Verheißung der Zukunft, jene »herrlichen Tage«, zu denen er die Nation zu führen versprach – und mit seinem Umherreisen eben die herrlichsten Tage von allen, die Urlaubswochen. Daß er mit den Aufenthalten auf Korfu und mit den Nordlandreisen die Horizonte des Durchschnittsbürgers weit überschritt, enthielt eine zusätzliche Verheißung. Tatsächlich lag ja auch darin die Zukunft beschlossen.

Faszination durch das Reisen: Hier liegt die Antwort auf die Frage der Baronin Spitzemberg, warum die Menschen herbeiströmten, um den Kaiser zu sehen, als er nach seiner Orientfahrt wieder in Berlin einzog. Es ging um das unerhört Neue; seit den Tagen der

Hohenstaufer im zwölften und dreizehnten Jahrhundert hatte kein deutscher König oder Kaiser mehr die Grenzen Europas überschritten. Sogar die Marinebegeisterung hat etwas mit dem Weg in die Weite und mit den wilhelminischen Träumen zu tun, und die waren nicht nur martialischer Art. In diesem Sinne sagt das Gedicht »Stapellauf« von Detlev von Liliencron an seinem Anfang:

»Du trägst des Großherrn von Deutschland Namen,
gleite hinein in die salzene Flut,
losgelöst aus Riegel und Rahmen,
frei wie der Fisch und wie Adlerblut.
    Stürze und stoße und stampfe die Wellen,
    die dich, du Schwimmfels, umspülen, umquellen,
    daß deine Wucht wie die Wiege ruht.

Deutscher Kaiser, Wilhelm der Zweite,
der du als Erster dein Volk gewandt
auf des Ozeans Breite und Weite,
daß es die Fernen enger umspannt.
    Sei dir gedankt dein entschlossener Wille,
    der in Lärm wie Gedankenstille
    die Völker verfriedet von Land zu Land.«[29]

Eng mit den Reisen verknüpft sind die Reden Wilhelms II.; oft genug reiste der Kaiser, um Reden zu halten, und die Reiseaufenthalte boten wiederum Anlaß fürs Reden.

Dem Kaiser lag das Reden im Blut. Die Worte flogen ihm zu, und daher sprach er gern und sehr oft. Aus den ersten zwölf Regierungsjahren, von der Thronbesteigung am 15. Juni 1888 bis zum 10. Dezember 1900, sind 406 Reden überliefert. Dabei handelt es sich nur um die offiziellen Ansprachen, die im Reichsanzeiger und in regierungsnahen Zeitungen abgedruckt oder sonst als authentisch mitgeteilt wurden. Meist sprach der Kaiser frei, ohne ein vorbereitetes Manuskript, und weil er sich von der Stimmung des Augenblicks tragen und fortreißen ließ, entstanden die Entgleisungen, die man ihm zum Vorwurf machte. Um Anschauung zu gewinnen, seien zwei Beispiele zitiert. Im ersten Fall handelt es sich um die berühmt-berüchtigte »Hunnenrede« vom 27. Juni 1900, als Wilhelm II. in Bremerhaven Soldaten verabschiedete, die nach China geschickt wurden. In ihr hieß es:

»Eine große Aufgabe harrt eurer; ihr sollt das schwere Unrecht, das geschehen ist, sühnen. Die Chinesen haben das Völkerrecht umgeworfen, sie haben in einer in der Weltgeschichte nicht erhörten Weise der Heiligkeit des Gesandten, den Pflichten des Gastrechts hohngesprochen. Es ist das um so empörender, als dies Verbrechen begangen worden ist von einer Nation, die auf ihre uralte Kultur stolz ist. Bewährt die alte preußische Tüchtigkeit, zeigt euch als Christen im freudigen Ertragen von Leiden, möge Ehre und Ruhm euren Waffen und Fahnen folgen, gebt an Manneszucht und Disziplin aller Welt ein Beispiel. Ihr wißt wohl, ihr sollt fechten gegen einen verschlagenen, tapferen, gut bewaffneten, grausamen Feind. Pardon wird nicht gegeben, Gefangene werden nicht gemacht. Führt eure Waffen so, daß auf tausend Jahre hinaus kein Chinese es wagt, einen Deutschen scheel anzusehen. Wahrt Manneszucht. Der Segen Gottes sei mit euch, die Gebete eines ganzen Volkes, Meine Wünsche begleiten euch, jeden einzelnen. Öffnet der Kultur den Weg ein für allemal! Nun könnt ihr reisen! Adieu, Kameraden!«[30]

Wohlgemerkt: Hier handelt es sich um die amtliche, schon gereinigte Fassung, aus der die »Hunnen« verschwunden sind.[31] Aber man mußte zugeben, daß sie vorgekommen waren, und im Versuch, den Schaden zu begrenzen, verwickelte sich der Kriegsminister von Goßler erst recht ins Unheil, als er vor dem Reichstag erklärte:

»Das Wort Hunnen ist jetzt in die sozialdemokratischen Blätter übergegangen. Es stammt aus einer Bremerhavener Kaiser-Rede. Aber es ist aus dem Zusammenhang gerissen worden; man muß dem ganzen Gedankengang der Kaiserrede nachgehen, und dann kann man doch die Auffassung vertreten, daß der jetzige Feldzug gegen China ein Rachefeldzug auch wegen der Greueltaten ist, die die Mongolen vor 1500 Jahren in Deutschland und Europa begangen haben. (Stürmische Heiterkeit.) Gottes Mühlen mahlen langsam, aber sicher. (Stürmische Heiterkeit.) Man muß die Weltgeschichte nicht nach Einzelheiten betrachten, sondern sie nehmen, wie sie im ganzen ist. (Erneute Heiterkeit.)«[32]

Leider hatte der Kaiser die Hunnen zum *Vorbild* genommen und – laut Bernhard von Bülow, der Augen- und Ohrenzeuge war – erklärt: »Wie vor tausend Jahren die Hunnen unter König Etzel sich einen Namen gemacht haben, der sie noch jetzt in Überlieferung und Märchen gewaltig erscheinen läßt, so möge der

Name Deutscher in China auf tausend Jahre durch euch in einer Weise bestätigt werden, daß niemals wieder ein Chinese es wagt, einen Deutschen auch nur scheel anzusehen.«[33]

Beim zweiten Beispiel handelt es sich um eine Seepredigt an Bord der »Hohenzollern«, wie schon von Philipp Eulenburg geschildert. Sie wurde zwei Tage nach der Bremerhavener Rede gehalten und begann so:

»7. Sonntag nach Trinitatis. Die Gnade unseres Herrn Jesu Christi und die Liebe Gottes und die Gemeinschaft des Heiligen Geistes sei mit uns allen. Amen. – Text 2. Mose 17, Vers 11: Solange Moses seine betenden Hände emporhielt, siegte Israel; wenn er aber seine Hände sinken ließ, siegte Amalek. – Ein ergreifendes Bild ist es, das unser heutiger Text uns vor die Seele malt. Da zieht Israel hin durch die Wüste, vom Roten Meer zum Berge Sinai. Aber plötzlich tritt ihnen das heidnische Amalekitervolk in den Weg, will ihnen den Durchgang wehren, und es kommt zur Schlacht. Josua führt die junge Mannschaft Israels in den Streit. Die Schwerter klirren aufeinander, und ein heißes, blutiges Ringen beginnt im Tale Raphidim. Aber siehe, während der Kampf hin und her wogt, steigen die frommen Gottesmänner Moses, Aaron und Hur hinauf auf Bergeshöh, sie strecken ihre Hände empor zum Himmel: sie beten. Drunten im Tal die kämpfende Schar, droben auf dem Berge die betende Schar, das ist das Schlachtenbild unseres Textes. – Wer verstünde heute nicht, was es uns sagen will. Wiederum hat sich ja heidnischer Amalekitergeist geregt im fernen Asien; mit großer Macht und viel List, mit Sengen und Morden will man den Durchzug europäischen Handels und europäischen Geistes, will man dem Siegeszug christlicher Sitte und christlichen Glaubens wehren. Und wiederum ist der Gottesbefehl ergangen: Erwähle die Männer, zeuch aus und streite wider Amalek! Ein heißes, blutiges Ringen hat begonnen. Schon stehen viele unserer Brüder drüben im Feuer, viele fahren den feindlichen Küsten zu, und ihr habt sie gesehen, die Tausende, die auf den Ruf: Freiwillige vor! Wer will des Reiches Hüter sein? sich jetzt sammeln, um mit fliegenden Fahnen mit einzutreten in den Kampf. – Aber wir, die wir zurückbleiben müssen in der Heimat, die wir durch andere heilige Pflichten gebunden sind, sagt, hört ihr nicht den Ruf Gottes, der an euch ergeht und der es euch sagt: Steige hinauf auf den Berg! Hebe deine Hände empor zum Himmel! Das Gebet des Gerechten vermag viel, wenn es ernstlich ist.«[34]

Der beflissene Sammler und Herausgeber der Ansprachen, Predigten und Trinksprüche, Johannes Penzler, hat geschrieben: »Die Reden des Kaisers geben ein getreues Bild seines Wesens. Man vergegenwärtige sich, daß er fast immer unvorbereitet spricht, und halte damit zusammen den reichen Inhalt und die oft wahrhaft künstlerische Form seiner Reden, die nicht selten einen hohen Grad edelster Rhetorik erreichen. Sie bezeugen die hohe Auffassung von seinem Herrscherberuf, sein strenges, echt hohenzollernsches Pflichtgefühl, seine Treue gegen die verbündeten Fürsten, die Liebe zu seinem Volk, die Teilnahme für alle Notleidenden und heiligen Zorn gegen alles Unedle und Unwahre und Ungetreue. Daher mag noch so viel über die Person des Kaisers geschrieben werden, nichts vermag ihn uns so wahr darzustellen, wie seine eigenen Reden.«[35]

Falls das aber zutrifft, wirkt es im Rückblick peinlich. Welch ein Abstand, um nicht zu sagen Absturz im Vergleich zur Sprachkünstlerschaft Otto von Bismarcks! Und schon den Sensiblen unter den Zeitgenossen, freilich einer Minderheit, ist der Kaiserstil auf die Nerven gegangen. Ludwig Thoma zum Beispiel – ein Bayer allerdings und kein Preuße – hat im Jahre 1907 den Kaiserreden einen Aufsatz voller Ironie gewidmet, den man noch heute mit Vergnügen liest.[36] Sich ins Ernsthafte wendend, sagt Thoma:

»Der Stil des Kaisers ist beherrscht vom Superlative. – In kurzen Trinksprüchen finden sich zwei und mehr; in keiner Rede fehlen sie gänzlich. – Der Kaiser legt seinen herzlichsten, tiefgefühltesten Dank zu Füßen des Herzogs Albrecht von Braunschweig für huldreiche Worte; dem König Karl von Württemberg den herzlichsten, innigsten Dank aus tiefbewegten Herzen für das soeben ausgebrachte Hoch ... – Der Superlativ ist auch als rhetorische Form nicht gut. Ein Gedanke soll einfach und wahr ausgedrückt werden. Der Superlativ ist überschwenglich und darum unwahr.«[37]

Ähnlich die Adjektive, die der Kaiser ständig verwendet: »Schmückende, ausmalende Beiworte lassen die Form schwülstig erscheinen; außerdem beweisen sie, daß ein Redner sich selbst nicht zutraut, eine Empfindung oder einen Gedanken knapp mit dem treffenden Worte auszudrücken. Wie uns die Sammlung [von Penzler] zeigt, sind die meisten Kundgebungen des Kaisers Festreden und als solche zu beurteilen. Der deutsche Festredner von gewöhnlicher Qualität hat die Eigentümlichkeit, Schlagworte aus

Festspielen oder Festgedichten in seiner Prosa zu verwenden. Kein andrer Stamm von Festrednern hat sich eine solche Menge klingender Phrasen geprägt wie der deutsche. Das trifft besonders auf schmückende Beiworte zu, die deshalb gänzlich ungeeignet sind, ein wirkliches, persönliches Empfinden wiederzugeben. Aber obgleich sie durch den allgemeinsten Gebrauch entwertet sind, heißt doch der Deutsche von heute eine Rede schwungvoll, feurig, wenn sie mit ihnen gespickt ist ... Wer nun die festlichen Reden des Kaisers prüft, kann darin weder Eigenart des Empfindens noch Eigenart des Ausdrucks finden. Wir sehen häufige Wiederholung von Worten, die hochgespannte Empfindungen ausdrücken sollen. Dadurch erhalten sie konventionelles Gespräge; die Worte wie die Gefühle.«[38]

Was liegt also näher als die Belustigung oder die preiswerte Empörung?[39] Man muß nur eines noch hinzufügen: Wilhelm II. redete im Stil seiner Epoche. Er erfand die Schlagworte, die griffigen Formeln, die die Zeitgenossen hören wollten, und er fand dafür Beifall.[40] »Meine Nachfolger sollen einmal wissen, daß ich forsch war«, hat der Kaiser zu seinem Kanzler Bülow gesagt, als der versuchte, eine seiner Reden zu glätten.[41] Ja, aber das Forsche und Schneidige gehörte zur Zeit, als konsequentes Gegenstück zu ihrer tiefsitzenden Unsicherheit. Vorwürfe müßten darum nicht nur Wilhelm II., sondern auch den Wilhelminern gelten, allen voran den Freunden, Ratgebern, Ministern, den Kanzlern: Warum eigentlich haben sie nicht versucht, dem Kaiser einen Redenschreiber mit Stilgefühl, neudeutsch ausgedrückt, einen Ghostwriter an die Hand zu geben – oder besser noch, den Wortfluß zum Stillstand zu bringen?[42]

Die Antwort ist einfach. Das Reden, sogar das Vielreden, gehört zum modernen Staatsmann. So verstanden enthalten die Ansprachen des Kaisers, wie seine Reisen, einmal mehr ein Element, das in die Zukunft weist, und in diesem Sinne hat der Kanzler Bülow, als man ihm Entgleisungen Seiner Majestät vorhielt, im Reichstag gesagt: »Das will ich aber mit aller Bestimmtheit aussprechen, daß das Recht der persönlichen Initiative dem Kaiser von keinem Reichskanzler verkürzt werden soll noch wird. Das würde weder den Traditionen des deutschen Volkes entsprechen noch seinen Interessen. Das deutsche Volk will gar keinen Schattenkaiser, das deutsche Volk will einen Kaiser von Fleisch und Blut.«[43] Und nicht zuletzt wollte es den Redekaiser.

Um noch einmal auf die Belustigung und Empörung zurückzukommen: Rückfragen an die Gegenwart liegen nur zu nahe. Unser Redestil sieht gewiß anders aus als der kaiserlich wilhelminische. Aber leben wir etwa in einer Zeit des empfindsamen und untadeligen Sprachgefühls? Sind wir nicht umstellt von hohlen Versprechungen und fadenscheinigen Beschwichtigungen? Oder wie werden in hundert Jahren unsere Urenkel urteilen, falls sie sich in das Geschwätz unserer Talk-Shows zurückversetzen? In der Bibel, im Matthäusevangelium Kapitel 23 Vers 27 heißt es: »Weh euch, Schriftgelehrte und Pharisäer, ihr Heuchler, die ihr seid gleichwie die übertünchten Gräber, welche auswendig hübsch scheinen, aber inwendig sind sie voller Totengebeine und lauter Unrat!«

Vom Geist der Zeit

Die wilhelminische Epoche war eine Zeit des geistigen Umbruchs und Aufbruchs. Unerhört Neues kündigte sich an, und eigentlich alles hatte hier schon seinen Ursprung, was dann in den »goldenen« zwanziger Jahren sich glanzvoll entfaltete und Berlin zum ersten und einzigen Male in seiner jungen und stürmischen Geschichte als das Laboratorium der Zukunft, als eine Welthauptstadt der Kultur leuchten ließ. Freilich galt das in einem doppelbödigen, höchst widersprüchlichen Sinne. Auch die Empörung begann, das Wehklagen über den Sittenverfall, der Rückruf zur »idealen«, reinen und wahrhaft »deutschen« Kunst setzte ein, das Pochen aufs »gesunde Volksempfinden«. Heute, da alle Tabus gebrochen sind und die Gleichgültigkeit regiert, läßt sich kaum noch vorstellen, welchen Aufruhr das Neue verursachte.

Ein Beispiel mag zur Anschauung dienen. Gerhart Hauptmann, 1862 geboren, erregte mit seiner Sprache ebenso wie mit dem Inhalt seiner Bühnenwerke Aufsehen. Er wurde »als der ›Dramatiker des Häßlichen‹, als der ›poetische Anarchist‹, als der ›unsittlichste Bühnenschriftsteller des Jahrhunderts‹ verdammt oder als ›Reformator der Kunst‹, als ›Erlöser der Dichtung‹ gepriesen«.[1] Ein Zeitzeuge berichtet von der Uraufführung seines Stücks »Vor Sonnenaufgang« im Jahre 1889:

»Die aufgeregten Jüngstdeutschen zogen ins Theater hinein wie in eine Schlacht. Hier galt es ihnen jetzt, mit Händen und Füßen der naturalistischen Kunstanschauung den Sieg zu erklatschen und zu ertrampeln. Aber auch die Schar der Gegner war kampfbereit. Ja einige derselben hatten sich im wirklichen Sinne des Wortes aufgerüstet, nämlich mit sogenannten ›Radau-Flöten‹. Der bekannte Arzt und Journalist Dr. Kastan brachte sogar in der Tasche verborgen eine richtige Geburtszange mit, um sie im geeigneten Momente diesmal zu einem anderen als ärztlichen Zweck gebrauchen zu können. Zur allgemeinen Enttäuschung ging der erste Akt friedlich vorüber ... Die Gegner verhielten sich schweigend und ließen den Autor dreimal vor seinen klatschenden Anhängern erscheinen. Aber das genügte diesen nicht, und so lärmten sie denn so lange, bis sie den Widerspruch geweckt hatten. Und nun gab sich alt und jung und rechts und links dem jungenhaften Vergnügen hin, mit Radau-Flöten und Stiefelabsätzen den neuen Mann zu empfangen, wenn er auf der Bühne erschien. Von Akt zu Akt wuchs der Lärm. Schließlich lachte und jubelte, höhnte und trampelte man mitten in die Unterhaltungen der Schauspieler hinein, und als der Höhepunkt des Stückes sich nahte, erstieg auch das Toben seinen Gipfel. Hier kam die Stelle, wo auf der Bühne nach einer Hebamme gerufen wurde, und hier zog jener Arzt sein Instrument aus der Tasche, um es auf die Bühne zu werfen. Rasender Tumult erhob sich. Einige wollten ihn aus dem Theater weisen, andere traten für ihn ein. Man spielte das Stück mühsam zu Ende, lachte den Helden des Dramas aus und jubelte doch wieder den Verfasser hervor – um dann zu zischen.«[2]

Vieles sollte aus Hauptmanns Feder noch folgen, was die Begeisterung und den Aufruhr entfachte, zum Beispiel 1892 »Die Weber«, 1893 »Der Biberpelz«, 1898 »Fuhrmann Henschel«, 1903 »Rose Bernd«, 1911 »Die Ratten«. Und 1912 erhielt der Dichter den Nobelpreis für Literatur.[3]

Ein anderer, der Aufsehen und Anstoß erregte, war Frank Wedekind. Nur zwei Jahre jünger als Gerhart Hauptmann, blieb er dennoch durch Welten von ihm geschieden. Nicht der Naturalismus, sondern das Vorwärtsdrängen zur expressionistischen Stilisierung kennzeichnete seine Sprache, der Protest gegen das Ersticken der Sinne unter verlogener Moral und spießbürgerlicher Selbstgerechtigkeit seine Themen, so wie es vorab der Jugendprotest gegen die Erstarrung getan hatte. Und nicht die armen Leute, sondern die Außenseiter, die Huren, die Hochstapler oder die Artisten im Zirkuszelt waren seine Figuren. Zu den wichtigsten Stücken gehörten 1891 »Frühlings Erwachen«, 1895 »Erdgeist« und 1901/6 »Büchse der Pandora«. Auch die Entwicklung des Kabaretts verdankte ihm viel. Während Hauptmann bald so auftrat, als sei er der neue Goethe, sang Wedekind bei den 1901 in München gegründeten »Elf Scharfrichtern« Lieder zur Laute, etwa die Moritat vom »Tantenmörder«. Ebenfalls 1901 gründete Ernst von Wolzogen in Berlin seine »Überbrettl« genannte »Bunte

Bühne«; ein Jahr später folgte Max Reinhardt mit »Schall und Rauch«.[4]

Zu den Dichtern und Dramatikern, die in Deutschland Resonanz fanden, gehörten August Strindberg (1849–1912), Henrik Ibsen (1828–1906) und Knut Hamsun (1859–1952). Überhaupt muß man sagen, daß Patriotismus oder Nationalismus der literarischen Weltoffenheit nicht im Weg standen; Tolstoi und Dostojewski wurden ebenso beachtet wie Balzac und Zola oder Dickens und Shaw.

Natürlich darf man sich nicht täuschen: Die Bücher, die am meisten gelesen wurden, trugen andere Namen. Ludwig Ganghofer zum Beispiel (1855–1920) erreichte mit seinen gemütsbewegenden Gebirgs- und Liebesgeschichten gewaltige Auflagen. Wer denn sollte dem »Herrgottschnitzer von Ammergau«, dem »Edelweiß-König«, dem »Schloß Hubertus«, dem »Schweigen im Walde« oder dem »Waldrausch« widerstehen? Dann Agnes Günther (1863–1911): In ihrem Roman »Die Heilige und ihr Narr« stirbt man buchstäblich am Edelmut, doch mehr als hundert Auflagen traten ins Leben. Die vortreffliche Marlitt (1825–1887), die Säule der Familienzeitschrift *Die Gartenlaube*, darf man keinesfalls vergessen; ihr »Geheimnis der alten Mamsell« erschien zwar schon 1867, zog aber immer neue Generationen in seinen Bann. Weiter wären zu nennen: Hedwig Courths-Mahler und Rudolf Stratz, Nathaly von Eschstruth und Rudolf Herzog. Aber der Kitsch begleitet die Kunst zu allen Zeiten und spricht gegen keine Epoche; es gab ihn und wird ihn wohl immer geben, solange die Menschen sind, wie sie sind, und aus Bildern und Büchern, aus Filmen und Liedern erfahren möchten, warum Herz sich auf Schmerz und Sonne auf Wonne reimt.

Zu Literatur und Theater gesellte sich die Kritik, die ihren eigenen Glanz entfaltete. Schon der alte Theodor Fontane hat dazu einen Grundstein gelegt. Während das kaiserliche Berlin zur Weltstadt aufstieg und auf Distanz zur Provinz ging, gelangen ihm wunderbar hochmütige Formulierungen wie diese: »Herr X verläßt uns, um nach Breslau zu gehen. Als Abschiedsvorstellungen setzte man für ihn den ›Othello‹ an. Er spielte den Mohren so, als ob er schon in Breslau wäre!«[5] Zum bedeutendsten Nachfolger wurde ein Zuwanderer aus Breslau, Alfred Kerr (1867–1948); noch heute zeigen uns seine Briefe aus Berlin die Bilder, die gesellschaftlichen und geistigen Bewegungen der Jahrhundertwende so unverbraucht farbenfrisch, als seien sie soeben entstanden.[6]

Nicht nur in Deutschland, sondern in ganz Europa war die wilhelminische Epoche die Glanz- und Gloriazeit des Bürgertums. Der Aufstieg zum Wohlstand, den man in den Villenvororten an den Stadträndern zur Schau stellte, schien gesichert, und Bildung und Belesenheit setzten auch für die nachdrängende Arbeiterbewegung den Maßstab. Doch zugleich handelte es sich um eine Spät- oder Endzeit. Insgeheim nagte an der Selbstsicherheit schon der Zweifel. Eine Ahnung vom Untergang griff in die Seelen, und die sensiblen Geister faßten sie ins Wort. In Wien, im Herzen der ehrwürdigen und morschen Donaumonarchie mit ihrem greisen Kaiser Franz Joseph, mochte man hiervon noch mehr wissen als anderswo – nachzulesen in den Werken Hugo von Hofmannsthals und Arthur Schnitzlers oder in den Analysen Sigmund Freuds. Doch im jungen und siegesgewissen Deutschland war es sehr ähnlich. Wovon, wenn nicht vom Verfall und vom Untergang, sprechen auf dem Gipfel der Sprachkunst Romane und Novellen des Lübecker Bürgersohns Thomas Mann wie »Die Buddenbrooks« und »Der Tod in Venedig«? Nein, die beflissen korrekte Unterscheidung nach Regionen und Nationen taugt wenig. Georg Trakl verfaßte seine »Klage«:

»Schlaf und Tod, die düstern Adler,
umrauschen nachtlang dieses Haupt:
des Menschen goldnes Bildnis
verschlänge die eisige Woge
der Ewigkeit. An schaurigen Riffen
zerschellt der purpurne Leib.
Und es klagt die dunkle Stimme
über dem Meer.
Schwester stürmischer Schwermut
sieh ein ängstlicher Kahn versinkt
unter Sternen,
dem schweigenden Antlitz der Nacht.«[7]

Bei Rainer Maria Rilke, dessen »Weise von Liebe und Tod des Cornets Christoph Rilke« die Kriegsfreiwilligen von 1914 als ein Kultbuch im Tornister trugen, heißt es in den »Duineser Elegien«:

»Wer hat uns also umgedreht, daß wir,
was wir auch tun, in jener Haltung sind
von einem, welcher fortgeht? Wie er auf
dem letzten Hügel, der ihm ganz sein Tal
noch einmal zeigt, sich wendet, anhält, weilt –,
so leben wir und nehmen immer Abschied.«

Vielleicht ist es wirklich so, daß erst an der Grenze zur Nacht, auf den Klippen, von denen der nächste Schritt in den Abgrund führt, das Feuerwerk des Geistes zu seiner Wirkung gelangt; wahrscheinlich redet auch davon die kurze Glanzzeit Berlins, die erst in der Kaiserzeit beginnt und 1933 schon wieder am Ende ist, als man auf dem Opernplatz Bücher auf den Scheiterhaufen wirft und die Autoren, die Künstler, die Kritiker ins Exil treibt. Das Feuerwerk jedenfalls entzündet sich in der wilhelminischen Zeit, und zwar fast gleichzeitig in vielen Bereichen.

Otto Brahm (1856–1912) wurde 1889 zum Mitbegründer des Vereins »Freie Bühne« und setzte mit seinem Bühnenrealismus Autoren wie Ibsen und Hauptmann durch. 1894 übernahm er das Deutsche Theater, 1904 das Lessingtheater. Max Reinhardt (1873 bis 1943) gründete 1898 mit anderen Mitgliedern des Brahm-Ensembles die Sezessionsbühne. 1903 übernahm er das Neue Theater und brachte noch nie Gesehenes wie Maksim Gorkis »Nachtasyl« oder Oscar Wildes »Salomé« zur Aufführung. 1905, jetzt als Direktor des Deutschen Theaters, verließ er den naturalistischen Spielraum und entfesselte mit der Inszenierung von Shakespeares »Sommernachtstraum« das magisch-impressionistische Schauspiel. Die Schauspielerinnen und Schauspieler, die mit Regisseuren wie Brahm oder Reinhardt zu Ruhm gelangten, sind kaum zu zählen. Nur ein paar seien genannt: Tilla Durieux und Lucie Höflich, Friedrich Kayßler und Alexander Moissi, Paul Wegener und Eduard von Winterstein.

Daß das Musikleben auf seiner Höhe stand, versteht sich fast von selbst. Zu den Komponisten der Zeit gehörten Richard Strauß, Hans Pfitzner, Max Reger und Gustav Mahler. Arnold Schönberg (1874–1951), der bis zum Einschnitt von 1933, der ihn in die Emigration trieb, sein Leben zwischen Wien und Berlin teilte, entwickelte Atonalität und Zwölftontechnik. Neben der »ernsten« Musik blühte die Operette; 1891 betrat der »Vogelhändler« von Zeller die Bühne, 1899 folgte »Frau Luna« von Lincke, 1905 die »Lustige Witwe« von Lehar.

Die wohl heftigsten Kämpfe zwischen Altem und Neuem entbrannten im Bereich der Malerei. Man war gewöhnt an die Historienbilder eines Anton von Werner, auch ans Schwüle, klassizistisch-allegorisch verpackt. Man bewunderte Lenbach, und man kannte den nur körperlich kleinen Meister Adolph Menzel, den der Kaiser 1898 in den Adelsstand erhob. Aber überall, in München und Dresden wie in Berlin, inszenierten die Stürmer und Dränger ihre Sezessionen. Daß Berlin – neben Paris – rasch zu einer Hauptstadt der modernen Kunst aufrückte, war nicht zuletzt bedeutenden Kunsthändlern wie Alfred Flechtheim und Paul Cassirer zu verdanken. Cassirers Gattin Tilla Durieux erzählt:

»Schon im Jahre 1901 hatte Paul Cassirer den Mut, eine Ausstellung des in Deutschland unbekannten Cézanne zu machen; diese Tat wurde mit einer Flut von Angriffen belohnt. Der Weg von Gabriel Max, Piloty, Stuck und Lenbach bis Cézanne war allerdings ein weiter, und die kühne aufregende Farbgebung seiner Bilder reizte die Menschen bis zu Wutausbrüchen. Wilhelm II. äußerte sich darüber in einer Rede ungefähr folgendermaßen: ›Paul Cassirer, der dieReckskunst aus Paris zu uns bringen möchte ...‹ Die Viktoriastraße 35 war aber nicht nur den Franzosen und den schon berühmten Malern geöffnet, auch die Jugend hatte dort ihren Platz, wo sie Bilder zeigen konnte, allerdings erst, nachdem sie von Paul Cassirer und Max Liebermann gewogen und für würdig befunden waren. Der junge Künstler fand in der Viktoriastraße außer dem Nagel, um sein Bild aufzuhängen, auch einen Förderer, der die trägen Geister der geldkräftigen Berliner so lange mit glänzenden Worten betäubte, bis sie kauften und noch stolz darauf waren.«[8]

Zu den Ausländern, die von Berlin aus erst durchgesetzt wurden, gehörte Edvard Munch, zu denen, die hier ihren Weg begannen, zählten Käthe Kollwitz, Max Beckmann und Max Pechstein, Kokoschka und Feininger. Wie wenig sogar der große Menzel sich aufs Neue einlassen wollte, berichtet Max Liebermann in seinen Erinnerungen an die Familie Bernstein:

»Ich habe schon vor Jahren in meinem Büchelchen über Degas die hübsche Geschichte erzählt, wie Menzel, nachdem er die Bilder lange und eingehend betrachtet hatte – öfter stieg er auf einen Stuhl, um sie durch das Lorgnon über der Brille näher sehen zu

Einladungskarte des Kunstsalons Paul Cassirer 1902: Auf dem Podest verdorrt der Geschmack des Kaisers, indessen aus dem unscheinbaren Topf nebenan das wahre Leben erblüht.

können –, Frau Bernstein fragte: ›Haben Sie wirklich Geld für den Dreck gegeben?‹ Aber ich habe damals, da Bernsteins noch lebten, diese Geschichte ohne Namensnennung erzählt, und auch ohne den Schluß, der für den ehrlichen Charakter Menzels zu bezeichnend ist, als daß ich ihn verschweigen sollte. Als nämlich Menzel bemerkte, wie peinlich sein abfälliges Urteil die Bernsteins berührt hatte, entschuldigte er sich bei der Dame des Hauses mit den Worten: ›Es tut mir sehr leid, mich so unhöflich über Ihre Sammlung geäußert zu haben, aber es ist meine aufrichtige Überzeugung. Ihre Bilder sind scheußlich.‹«[9]

In der Sammlung Bernstein befanden sich nach Liebermanns Zeugnis neben Degas erstklassige Manets und Monets. Was aber sollten dann brave Bürger sagen – und wie erst sich erregen, als 1905 mit der »Brücke« in Dresden Kirchner, Heckel und Schmidt-Rottluff den Expressionismus in Szene setzten, als 1911 in München Kandinsky, Marc, Alfred Kubin und Gabriele Münter sich zum »Blauen Reiter« verschworen?

Es versteht sich, daß gerade der Aufbruch zum Neuen die konservativen Gemüter alarmierte: Das Wahre, Gute und Schöne galt nichts mehr; die Sittenlosigkeit riß ein, wie im biblischen Sodom, bevor der Herr Feuer vom Himmel regnen ließ und es vertilgte. »Die Strafe steht vor der Tür, der Becher des Zorns ist bis an den Rand gefüllt. Wird die Zeit erkennen, an welchem Abgrund sie steht?« – schrieb die christlich-konservative *Kreuzzeitung*.[10] Und ein Professor Dondorff stellte fest: »Der Kunst wird das Monopol der Gemeinheit zugestanden; die Schaubühne ist eine Sudelküche geworden; die Schule gibt Wissen ohne Gewissen, die Heiligkeit der Ehe ist gelockert; Zucht und Tugend sind verlachte, weil veraltete Begriffe. Die Justiz öffnet den Verbrechern neue Türen zur Entschlüpfung ...«[11]

Es schlug jetzt die Stunde des Kulturpessimismus. In seinem Sinne las man nun, was Nietzsche über die Heraufkunft des Nihilismus gesagt hatte, etwa dies: »Das Auseinanderfallen, also die Ungewißheit, ist dieser Zeit eigen; nichts steht auf festen Füßen und hartem Glauben an sich; man lebt für morgen, denn das Übermorgen ist zweifelhaft. Es ist alles glatt und gefährlich auf unserer Bahn, und dabei ist das Eis, das uns noch trägt, so dünn geworden; wir fühlen alle den warmen, unheimlichen Atem des Tauwindes – wo wir noch gehen, da wird bald niemand mehr gehen können.«[12]

Im »Jahrbuch für die geistige Bewegung«, das aus dem Dichterkreis um Stefan George hervorging, hieß es: »Nach weiteren fünfzig Jahren fortgesetzten Fortschritts werden auch die letzten Reste alter Substanzen verschwunden sein, wenn es keine anderen mehr als die mit dem fortschrittlichen Makel zur Welt gekommenen gibt, wenn durch Verkehr, Zeitung, Schule, Fabrik und Kaserne die städtisch fortschrittliche Verseuchung bis in die fernste Weltecke gedrungen und die satanisch verkehrte, die Amerikawelt, die Ameisenwelt sich endgültig eingerichtet hat. Wir glauben, daß es jetzt weniger darauf ankommt, ob ein Geschlecht das andere unterdrückt, eine Klasse die andere niederzwingt, ein Kulturvolk das andere zusammenschlägt, sondern daß ein ganz anderer Kampf hervorgerufen werden muß, der Kampf von Ormuzd gegen Ahriman, von Gott gegen Satan, von Welt gegen Welt.«[13] Daß dann der Weltkrieg, als er kam, als ein Entscheidungskampf zwischen Kultur und gleichmacherischer Zivilisation gedeutet wurde, wird noch zu zeigen sein.

Weil ein Kampf ausgefochten wird, wenn schon nicht zwischen Gott und Satan, dann doch zwischen Altem und Neuem, Fortschrittsbegeisterung und Kulturpessimismus, kennzeichnet der Widerspruch, die Zerrissenheit den Geist der Zeit. Die Einheit eines wilhelminischen Stils kann es darum nicht geben, auf keinem Gebiet.

Um von der Sprache zu reden: Auf der einen Seite findet man eine Sprachkultur, wie es sie zuvor kaum und seither gewiß nicht mehr gegeben hat, mit Gespür für Genauigkeit und Nuancen, für Anspielungen und Hintergründe, für Musikalität und das ironisch Gebrochene. In Vollendung repräsentiert dies Thomas Mann. Aber natürlich wären noch viele andere zu nennen, vom alten Theodor Fontane bis zum jungen Hugo von Hofmannsthal. Auf der anderen Seite entwickelt sich teils die abgehackte Forschheit, die im Kasernenhof- und Kasinomilieu wurzelt, teils die Girlandenflechterei der Adjektive und Superlative, beides vereinigt und verbreitet durch Wilhelm II. Es ist jenes Gemisch aus Schneidigsein und Amtshoheit, von dem Ernst Troeltsch kurz nach der Jahrhundertwende gesagt hat, daß von ihm »der Nachwuchs der regierenden Klassen weithin erfüllt ist«.

In Verfall geriet die Kunst des Briefeschreibens, die noch bei Bismarck einen Höhepunkt erreichte hatte. Wilhelm II. war schon als Junge schreibfaul – seine Mutter hat es wieder und wieder beklagt –, und er ist es geblieben. Doch weil er dem Schreiben keine Mühe und Muße zuwandte, erwies sich als dürftig, was er zu Papier brachte. Aber wieder einmal zeigt sich der exemplarisch moderne Mensch; wenn man stets unruhig und in Eile ist wie der Kaiser,[14] wenn das Leben überhaupt sich beschleunigt, dann verliert sich die Zeit zum Schreiben. Die technischen Entwicklungen tun ein übriges, vom Telegrafen bis zum Telefon.[15] Wozu soll man noch mühsam seine Gedanken sammeln und sich aufs Schreiben konzentrieren, wenn man schwatzen und schwadronieren kann wie die Marktweiber oder die Herren am Stammtisch?

In der Beschleunigung des Lebensstroms ging die Reichshauptstadt voran. Heute mag die Eile allgemein geworden sein, einst erstaunte, ängstigte sie die Besucher aus der Provinz, deren Rhythmus noch von gestern war. Aber wer die Zukunft erobern will, darf seine Zeit nicht vertrödeln. Entsprechend der Sprachstil: verblüffungsfest, unsentimental und lapidar. Hinzu kam der Witz, der mit einem einzigen Schlag den Nagel ins Holz treibt.

Für Berlin galt ohnehin, daß es ein Emporkömmling unter den Städten Europas war, weder mit Venedig, Florenz oder Rom noch mit Amsterdam, London, Paris und Wien zu vergleichen. Eben darum eignete sich die Stadt so gut als Experimentierfeld. Es gab kein alteingesessenes Honoratiorentum, keine Patrizier, die bewahrend hätten wirken können. Die Menschen stammten von überall her; was einst die Hugenotten aus Frankreich für die Stadt bedeutet hatten, waren jetzt die Zuwanderer aus Breslau, Posen oder Galizien. Schon zur preußischen Hauptstadt gehörte, daß man die Philosophen, Gelehrten und Künstler, oft sogar die Minister und Generale aus der Ferne berief.[16]

Wenn es darum eine Tradition gab, dann die der Traditionslosigkeit, »die Geschichtsvergessenheit im Umgang mit sich selbst«.[17] Baugrube im märkischen Sand, immerwährender Abbruch und Neuanfang von der Architektur über die Neumöblierung des Stadtschlosses alle dreißig Jahre bis zu den geistigen Bewegungen: Diese Traditionslosigkeit mag man beklagen, aber die Experimentierfreude bildete ihre Kehrseite. In solchem Sinne galt schon für die Kaiserzeit, was Willy Haas im Rückblick auf die zwanziger Jahre beschrieben hat: »Berlin war das Glück meines Lebens. Ich liebte die schnelle, schlagfertige Antwort der Berlinerin über alles, die scharfe, klare Reaktion des Berliner Publikums im Theater, im Kabarett, auf der Straße, im Kaffeehaus, das Nichts-feierlich-Nehmen und doch Ernstnehmen von Dingen, die schöne, trockene, kühle und doch nicht kalte Atmosphäre, die unbeschreibliche Dynamik, die Arbeitslust, die Unternehmungslust, die Bereitschaft, schwere Schläge einzustecken – und weiterzuleben ... In Berlin, und fast nur in Berlin, gab es einen wirklichen Aufstieg, eine wirkliche Entfaltung der Begabung – sei sie nun klein oder groß.«[18] Oder um es mit Heinrich Mann zu sagen: »Die Zukunft Deutschlands wird heute andeutungsweise vorgelebt in Berlin. Wer Hoffnung fassen will, blicke dorthin.«[19]

Doch zurück zur Sprache: Eine Veränderung zeichnete sich auch bei den Gelehrten ab. Die Einheit der Wissenschaften, philosophisch befestigt, an die der Universitätsgründer Wilhelm von Humboldt am Anfang des neunzehnten Jahrhunderts geglaubt hatte, zerfiel angesichts der Spezialisierung, die der Fortschritt des Wissens erzwang. Fast folgerichtig keimte, wucherte der Fachjargon, mit der Tendenz, sich gegen die Allgemeinverständlichkeit zu verriegeln. Theodor Mommsen (1817–1903) hat für seine

»Römische Geschichte«, die um die Mitte des neunzehnten Jahrhunderts entstand, mit Recht den Nobelpreis für Literatur erhalten; er wußte noch, daß zur historischen Darstellung nicht nur die Quellenkenntnis, sondern auch die Poesie gehört. Anders schon beim wohl größten Gelehrten der wilhelminischen Zeit, Max Weber. Man kann ihn nicht mehr lesen wie Mommsen, und einen Literaturpreis hat er wahrlich nicht verdient. Eine besondere Gefahr der Epoche lag darin, daß die Gelehrten ihre Spezialisierung und Sprachverengung selbst nicht wahrnahmen oder wahrhaben wollten und sich, ihre ererbte Professorenautorität ausspielend, in Aufrufen, Reden und Schriften zu Fragen äußerten, von denen sie nicht mehr verstanden als jeder halbwegs gebildete und interessierte Bürger. Bereits bei der Propaganda für den Schlachtflottenbau trat das zutage, im Weltkrieg erst recht.

Das Fehlen eines verbindenden Geistes und Stils wird besonders sichtbar im Bereich der Architektur. Der vielleicht wichtigste Bauherr war ein Mann, an den kaum jemand denkt: der Generalpostmeister des Deutschen Reiches Heinrich von Stephan. Aber der zunehmende Verkehr und der Fortschritt der Technik machten überall neue Post- und Telegrafenämter notwendig. Wilhelm II. hat von Stephan erzählt:

»Er war derjenige Mann der alten Schule, der so gut zu mir paßte, daß meine Gedanken und Anregungen bei ihm immer Verständnis fanden und dann von ihm aus Überzeugung voll Schwung und Kraft durchgeführt wurden ... Alle Staatsbauten unterliegen dem Votum der überprüfenden ›Akademie des Bauwesens‹, die damals eine langsam arbeitende, umständliche und rückständige Behörde war. Ich selbst hatte schon meine Erfahrungen mit ihr gemacht ... Mit der Akademie des Bauwesens war nun auch Herr v. Stephan in Streit geraten. Schema F war dort vorherrschend. Herr v. Stephan vertrat jedoch die Ansicht, das junge deutsche Reich müsse auch durch seine Bauten Eindruck erwecken, daher müßten die Reichspostgebäude entsprechend ausgeführt werden. Sie müßten sich auch nach dem Gesamtstil der entsprechenden Stadt richten oder mindestens den ältesten und bedeutendsten Bauwerken im Städtebild sich anschließen. Ich konnte mich mit diesen Grundsätzen nur einverstanden erklären. Schließlich kam es zum Bruch mit der erwähnten Akademie des Bauwesens. Exzellenz v. Stephan verlor die Geduld und meldete mir, er habe sich für sein Ressort und seine Bauten von der Überprüfung der Akademie losgemacht, selbst eine Kommission aus eigenen Architekten und Beamten zu jenem Zweck zusammengesetzt und bäte mich, die wichtigsten Gebäudepläne meinerseits noch einer Prüfung zu unterziehen.«[20]

Wenn es also einen kaiserlichen Stil gab, dann bei der Post, und das Ergebnis überrascht. Meist handelte es sich um nüchterne und grundsolide Zweckbauten aus rotem Backstein, nur sparsam dekoriert. An vielen Orten kann man sie noch heute besichtigen. Ganz besonders fallen sie in einer inzwischen fremden Umgebung auf, zum Beispiel in den Gebieten östlich der Oder, die seit 1945 polnisch sind – oder russisch wie das nördliche Ostpreußen. Da wirken die Bauten Heinrich von Stephans wie Trutzburgen wider die Katastrophen des zwanzigsten Jahrhunderts, und wenig oder nichts ist an ihnen auszusetzen.

Einen vollkommenen Kontrast bildet der Reichstag, den Paul Wallot von 1884 bis 1894 schuf. Sieht man Aufnahmen aus der Zeit vor 1933, so denkt man an ein Schloß. Aber nicht ein König oder Kaiser, sondern das deutsche Volk sollte hier zu Hause sein, vertreten durch seine Abgeordneten. Und in welchem Stil wurde dieses Schloß erbaut? Die Frage bringt in Verlegenheit. Gleichwohl handelt es sich mit den mächtigen Eingangssäulen, dem Fries, den Ecktürmen, dem sonderbar verspielten Figurenzierat und der hohen Kuppel um ein imponierendes Gebäude, wohlproportioniert. Viele Zeitgenossen haben den Kopf geschüttelt, allen voran der Kaiser. Doch im Rückblick möchte man meinen: Es hätte Schlechteres geben können.

Das läßt sich von den Häusern des neuen Reichtums in den Vorstadtvierteln nicht unbedingt sagen. Manchmal denkt man an Raubritterburgen, jetzt des Kapitalismus statt der adligen Wegelagerei des Mittelalters. Spätklassizismus, Neugotik, barocke, romanische Elemente und wer weiß was noch geraten durcheinander; Gesimse, Girlanden, Putten demonstrieren, daß man sich den Luxus des Überflüssigen leisten kann. Im Inneren: dunkle Täfelungen oder Tapeten, schwere Plüschvorhänge, wuchtige, gedrechselte Möbel und Lüster. »Es ist erreicht!« scheinen diese Häuser zu sagen, wie der hochgezwirbelte Schnurrbart Seiner Majestät. Und: »Die Kreditwürdigkeit wird garantiert.«

Zum Protest setzte der Jugendstil an, der zeitlich ziemlich genau die wilhelminische Epoche umfaßte, aber keine bloß deutsche, sondern eine europäische Bewegung war. Alles erscheint auf einmal als hell und leicht, mit zierlich schwingendem Rankenwerk pflanzlichen oder geometrischen Ursprungs. Dabei geht es nicht nur um Architektur, sondern auch um die Möbel, um Gebrauchsgegenstände aller Art, sogar um Buchillustrationen. Künstler, Fabrikanten und Handwerker fanden sich 1907 in München zum Werkbund zusammen, der die ästhetische Qualität der Produkte heben wollte. Zu den Mitbegründern gehörte der belgische Architekt Henry van de Velde; 1902 wurde er zum Gründer der Kunstgewerbeschule in Weimar berufen, des Vorläufers des Bauhauses, und bis 1914 blieb er ihr Leiter. Seinen schönsten und geschlossensten Ausdruck fand der Jugendstil in der Künsterkolonie auf der Mathildenhöhe in Darmstadt, die 1899 vom hesssischen Großherzog Ernst Ludwig geschaffen wurde. Zu den Architekten, die er berief, gehörten Peter Behrens (1868–1940) und Josef Maria Olbrich (1867–1908).

Kritisch muß man freilich sagen: Der Jugendstil bot mehr Dekoration als zukunftweisende Kraft, und er blieb elitär. Bei den wirklich wichtigen Bauten der Zeit ging es nicht um Wohnstätten für Künstler, sondern um Brücken, Bahnhöfe, Kaufhäuser und Fabrikgebäude, um das Zweckmäßige und Funktionsgerechte, bei dem es auf die Berechnungen der Ingenieure mindestens ebenso ankam wie auf die Formgebung der Architekten.

Um ein Beispiel zu nennen: Bei Dresden gibt es das »Blaue Wunder«. Nüchtern betrachtet handelt es sich bloß um eine Brücke, die zwischen den Vororten Loschwitz und Blasewitz die Elbe überspannt und blau angestrichen ist. Als aber das Bauwerk im Jahre 1893 eingeweiht wurde, stand die kühne, über 141,5 Meter freitragende Stahlkonstruktion im Vordergrund. Mit Dampf- und Pferdewalzen, schwer beladenen Fuhrwerken und 150 wagemutigen Männern und Frauen unterzog man sie einer Belastungsprobe. Sie hielt, und sie hält noch heute, auch ästhetisch, weil das Funktionsgerechte triumphiert.

Gewiß, lange genug noch versteckte man die Funktion, als müßte man sich schämen, sie zu zeigen. Es gab die vorgehängten falschen Fassaden oder die trutzigen Türme, den Figurenschmuck. Doch die Funktionsbestimmung entwickelte ihre Eigenmacht; wie eine Schlange bei ihren Häutungen ließ sie schließlich hinter sich, was zu ihr nicht mehr paßte.[21] Wer das Ergebnis sehen will, besuche bei einem Aufenthalt zwischen Hannover und Göttingen Alfeld an der Leine. Dort baute Walter Gropius (1883–1969), wie

Le Corbusier und Ludwig Mies van der Rohe ein Schüler von Peter Behrens, seit 1911 Fabrikgebäude für die Fagus-Werke. Sie wirken noch heute makellos modern. Nach dem Ersten Weltkrieg wurde Gropius Direktor des Bauhauses erst in Weimar, dann in Dessau und begründete den Weltruf der Bauhausarchitektur. Doch schon in Alfeld zeigt sie sich in ihrer Vollendung, und darum gehört der Durchbruch zur Modernität nicht erst zur Weimarer Republik, sondern zur Kaiserzeit.

Aber was war mit dem Kaiser selbst, sofern man von seinen postmeisterlichen Neigungen absieht? Er hätte ja viel mehr bewirken können als ein Provinzfürst in Darmstadt, und vom Barock bis zum Klassizismus, von Friedrich I. bis zu Friedrich Wilhelm IV. sind die Hohenzollernkönige eigentlich immer bedeutende, manchmal wegweisende Bauherrn gewesen. Indessen findet man wenig, nur das Schloß Cecilienhof bei Potsdam, das für das Kronprinzenpaar errichtet und erst 1917 fertiggestellt wurde. Da reden die Fremdenführer inzwischen vom »englischen Landhausstil«, leider beschönigend. Denn kein ehrenwertes Country House oder Cottage dürfte so weitschweifig, um nicht zu sagen so sehr aufs Imponiergehabe angelegt sein, mit endlosen Korridoren und Treppen, mit insgesamt 176, um fünf Innenhöfe gruppierten Räumen und 55 Schornsteinen. Vor allem verriegelt sich die Anlage gegen ihre schöne Umgebung. Woher stammt die Angst, sich zu öffnen, woher die Verblendung aus Butzenscheiben im Ausblick auf den Jungfernsee? Warum blieb man nicht im Marmorpalais, wie noch Wilhelm II. in seinen Prinzenjahren vor der Thronbesteigung, in dem frühklassizistischen Schloß, das Carl von Gontard und Carl Gotthard Langhans für Friedrich Wilhelm II. erbauten?[22] Der Architekt von Cecilienhof hieß freilich nicht Peter Behrens, Walter Gropius oder Hans Poelzig, sondern Schultze-Naumburg, und schon der Bindestrich-Name klingt wie das Programm einer Flucht aus der Gegenwart und vor der Zukunft in die angeblich gute alte Zeit.[23]

Eine politische Deutung liegt nahe: Der Kronprinz trieb das reaktionäre Schneidigsein auf die Spitze; mit ihm verglichen wirkt Wilhelm II. wie ein Ausbund an Weisheit und Mäßigung. Der Reichskanzler Bethmann Hollweg hat aus dem Jahre 1911 eine bezeichnende Geschichte erzählt: »Um den demonstrativen Eindruck nach Möglichkeit abzuschwächen, den die Reichstagssitzung vom 9. November durch den auffälligen Beifall des alldeutschen Einflüssen zugänglichen Kronprinzen zu gewissen scharfmacherischen Äußerungen einzelner Abgeordneter empfangen hatte, ließ mich der Kaiser noch während der Sitzung für denselben Abend zu sich fordern und gestattete mir, dem mitanwesenden Kronprinzen Ausführungen zu machen, die ich auf einen ähnlichen Ton abstimmen mußte wie meine am folgenden Tage im Reichstag an den Abgeordneten von Heydebrand gerichteten Worte. So entschieden und markant billigte der Kaiser eine auf Ebnung der Weltgegensätze gerichtete Politik.«[24] Aber der Kronprinz billigte sie keineswegs. So gesehen ließe sich an der Butzenscheibenblindheit von Cecilienhof beinahe ablesen, daß die Zeit fürs Abdanken reif war.[25]

Sein ureigenes Denkmal, vielmehr eine lange Reihe von Denkmälern, schuf Wilhelm II. sich im Berliner Tiergarten. Sie wurden zur Siegesallee gereiht; alle brandenburgischen Herrscher seit Albrecht dem Bären, in Marmor gehauen, standen da Spalier. Nach der Einweihung dieses Kunstwerks am 18. Dezember 1901 lud der Kaiser die beteiligten Bildhauer ins Schloß ein[26] und hielt ihnen eine Rede, in der er sie lobte. Doch vor allem tadelte er, was sonst sich vollzog:

»Eine Kunst, die sich über die von Mir bezeichneten Gesetze und Schranken hinwegsetzt, ist keine Kunst mehr ... Mit dem viel mißbrauchten Wort ›Freiheit‹ und unter seiner Flagge verfällt man gar oft in Grenzenlosigkeit, Schrankenlosigkeit, Selbstüberhebung. Wer sich aber von dem Gesetz der Schönheit und dem Gefühl für Ästhetik und Harmonie, die jedes Menschen Brust fühlt, ob er sie auch nicht ausdrücken kann, loslöst und in Gedanken in einer besonderen Richtung, einer bestimmten Lösung mehr technischer Aufgaben die Hauptsache erblickt, der versündigt sich an den Urquellen der Kunst.

Aber noch mehr: Die Kunst soll mithelfen, erzieherisch auf das Volk einzuwirken, sie soll auch den unteren Ständen nach harter Mühe und Arbeit die Möglichkeit geben, sich an den Idealen wieder aufzurichten. Uns, dem deutschen Volke, sind die großen Ideale zu dauernden Gütern geworden, während sie anderen Völkern mehr oder weniger verlorengegangen sind. Es bleibt nur das deutsche Volk übrig, das an erster Stelle berufen ist, diese großen Ideen zu hüten, zu pflegen, fortzusetzen, und zu diesen Idealen gehört, daß wir den arbeitenden, sich abmühenden Klassen die Möglichkeit geben, sich an dem Schönen zu erheben und sich aus ihren sonstigen Gedankenkreisen heraus- und emporzuarbeiten.

Wenn nun die Kunst, wie es jetzt vielfach geschieht, weiter nichts tut, als das Elend noch scheußlicher hinzustellen, wie es schon ist, dann versündigt sie sich damit am deutschen Volke. Die Pflege der Ideale ist zugleich die größte Kulturarbeit, und wenn wir hierin den anderen Völkern ein Muster sein und bleiben wollen, so muß das ganze Volk daran mitarbeiten, und soll die Kultur ihre Aufgabe voll erfüllen, dann muß sie bis in die untersten Schichten des Volkes hindurchgedrungen sein. Das kann sie nur, wenn die Kunst die Hand dazu bietet, wenn sie erhebt, statt daß sie in den Rinnstein niedersteigt.«[27]

Aber noch war nichts verloren. Die Hoffnung blieb, die Zuversicht, wenn nicht gar der Triumph. Am Ende seiner Rede sagte der Kaiser: »Das kann Ich Ihnen jetzt schon mitteilen: der Eindruck, den die Siegesallee auf den Fremden macht, ist ein ganz überwältigender, überall macht sich ein ungeheurer Respekt für die deutsche Bildhauerei bemerkbar. Möge sie auf dieser Höhe stets stehen bleiben, mögen auch Meinen Enkeln und Urenkeln, wenn sie Mir dereinst erstehen werden, die gleichen Meister zur Seite stehen. Dann, bin Ich überzeugt, wird unser Volk in der Lage sein, das Schöne zu lieben und das Ideale stets hochzuhalten. – Ich erhebe Mein Glas und trinke auf Ihrer aller Wohl, und nochmals Meinen herzlichsten Dank.«[28]

Seine Majestät, so schien es, hatte einen Nerv seiner Zeitgenossen getroffen; die »Rinnsteinkunst« wurde zum Begriff.[29] Viele stimmten in den Siegesjubel ein,[30] leider nicht alle. Schon die Berliner, im eher noch gutmütigen Spott, tauften die Sieges- zur Puppenallee um. Hinzu kamen jedoch die Schwarzseher[31] und die Miesmacher. In der *Zukunft*, der Zeitschrift Maximilian Hardens, schrieb Karl Scheffler:

»Jeder Sachverständige hätte vorhersagen können, daß so viele selbständige Denkmale in weißem Marmor in einer Straße von 500 Meter Länge ästhetisch unmöglich sind ... Die Fürsten sind nach Kupfern aus alten Scharteken porträtiert, soweit das Archiv Auskunft gab; die anderen sind im Opern- und Schauspielhaus zu finden. Pose, gespreizte Allüren, daß man schamrot wird ... Zwischen bemalter Pappe, im elektrischen Licht, da ist das wahre Reich plastischer Anregung. Goethe forderte, der Schauspieler sollte beim bildenden Künstler in die Lehre gehen; jetzt ist es umgekehrt. Malerisch drapierte Mäntel, kühne Helmsilhouetten, gebieterische Armbewegungen, protzige Schlächterstellungen, pupillarische Sicherheiten, Kostümexegesen vom Bärenfell zum Hermelinmantel, Kronen, Kanonenstiefel, kurz: Panoptikum.«[32] Das war kein vereinzelter Angriff, sondern die fast einhellige Meinung aller künstlerisch Gebildeten, sogar der eher konservativen.[33]

Der Streit um die Siegesallee liefert bloß ein Beispiel. Man könnte ebenso von der Malerei oder vom Theater sprechen, und je genauer man hinschaut, desto deutlicher zeigt sich der Widerspruch. Auf der einen Seite war Wilhelm II. so modern, wie ein Mann seiner Zeit nur sein konnte: nervös, unstet, redselig, von schneller Auffassungsgabe, immer in Eile, begeistert für den technischen Fortschritt, hingegeben an die Entwicklung von Wissenschaft und Wirtschaft. Von niemandem sonst ließ er sich darin überbieten, schon gar nicht von den Staatsmännern oder Regenten seiner Zeit. Auf der anderen Seite erwies er sich als romantisch rückwärts gewandt und als borniert reaktionär. Das gilt für seine Vorstellungen vom Herrscheramt ebenso wie für seine Auffassungen von der Kunst.[34]

Die Frage ist, was das bedeutet und ob man es dem Kaiser persönlich zurechnen soll. Eher nicht, muß die Antwort wohl lauten. Eigentlich in allem, was er dachte und empfand, sagte und tat, war Wilhelm II. ein Repräsentant der wilhelminischen Epoche. Die Gesellschaft blieb tief gespalten, und der Kulturpessimismus bestimmte den Zeitgeist ebenso wie der Fortschrittsglaube. Was die Kunst angeht, darf man nicht übersehen, daß der Kaiser gewiß die Mehrheitsmeinung vertrat. Wenn schon Adolph von Menzel französische Meistergemälde des Impressionismus für »Dreck« hielt: Was sollte man dann von den Durchschnittsbürgern erwarten? Oder was erst, wenn sie mit dem Expressionismus konfrontiert wurden? Es hat mehr als ein halbes Jahrhundert gedauert, bis der Tiger von Franz Marc zur Ikone für Jungmädchenzimmer wurde wie einst der Hase von Albrecht Dürer. Oder weniger idyllisch formuliert: Auch in dem Sinne war im Wilhelminismus die Zukunft angelegt, daß die Nationalsozialisten das »gesunde Volksempfinden« gegen die »entartete Kunst« ausspielen konnten.

Wenn man das sagt, muß man gleich hinzufügen: Im entschiedenen Gegensatz zur Gewaltherrschaft seit 1933 war das Kaiserreich ein Rechtsstaat. Die Maler malten, die Schriftsteller schrieben, die Regisseure brachten auf die Bühne, was sie wollten. Ein

Das »Blaue Wunder«, eine Elbbrücke bei Dresden aus dem Jahre 1893, ist eine über 141,5 Meter freitragende Stahlkonstruktion. Solche Triumphe der Technik kennzeichneten die Zeit ebenso wie die rapide Industrialisierung und das Wachstum der Städte.

Ihr konsequentes Gegenstück bildete der romantische Aufbruch, hinaus und zurück zur Natur. In vorderster Front stand dabei die deutsche Jugendbewegung; das Bild zeigt einen Pfingstausflug der »Wandervögel« um 1910.

Einschreiten der Gerichte war nur bei Gotteslästerung oder Majestätsbeleidigung zu befürchten, und Pogrome, Bilderstürme, Amokläufe des Mobs wurden nicht geduldet. Es gab die Freiheit des Geistes, und niemand, nicht einmal Seine Majestät der deutsche Kaiser und König von Preußen, besaß die verderbliche Macht, sie zu beschneiden.[35]

Zum Bild der wilhelminischen Zeit charakteristisch dazu gehört eine Protestbewegung, die gleichwohl im Grunde nirgendwo paßt, weder zum Gegensatz von Bürgertum und Sozialdemokratie oder von Kaiserherrschaft und Parlamentarismus noch zu den von traditioneller und moderner Kunst oder von Fortschrittsbegeisterung und Kulturpessimismus. Es ist der Protest der Jugend gegen die etablierte Welt der Erwachsenen. Vom Jugendstil war schon die Rede, und seit 1896 erschien in München eine programmatische Zeitschrift mit dem Titel *Jugend*, herausgegeben von Georg Hirth. Aber mit der Jugendbewegung, die um die Jahrhundertwende entstand, begann etwas anderes und Neues, eine Umwertung der Werte. Bis dahin galt das Jungsein eher als Makel, als Zeichen der Unreife, seither als Vorzug. Inzwischen mag das selbstverständlich sein, damals erschien es als revolutionär. Wer Anschauung sucht, betrachte alte Fotos von Abiturklassen. Man begegnet jungen Leuten, die sich als Erwachsene tarnen, mit Ernsthaftigkeit und steifem Vatermörder-Kragen, Krawatte, dunklem Anzug samt Weste und Uhrkette.[36]

Der Anfang der Jugendbewegung nahm sich eher unscheinbar aus: Im Jahre 1896 brach in Berlin-Steglitz eine kleine Gruppe von »Wandervögeln« auf, hinaus aus der Stadt, um die Natur zu erleben. Aber die Zeit für solch einen Aufbruch war offenbar gekommen. Junge Leute aus Hamburg folgten, und rasch bildeten sich überall ähnliche Gruppen, Gemeinschaften oder Bünde. Die Mitglieder waren meist Gymnasiasten oder Studenten aus bürgerlichen Elternhäusern; junge Arbeiter blieben schon deshalb ausgeschlossen, weil ihnen die Zeit fehlte; im wesentlichen erst in den zwanziger Jahren sind Äußerlichkeiten der Bewegung von Jugendorganisationen der Parteien und Gewerkschaften übernommen worden, bis hin zur Hitlerjugend.[37]

Die ursprüngliche Jugend- oder Wandervogelbewegung wollte mit Parteien und Politik nichts zu tun haben; man demonstrierte nicht mit der roten Fahne der Revolution oder der schwarzen der Anarchie auf dem Asphalt, sondern mit der blauen Blume der Romantik in Wald und Flur. Dennoch gab es eine eindeutige Frontstellung: Der Protest richtete sich gegen die städtischen Lebensverhältnisse – und, nicht zum letzten Mal in der Geschichte des zwanzigsten Jahrhunderts, gegen das bürgerliche Milieu, aus dem man selbst stammte.[38] Es entstand die Paradoxie einer antibürgerlichen Bürgerlichkeit, eine Art von Selbsthaß.

Was man als positiven Gegenentwurf suchte, war die Gemeinschaft als Lebensform. Den Begriff hatte ein Gelehrter, wenn schon nicht erfunden, dann doch mit seiner neudeutschen Bedeutung befrachtet: Im Jahre 1887 veröffentlichte Ferdinand Tönnies ein Buch mit dem Titel »Gemeinschaft und Gesellschaft«. Damit waren gegensätzliche Grundformen des Zusammenlebens gemeint: »Das Verhältnis und also die Verbindung [der Menschen] wird entweder als reales und organisches Leben begriffen – das ist das Wesen der Gemeinschaft, oder als ideelle und mechanische Bindung – dies ist der Begriff der Gesellschaft ... Gemeinschaft ist das dauernde und echte Zusammenleben, Gesellschaft nur ein vorübergehendes und scheinbares. Und dem ist gemäß, daß Gemeinschaft selber als lebendiger Organismus, Gesellschaft als ein mechanisches Aggregat und Artefakt verstanden werden soll.«[39] Die negative, sogar bei ausgesuchter Höflichkeit bloß auf Vorteil und Gegenleistung berechnete Beziehung kennzeichnet die Gesellschaft, eine rückhaltlose Zuwendung die Gemeinschaft. Natur und Kunstprodukt, Hingabe und Selbstsucht: Die Verteilung der Akzente ist deutlich. Sie wird noch dadurch unterstrichen, daß Tönnies eine geschichtliche Abfolge konstruiert: Die Gemeinschaft ist »ursprünglich« und früh, die Gesellschaft spät – ein Zerfallsprodukt der Gemeinschaft und auf deren Zersetzung gerichtet.

Es ist diese Verteilung der Akzente, die anspricht, was als romantische Sehnsucht in einer Zeit angelegt war, in der sich der rasche, fast sprunghafte Übergang von der Agrar- zur Industriegesellschaft mit allen seinen schlimmen Begleiterscheinungen vollzog. »Aus grauer Städte Mauern« auszubrechen in die Natur, um in ihr eine neue, vielmehr die ursprüngliche Lebensform zu entdecken, war die Sehnsucht und das Ziel; von dieser rückwärtsgerichteten Revolution träumte die Jugendbewegung.

Ihren Höhepunkt erlebte sie, als im Oktober 1913 junge Menschen auf dem Hohen Meißner, einem Berg bei Kassel, zusammenkamen. Dabei wurde feierlich die »Meißnerformel« proklamiert: »Die Freideutsche Jugend will aus eigener Bestimmung, vor eigener Verantwortung, mit innerer Wahrhaftigkeit ihr Leben gestalten. Für diese innere Freiheit tritt sie unter allen Umständen geschlossen ein. Zur gegenseitigen Verständigung werden freideutsche Jugendtage abgehalten. Für deren Durchführung gilt: Alle gemeinsamen Veranstaltungen der Freideutschen Jugend sind alkohol- und nikotinfrei.«

Die Wahrhaftigkeit und die innere Freiheit mit der Abstinenz kombiniert: Das ergibt einen eher bizarren oder komischen Klang. Aber man sollte an die vom Bier- und Tabakdunst vernebelten Kneipen und Köpfe studentischer Korporationen denken, zudem an das patriotische Getöse bei der Hundertjahrfeier der Völkerschlacht bei Leipzig, gegen die die Zusammenkunft auf dem Hohen Meißner sich bewußt als Gegenveranstaltung richtete, dann erkennt man die ernsthafte Reformbewegung, übrigens verwandt mit anderen: »Lebensreform« war eine Hoffnung und fand viele Propheten, Reformkleider sollten die Leiber entschnüren,

Reformkost sie besser ernähren,[40] Reformpädagogik vom puren Wissensdrill fort ins Freie führen.[41] Auch Landkommunen wurden gegründet; schon 1893 entstand bei Oranienburg, nicht weit von Berlin, die vegetarische Obstbaukolonie »Eden«.[42]

Einmal mehr ergibt sich als Fazit die Feststellung, daß fast alles, was später kam, in der wilhelminischen Zeit schon begann, bis hin zur »grünen« Bewegung unserer Tage. Eine eher fatale Karriere hat allerdings die »Gemeinschaft« gemacht. In der Weimarer Republik wurde sie zu einer Zauber- und Erlösungsformel,[43] und sie mündete in die nationalsozialistische »Volksgemeinschaft«, deren Kehrseite das Konzentrationslager war.

Die Zeit der Skandale

Wo Macht ist, drängen die Karrieremacher und Schmeichler herbei, und das gilt erst recht, wenn von der Macht so viel Glanz ausstrahlt wie beim deutschen Kaiser. Darum ist es für den Herrscher schwer, Menschen zu finden, denen er sich anvertrauen und sein Herz aufschließen kann. Wie soll er die Freunde von den Heuchlern unterscheiden, die heimlich weitertragen und für ihre Zwecke benutzen, was sie zu hören bekommen?

Vom alten Kaiser, Wilhelm I., hat Bismarck gesagt: »Niemand hätte gewagt, ihm eine platte Schmeichelei zu sagen. In dem Gefühl königlicher Würde würde er gedacht haben: Wenn einer das Recht hätte, mich ins Gesicht zu loben, so hätte er auch das Recht, mich ins Gesicht zu tadeln. Beides gab er nicht zu.«[1] Ganz anders sah es beim Enkel aus. Schon das Kind preßte die körperliche Behinderung in die Unsicherheit, den Selbstzweifel hinein; den Jungen hatten seine Mutter und sein Erzieher Hinzpeter niemals gelobt; eine Art von Mangelkrankheit war daraus entstanden, hartnäckig, lebenslang, und der Mangel an Menschenkenntnis kam noch hinzu. So war er den Lobrednern, den Ruhmeshudlern fast hilflos ausgeliefert.

Zu denen gehört wiederum, daß sie sich krank machen. Denn zum Speichellecken braucht man ja nicht nur die Schamlosigkeit, sondern stets auch die Bereitschaft, sich zu verstellen, zu verkrümmen, zu erniedrigen. Wer buckelt, bekommt einen Seelenbuckel. Diese Kränkung schlägt dann auf den zurück, vor dem man sich krümmt und erniedrigt. Es ist charakteristisch, daß gerade die Höflinge, die den Kaiser umdrängten und ihm ihre Karriere verdankten, zugleich wie Giftnattern züngelten und später an der gestürzten Größe, die sie einst anbeteten, kaum noch ein gutes Haar ließen.[2] In einem weiteren Sinne gilt das sogar, wie noch deutlich werden wird, für die wilhelminischen Bürger, die den Kaiser zu ihrem Abgott erkoren.

In seinem ganzen Leben hat Wilhelm II. wohl nur einen einzigen wirklichen Freund gefunden: den Grafen, seit 1900 Fürsten Philipp Eulenburg, 1847 geboren und im brandenburgischen Liebenberg ansässig, etwa sechzig Kilometer nördlich von Berlin. Dorthin waren die Eulenburgs allerdings erst im Jahre 1867 gekommen, als Erben der Hertefelds, deren letzter Namensträger kinderlos starb.[3] Ein typischer Junker war Eulenburg ohnehin nicht. Zwar begann er seine Laufbahn als Offizier, wie es sich gehörte und wie die zunächst sehr beengten Verhältnisse es geboten, und welchselte in den diplomatischen Dienst, als mit dem Erbgang die Familie zu unerwartetem Wohlstand kam.[4] Aber im Grunde weit mehr fühlte er sich zum Künstler berufen. Er dichtete, komponierte, sang seine eigenen, teils empfindsamen, teils heroisch-nordischen Lieder und begleitete sich selbst auf dem Klavier.

Eulenburgs Stunde schlug 1886 bei einer Jagdgesellschaft im ostpreußischen Prökelwitz, wo er dem Prinzen Wilhelm begegnete.[5] Der Name mag sich eher banausisch anhören, mit Neuschwanstein kaum zu vergleichen, aber fast märchenhaft oder poetisch ging es da zu, wie Eulenburg notierte: »Wir unterhalten uns herrlich ... Prinz Wilhelm ist begeistert für meine Balladen und alles Nordische. Er steht stets bei mir und blättert die Seiten um ... ›Atlantis‹ ist seine Lieblingsballade, jeden Abend muß ich sie singen ... Man muß diesen Menschen gern haben.«[6] Oder sogar noch mehr; man könnte von einer Liebe auf den ersten Blick sprechen. Dabei traf man sich auch in der romantisch rückwärtsgerichteten Kunstauffassung.

Im Mai 1887 schickte Eulenburg seinem Märchenprinzen eine Einladung: »Welches Glück es für mich wäre, wenn Euere Königliche Hoheit Zeit für einen kleinen Ausflug in meine Heimat finden könnten, brauche ich nicht zu versichern ... Wenn Euere Königliche Hoheit mir wirklich die unbeschreibliche Freude machen wollten zu kommen, so darf ich wohl bitten, eine Büchse mitzubringen. Bei einem Spaziergang im Walde begegnet man leicht wilden Tieren, und es würde mir sehr erfreulich sein, wenn Euere Königliche Hoheit einige Rehböcke oder Keiler umlegten ... Welche Seligkeit wäre es für mich, Euerer Königlichen Hoheit meine geliebte Heimat zeigen zu können! – Wenn das Wetter gut ist, wird es Euerer Königlichen Hoheit gut gefallen. – Wir schwärmen ja beide für unsere Mark.«[7]

Das »Umlegen« und die Seligkeit hart beieinander: Gleich doppelt mag uns solch eine Sprache fatal sein. Doch Eulenburg meinte, was er sagte, er schwärmte für den Prinzen, der bald schon der Kaiser sein sollte – und zwar, wichtig genug, als ein unabhängiger Mann mit wenig Hintergedanken an die eigene Karriere. Der Besuch fand dann am 8. und 9. Juni statt, der erste, dem bald andere, viele folgten, und bedeutsamer als die Jagderlebnisse waren die Gespräche, musisch untermalt. Die Freundschaft vertiefte sich, man ging zum Du über, und weitere Freunde wurden hinzugeladen. Man begann von der »Liebenberger Tafelrunde« zu sprechen, geheimnisumwittert und von denen beargwöhnt, die ausgeschlossen blieben.

Gehörte Eulenburg zu den Schmeichlern? Wenn man seine Briefe liest, läßt sich das schwerlich bestreiten. »Ich muß es als einen Wendepunkt meines Lebens betrachten, daß mich Gott auf den Weg zu Euerer Königlichen Hoheit geführt hat ... Mich beglückt es unbeschreiblich, daß mein heißgeliebtes Vaterland in Zukunft einen solchen Herrn haben soll. Bei aller Sorge für die innere und äußere politische Zukunft unseres Vaterlandes gewährt mir die Gesinnung Ew. Königlichen Hoheit einen reichen Trost! Ich baue felsenfest darauf ... Ew. Majestät haben mich durch den gnädigen Brief und seinen reichen Inhalt in einen Taumel von Freude gestürzt, und mit größter Mühe muß ich mich beherrschen, um nicht vier Seiten lang Dank zu schreiben! ... Ich bin glücklich über den phantastischen Schwung, der in Ew. Majestät Brust lebt.«[8]

Zu unterstreichen ist allerdings, daß Eulenburg den Kaiser tatsächlich liebte und daß er nach Kräften und nach dem Maß seiner Einsicht sich bemühte, ihn zum Guten zu lenken. Er versuchte auch, ihn vor Illusionen zu warnen und von übereilten Entschlüssen zurückzuhalten. Sogar Friedrich von Holstein, die immer argwöhnische und krittelnde »graue Eminenz« des Auswärtigen Amtes, später Eulenburgs Todfeind, hat das anerkannt: »Lieber Freund. Einstmals wird man jedenfalls sagen können, daß *einer* da war, der Wilhelm II. die Wahrheit sagte. Aber ich glaube wirklich, daß es auch *nur einer* war.«[9]

Eine besondere Zeit zum vertrauten Beisammensein boten seit 1889 die alljährlichen Nordlandfahrten. Wie wichtig dieses Beisammensein für den Kaiser war, zeigt das Telegramm, das er 1899 an Eulenburg schickte, als der nicht mehr mitreisen wollte: »Ich höre eben durch Lyncker, daß Du mit der Möglichkeit rechnest, nicht an der Nordfahrt teilzunehmen. Ich bin ganz außer mir. Wenn ich nach einem so namenlos schweren Winter ... ganz besonderer Erholung bedarf und dabei Deine Persönlichkeit entbehren soll, so gebe ich lieber die ganze Reise auf.«[10] Denn niemandem sonst konnte und wollte Wilhelm II. sogar das Intimste anvertrauen, zum Beispiel seine Eheprobleme.[11] Welch ein Trost für den Mann, von dem alle Welt das forsche Auftreten und schneidige Reden erwartete, sich auch einmal als unsicher und unglücklich zeigen zu dürfen!

»Ein Junge weint nicht«, hieß ein geläufiger Spruch – und der Mann erst recht nicht. Es gehörte zur preußisch-soldatischen Erziehung, daß er stark und hart sein sollte, vor allem gegen sich selbst, gewissermaßen immerdar als ein Ritter in eherner Rüstung. Doch bleibt zu fragen, ob sich diese innere Militarisierung nicht erst in der wilhelminischen Epoche vollendete. Bismarck hatte nahe am Wasser gebaut und hat sich dazu bekannt, und wir wissen von den Tränen Wilhelms I. Vom Enkel sind sie nicht überliefert, schlimm genug. Denn, um mit Adorno zu reden: »Geliebt wirst du einzig, wo du dich schwach zeigen darfst, ohne Stärke zu provozieren.« Aber vor Philipp Eulenburg, nur vor ihm, hat Wilhelm II. dann doch von seinen Schwächen, seiner Ratlosigkeit gesprochen.

Weil er dichtete, komponierte und nordische Lieder sang, wurde »Philly« Eulenburg im Freundeskreis bald »der Barde« genannt, indessen einige – nicht Eulenburg – spöttisch vom »Liebchen« sprachen, wenn sie Seine Majestät meinten. Es hätte wohl auch »Phillys Liebchen« heißen können, falls man auf den Klatsch hörte: »Er ist eben zu nett und zu gut geblieben, unser alter Philly. Mit welch halb verlegener Freude und Begeisterung zeigte er mir die zahlreichen von Kistler aufgenommenen Photographien seiner Nordlandfahrt – Dein geliebter Kaiser und er immer im innigsten Verein. S. M., wie Dörnberg sagt, sieht leider meist recht dick und kommun aus – aber ich konnte es nicht übers Herz bringen, es Philly zu sagen.«[12]

Mit der Zeit geriet Eulenburg freilich immer deutlicher in eine Mißstimmung, in die Verzweiflung des enttäuschten Liebhabers. Der Kaiser entsprach eben doch nicht dem Idealbild, das er sich von ihm gemacht hatte, und die groben Belustigungen, die Kasinospäße, die Kniebeugen und die Trompeterei an Bord der

»Hohenzollern« stießen den Ästheten ab. Im Grunde war er ohnehin ein Hypochonder. Ständig berichten seine Briefe von Krankheit, Schmerz und Erschöpfung. Dabei handelte es sich gewiß nicht nur ums körperliche Befinden, sondern mehr noch um Leiden der Seele – Leiden am Widerspruch zwischen Anlagen und Neigungen, zwischen Karriere und Künstlertum, Leiden am Kaiser.

Das Kranksein wurde zum Fluchtweg. Als 1902 die Mutter starb, an die noch der gereifte Mann tiefer gebunden blieb als an sonst einen Menschen, reagierte der Sohn mit Zusammenbruch und Rückzug. Er nahm Abschied vom diplomatischen Dienst, vom Botschafterposten in Wien, dem wichtigsten, den das Kaiserreich neben St. Petersburg und London zu vergeben hatte, und an der Nordlandreise nahm er nur noch einmal, 1903, teil. Aber womöglich kam auch anderes ins Spiel, ein Gefühl der Verstörung, eine Vorahnung der nahenden Katastrophe.

Der Rückzug nach Liebenberg half dabei wenig, und die Vorahnung trog nicht. Denn zu nahe war Eulenburg für viele Jahre dem Thron gewesen, um nicht den Neid, den Haß der Ausgeschlossenen zu wecken und in den Verdacht zu geraten, das Haupt einer unverantwortlichen »Kamarilla« zu sein, die den Kaiser umgarnte und lenkte. Hatte er etwa nicht – und zumindest vordergründig erfolgreich – auf das »persönliche Regiment« Wilhelms II. hingearbeitet, dessen Werkzeug Bernhard von Bülow sein sollte, der Leiter der auswärtigen Politik seit 1897 und Reichskanzler seit 1900? Der Journalist Maximilian Harden, Besitzer, Herausgeber, Redakteur und Hauptautor der *Zukunft*, setzte zum Angriff an.

Um zu verstehen, was folgte, muß man ausholen. Harden, als Felix Ernst Witkowski 1861 in Berlin geboren, versuchte sich zunächst als Schauspieler. 1889 war er Mitgründer der Berliner »Freien Bühne«. Er wurde dann Journalist bei verschiedenen Zeitungen und Zeitschriften. 1892 gründete er seine eigene, bald einflußreiche Zeitschrift. Im gleichen Jahr besuchte er den in Friedrichsruh grollenden Bismarck. Was sich da zutrug, hat Nicolaus Sombart phantasievoll geschildert:

»Wie ein Bluthund hat Bismarck, der ›grimmige Freund wilder Doggen‹, den jungen Harden, der nach Friedrichsruh pilgerte wie andere nach Bayreuth, dessen Ambitionen und Dispositionen er genau durchschaute, auf die Fährte von Eulenburg gesetzt. Der

Pakt zwischen den beiden ungleichen Kämpen wurde besiegelt durch die Leerung jener Flasche Steinberger Kabinett 1862, die der junge Kaiser dem Altreichskanzler als Zeichen der Versöhnung durch einen Flügeladjutanten hatte überbringen lassen. Von allen Gästen, die nach Friedrichsruh kamen – und es kamen viele –, suchte sich Bismarck ausgerechnet Harden aus, um die kaiserliche Gnadengabe zu konsumieren. Das war ein Sakrament und Sakrileg zugleich, das er mit dem Trinkspruch unterstrich: ›Nicht wahr, Herr Harden, Sie sind dem Kaiser ebenso wohlgesonnen wie ich?‹ Ironischer und subtiler ist wohl nie ein Königsmord beschlossen worden.«[13]

Ungefähr so ist es wohl wirklich gewesen, und zur Ironie gehörte, daß der Flügeladjutant, der den Kaiserwein nach Friedrichsruh überbrachte, Graf Kuno von Moltke war, der dann mit Eulenburg zu den Opfern von Hardens Angriffen zählte. Der Publizist brauchte allerdings Zeit, um Material zu sammeln und Verbündete zu finden, zum Beispiel den geheimnisvollen Mann im Auswärtigen Amt, Friedrich von Holstein. Aber der Spürhund ließ nicht nach, er glaubte offenbar, was er später schrieb, daß nämlich Eulenburg »der unwahrhaftigste, skrupelloseste, gefährlichste Höfling im Reich« und »ein gemeingefährlicher Verbrecher« sei.[14] Der kaum minder verfolgungswütige Holstein sprach unterdessen von einem »gemeinen und gefährlichen Menschen«, der »ungeheures, zum Himmel schreiendes Unheil« über Deutschland gebracht habe und den man als den Staatsfeind Nr. 1 »vernichten« müsse.[15]

Am 17. November 1906 erschien nun in der *Zukunft* das »Präludium« von Hardens Angriffen: »Der Romantiker ... hat für alle seine Freunde gesorgt. Ein Moltke ist Generalstabschef, ein anderer, der ihm noch näher steht, Kommandant von Berlin, Herr von Tschirschky Staatssekretär im Auswärtigen Amt; und für Herrn von Varnbüler hofft man auch noch ein warmes Eckchen zu finden. Lauter gute Menschen. Musikalisch, poetisch, spiritistisch, so fromm, daß sie vom Gebet mehr Heilswirkung erhoffen als vom weisesten Arzt; und in ihrem Verkehr, mündlichen und brieflichen, von rührender Freundschaftlichkeit. Das alles wäre ihre Privatangelegenheit, wenn sie nicht zur engsten Tafelrunde des Kaisers gehörten ... Heute weise ich offen auf Philipp Friedrich Karl Alexander Botho Fürsten zu Eulenburg und Hertefeld, Grafen von Sandels, als auf den Mann, der mit unermüdlichem Eifer

Wilhelm dem Zweiten zugeraunt, er sei berufen, allein zu regieren, und dürfe, als unvergleichlich Begnadeter, nur von dem Wolkensitz, von dessen Höhe herab ihm die Krone verliehen ward, Licht und Beistand erhoffen; nur ihm sich verantwortlich fühlen. Das unheilvolle Wirken dieses Mannes soll wenigstens nicht im Dunkel fortwähren.«[16]

Von Mal zu Mal unverhüllter schlossen Anspielungen auf sexuelle, homosexuelle Verfehlungen sich an. Harden zog alle Register; der moderne Enthüllungsjournalismus, den wir unserer Zeit zuschreiben, wurde von ihm schon zur Perfektion entwickelt. Die Beschuldigten sahen sich zu Beleidigungsprozessen gezwungen, die sich samt Revisionsfahren über Monate, Jahre hinzogen. Unmengen von Zeugen und Gegenzeugen wurden aufgeboten, darunter als Kronzeuge für ein weit zurückliegendes Geschehen der inzwischen gealterte Fischer vom Starnberger See, Jakob Ernst. Der Skandal war vollkommen und füllte die Presse. Eulenburg beschwor seine Unschuld und wurde wegen Meineides angeklagt. Er rettete sich in den körperlichen Zusammenbruch und wurde schließlich gegen die damals ungewöhnlich hohe Kaution von einer halben Million Mark nach Liebenberg entlassen, das er, ein gebrochener und verfemter Mann, bis zu seinem Tod im Jahre 1921 nicht mehr verließ.[17]

Die Prozeßakten sind vernichtet, und die Frage nach der Schuld interessiert nicht mehr. Heute erscheint sie ohnehin als abwegig. Um so wichtiger ist die Frage: Was trieb eigentlich Harden zu seinem Vernichtungsfeldzug? War es wirklich das Vermächtnis Bismarcks, gleichsam seine Testamentsvollstreckung? Es ist nicht leicht, dem Ankläger gerecht zu werden, der sich im Rückblick wie ein übler Denunziant ausnimmt. Man lese daher seine eigene Darstellung.[18]

Harden hat immer betont, daß es ihm nicht ums Persönliche, sondern ums Politische gegangen sei. Dabei träumte er den wilhelminischen Traum von der Weltmacht; er trat für eine »harte« Linie ein, für eine offensive Politik des imperialen Machtstrebens, zu deren Instrumenten der Schlachtflottenbau gehörte; er verurteilte eine »süßliche und weichliche« Haltung,[19] von der er glaubte, daß Eulenburg sie dem Kaiser eingepflanzt habe. Damit allerdings vertrat er nicht Bismarcks Erbe, sondern entstellte es – wie viele seiner Zeitgenossen – bis zur Unkenntlichkeit. Der späte Reichskanzler war ja ein Anwalt des Friedens gewesen und hatte betont, daß Deutschland seit der Gründung des Nationalstaats saturiert sei. Eulenburg hingegen sah die »Marinetollheit« zunehmend kritisch und entwickelte sich so zum Bismarckianer. Verkehrte Fronten: Der Angriff gegen Eulenburg – und indirekt natürlich gegen Wilhelm II. – kam von rechts, aus dem Gedankengebräu, das die »Alldeutschen» vertraten und dem ein Technokrat der Macht wie Tirpitz zumindest nahestand. Zum Sturz Eulenburgs gehörte also tatsächlich ein politischer Hintergrund, der über den Kampf gegen das »persönliche Regiment« des Kaisers entscheidend hinausführte. Dabei war aus heutiger Sicht das bessere Urteil nicht bei Harden, sondern bei Eulenburg.

Hinzuzufügen ist noch, daß Harden sich unter dem Eindruck des Weltkriegs zum Pazifisten wandelte und seitdem selbst als ein Flaumacher, Weichling und Vaterlandsverräter galt. 1922 wurde er bei einem rechtsradikalen Überfall fast getötet. Er emigrierte dann in die Schweiz und starb dort 1927.

Beim Skandal, der im Jahre 1906 losbrach, spielte indessen doch die Homosexualität eine entscheidende Rolle, und Harden wußte genau, warum er gerade sie als Waffe benutzte. Das Unmännliche, »pervers« Feminine, das man ihr unterstellte, eignete sich vortrefflich nicht nur zur Empörung, sondern auch zum Rückschluß auf eine verderbliche, das heißt weichliche oder weibische Friedenspolitik, obwohl in Wahrheit das eine mit dem anderen überhaupt nichts zu tun hatte.[20] Wir haben schon früher davon gesprochen, daß die wilhelminische Gesellschaft sich sehr einseitig männlich darstellte und die Frauen auf einen minderen Rang verwies. Dieser Sachverhalt fand vielfältigen Ausdruck in männerbündischen Verhältnissen, von der Kasinogeselligkeit der Offiziere bis zu den jugendbewegten »Wandervögeln« und dem Dichterkreis um Stefan George.[21] Homoerotik ohne Sexualität, um es auf eine Formel zu bringen: Dies erzwang einen Balanceakt auf schmalem Grat – und, um das Gleichgewicht nicht zu verlieren, die wütende Verfolgung der Homosexualität, falls sie sich zeigte. Die »Liebenberger Tafelrunde« und die Nordlandreisen des Kaisers aber waren betont männerbündische Veranstaltungen, und darum war Eulenburg im Grunde schon verloren, als er nur unter Verdacht geriet.

Und was tat der Kaiser? 1904, als ein Sohn Eulenburgs heiratete, hatte er als Liebenberger Ehrengast in einer Rede gesagt: »Mein lieber Phili! Deinem Wunsche entsprechend ist es Mir eine freudige Pflicht, dem lieben Brautpaare die Glück- und Segenswünsche der hier versammelten Gäste darzubringen. Dieser Wunsch Deinerseits und die freundlichen Worte, die Du soeben gesprochen hast, entsprechen den Beziehungen, die unsere Häuser seit Jahrhunderten verbanden ... Das Haus Eulenburg hat mit dem Hause Hohenzollern in Kriegs- und Friedenszeiten, in Zeiten der Not und der Prüfung und in Zeiten der Freude zusammengehalten und ihm in fast 500 Jahren stets die Treue bewahrt.«[22] Mit diesem Halbjahrtausendverhältnis war es drei Jahre später vorbei; Wilhelm II. ließ den Freund fallen, als hätte er ihn niemals gekannt.[23] Und unter den gegebenen Umständen blieb ihm wohl keine Wahl, wenn er sich selbst nicht in Mitverdacht bringen wollte.

Bleiben wir noch für einen Augenblick bei Eulenburg. Immerhin *einen* Menschen hat es gegeben, der sich dem Verfemten zuwandte, den liberalen Reichstagsabgeordneten Conrad Haussmann. Ein Briefausschnitt offenbart Eulenburgs Gefühle:

»Was ich gewonnen habe, sind Sie, mein lieber verehrter Freund. Sie kamen mit dem Glauben an mich zu mir, während ich unter dem furchtbaren Eindruck lebte, daß niemand mehr an mich glaube. Sie kamen mit der Herzenswärme eines guten Menschen zu mir, und Sie weckten durch Ihren Geist das geistige Leben wieder in mir, das in fürchterlicher Monotonie, wie eine aufgescheuchte Fledermaus, ruhelos Tag und Nacht nur um den Scheiterhaufen flatterte, den man für mich aufgerichtet hatte. Sie haben ein wahres, edles, menschenfreundliches Werk an mir getan, und Ihr Lohn muß in dem vollen schönen Bewußtsein liegen, es vollbracht zu haben. Denn *ich* vermag es Ihnen in meiner Ohnmacht nicht zu entgelten, was Sie an mir getan haben. – Es ist eine seltsame, verkehrte Welt, in der ich lebe. Diejenigen, denen ich in schwerer Arbeit wohlgetan, geholfen habe, an mich glauben *müßten*, weil sie meine Gesinnung kennen, verließen mich, und ein Fremder reicht mir die Hand, als hätte ich ihn immer gekannt, hilft mir auch und gibt mir Mut. – Zu dieser Seltsamkeit muß ich aber auch zählen, daß Sie mir und den Meinen für die freundliche Aufnahme danken, die Sie bei uns gefunden haben. Ist das nicht gleichfalls eine verkehrte Welt, lieber Freund? Wer hat wohl eigentlich zu danken?«[24]

Solch einem Freund konnte Eulenburg sogar anvertrauen, was er sonst verschwieg:

»Es wäre ein Mangel an Logik oder eine Selbsttäuschung, wenn ich mich noch zu den königstreuen Preußen zählen wollte. Kaum ist es mir möglich, die monarchische Regierungsform mit Gleichmut hinzunehmen ... Ich habe den Wunsch, meinen Standesgenossen die Augen zu öffnen über die Möglichkeiten, denen sie durch einen ›König von Gottes Gnaden‹ ausgesetzt sind, der in der Lage ist, im Rahmen der bestehenden Verfassung autokratische Gelüste in die Tat umsetzen zu können. Und ich verbinde damit die Absicht, meine Standesgenossen nicht in radikaler, wohl aber in liberaler Form darauf hinzuweisen, daß ohne eine gesetzlich festgelegte Kontrolle des deutschen Kaisers und Königs von Preußen nicht eine ruhige und sachliche Regierung des Reiches erwartet werden kann. – Eine solche Überzeugung hat mich stets erfüllt. Sie steht in schroffem Gegensatz zu der bösartigen Legendenbildung, wonach ich nicht nur die autokratischen Gelüste Wilhelms II. gestärkt, sondern geradezu wachgerufen hätte.«[25]

Hier allerdings verschiebt sich wohl die späte Einsicht zu einer Überzeugung, die es so vor dem eigenen Sturz kaum oder gar nicht gegeben hat.

Die Eulenburg-Affäre war noch nicht ausgestanden, als eine zweite begann. Ein Sturm der Entrüstung erhob sich, diesmal direkt gegen den Kaiser. Dabei hatte alles ganz harmlos und so privat und persönlich begonnen, wie das bei einem Monarchen überhaupt möglich ist. Bei Englandbesuchen lernte Wilhelm II. den pensionierten Oberst Edward Stuart-Wortley kennen, einen wohlhabenden Mann, den Besitzer von Schloß Highcliffe. Man fand Gefallen aneinander, und der Kaiser war Gast in Highcliffe. Natürlich unterhielt man sich über Gott und die Welt, natürlich auch über die deutsch-britischen Beziehungen, und man stellte fest, daß sie schlechter waren, als sie sein sollten. Wilhelm betonte seine guten Absichten, seinen Vorsatz zur Freundschaft. Stuart-Wortley meinte, daß es nützlich sein würde, wenn die britische Öffentlichkeit erfuhr, was der deutsche Kaiser dachte. Als praktischer Mann schuf er darum mit Hilfe des Journalisten Harold Spender aus den Gesprächen mit seinem Gast ein »Interview«.

Nein, kein Vertrauensbruch wurde begangen, keine Enthüllungsreportage kam ins Spiel, bloß der gute Wille. Der Text wurde dem Kaiser zur Genehmigung vorgelegt, der ihn, wie es sich gehörte, dem Reichskanzler weiterreichte. Bülow wiederum, im Badeurlaub auf Norderney, las nicht, was er lesen sollte, oder nur flüchtig, und beauftragte Mitarbeiter des Auswärtigen mit der Prüfung. Niemand erhob Einwände. Aber was bei der Kaminplauderei überzeugt hatte, als man freimütig drauflosredete, wie wohl zwei ehemalige Obristen es tun, wirkte in der Schriftform grotesk. Und so nahm das Unheil seinen Lauf; am 28. Oktober 1908 veröffentlichte der *Daily Telegraph* den sensationellen Artikel »The German Emperor and England«; zwei Tage später folgte eine Übersetzung in der *Norddeutschen Allgemeinen Zeitung*. Wilhelm II. warb um die britische Freundschaft und sagte unter anderem:

»Ihr Engländer ... seid verrückt, verrückt, verrückt wie Märzhasen. Was ist über euch gekommen, das ihr euch so völlig einem Argwohn überlaßt, der einer großen Nation ganz unwürdig ist? Was kann ich mehr tun, als ich schon getan habe? Ich habe mit allem Nachdruck, der mir zu Gebote steht, in meiner Rede in der Guild Hall erklärt, daß das Ziel meines Herzens der Friede ist und einer der mir teuersten Wünsche, in den besten Beziehungen zu England zu leben. Habe ich jemals das Wort nicht gehalten? ... Meine Aufgabe ist keine von den leichtesten. Die vorherrschende Empfindung in großen Teilen der mittleren und unteren Klassen meines Volkes ist England nicht freundlich. Ich bin also sozusagen in einer Minderheit in meinem eigenen Land ... Im allgemeinen glaubt man in England, während der Dauer des Südafrikanischen Krieges [von 1899 bis 1902 gegen die Burenrepubliken] sei Deutschland feindlich gesinnt gewesen. Zweifellos war die öffentliche Meinung in Deutschland feindlich – bitterfeindlich. Die Presse war feindlich; die private Meinung war es. Aber wie ist es mit dem offiziellen Deutschland? Lassen Sie mich meine Kritiker fragen, was die europäische Reise der Buren-Delegierten, die eine Intervention Europas zu erreichen strebten, zu einem plötzlichen Stillstand und dann zu völligem Zusammenbruch gebracht hat? Sie wurden in Holland gefeiert; Frankreich bewillkommnete sie mit Begeisterung. Sie wollten nach Berlin kommen, wo das deutsche Volk sie mit Blumen bekränzt haben würde. Aber als sie baten, von mir empfangen zu werden, habe ich das abgelehnt. Die Agitation war unmittelbar darauf tot, und die Delegierten kehrten mit leeren Händen zurück. Handelt, frage ich, so ein heimlicher Feind? ... Und das war nicht alles. Gerade während Ihrer schwarzen Woche, im Dezember 1899, als ein Unglück nach dem andern in rascher Folge kam, empfing ich einen Brief von der Königin

…GRAPH, WEDNESDAY, OCTOBER

THE GERMAN EMPEROR AND ENGLAND.

PERSONAL INTERVIEW.

FRANK STATEMENT OF WORLD POLICY.

PROOFS OF FRIENDSHIP

We have received the following communication from a source of such unimpeachable authority that we can without hesitation commend the obvious message which it conveys to the attention of the public.

Discretion is the first and last quality requisite in a diplomatist, and should still be observed by those who, like myself, have long passed from public into private life. Yet moments sometimes occur in the history of nations when a calculated indiscretion proves of the highest public service, and it is for that reason that I have decided to make known the substance of a lengthy conversation which it was my recent privilege to have with his Majesty the German Emperor. I do so in the hope that it may help to remove that obstinate misconception of the character of the Kaiser's …

Victoria, meiner verehrten Großmutter, der in Sorge und Kummer geschrieben war und deutliche Spuren von Angst trug, die an ihrem Geist und ihrer Gesundheit zehrte. Ich schickte Ihr sofort eine mitfühlende Antwort. Ich tat mehr. Ich ließ mir durch einen meiner Offiziere einen möglichst genauen Bericht über die Zahl der Kämpfer auf beiden Seiten in Südafrika und über die momentane Stellung der einander gegenüberstehenden Streitkräfte beschaffen. Mit den Zeichnungen vor mir, arbeitete ich den Plan aus, der mir unter diesen Umständen der beste schien, und legte ihn meinem Generalstab zur Kritik vor. Dann sandte ich ihn eiligst nach England, und auch dieses Dokument liegt in Windsor unter den Staatspapieren und erwartet den ruhigen und unparteiischen Spruch der Geschichte. Als merkwürdiges Zusammentreffen lassen Sie mich hinzufügen, daß der von mir aufgestellte Plan dem sehr nahe kam, der wirklich von Lord Roberts [dem britischen Befehlshaber] angenommen und von ihm erfolgreich ausgeführt wurde.«[26] Im weiteren Interview behauptete der Kaiser, daß er Rußland und Frankreich von einem feindseligen Verhalten gegen Großbritannien abgebracht habe, und er schlug ein gemeinsames Vorgehen gegen Japan vor (mit dem Großbritannien ein Bündnis geschlossen hatte).

Selten ist mit guten Vorsätzen auf einen Streich so viel politisches Prozellan zerschlagen worden. Die Franzosen und die Russen, die Japaner, die Buren und nicht zuletzt die Briten reagierten empört. Hatten sie es denn nötig, sich wie schlechte Schüler vom Klassenbesten vorsagen zu lassen, was sie tun sollten? Wollte der Kaiser etwa andeuten, daß Lord Roberts sich den kaiserlichen Feldzugsplan in die Tasche steckte, um ihn dann als seinen eige-

So sah es der Karikaturist Bruno Paul 1900: Bismarcks Galauniform ist für den Kanzler des Kaisers, Bernhard von Bülow, viel zu groß.

nen auszugeben? Sogar die Details stimmten nicht. In der »schwarzen Woche« britischer Niederlagen war die Königin keineswegs in Panik geraten, sondern hatte sich im Gegensatz zu ihren aufgeregten Ministern als die Ruhe und Würde in Person erwiesen.[27]

Doch dann erst Deutschland! Gegen den Sturm der Empörung, der hier überall losbrach – an den Stammtischen, in der Presse, in allen Parteien von den Sozialdemokraten bis zu den Konservativen, im Reichstag, sogar in der eigenen Regierung[28] –, nahm sich die Kritik des Auslandes wie eine sanfte Brise aus. »Schluß mit dem persönlichen Regiment des Kaisers!« hieß die Parole. Dabei hätten die politischen Konsequenzen eigentlich den Kanzler treffen, ihn, wenn nötig, zum Rücktritt zwingen müssen. Schließlich hatte Wilhelm II. ihm, verfassungsrechtlich korrekt, das Interview vorgelegt. Wenn Bülow keine Einwände erhob und das Unheil nicht verhinderte, war es seine Schuld, für die er einzustehen hatte. Aber wie man gesagt hat: »Gegen Bülow ist ein Aal ein Igel«;[29] er wand sich und erklärte vor dem Reichstag: »Meine Herren! Die Einsicht, daß die Veröffentlichung dieser Gespräche die von Seiner Majestät dem Kaiser gewollte Wirkung nicht hervorgerufen, in unserem Lande aber tiefe Erregung und schmerzliches Bedauern verursacht hat, wird ... Seine Majestät den Kaiser dahin führen, fernerhin auch in Privatgesprächen jene Zurückhaltung zu beobachten, die im Interesse einer einheitlichen Politik und für die Autorität der Krone gleich unentbehrlich ist. Wäre dem nicht so, so könnte weder ich noch einer meiner Nachfolger die Verantwortung tragen.«[30]

Bald darauf ließ Bülow Seine Majestät eine Art von Besserungs- und Unterwerfungserklärung unterschreiben, demütigend vor allem durch ihre Veröffentlichung. Später, schon im Exil, hat Wilhelm II. dazu gesagt: »Nach meiner Rückkehr [von einer Reise nach Österreich und Süddeutschland] erschien der Kanzler, hielt mir eine Vorlesung über meine politischen Sünden und verlangte die Unterzeichnung des bekannten Aktenstücks, das nachher der Presse mitgeteilt wurde.[31] Ich unterschrieb das Aktenstück schweigend, wie ich auch schweigend die Presseangriffe über mich und die Krone habe ergehen lassen. – Der Kanzler hat durch sein Verhalten dem festen Vertrauen und der aufrichtigen Freundschaft, die mich bis dahin mit ihm verbanden, einen schweren Stoß versetzt ... Ich hatte mich an die liebenswürdigen Formen des Fürsten so gewöhnt, daß die mir jetzt zuteil gewordene Behandlung mir unverständlich war. Das bis dahin ausgezeichnete und freundschaftliche Verhältnis zwischen Kaiser und Kanzler war jedenfalls getrübt. Ich stellte den persönlichen Verkehr mit dem Kanzler ein und beschränkte mich auf den amtlichen und offiziellen.«[32]

Bülow wußte natürlich, daß er zwar kurzfristig mit dem Sturm der öffentlichen Erregung segeln, aber nicht auf die Dauer gegen den Kaiser regieren konnte. Darum hat er nach ein paar Monaten die Versöhnung inszeniert, und der erleichterte Kaiser ließ sich übertölpeln.[33] Doch ein Schatten blieb, und im sehr vertrauten Kreis hat der Kaiser seinen Kanzler manchmal »das Luder« genannt.

Eine Nachfrage zum Ausmaß und zur Stoßrichtung der deutschen Empörung drängt sich allerdings auf: Warum traf sie ausschließlich den Kaiser und nicht auch – zumindest mit gleicher Wucht und Berechtigung – das Versagen des Kanzlers bei der Wahrnehmung seiner Verantwortung? Wenn man den Text des Daily-Telegraph-Interviews noch einmal liest, wird deutlich: Erstmals in seiner Regierungszeit war Wilhelm II. davon abgewichen, der Repräsentant seiner Epoche zu sein. Er hatte – völlig zutreffend – ausgeplaudert, daß es in Deutschland eine englandfeindliche Stimmung gab, und er hatte sich von ihr distanziert. Und indem er von der Verständigung und der Freundschaft sprach, die ihm am Herzen lagen, hatte er sich als Weichling entlarvt. Oder weit schlimmer noch: Er hatte gewissermaßen Landesverrat begangen und den Traum von der Weltmacht zerschlagen, den er andererseits als Schirmherr des Schlachtflottenbaus doch verkörperte. Denn warum schuf man sich eine brandneue Seemacht, wenn nicht dazu, die alte des Inselreiches zu überflügeln und zu beerben? Der Kaiser jedoch, so zeigte das »Interview«, wollte das kostspielige Machtprojekt offenbar ohne seinen ernsthaften, den kriegerischen Einsatz – und im Grunde überhaupt nicht den Entscheidungskampf, sondern den Frieden. Wer aber ans Abgründige einer Nation rührt, eben an ihren Traum oder den Wahn von der Macht, der darf mit Nachsicht nicht rechnen.

Auf das eine Mißgeschick folgte gleich noch ein zweites, peinlich genug. Um der Erregung zu entfliehen, reiste Wilhelm II. zunächst zur Jagd in die Alpen, dann zum Fürsten Fürstenberg in Donaueschingen, und um seinen umdüsterten Herrn zu erheitern, tanzte dort der Chef des Militärkabinetts, Graf Hülsen-Haeseler, beleibt und 56 Jahre alt, als Ballettratte verkleidet, eine Travestie. Als aber »der Graf eben einen Tanz beendet hatte, begab er sich in die anstoßende Galerie, die nach dem Salon der Fürstin führt, um einen Augenblick Luft zu schöpfen. Ich stand vier Schritt vom Eingang der Galerie entfernt und hörte dort plötzlich einen schweren Fall. Ich eilte in die Galerie und sah Graf Hülsen lang ausgestreckt, mit dem Kopf in der Fensternische, auf der Erde liegen. Gleich nach mir erschienen noch einige andere Herren, wir mühten uns um den Grafen, und da ich sogleich merkte, daß der Fall ernst war, sah ich mich nach dem Arzt um. In der Halle stand noch am Kamin der Kaiser und unterhielt sich ahnungslos mit Valentini.« Doch kein Arzt konnte mehr helfen; ein Herzschlag hatte den General und Travestietänzer hingerafft. »Um die Tragik noch zu erhöhen, spielte die Musik ruhig weiter, als bereits diese glänzende Gesellschaft um den Toten beschäftigt war.«[34]

Der Eulenburg-Skandal und der Verlust seines, des einzigen Freundes, dann die Daily-Telegraph-Affäre und das Verhalten, der Verrat des Lieblingskanzlers, schließlich wie das Tüpfelchen auf dem i der dramatische Tod des Grafen Hülsen-Haeseler: Keulenschläge prasselten plötzlich auf den Mann herab, der nach Bismarcks Entlassung »Voll Dampf voraus« steuern und die Nation ihren »herrlichen Tagen« entgegenführen wollte, dessen forsches Auftreten bisher immer mit Beifall bedacht, um nicht zu sagen von Lobgesängen umrauscht worden war. Er erkrankte, er brach zusammen, und für Wochen hütete er das Bett. Er dachte sogar an Abdankung und ließ den Kronprinzen Wilhelm zu einer Aussprache rufen. Dieser hat darüber berichtet:

»In der Tür empfing mich der Kammerdiener meiner Mutter, der alte Höpfer. Er hatte auf mich gewartet, um mir zu bestellen, ich möge erst zu Ihrer Majestät kommen, ehe ich mich beim Kaiser melden ließe. Meine Mutter empfing mich sogleich. Sie war erschüttert, hatte rote Augen. Sie küßte mich, hielt meinen Kopf vor sich in beiden Händen: ›Du weißt, mein Junge, warum du hier bist?‹ – ›Nein, Mutter.‹ – ›Dann geh hinein zum Vater. Und prüfe dein Herz, ehe du dich entscheidest.‹ Da wußte ich, worum es ging. Minuten später war ich bei meinem Vater, der zu Bette lag. Ich war tief erschreckt über sein Aussehen. Nur einmal noch habe ich ihn so gesehen! Zehn Jahre später, an dem Unheilstag in Spa [im November 1918], als General Groener ihm den letzten Halt, den Glauben an die Treue der Armee mit einem Achselzucken kalt zerbrach. – Um Jahre schien er mir gealtert, war hoffnungslos, fühlte sich verlassen von allen, war zusammengebrochen unter der Katastrophe, die ihm den Boden unter seinen Füßen fortgenommen, sein Selbstbewußtsein und Vertrauen zertrümmert hatte. Ein tiefes Mitleid war in mir. Kaum jemals habe ich mich ihm so nah gefühlt wie in dieser Stunde. Er hieß mich setzen, redete drängend, anklagend und sich überstürzend von diesen Vorgängen. Enttäuschung, Mutlosigkeit und Resignation hielten ihn umfaßt; dabei kam immer wieder die Bitterkeit über das Unrecht durch, das er in den Vorgängen sah. – Ich habe ihn beschwichtigt und aufzurichten gesucht. Wohl eine Stunde habe ich damals an seinem Bette gesessen. Nie vorher, seit ich denken kann, war das geschehen. Am Ende wurde vereinbart, daß ich für kurze Zeit und bis er von seiner Erkrankung völlig wiederhergestellt sei, eine Art von Stellvertretung des Kaisers übernehmen solle. Ich habe mich bei der Ausübung dieses Amtes völlig zurückgehalten und konnte mich seiner rasch genug ganz entledigen, denn schon nach wenigen Wochen war der Kaiser scheinbar wieder obenauf. – Scheinbar! Denn ... gesundet ist er niemals wieder von diesem Schlage.«[35]

Man muß ja nicht gleich tiefes Mitleid empfinden wie der leibliche Sohn. Aber ein Mindestmaß von Verständnis wäre doch wohl geboten. Bezeichnend ist indessen, daß viele, die meisten Biographen sich darum nicht einmal bemühen, sondern den Kaiser wie ein fremdes und finsteres Fabelwesen betrachten, das man zur Strecke bringen muß, und daß sie die vom Kronprinzen geschilderte Szene bloß mit Hohn kommentieren.[36] Weitaus angemessener hat einst ein Zeitgenosse, Friedrich Naumann, reagiert und geschrieben:

»Carlyle sagt irgendwo, daß jedes Volk die Regierung hat, die es verdient. Das antworten wir allen denen, die jetzt mit einem Male jammern und wehklagen, als sei es etwas ganz Neues, daß die deutsche Politik nicht vom deutschen Volke selber gemacht wird. Ihr Klageweiber, was habt ihr denn bisher getan? Wo wart ihr denn, wenn Volkspolitik gemacht werden sollte? Wo waren eure Gedanken und wohin flossen eure finanziellen Mittel? War euch nicht jede Tänzerin wichtiger als die Ausübung des obersten Regiments? Wo wart ihr bei den Versammlungen der Staatsbürger? Ihr verlangt, daß der Kaiser euch nicht von oben herab behandeln soll? Ihr! Erst soll unsere Bildungsschicht etwas tun, ehe sie ein Recht hat zu räsonieren. Ihr werft dem Kaiser vor, daß er nicht methodisch politisch arbeitet. Ganz recht. Aber macht ihr es denn anders? ›Dem impulsiven Regiment‹ entspricht eine Bildungsschicht, die ganz ebenso ist. Dieser Kaiser, über den ihr euch aufregt, ist euer Spiegelbild!«[37]

Ein Friedenskaiser im Banne des Unheils

Am 15. Juni 1913 beging Wilhelm II. sein fünfundzwanzigstes, »silbernes« Regierungsjubiläum. Lobreden, Festansprachen wurden gehalten, man feierte den »Friedenskaiser«. Gedichte erschienen, zum Beispiel dieses, »Dem Kaiser« gewidmet:

»Verweht die heiße Jünglingszeit
Mit Sturm- und Blütentagen.
Die Äste streckte stark und breit
Der Baum, die Frucht zu tragen.
Es wölbte sich des Wipfels Rund
In Wetter und Beschwerde.
Glück auf! Dir gab den Wurzelgrund
Die heil'ge deutsche Erde.

Ein Sonntag ward im Vaterland ...
So sei denn Gott die Ehre.
Wir legen aus der Arbeitshand
Das Werkzeug und die Wehre.
Tief atmend schauen wir empor
Und seh'n an grünen Zweigen
Umspielt vom Morgensonnenflor
Der Früchte goldnen Reigen.

Und sehen Dich in Manneskraft,
Dich Kaiser steh'n und ragen,
Das Haupt gereckt, den Arm gestrafft,
Die Wetter zu verjagen.
Um Dich Dein Volk ...! Nimm seine Hand
Die Dank durchpulst, entgegen,
Wir sind Dein starkes Wurzelland,
Sei Du der Früchtesegen.«[1]

Aber sollte man etwa nicht feiern? Ein Wirtschaftsexperte als repräsentativer Festredner – vielleicht Karl Helfferich, Vorstandsmitglied der Deutschen Bank,[2] oder der Hamburger Großreeder Albert Ballin – hätte eine glänzende Bilanz vorlegen können. Wie bereits festgestellt: Deutschland hatte den Übergang von der Agrar- zur Industriegesellschaft vollzogen, die Produktion wuchs, man exportierte in alle Welt, und das Herkunftszeichen »Made in Germany« war zum Gütesiegel geworden. Die Einkommen und die Sozialleistungen waren stetig gestiegen, während die Auswanderungszahlen rasch und die Arbeitszeiten langsam, aber doch spürbar abnahmen.[3] Dabei wurde das Land gut, ohne nennenswerte, späteren Zeiten vergleichbare Korruption und vor allem sparsam verwaltet. Die Steuersätze erreichten eine Höhe, vielmehr einen Tiefstand, von der wir heute nicht einmal mehr träumen dürfen.[4]

Und wies das silberne Fest nicht schon voraus auf das goldene? Der Jubilar war jetzt 54 Jahre alt, längst schon Großvater, doch offensichtlich bei bester Gesundheit, und sein eigener Großvater hatte das gesegnete Alter von 91 Jahren erreicht. Ein weiteres Vierteljahrhundert unterm Schirm des Friedenskaisers: Das ergab wahrlich die Aussicht auf »herrliche Tage«!

Die Frage war allerdings: Konnte es wirklich so weitergehen wie bisher? Modern ausgedrückt gab es in der Innenpolitik einen deutlichen, um nicht zu sagen fatalen Reformstau. In Preußen herrschten dank des altertümlichen Drei-Klassen-Wahlrechts die Konservativen, und niemand durfte ihnen verübeln, daß sie, statt Selbstmord zu begehen, sich hartnäckig daran klammerten, es beizubehalten. Im Reichstag dagegen brachten es die Parteien rechts von der Mitte – Konservative, Reichspartei und Nationalliberale – seit den Wahlen von 1912 nur noch auf 102 von insgesamt 397 Sitzen; die Parteien links von der Mitte – die Deutsche Fortschrittspartei, das Zentrum mit Welfen, Polen, Elsaß-Lothringern und die Sozialdemokraten – erreichten dagegen 275 Sitze, eine bequeme Zweidrittelmehrheit.[5] Nur führte dies zu nichts, weil es kein parlamentarisches Regierungssystem gab. Der Kanzler war von Mehrheiten unabhängig; genau darum mußte er jedoch ins Ungewisse hinein und oft wenig erfolgreich versuchen, für seine Gesetzesvorhaben von Fall zu Fall eine Mehrheit zusammenzubringen. Die Parteien wiederum, ohne direkte politische Verantwortung, sahen auf ihre Sonderinteressen und verkauften sich von

Fall zu Fall, natürlich so teuer wie möglich. Die Berechenbarkeit und die Stetigkeit des Regierungshandelns gerieten indessen unter die Räder.

Eine Lähmung breitete sich aus, im Grunde ein Machtvakuum, in das andere Kräfte vordrangen, zum Beispiel die Interessenverbände der Landwirtschaft und der Industrie. In den fünfziger Jahren dieses Jahrhunderts hat Theodor Eschenburg eine Klageschrift unter dem Titel »Herrschaft der Verbände?« verfaßt,[6] aber wenn es diese Herrschaft jemals gegeben hat, dann im Kaiserreich statt in der Bundesrepublik, die weit mehr von der Herrschaft der Parteien gekennzeichnet ist. Im übrigen betrieb das Reichsmarineamt unter Tirpitz seine eigene Politik, und der Generalstab plante selbstherrlich für den Kriegsfall; beide blieben ohne ausreichende Kontrolle, mit verheerenden Folgen. Vielleicht am wichtigsten war die Eigenmacht der Ministerialbürokratie, die ihre Politik als überparteiliche Verwaltung maskierte.

Und der Kaiser? Seine Rolle läßt sich mit einem einzigen Satz beschreiben: Er war willkommen, ja unentbehrlich, weil und soweit er mit dem Glanz seiner Auftritte und Reden den Stillstand überdeckte und fast vergessen ließ, daß es ihn gab. So gesehen meinte sogar das Unbehagen am »persönlichen Regiment« des Kaisers eigentlich etwas anderes, nämlich diesen lautstarken deutschen Stillstand. Aber warum eigentlich sollte man Seiner Majestät den Kontrast zwischen Wortgewalt und Tatenarmut vorwerfen? Auch damit verkörperte und überspielte er nur, was in den deutschen Verhältnissen angelegt war, ähnlich, wie er durch Forschheit die Lähmung seines linken Armes vergessen machen wollte – fast im Sinne jenes der angeblichen Zeitgenossin Julie Schrader angedichteten Verses:

»So schmuck der Mann, daß Gott erbarm!
Der Kaiser hat ‘nen kurzen Arm.
Doch hat er Geist, der Feindesfänger …
Das macht den Arm ihm etwas länger.«

Zum Lachen war der Sachverhalt freilich nicht. Im Hintergrund stand der große Konflikt zwischen dem überkommenen monarchischen Prinzip und dem Verlangen nach Mit- und Selbstbestimmung des Volkes, nach Demokratie. Bismarck hatte diesen Konflikt durch seine machtbewußte Erfolgspolitik vertagt, aber ihn nicht gelöst.[7] Er schwelte fort, gleich einem nur scheinbar zur Ruhe gekommenen Vulkan, der von Zeit zu Zeit mit Grollen und Beben, mit Rauchwolken und Aschenregen die Menschen aufschreckt, die an seinem Fuße leben, und dessen Ausbruch alle fürchten. Die Angst vor dem kommenden »Kladderadatsch« gehörte daher ebenso zur Stimmungslage der Zeit wie der Fortschrittsoptimismus.

Ein spezielles Problem bildete die chronische Geldnot des Reiches.[2] Bülows Versuch einer Finanzreform mißlang, und dies gab Anlaß zu seiner Resignation und Entlassung am 14. Juli 1909. Auf seine Empfehlung wurde der bisherige Staatssekretär des Innern, Theobald von Bethmann Hollweg (1856–1921) zum Nachfolger ernannt.

Der Kontrast hätte kaum größer sein können. Bethmann Hollweg stammte nicht aus dem alten brandenburgisch-preußischen Adel, der »schon vor den Hohenzollern da war«, sondern aus einer Frankfurter Bankiersfamilie. Erst sein Großvater wurde 1840 geadelt.[9] Während Bülow stets aalglatt blieb und unbekümmert, ja leichtfertig drauflosregierte, zeigte Bethmann Hollweg sich spröde und steif, pflicht- und problembewußt, zaudernd, mit Sorgen und Selbstzweifeln beladen. Den »Buß- und Bethmann« haben ihn seine Verächter genannt. Am Tage nach der Ernennung hat seine Frau zu Frau von Bülow gesagt: »Das ist ein Unglück für meinen armen Mann! Ich liebe meinen Mann, und gerade deshalb hätte ich gewünscht, daß dieser Kelch an ihm vorüberginge. Er ist bei aller seiner Pflichttreue, seiner Gewissenhaftigkeit und mit so vielen schönen Gaben dieser Stellung nicht gewachsen. Er ist so unentschlossen, so schwankend, so ängstlich, und dann wieder verrennt er sich. Wir machen im Familienkreise darüber unsere Witzchen. Wir sagen manchmal: ›Heute hat Papa seine Ansichten schon dreimal geändert.‹ Oder: ›Seit drei Tagen kann Papa nicht zu einem Entschluß kommen.‹«[10]

Gegenüber dem Amtsvorgänger besaß der neue Kanzler viele Vorzüge, und die »Daily-Telegraph«-Affäre hätte er dem Kaiser gewiß erspart. Aber er verfügte nicht über außenpolitische Erfahrungen; er stammte nicht aus dem diplomatischen Dienst, sondern hatte eine – wenngleich höchst erfolgreiche – preußische Beamtenlaufbahn absolviert, die ihn 1899 zum Oberpräsidenten der Provinz Brandenburg, 1905 zum preußischen Innenminister und 1907 zum Staatssekretär im Reichsamt des Innern hatte aufsteigen lassen.

Mit einem Seitenblick auf Bethmann Hollweg hat Max Weber gesagt: »Glänzend bewährt hat sich das Beamtentum überall da, wo es an amtlichen, festumschriebenen Aufgaben fachlicher Art seine Sachlichkeit und seine Kraft der Beherrschung organisatorischer Probleme zu beweisen hatte ... *Gänzlich versagt* hat die Beamtenherrschaft da, wo sie mit *politischen* Fragen befaßt wurde. Das ist kein Zufall.« Denn »›über den Parteien‹, das heißt aber in Wahrheit: außerhalb des *Kampfes* um eigene Macht soll der Beamte stehen. Kampf um eigene Macht und die aus dieser Macht folgende *Eigenverantwortung für eine Sache* ist das Lebenselement des Politikers wie des Unternehmers.« Wenn also »ein *leitender* Mann dem *Geist* seiner Leitung nach ein ›Beamter‹ ist, sei es auch ein noch so tüchtiger: ein Mann also, der nach Reglement und Befehl pflichtgemäß und ehrenhaft seine Arbeit abzuleisten gewohnt ist, dann ist er weder an der Spitze eines Privatwirtschaftsbetriebes noch an der Spitze eines Staates zu gebrauchen. Wir haben leider innerhalb unseres Staatslebens das Exempel darauf zu machen gehabt.«[11]

Weber übertreibt: Bethmann Hollweg hat sich durchaus zu einem Staatsmann von eigener Statur entwickelt, nur eben zögerlich statt auftrumpfend. Und manchmal hat er tatsächlich resigniert, statt zu kämpfen und es auf die Entscheidung von Durchsetzung oder Rücktritt ankommen zu lassen. Die Finanzreform hat er zu einem wenigstens notdürftigen Abschluß geführt und 1911 die Sozialreformen mit der Reichsversicherungsordnung um einen wichtigen Schritt vorangebracht. An der preußischen Wahlrechtsreform ist er allerdings gescheitert.

Die eigentliche Herausforderung stellte sich jedoch in der Außenpolitik, mit der Schicksalsfrage von Krieg oder Frieden. Von Anbeginn war die Lage des deutschen Nationalstaates in der Mitte Europas schwierig gewesen; schon für Bismarck gab es stets den »Alptraum der Koalitionen«, die das Reich bedrohten. Der große Mann hatte freilich selbst dazu beigetragen, diesen Alptraum zu schaffen. Früher einmal, lange vor der Reichsgründung, hatte er den preußischen Konservativen vorgehalten, daß auch das seit 1789 unruhige, revolutionäre Frankreich ein möglicher Koalitionspartner bleiben müsse, »weil man nicht Schach spielen kann, wenn einem 16 von 64 Feldern von Hause aus verboten sind«.[12] Aber zu genau diesem Verbot war es 1871 mit der deutschen Annexion von Elsaß-Lothringen gekommen; von da an war

Frankreich auf seine Feindschaft zum Reich, auf die Rückeroberung festgelegt, und es blieben nur noch die drei anderen Großmächte – Österreich, Rußland und England –, um mit ihnen um die Bewahrung des Gleichgewichts und des Friedens in Europa zu spielen.

Im Jahre 1892 schlossen Frankreich und Rußland eine Militärkonvention, die sich gegen die Mittelmächte Deutschland und Österreich-Ungarn richtete. Ob sich dieser Schulterschluß durch eine bessere Diplomatie, zum Beispiel durch die Verlängerung des Rückversicherungsvertrags, hätte verhindern lassen, kann niemand sagen. Wahrscheinlich ist es nicht. Das rückständige Rußland brauchte Kredite, um seine Modernisierung, den Eisenbahnbau, die Industrialisierung voranzutreiben, und diese Kredite kamen aus Frankreich.[13]

Noch ungleich bedrohlicher entwickelte sich die Lage auf dem Balkan. Dort brodelte es, seit die türkische Herrschaft zerfiel. Es ist wohl so: Nach Jahrhunderten der Unterdrückung erweist sich die Freiheit fast immer als ein zweischneidiger Gewinn. Weil man sie nicht kennt, werden in der Gemengelage der Herkünfte, der Sprachen und Bekenntnisse die bisher Unterdrückten im Handumdrehen selbst zu Unterdrückern. Viel Zeit vergeht und leider auch viel Blut wird vergossen, ehe die Völker sich miteinander einrichten und zu allgemein anerkannten Grenzen finden; bis heute ist der Prozeß ja nicht zum Abschluß gekommen.

Auf dem Balkan stießen nun die russischen Interessen mit den österreichischen zusammen; beide Länder kämpften mit inneren Schwierigkeiten und waren darum auf außenpolitische Erfolge um so dringender angewiesen. Österreich legte seine Hand auf Bosnien und die Herzegowina und annektierte diese Gebiete im Jahre 1908. Doch damit machte es sich Serbien zum Feind; in Belgrad träumte man von einem südslawischen Großreich, und hinter Serbien stand Rußland als die slawische Vormacht. Falls es aber auf dem Balkan zu einem Zusammenstoß kam, ergab sich für Deutschland der Bündnisfall, um die Donaumonarchie vor der Niederlage und dem Untergang zu bewahren. Gegen Deutschland brauchte wiederum Rußland einen Rückhalt und fand seinen Partner in Frankreich. So war die Zündschnur gelegt, die von einem Zwischenfall auf dem Balkan schnell zur europäischen Explosion führen konnte.

Was noch blieb, war Großbritannien. Seit dem Ende der napoleonischen Kriege und dem Wiener Kongreß von 1815 entwickelte es mit nur kurzfristigen Unterbrechungen – wie im Krimkrieg gegen Rußland von 1853 bis 1856 – die Bündnisfreiheit, die »splendid isolation« zum außenpolitischen Prinzip. Gestützt auf seine Insellage und seine Flotte, seine Wirtschafts- und Handelsmacht, war England gerade damit das Zünglein an der Waage des europäischen Mächtesystems. Warum sollte man hieran ohne Not etwas ändern? Oder warum sollte man anderswo den englischen Anschluß an ein Bündnissystem voraussehen und fürchten?

In Deutschland hegte man eine doppelte Hoffnung und Illusion. Die eine war, daß England und Frankreich kein Bündnis schließen könnten, weil beide im Mittelmeerraum und in Afrika heftig widerstreitende Interessen verfolgten. Tatsächlich kam es noch gegen Ende des neunzehnten Jahrhunderts zu einem dramatischen oder jedenfalls theatralisch wirksamen Zusammenstoß am oberen Nil. Auf weiten Wegen vom Kongo heranmarschierend, hißte der Major Jean-Baptiste Marchand am 10. Juli 1898 in Faschoda die Trikolore. Doch Horatio Herbert Kitchener, der britische General, der gerade bei Omdurman gesiegt und Khartum erobert hatte, zwang ihn zum Rückzug. In Frankreich schlug diese Demütigung hohe Wellen. Aber es gelang, sich zu einigen; im Vertrag vom 21. März 1899 erfolgte eine Abgrenzung der Einflußbereiche. Diese Beilegung der Faschodakrise stand am Anfang einer Entwicklung, die auch ohne formelles Bündnis zur »Entente cordiale« der beiden westeuropäischen Großmächte führte; eine weitere Verständigung über nordafrikanische Kolonialfragen folgte 1904.[14]

Die zweite Erwartung und Illusion betraf das englisch-russische Verhältnis. Daß »Walfisch« und »Bär« niemals zueinanderfinden würden, galt als ausgemacht. Denn überall, von der Türkei über Persien bis Afghanistan prallten das seebeherrschende Empire und die große Kontinentalmacht aufeinander. Aber wo ein Wille ist, findet man den Weg; im St. Petersburger Vertrag vom 31. August 1907 wurden die Konflikte ausgeräumt. Jedoch im Grunde viel wichtiger als alle politischen Schachzüge oder die Reisediplomatie Eduards VII. – zum Beispiel bei seiner Zusammenkunft mit dem Zaren Nikolaus II. in Reval, die im Jahre 1908 folgte – war ein englischer Leitgedanke: Immer mußte man das europäische Gleichgewicht wahren und verhindern, daß eine Übermacht den Kontinent beherrschte. Dafür hatte man sich einst gegen Habsburg-Spanien gestemmt und 1588 im glorreichen Sieg über die Armada den eigenen Vorrang zur See begründet, dafür hatte man in langen Kriegen gegen das Frankreich Ludwigs XIV., der Revolution und Napoleons gefochten. Um Winston Churchill zu zitieren:

»Lord Grenville, der Außenminister, legte am 31. Dezember [1792] in einer Note an den französischen Gesandten die Stellungnahme der Regierung Seiner Majestät dar, und das in Worten, die seither als eine klassische Erklärung der englischen Außenpolitik anerkannt sind: ›England wird niemals zulassen, daß Frankreich sich die Macht anmaßt, nach seinem Belieben und unter dem Vorwand eines angeblich natürlichen Rechts, über welches es allein befindet, das politische System, welches durch feierliche Verträge errichtet und mit der Zustimmung aller anderen Mächte garantiert wurde, für nichtig zu erklären. Dieser unser Staat, der an Maximen festhält, von denen er sich mehr als ein Jahrhundert lang hat leiten lassen, wird auch niemals untätig zusehen, falls Frankreich sich mittelbar oder unmittelbar zum Herrn über die Niederlande[15] oder zum Schiedsrichter über die Rechte und Freiheiten Europas aufwirft. Wenn Frankreich wirklich daran gelegen ist, mit England Freundschaft und Frieden zu halten, muß es sich bereit zeigen, seine Aggressions- und Expansionspläne aufzugeben und sich mit seinen eigenen Territorien zu begnügen, ohne andere Staaten zu beleidigen, deren Ruhe zu stören und deren Rechte zu verletzen.‹«[16]

Doch inzwischen ging es nicht mehr um Frankreich, sondern um Deutschland. Seit dem Krieg von 1870/71 und der Bismarckschen Reichsgründung hatten sich die Verhältnisse in Europa grundlegend verändert. Schon 1871 erklärte der damalige konservative Oppositionsführer und spätere Premierminister Benjamin Disraeli im Unterhaus: »Dieser Krieg bedeutet die deutsche Revolution, ein größeres politisches Ereignis als die Französische Revolution im vorigen Jahrhundert ... Das ist eine neue Welt, neue Einflüsse sind am Werk, neue, unbekannte Dinge und Gefahren, mit denen man rechnen muß ... Doch was ist in Europa geschehen? Das Gleichgewicht der Kräfte ist vollständig zerstört.«[17]

Vollständig vielleicht nicht – oder noch nicht. Aber die Dynamik der deutschen Bevölkerungs- und Wirtschaftsentwicklung war unverkennbar. Was würde sie bewirken? Man hatte ja Augen im Kopf, um zu sehen und zu lesen. Was meinte dieser Bernhard von Bülow, wenn er einen »Platz an der Sonne« einklagte? Wie sollte man es einschätzen, wenn die »Alldeutschen« lautstark Eroberungen im Osten und im Westen forderten oder wenn andere, angeblich gemäßigte Leute von einem künftigen, gewaltigen Kolonialreich, einem »deutschen Indien« sprachen? Je genauer man hinschaute, desto mehr entdeckte man überall das Beunruhigende, von einem Gelehrten wie Max Weber bis zu einem Dichter wie Adolf Wilbrandt, der zur Jahrhundertwende dem kommenden Zeitalter seinen poetischen Gruß entbot:

»Und haben wir viel geforscht, gedacht,
die allerschönste Musik gemacht,
tragisch und heiter die Welt besungen,
den Erbfeind dann in uns bezwungen,
als treu geeintes Volk in Waffen
ein ehrenfestes Reich geschaffen:
So laß uns nun die Welt ergreifen,
den letzten Kleinmut von uns streifen,
ausstrahlen über die Erde hin
so deutsche Kraft wie deutschen Sinn,
mit gottdurchdrungnem Heldenwillen
das zwanzigste Jahrhundert füllen.«[18]

Vor allem hörte man das Lärmen der Niethämmer und die Hurrarufe beim Stapellauf neuer Kriegsschiffe von der Kaiserlichen Werft in Wilhelmshaven bis zu Schichau in Elbing und Danzig; man wurde zum Zeugen des Tirpitzschen Flottenbaus. Deutschland, wohin?

Im Prinzip gab es zwei Möglichkeiten. Die eine bestand darin, daß man sich eher duckte und kleiner machte, als man im Grunde war, um eine konsequente Friedenspolitik zu betreiben. Dazu hätte zum Beispiel gehört, daß man Österreich-Ungarn von Balkanabenteuern abhielt, notfalls mit der Drohung, sonst das Bündnis zu kündigen. Auch ein Verzicht auf den Schlachtflottenbau wäre dann notwendig gewesen. Und warum eigentlich nicht? Mit einer Beschränkung auf die Küstenverteidigung und auf ein paar Kreuzer zum Spazierenfahren und zum Vorzeigen der Reichskriegsflagge hätte man sich viel Geld und Ärger erspart. Man hätte also mit Worten und Taten oder womöglich noch besser mit Schweigen und Stillhalten im Ernst der These Bismarcks folgen müssen, daß Deutschland saturiert war, entsprechend dem

Diktum aus einer Reichstagsrede des Kanzlers 1888: »Jede Großmacht, die außerhalb ihrer eigenen Interessensphäre auf die Politik der anderen Länder zu drücken und einzuwirken und die Dinge zu leiten sucht, die periklitiert außerhalb des Gebietes, welches Gott ihr angewiesen hat, die betreibt Machtpolitik und nicht Interessenpolitik, die wirtschaftet auf Prestige hin.«[19]

Daß freilich der Verzicht auf Machträume und Prestigewirtschaft den Deutschen zunehmend sauer wurde, ist unverkennbar. Bereits Ende August 1886 hatte die *Kölnische Volkszeitung* verdrossen geschrieben: »Wenn Deutschland in der Weltpolitik auf diese bescheidene Rolle sich beschränken wollte [die Bismarck ihr zuwies], dann hätte das deutsche Volk sich die Ströme von Blut und Schweiß ersparen können, welche dazu gehörten, das Deutsche Reich zu gründen.«[20] Man brauchte also einen unbeirrbar festen Willen und eine starke Hand, um die Friedenspolitik durchzusetzen und durchzuhalten.

Die andere Möglichkeit war, daß man sich kaltblütig auf den Kampf um die Vorherrschaft in Europa vorbereitete, daß man rüstete und zuschlug, sobald sich die Gelegenheit dazu bot, etwa im Jahre 1905, als Rußland nach dem verlorenen Krieg gegen Japan in eine tiefe Krise geriet und in St. Petersburg die Revolution ausbrach. Ob man nach kurzfristigen Siegen einen dauerhaften Erfolg erreicht hätte, steht dahin; Hitler hat solch eine Strategie versucht und ist schmählich gescheitert. Aber wenn denn der Traum von der Weltmacht mehr sein sollte als ein Hirngespinst oder Wahn, gab es kaum einen anderen Weg.

Wenn man nun fragt, was praktisch verwirklicht wurde, heißt die Antwort: weder das eine noch das andere, sondern eine höchst widersprüchliche Mischung aus beidem. Der Schlachtflottenbau, der England herausforderte, wurde vorangetrieben, aber die Verstärkung des Heeres unterblieb bis 1913. Es gab Versuche, mit Rußland oder mit England zu einer Verständigung zu kommen – und dann wieder und beinahe im gleichen Atemzug das lautstarke, säbelrasselnde »Wirtschaften auf Prestige«. Mit alledem hinterließ die deutsche Politik einen Eindruck von Unberechenbarkeit und Sprunghaftigkeit, der die Nachbarn beunruhigte und zur »Einkreisung« des Reiches beitrug, über die man sich dann beklagte. Um Anschauung zu gewinnen, seien drei Vorkommnisse knapp geschildert.

Am 31. März 1905 erschien die »Deutschland«, ein Passagierdampfer der HAPAG, vor Tanger, mit dem Kaiser an Bord. Eigentlich handelte es sich um eine Ferienreise ins Mittelmeer, aber der Reichskanzler und das Auswärtige Amt drängten Seine Majestät zu einem demonstrativen Landgang. Tanger, damals eine Stadt oder eher ein Nest von etwa 20 000 Einwohnern, aus Mohammedanern, Juden und meist spanischen Europäern bunt gemischt, war Sultanssitz, diplomatisches Zentrum und wichtigster Handelsplatz von Marokko. Die Landung erwies sich als schwierig, weil die »Deutschland« an keine Kaimauer paßte und auf der Reede starker Seegang herrschte. Aber der Besuch fand dann doch statt, »nicht ohne freundliche Beteiligung von italienischen und südfranzösischen Anarchisten, Gaunern und Abenteurern. Auf einem kleinen Platz stand eine Menge von Spaniern mit Fahnen und großem Geschrei; das waren nach Aussage eines begleitenden Sicherheitsbeamten die versammelten spanischen Anarchisten.«[21] Nur mühsam bahnte man sich einen Weg durch die Menge. Schließlich empfing der Kaiser das diplomatische Korps und erklärte, daß das Sultanat ein unabhängiges Land sei, in dem keine fremde Macht eine Vorrangstellung gewinnen dürfe.

Hieraus entstand die erste Marokkokrise. Frankreich, das sich im Jahr zuvor von Großbritannien seine Vormachtstellung in Marokko hatte bestätigen lassen, wich zwar vor der direkten Konfrontation zunächst zurück, aber auf der Konferenz von Algeciras, die Anfang 1906 stattfand, stellten sich Großbritannien, Rußland und Italien an seine Seite; die deutsche Demonstration von Entschlossenheit und Stärke verwandelte sich in eine schwere diplomatische Niederlage.

Ähnlich verlief die zweite Marokkokrise im Jahre 1911, die durch den »Panthersprung nach Agadir« ausgelöst wurde. Diesmal schickte man nicht den Kaiser, sondern das Kanonenboot »Panther« vor die marokkanische Hafenstadt, um – mit gerade einmal zwei Geschützen vom Kaliber 10,5 Zentimeter und 130 Mann Besatzung – für die deutschen Ansprüche einzutreten. Wieder entstand eine geschlossene Abwehrfront der anderen Mächte; schließlich mußte das Reich das französische Protektorat über Marokko anerkennen, gegen einige Entschädigungen im südlichen Afrika.

Das dritte Vorkommnis führt uns ins Jahr 1905 zurück. Ausnahmsweise steuerte die »Hohenzollern« bei der jährlichen Nordlandreise des Kaisers nicht in norwegische Fjorde, sondern durch

Die Demonstration der Macht, die sich als Fehlschlag erwies: Einzug Wilhelms II. in Tanger 1905. Rechts neben seiner Majestät, in zivil, erkennt man den englischen Detektiv, der den Kaiser vor Attentaten beschützen sollte.

die Ostsee bis vor die finnische Insel Björkö. Hier traf man die russische »Polarstern« und den Zaren Nikolaus. Der Kaiser hatte einen Bündnisvertrag bei sich, und was sich ereignete, schilderte er in einem Brief seinem Kanzler, der wie üblich den Sommerurlaub auf Norderney verbrachte:

»Ich zog das Kouvert aus der Tasche, entfaltete das Blatt auf dem Schreibtisch Alexanders III. vor dem Bild der Kaiserinmutter inmitten einer Menge von Fotografien von Fredensborg und Kopenhagen und legte es vor den Zaren hin. Er las es einmal, zweimal, dreimal. Ich betete ein Stoßgebet zum lieben Gott. Er möge jetzt bei uns sein und den jungen Herrscher lenken. Es war totenstill; nur das Meer rauschte, und die Sonne schien fröhlich und heiter in die trauliche Kabine, und gerade vor mir lag leuchtend weiß die ›Hohenzollern‹, und hoch im Wind flatterte die Kaiserstandarte auf ihr. Ich las gerade auf deren schwarzem Kreuze die Worte ›Gott mit Uns‹, da sagte des Zaren Stimme neben mir: ›Das ist ausgezeichnet. Ich stimme völlig zu.‹ Mein Herz schlug so laut, daß ich es hörte; ich raffte mich zusammen und sagte so ganz nebenbei: ›Möchtest Du es gern unterzeichnen?

Es wäre ein sehr schönes Souvenir an unser Treffen.‹ Er überflog noch einmal das Blatt. Dann sagte er: ›Ja, ich will.‹ Ich klappte das Tintenfaß auf, reichte ihm die Feder, und er schrieb mit fester Hand ›Nikolaus‹, dann reichte er mir die Feder, ich unterschrieb, und als ich aufstand, schloß er mich gerührt in die Arme ...«[22]

Ein ganz neues Bündnis und eine Friedenssicherung im Handstreich? Leider nein. Der deutsche Kanzler empörte sich über einige Änderungen im Vertragstext, von denen er nicht unterrichtet worden war, und drohte mit seinem Rücktritt. Die russischen Minister erklärten dem Zaren, daß man statt des Bündnisses mit Deutschland das mit Frankreich unbedingt brauche und gerade jetzt – nach dem verlorenen Krieg gegen Japan und den Revolutionswirren in Petersburg – auf die französischen Kredite auf keinen Fall verzichten könne. In einem Satz: Die Tinte für die Unterschriften war umsonst geflossen, und was blieb, war bloß eine vom Groll geprägte Erinnerung an das Überrumpeltwerden und an das Scheitern.

Alles in allem stellt sich die wilhelminische Außenpolitik seltsam ziellos dar. Man kann den Sachverhalt vielleicht in einem symbolträchtigen Wortwechsel anschaulich machen, den wir Philipp Eulenburg verdanken. Bei der Nordlandreise des Jahres 1898 trat er an den Steuermann der »Hohenzollern« heran und fragte: »Na, wohin geht die Fahrt des Kaisers? – Norden? Süden? Osten? Westen?« – »Nee«, sagte der gedehnt, »ick fahre man nur so drauflos.«[23]

Doch zurück zu Bethmann Hollweg: Als er im Jahre 1909 das Kanzleramt übernahm, trat er ein schweres Erbe an. Die »Einkreisung« Deutschlands war praktisch vollendet. Um sie zu sprengen, brauchte man die Verständigung mit England, das sich zwar mit Absprachen, aber nicht durch Verträge an Frankreich und Rußland gebunden hatte. Einiges wurde tatsächlich erreicht. Bei den beiden Balkankriegen von 1912/13 und 1913 gab es ein Zusammenwirken von London und Berlin, um einen europäischen Flächenbrand zu verhindern, und noch im Frühjahr 1914 wurde ein Einvernehmen über den Bau der Bagdadbahn erzielt, deren Finanzierung durch deutsche Banken die Briten irritiert hatte.

Doch das blieben Nebensachen. Die wichtigste Entscheidung fiel im Jahre 1912. Ende Januar reiste der britische Bankier Sir Ernest Cassel nach Berlin und wurde – nach Vermittlung durch Albert Ballin – vom Kaiser empfangen.[24] Cassel überbrachte eine –

natürlich schriftliche – »Verbalnote« seiner Regierung, in der es hieß: »1. Grundlegend. Überlegenheit zur See als wesentlich für England anerkannt. Gegenwärtiges deutschen Flottenprogramm und Aufwendungen für die Flotte sind nicht zu erhöhen, sondern, wenn möglich, zu verlangsamen und herabzusetzen... 3. Vorschläge für gegenseitige Erklärungen, die beide Mächte davon abhalten, aggressiven Plänen oder Kombinationen gegen die andere beizutreten, werden willkommen sein.«[25]

Der Kaiser ließ Bethmann Hollweg und Tirpitz rufen. Gemeinsam entwarfen diese drei Männer die Antwort, wobei der Kaiser höchstpersönlich die Formulierungs- und Schreibarbeit beim Übersetzen ins Englische leistete[26]: »1. Grundlegend. Die deutsche Regierung begrüßt mit Freude den von der britischen Regierung unternommenen Schritt, an die deutsche Regierung durch Sir Ernst Cassel in der Absicht heranzutreten, die Beziehungen zwischen den beiden Ländern zu verbessern ... 3. Die wirksamste Art, die Verhandlungen rasch vorwärts zu bringen, würde sein, daß Sir E. Grey Seiner Majestät dem Kaiser so bald wie möglich einen Besuch abstattet. Seine Majestät würde einen solchen Besuch sehr gerne sehen.«

Geschrieben und getan; der Besuch fand schon im Februar 1912 statt. Nur kam nicht Edward Grey, der englische Außenminister, sondern sein Kabinettskollege, der Kriegsminister Lord Haldane, der den Vorzug besaß, glänzend Deutsch zu sprechen.[27] Aber was hoffnungsvoll begann, endete in bitterer Enttäuschung. Bethmann Hollweg, der auf die englischen Wünsche nur zu gerne eingegangen wäre, um die politischen Beziehungen entscheidend zu verbessern, konnte sich gegen den ehernen Willen seines Staatssekretärs Tirpitz nicht durchsetzen. Die Marinerüstung wurde nicht verlangsamt, im Gegenteil: Die Novelle zum Flottengesetz, die gerade ausgearbeitet worden war, sah zusätzliche Neubauten vor, unter anderem von Torpedobooten und Unterseebooten. Im Gegenzug trafen England und Frankreich eine Vereinbarung: Die französische Flotte übernahm die Wacht im Mittelmeer, während die britische sich in der Nordsee konzentrierte. Das war eine Arbeitsteilung mit Blick auf den Krieg: Die »Grand Fleet« wurde gegenüber der deutschen »Hochsee«-Flotte entscheidend verstärkt.

Was sonst noch bei dem britischen Ministerbesuch geschah, hat Haldane dem Grafen Kessler erzählt: »Als er [Haldane] zu den

Verhandlungen über ein Marineabkommen in Berlin war, wohnte er als Gast des Kaisers im Schloß und wurde vom Monarchen in jeder Weise ausgezeichnet. Unter anderem hatte ihm der Kaiser auch eine Hofequipage zur Verfügung gestellt. Eines Tages fuhr Haldane, der von Hause aus Philosoph und als Student Lieblingsschüler des großen Philosophen Lotze in Göttingen gewesen war und der einen großen Teil seines Lebens der Erforschung und Übersetzung der Werke Hegels ins Englische gewidmet hatte, nach dem Invaliden-Friedhof, um dort die Gräber Hegels und Fichtes zu besuchen. Er fand sie ziemlich verwahrlost und bedauerte das abends an der Hoftafel. Worauf der Kaiser im scharfen Ton mit einem Lächeln hervorstieß: ›Ja, in meinem Reiche ist für Kerle wie Hegel und Fichte kein Platz.‹«[28] So war es wohl, und unwillkürlich wird man an das erinnert, was Oswald Spengler im »Untergang des Abendlandes« verkündete: »Wenn ... sich Menschen der neuen Generation der Technik statt der Lyrik, der Marine statt der Malerei, der Politik statt der Erkenntniskritik zuwenden, so tun sie, was ich wünsche, und man kann ihnen nichts Besseres wünschen.«

Ach, wie viel hängt manchmal von wenigen ab! Im Blick auf Bethmann Hollweg möchte man fragen: Warum hat er seine bessere Einsicht nicht durchgesetzt, warum dem Kaiser nicht die Kabinettsfrage gestellt: Entweder Tirpitz oder ich? Bei seiner Unterscheidung von Beamten und Politikern hat Max Weber das Urteil gesprochen: »Ein Beamter, der einen seiner Ansicht nach verkehrten Befehl erhält, kann – und soll – Vorstellungen erheben. Beharrt die vorgesetzte Stelle bei ihrer Anweisung, so ist es nicht nur seine Pflicht, sondern seine *Ehre*, sie so auszuführen, als ob sie seiner eigensten Überzeugung entspräche, und dadurch zu zeigen: daß sein Amtsgefühl über seiner Eigenwilligkeit steht ... So will es der Geist des *Amtes*. Ein politischer *Leiter*, der so handeln würde, verdiente *Verachtung*. Er wird oft genötigt sein, Kompromisse zu schließen, das heißt: Unwichtiges dem Wichtigeren zu opfern. Bringt er es aber nicht fertig, seinem Herrn (es sei der Monarch oder das Volk) zu sagen: entweder ich erhalte jetzt diese Instruktion *oder ich gehe*, so ist er ein elender ›Kleber‹, wie Bismarck diesen Typus getauft hat, und kein Führer.«[29]

Um gerecht zu sein: Ein Kleber im üblichen Sinne war Bethmann Hollweg schwerlich. Nicht Eitelkeit, Ruhmsucht oder Machtgier trieb ihn, die Bürde seines Amtes hat er mit Seufzen getragen, sich der eigenen Unzulänglichkeit nur zu sehr bewußt. Aber wahr ist, daß er mehr als pflichttreuer Beamter denn als Staatsmann handelte. So verkannte er, was für den leitenden Staatsmann wichtig und unwichtig ist, und so gab er gegen seine bessere Einsicht nach, wo er hätte kämpfen sollen, um entweder sich durchzusetzen oder in Ehren abzutreten.

Und der Kaiser? Er war der Schirmherr des Schlachtflottenbaus und der Künder von einer Zukunft, die auf dem Wasser lag. Wie sollte, wie konnte er davon auf einmal abrücken? Um sich zu rechtfertigen, hat er noch im Rückblick klirrend erklärt: »In Berlin setzte nun vom Auswärtigen Amt und von berufener und unberufener Stelle ein Kesseltreiben gegen die Novelle [zur weiteren Marinerüstung], gegen Tirpitz und gegen mich ein. Auch der Kanzler, der in der Hoffnung lebte, das Abkommen zustande zu bringen und seinen Namen unter ein Instrument setzen zu können, das Deutschland aus der ›Einkreisung‹ befreien und mit England ein geregeltes besseres Verhältnis bringen sollte, trat für das Fallenlassen der Novelle ein. Das hätte aber nichts anderes bedeutet, als einer auswärtigen Macht eine ungeheure Einflußnahme auf Fragen der deutschen Landverteidigung einzuräumen und dadurch das Selbstbestimmungsrecht der Nation und unsere Schlagfertigkeit für den Fall eines uns aufgezwungenen Krieges zu gefährden.«[30]

Wog hiergegen die Rettung des Friedens so gering? Hätte der Schlachtflottenbau am Ende sogar noch einem guten politischen Zweck dienen können – dadurch, daß er gedrosselt wurde? Wenigstens im nachhinein, so scheint es, läßt sich die Frage nach Verhängnis und Schuld einfach und eindeutig beantworten. Aber womöglich sollten wir anders urteilen als üblich, im Sinne Winston Churchills, der Wilhelm II. bei Heeresmanövern kennengelernt und mit ihm sogar Geschenke ausgetauscht hatte.[31] In einem Essay über den Kaiser schrieb der große Brite:

»Die Wahrheit ist ... daß kein Menschenwesen jemals in eine solche Stellung und Lage hätte versetzt werden dürfen. Auf dem deutschen Volk ruht eine gewaltige Verantwortung für seine Unterwerfung unter den barbarischen Gedanken der Selbstherrschaft. Dies ist die Hauptbeschwerde, welche die Geschichte gegen die Deutschen vorbringen muß – daß sie trotz all ihres Verstandes und ihres Mutes die Macht anbeteten ... Für zahlreiche Länder bildet die Monarchie ohne Verantwortung für die

Regierung die klügste Politik. Im britischen Empire hat sich dieses System zur Vollkommenheit entwickelt; hier besitzt der erbliche König allen Pomp und allen Ruhm, während schwarzbefrackte, leicht auswechselbare Minister die Macht und die Verantwortung tragen. Aber die Vereinigung von Pomp und Macht in einem einzigen Staatsamt setzt jeden Sterblichen Belastungen aus, die über seine natürlichen Anlagen und Aufgaben, die über die Kräfte selbst der besten und größten Männer hinausgehen.«[32]

Um auf den Anfang dieses Kapitels zurückzukommen: Im Jubiläumsjahr 1913 wurde Wilhelm II. als Friedenskaiser gefeiert, und im Grunde wollte er genau das auch sein. Nur entwarf und verkörperte er zugleich den deutschen Traum von der Weltmacht, der das Unheil barg. Wer allerdings wußte denn, wer wollte im Festgesang davon etwas wissen, daß die Abenddämmerung, der Sonnenuntergang des Friedens schon so nahe war? Wer kannte die Zukunft – außer vielleicht der Dichter? »Gesicht« hat Ernst Lissauer seine Vision vom Erwachen genannt:

»Als ich in Traum und Gesicht
wie auf rasigem Berggipfel lag,
jäh erbebte um mich das dämmrige Licht,
und es brach an mein Ohr
Rufen vom Tag.

Aus Traum da sprang ich empor,
warf von mir das schauende Dämmer,
voll schaffender Städte weit,
bebend vom Rollen der Fahrten und Schlagen der Hämmer
lag vor mir die erschallende Zeit.

Aber hoch über das gelle Getos,
wie ein Vogelstoß mir vorbei,
schrie durch die Luft hin Schrei,
und wieder,
und wieder,
Geschwader von Ruf und Schrei.

Und ich weiß nun: mich hat nicht das Stampfen und Brausen aufgeschreckt,
Maschinen singen wie eiserne Mütter mich ein.
Ich hör überm Land eine kommende Kriegszeit schrein,
Das hat mich geweckt.«[33]

Der Aufbruch in den Krieg

Monarchen und Staatsmänner leben gefährlich. Denn je höher sie steigen, desto größer wird ihre Anziehungskraft für die Mörder, seien es Verrückte oder Fanatiker. Anschläge galten Wilhelm I. und Bismarck. Am 28. September 1883, bei der Einweihung des Niederwalddenkmals bei Rüdesheim in Anwesenheit des Kaisers und vieler anderer Fürsten, wäre es beinahe zu einer Katastrophe gekommen; mit reichlich Sprengstoff hatten Anarchisten ein Attentat vorbereitet. Zum Glück verregnete der Festtag, und die durchnäßten Zündschnüre erloschen.

Anderswo kam man nicht so glimpflich davon. Der Zar Alexander II. wurde 1881 in St. Petersburg in die Luft gesprengt, Elisabeth, die Kaiserin von Österreich, 1898 in Genf erdolcht, der russische Ministerpräsident Stolypin 1911 in Kiew durch Schüsse niedergestreckt, und gleich drei amerikanische Präsidenten sind in der langen Liste erfolgreicher Anschläge verzeichnet: Abraham Lincoln 1865, William McKinley 1901, John F. Kennedy 1963. Die Reihe ließe sich fast beliebig fortsetzen, und von Revolutionsopfern wie dem französischen König Ludwig XVI. oder dem Zaren Nikolaus II. ist dabei noch gar nicht die Rede.

Vor solchem Hintergrund stellen sich die Ausnahmen von der bösen Regel um so bemerkenswerter dar; zum Beispiel war die wilhelminische Epoche trotz all ihrer Aufgeregtheit und martialischen Sprache eine friedfertige Zeit; weder der Kaiser noch seine Kanzler sind jemals in Gefahr geraten. Warum eigentlich nicht? Beim Versuch einer Erklärung wäre vieles zu nennen, vom eingefleischten Respekt vor der Obrigkeit bis zur Bändigung der Arbeitermassen und sogar der revolutionsgläubigen jungen Leute durch die Sozialdemokratie. Nicht Anarchie war gefragt, sondern Disziplin. Gleichwohl bleibt ein rätselhafter Rest. Denn Verrückte gibt es immer, wie die Volksweisheit sagt, und Anlässe zur Unzufriedenheit erst recht. Weckte im übrigen Wilhelm II. mit seinen

Auftritten und Reden die Empörung nicht ebenso wie die Begeisterung? Warum gab es niemanden, der sich einredete, daß alles anders und besser würde, wenn man diesen Mann beseitigte? Vielleicht muß man einfach sagen: Wie kaum jemals zuvor oder seither handelte es sich um eine glückliche Zeit.

Wenn man sich nun an die finstere Regel statt an die Ausnahmen hält, dann nehmen sich die Schüsse von Sarajevo, die am 28. Juni 1914 den österreichen Thronerben Franz Ferdinand und seine Gemahlin töteten, zwar so dramatisch aus wie alle Attentate, aber kaum wie der Auftakt zur europäischen Urkatastrophe des zwanzigsten Jahrhunderts. Eher muß man den Kopf schütteln über die Leichtfertigkeit der Behörden, die den Erzherzog im offenen Wagen und ohne fachgerecht ausgebildete Sicherheitsexperten durch die Stadt rollen ließen.[1] Ungewöhnlich war nur, daß die Spuren des Anschlags vom Attentäter, dem Studenten Gavrilo Princip, nach Serbien, also ins Ausland, wiesen.

Wie sollte sich nun Österreich verhalten? Von Deutschland wurde es zu einem Vorgehen gegen Serbien ausdrücklich ermutigt und nicht etwa zurückgehalten. Dabei hat anfangs auch der Kaiser an dieser Scharfmacherei mitgewirkt,[2] und hierin, kein Zweifel, liegt sein persönlicher Anteil an Schuld. Österreich stellte am 23. Juli an Serbien ein auf 48 Stunden befristetes Ultimatum. Darin wurden unter anderem die Einstellung aller Propaganda und die Unterdrückung aller Aktionen gefordert, die sich gegen Österreich richteten, weiter die gerichtliche Untersuchung der Verschwörung, die zum Mordanschlag von Sarajevo führte – und zwar unter Beteiligung österreichischer Beamter.

Die serbische Antwort, die am 25. Juli kurz vor Ablauf des Ultimatums überreicht wurde, machte erhebliche Zugeständnisse. Inzwischen hatte Wilhelm II. den Ernst der Lage begriffen. Als er die serbische Note las, erklärte er erleichtert: »Eine brillante Leistung für eine Frist von bloß 48 Stunden. Das ist mehr, als man erwarten konnte! Ein großer moralischer Erfolg für Wien, aber damit fällt jeder Kriegsgrund fort.«[3] Den Staatssekretär im Auswärtigen Amt Gottlieb von Jagow wies er an, nach Wien durchzugeben: Die wenigen Vorbehalte, die Serbien noch mache, könnten durch Verhandlungen geklärt werden, und er selbst sei bereit, die Friedensvermittlung zu übernehmen.[4]

Zu spät: Die Regierungen in Wien und Berlin hatten sich bereits auf den Krieg festgelegt. Darum verzögerte Bethmann

Hollweg die Übermittlung der Kaiserbotschaft, bis er wußte, daß die österreichische Kriegserklärung an Serbien bevorstand, »entschärfte« den Text in seinem Sinne und wies den deutschen Geschäftsträger in Wien auch noch an: »Sie werden es [bei der Übermittlung der Botschaft] ... sorgfältig zu vermeiden haben, daß der Eindruck entsteht, als wünschten wir Österreich zurückzuhalten.«[5] Zum Ablauf der Ereignisse nur noch ein paar Stichworte:

25. Juli: Der russische Kronrat tagt und beschließt, »Serbien zu unterstützen, auch wenn man dazu die Mobilmachung erklären und Kriegshandlungen beginnen müsse«.

28. Juli: Österreich-Ungarn erklärt Serbien den Krieg.

29. Juli: Zar Nikolaus II. gibt den Befehl zur allgemeinen russischen Mobilmachung, zieht ihn jedoch nach einem die Friedenserhaltung beschwörenden Telegramm Wilhelms II. noch einmal zurück.

30. Juli: Die russische Mobilmachung, die tatsächlich schon im Gange ist, wird wiederum angeordnet.

31. Juli: Morgens wird die russische Mobilmachung in Berlin bekannt. Mittags wird der »Zustand der drohenden Kriegsgefahr« erklärt. Ein auf 12 Stunden befristetes Ultimatum fordert von Rußland, die Mobilmachung einzustellen und alle Kriegshandlungen zu unterlassen. Ein anderes, auf 18 Stunden befristetes Ultimatum fordert von Frankreich eine Neutralitätserklärung für den Fall des deutsch-russischen Krieges. Beide Forderungen bleiben unerfüllt.

1. August: Deutsche Kriegserklärung an Rußland; Befehl zur allgemeinen Mobilmachung in Deutschland und Frankreich.

2. August: Deutschland fordert von Belgien ein Durchmarschrecht.

3. August: Deutsche Kriegserklärung an Frankreich. Belgien lehnt den deutschen Durchmarsch ab; dennoch beginnen die deutschen Truppen mit dem Einmarsch.

4. August: Wegen Verletzung der international – auch von Deutschland – garantierten Neutralität Belgiens tritt Großbritannien in den Krieg ein. Im Reichstag erklärt der Reichskanzler Bethmann Hollweg, daß diese Neu-

tralitätsverletzung zwar Unrecht, aber aus »Notwehr« erzwungen sei.

In den nächsten Tagen folgen die Kriegserklärungen Österreich-Ungarns an Rußland, Serbiens an Deutschland, Frankreichs und Großbritanniens an Österreich-Ungarn.

Hinter dem ganzen Ablauf verbirgt sich ein fataler Automatismus. Alle Vorbereitungen des deutschen Generalstabs beruhten auf dem »Schlieffenplan«, benannt nach Alfred Graf von Schlieffen (1833–1913), dem Generalstabschef von 1891 bis 1905. Gleichsam als sein Testament hinterließ er seinem Nachfolger den Feldzugsentwurf, der vorsah, die gegen Elsaß-Lothringen aufmarschierende französische Armee mit dem Durchmarsch durch Belgien in der Flanke zu umgehen, sie im Rücken zu fassen, gegen die schweizerische Grenze zu drängen und damit in einer einzigen gewaltigen Kesselschlacht zu vernichten. Inzwischen sollten nur schwache Kräfte die Ostgrenze gegen Rußland sichern. Eine Alternative zu diesem Plan gab es nicht.

Alles hing von der Schnelligkeit ab. Man nahm an, daß der russische Aufmarsch angesichts der Größe des Zarenreiches und nur weniger leistungsfähiger Bahnverbindungen viel Zeit brauchen werde. Ein rascher Sieg über Frankreich hätte damit die Möglichkeit eröffnet, rechtzeitig Truppen vom Westen nach Osten zu verlagern, um den russischen Vormarsch aufzuhalten und dann selbst zum Angriff überzugehen. Um so dringender war es allerdings, nicht in Zeitverzug zu geraten. Wenn darum die russische Mobilmachung begann, durfte man nicht zögern, sondern *mußte* Frankreich den Krieg erklären und in Belgien einmarschieren – und das heißt mit anderen Worten: sich vor der Welt ins Unrecht setzen, indem man die Rolle des Angreifers übernahm.

Inzwischen geschah etwas, was uns nach den Erfahrungen mit zwei Weltkriegen fassungslos macht und als kaum noch begreifbar erscheint. Der Beginn des großen europäischen Krieges weckte nicht Angst und Entsetzen, sondern Glücksgefühle; für die überwältigende Mehrheit der Menschen handelte es sich nicht um eine Katastrophe, sondern um den Aufbruch zu neuen Ufern, so als beginne erst in der Begegnung mit dem Tod das wahre Leben. Europa trat dazu an, sich selbst zu zerstören – und es jauchzte, es sang:

»Begeisterung in St. Petersburg, wo es zu Ausbrüchen eines regelrechten Massenwahns kommt und die Deutsche Botschaft

»Ich kenne keine Parteien mehr. Ich kenne nur Deutsche«: Kaiseransprache zum Kriegsbeginn 1914, gemalt von Fritz Genutat.

völlig zerstört wird. Als sich der Zar auf dem Balkon des Winterpalais zeigt, knien Tausende von Männern und Frauen nieder und stimmen die Nationalhymne an … Begeisterung in London: in Whitehall, auf dem Trafalgar Square, vor dem Buckinghampalast und Downing Street 10. Überall reagiert die Menge mit Jubel auf die Kriegserklärung. Auch in London wird die Deutsche Botschaft mit Steinen beworfen. Bis weit nach Mitternacht herrscht Jahrmarktstimmung in der Hauptstadt. Hier kennt man keine Militärdienstpflicht, doch die Freiwilligen strömen nur so herbei; schon im ersten Monat sind es 500 000 und schließlich sage und schreibe 3 Millionen. Die meisten müssen erst einmal wieder abziehen, weil nicht genügend Gewehre da sind.«[6]

Aus Berlin meldete die *Frankfurter Zeitung*: »Unter den Linden und vor dem königlichen Schloß sammelten sich bald nach der Bekanntgabe der Mobilmachung viele Hundertausende von Menschen. Jeder Wagenverkehr hörte auf. Der Lustgarten und der freie Platz vor dem Schloß waren dicht angefüllt von den

Menschenmassen, die patriotische Lieder sangen und wie auf Kommando gleichmäßig immer wieder den Ruf erneuerten: ›Wir wollen den Kaiser sehen!‹ Gegen ½ 7 Uhr erschien der Kaiser am mittleren Fenster der ersten Etage, von einem unbeschreiblich starken Jubel und von Hurrarufen begrüßt. Patriotische Lieder wurden angestimmt. Nach einiger Zeit trat in der Menge Ruhe ein. Die Kaiserin trat an die Seite des Kaisers, der den Massen zuwinkte, daß er sprechen wolle. Unter tiefstem Schweigen sprach der Kaiser dann ungefähr mit weithin vernehmbarer, langsam stärker werdender Stimme: ›Wenn es zum Kriege kommen soll, hört jede Partei auf, wir sind nur noch deutsche Brüder. In Friedenszeiten hat mich zwar die eine oder andere Partei angegriffen, das verzeihe ich ihr aber jetzt von ganzem Herzen. Wenn uns unsere Nachbarn den Frieden nicht gönnen, dann hoffen und wünschen wir, daß unser gutes deutsches Schwert siegreich aus dem Kampf hervorgehen wird.‹ Auf diese Worte des Kaisers schloß sich ein Jubel an, wie er wohl noch niemals in Berlin erklungen ist. Die Menge stimmte begeistert erneut patriotische Lieder an.«[7] Nicht bloß das, auch ein Choral erklang:

»Nun danket alle Gott
mit Herzen, Mund und Händen,
der große Dinge tut
an uns und allen Enden …«

Seiner Thronrede vom 2. August fügte der Kaiser noch persönliche Worte hinzu. Dabei gelang ihm die fortan gültige Formulierung, der Flügel wuchsen: »Ich kenne keine Parten mehr. Ich kenne nur Deutsche.«

Ein junger Mann, den damals noch keiner kannte, erinnerte sich später an die Aufbruchstage in München: »Der Kampf des Jahres 1914 wurde den Massen, wahrhaftiger Gott, nicht aufgezwungen, sondern von dem gesamten Volke selbst begehrt … Mir selber kamen die damaligen Stunden wie eine Erlösung aus den ärgerlichen Empfindungen der Jugend vor. Ich schäme mich auch heute nicht, es zu sagen, daß ich, überwältigt von stürmischer Begeisterung, in die Knie gesunken war und dem Himmel aus übervollem Herzen dankte, daß er mir das Glück schenkte, in dieser Zeit leben zu dürfen.«[8]

Natürlich meldete sich dieser junge Mann – Adolf Hitler – als Kriegsfreiwilliger, wie Hunderttausende, wie Millionen mit ihm, und auch in Deutschland überstieg der Andrang erst einmal die Organisations- und Ausrüstungsmöglichkeiten. Insgesamt zählte man im August 1914 mehr als zwei Millionen Meldungen, und »Freiwillige wurden bald nur noch auf dem Wege der Protektion angenommen«.[9]

Wer nicht mitzog, wie die Universitätsprofessoren und die Gymnasiallehrer, denen die Studenten und ganze Abiturientenjahrgänge davonliefen, griff um so eifriger zur Feder, um patriotische Aufrufe zu verfassen. Erst recht machten sich alle berufenen und unberufenen Poeten ans Werk; etwa anderthalb Millionen Gedichte sollen im August 1914 entstanden sein, ein Produktionsrekord der ganz besonderen Art.[10] Als Beispiel sei das »Lied an alle« von Richard Dehmel zitiert:

»Sei gesegnet, ernste Stunde,
die uns endlich stählern eint;
Frieden war in aller Munde,
Argwohn lähmte Freund und Feind –
Jetzt kommt der Krieg,
der ehrliche Krieg!

Dumpfe Gier mit stumpfer Kralle
feilschte um Genuß und Pracht;
jetzt auf einmal ahnen alle,
was uns einzig selig macht –
Jetzt kommt die Not,
die heilige Not!

Feurig wird nun Klarheit schweben
über Staub und Pulverdampf;
nicht ums Leben, nicht ums Leben
führt der Mensch den Lebenskampf –
Stets kommt der Tod,
der göttliche Tod!

Gläubig greifen wir zur Wehre,
für den Geist in unserm Blut;
Volk, tritt ein für deine Ehre,
Mensch, dein Glück heißt Opfermut –
Dann kommt der Sieg,
der herrliche Sieg!«[11]

Der deutsche Aufbruch überwältigte auch die Sozialdemokraten. Noch am 28. Juli erregten sie Aufsehen und Anstoß, als sie vom »Krieg dem Kriege« sprachen und Friedensdemonstrationen veranstalteten. Am 4. August aber stimmten ihre Reichstagsabgeordneten für die Kriegskredite, und der Fraktionsvorsitzende Hugo Haase gab dazu eine Erklärung ab: »Die Folgen der imperialistischen Politik, durch die eine Ära des Wettrüstens herbeigeführt wurde und die Gegensätze zwischen den Völkern sich verschärften, die sind wie ein Sturmwind über Europa hereingebrochen. Die Verantwortung hierfür fällt den Trägern dieser Politik zu; wir lehnen sie ab ... Jetzt stehen wir vor der ehernen Tatsache des Krieges. Uns drohen die Schrecknisse feindlicher Invasionen. Nicht für oder gegen den Krieg haben wir uns zu entscheiden, sondern über die Frage der für die Verteidigung des Landes erforderlichen Mittel ... Da machen wir wahr, was wir immer betont haben: Wir lassen in der Stunde der Gefahr das eigene Vaterland nicht im Stich.«[12] Im Rückblick auf die jäh versunkenen Ideale der Völkerverbrüderung war das ein gewundener Text; in der Sache aber entschied man sich ohne Wenn und Aber für den Krieg.

Wie soll man das alles verstehen? Es gibt nicht eine Erklärung, sondern mehrere. Zunächst: Die Völker kannten den Krieg des Industriezeitalters so wenig wie die Generale. Woran sie sich erinnerten, das waren Feldzüge wie die von 1864, 1866 und 1870/71. Diese drei Bismarck-Kriege hatten zusammengenommen die preußisch-deutschen Heere gerade einmal 31 351 Tote gekostet;[13] auf Millionenverluste war man darum überhaupt nicht vorbereitet.[14] Überdies waren die vergangenen Kriege kurz gewesen; sie hatten nur wenige Wochen, allenfalls ein paar Monate gedauert. Im Herbst oder spätestens zu Weihnachten glaubte man wieder zu Hause zu sein, vom Siegeslorbeer geschmückt. Man nahm also das Vergangene, die Erinnerung – was sonst? – zum Richtmaß der Zukunft, wie es der sanftmütige Rainer Maria Rilke beschwor:

»Heil mir, daß ich Ergriffene sehe. Schon lange
war uns das Schauspiel nicht wahr,
und das erfundene Bild sprach nicht entscheidend uns an.
Geliebte, nun redet wie ein Seher die Zeit
blind, aus dem ältesten Geist.
Höret. Noch hörtet ihr's nie. Jetzt seid ihr Bäume,
die die gewaltige Luft lauter und lauter durchrauscht:

über die ebenen Jahre stürmt sie herüber
aus der Väter Gefühl, aus höheren Taten, vom hohen
Heldengebirg, das nächstens im Neuschnee
eures freudigen Ruhms reiner, näher erglänzt ...«

Was man auch noch nicht kannte, das war die moderne Propaganda, die aufgewühlte Leidenschaften zum Haß verdichtet. Niemals zuvor und nicht mehr seither haben sich Gelehrte, Künstler, Schriftsteller, Dichter derart engagiert wie im Ersten Weltkrieg; nur die staatliche Parolenproduktion wurde erst später zur Vollendung entwickelt.

Zweitens: Es gab die fast natürliche Abnutzung einer langen Friedenszeit, die Langeweile, den Überdruß am Alltäglichen und im Gegenzug die Lust am Abenteuer, die Sehnsucht nach der Mutprobe, der Bewährung; überall klingt dies in den Schriften, den Gedichten durch. Und wo findet man das Äußerste, die wirkliche Bewährung, wenn nicht im Krieg? Noch im Rückblick hat Ernst Jünger den »Kampf als inneres Erlebnis« gefeiert und von der *Ekstase* gesprochen, die er gewährt: »Dieser Zustand des Heiligen, des großen Dichters und der großen Liebe ist auch dem großen Mute vergönnt. Da reißt Begeisterung die Männlichkeit so über sich hinaus, daß das Blut kochend gegen die Adern springt und glühend das Herz durchschäumt. Das ist ein Rausch über allen Räuschen, Entfesselung, die alle Bande sprengt. Da ist der Mensch wie der brausende Sturm, das tosende Meer und der brüllende Donner. Dann ist er verschmolzen ins All, er rast den dunklen Toren des Todes zu wie ein Geschoß dem Ziel. Und schlagen die Wellen purpurn über ihm zusammen, so fehlt ihm längst das Bewußtsein des Übergangs. Es ist, als gleite eine Woge ins flutende Meer zurück.«[15]

Vielleicht würde es sogar gelingen, den Zivilisationsmenschen, der nur Interessen kennt und Vorteile sucht, in ein anderes, neues, stärkeres Wesen zu verwandeln: »Wir sind zu verästelt; der Saft steigt nicht mehr in die Spitzen. Nur wenn ein unmittelbarer Impuls uns wie ein Blitz durchbrennt, werden wir wieder einfach und erfüllt; das gilt für den Einzelnen wie für seine Summe, das Volk. Im Tanz auf schmaler Klinge zwischen Sein und Nichtsein offenbart sich der wahre Mensch, da schmilzt seine Zersplitterung wieder zusammen zu wenigen Urtrieben von gewaltiger Stärke. Alle Vielfalt der Formen vereinfacht sich zu einem Sinn: dem Kampf.«[16]

Drittens: Um Bewährung ging es noch in einem anderen, hintergründigen Sinne. Wir haben früher schon von dem seltsamen Minderwertigkeitskomplex der wilhelminischen Generation gesprochen, vom niederdrückenden Gefühl, daß alles Große bereits durch Bismarck getan worden war. Mit diesem angeblich harten Schicksal des politischen Epigonentums wollte man sich um keinen Preis abfinden, sondern selbst etwas Großes, wenn möglich noch Größeres leisten, um aus dem Schatten des Reichsgründers heraus zum eigenen Platz an der Sonne emporzusteigen und den Traum von der Weltmacht zu verwirklichen. Aber das alles war kaum mehr als ein vages Versprechen, um nicht zu sagen eine großmäulige Ankündigung geblieben, den Schlachtflottenbau eingeschlossen. Jetzt aber, endlich, bot sich die Gelegenheit, von den Worten zur Tat zu schreiten und im Kampf und im Sieg dem eigenen Selbstbewußtsein das feste Fundament zu schaffen, das ihm bisher gefehlt hatte.

Viertens: Bismarck hatte zwar die deutsche Einheit, den Nationalstaat, aber keine einige Nation geschaffen. Im Gegenteil, mit seiner unerbittlichen Sozialistenverfolgung hatte er die deutsche Gesellschaft tief gespalten. Bot sich nun nicht die Chance, diese Spaltung zu überwinden – und auch damit das Werk des Reichsgründers entscheidend zu überbieten? In diesem Sinne sprach im Jahre 1911 der Staatsrechtslehrer Erich Kaufmann vom »siegreichen Krieg« als dem »sozialen Ideal«.[17] In diesem Sinne wurde das Wort des Kaisers verstanden und bejubelt, daß er keine Parteien mehr kenne, sondern nur Deutsche. In diesem Sinne schrieb etwas später der Historiker Hermann Oncken: »Der Krieg hat den Deutschen mit einem stärkeren Ruck über diese innere Kluft hinweggeholfen, als lange Friedensentwicklung vermocht hätte... Wir alle haben die große Stunde erlebt, wo ein frevelhafter Angriff alle Deutschen einte. Als auch die Sozialdemokratie in ihrer Vertretung im Reichstage, in der Sprache ihrer publizistischen Organe und in der Gesinnung ihrer Millionen sich rückhaltlos und mannhaft in Reih und Glied stellte, da kam über viele ein beseligendes Gefühl: jetzt sind wir wahrhaft, jetzt sind wir endlich eine einige Nation.«[18]

Oncken hat den Begriff des »inneren Kriegsziels« geprägt.[19] Doch das gab es nicht nur in Deutschland. In Österreich-Ungarn hoffte man darauf, die auseinanderstrebenden Völker im siegreichen Krieg wieder zusammenzuschmieden; in Rußland wollte man die längst erschütterte autokratische Herrschaft neu befestigen, in Frankreich und Großbritannien die Probleme der Klassengesellschaft überwinden. Man hat vom Zeitalter des Imperialismus gesprochen. Dabei handelte es sich nicht, wie manche Theoretiker meinten, um schicksalsbestimmende wirtschaftliche Gegensätze; die ökonomische Vernunft verwies vielmehr auf die Wahrung des Friedens. Alle Volkswirtschaften konnten miteinander gewinnen und mußten im Krieg verlieren, sogar die Sieger. Aber der Drang, innere, gesellschaftliche Konflikte durch die Abfuhr nach außen zu lösen oder sie wenigstens zu überdecken, gehört zum Bild der Epoche. Dabei war die stillschweigende Voraussetzung in jedem Lager und Land, daß man tatsächlich siegte, daß der Krieg nicht zu lange dauerte und nicht zu große Opfer forderte.

Schließlich fünftens: Außenpolitische Spannungen kennzeichneten den Vorkriegszustand. Die Bündnissysteme formierten sich gegeneinander, zu Lande und zur See wurde aufgerüstet, es gab die Krisen, die im vorigen Kapitel skizziert wurden, und die Balkankriege wirkten wie ein Wetterleuchten. Die Stimmen der Zeitgenossen reden von Stickluft, von Gewitterschwüle. Längst schon war man darum gewissermaßen *zum Krieg resigniert* – und setzte um so dringender auf das reinigende Unwetter, sei es auch mit Blitzschlag und Hagel, in der Hoffnung, danach wieder unbeschwert atmen zu können.

Ein so bedeutender Intellektueller wie Walther Rathenau, zugleich Leiter eines Industrieunternehmens, das in der wilhelminischen Friedenszeit zu Weltgeltung aufstieg, hat im Rückblick geschrieben: »Ein entseeltes, übermechanisiertes Europa, worin jeder Mensch jedes Menschen Feind war, jedes Volk jedes Volkes Feind, in ahnungsloser, schamloser Selbstverständlichkeit; wo jeder, Mensch und Land, in tierischer Unbefangenheit nur genießen und leben wollte, wenn der andre sich quälte und starb, wo alle Politik zugestandenermaßen nur Wirtschaftspolitik war, nämlich plumper und dummdreister Versuch der Übervorteilung, oder Rüstungspolitik, nämlich zynisches Pochen auf Menschenüberschuß, Geld, Technik und Massendisziplin; wo der Begriff der Vorherrschaft zur See, der Vorherrschaft zu Lande, der Weltherrschaft mit Augenaufschlag besprochen wurden, als ob es sich ... nicht um das todeswürdigste Verbrechen handelte: in diesem unglücklichen und nichtswürdigen Europa brach der Krieg nicht am 1. August 1914 aus.«[20]

Nein, er war schon im gerüsteten und gewitterschwülen Vorkriegszustand angelegt. Daß jedoch das Vorkriegseuropa bloß unglücklich und nichtswürdig war, läßt sich entschieden bestreiten. Aber wie denn, falls man es so sah, sollte man in den Krieg ziehen, wenn nicht mit Begeisterung, mit der Hoffnung, ganz neue Verhältnisse, einen neuen Menschen zu schaffen? Wie der dann aussah, hat Ernst Jünger geschildert:

»Der Geist der Materialschlacht und des Grabenkampfes, der rücksichtsloser, brutaler, wilder ausgefochten wurde als je ein anderer, erzeugte Männer, wie sie die Welt bisher nie gesehen. Es war eine ganz neue Rasse, verkörperte Energie, mit höchster Wucht geladen ... Überwinder, Stahlnaturen, eingestellt auf den Kampf in seiner gräßlichsten Form ... Wenn ich [sie] beobachte ... erstrahlt mir die Erkenntnis: Das ist der neue Mensch ... Über ihren Städten wird tausendfach brausende Tat sich wölben, wenn sie über die Asphalte schreiten, geschmeidige Raubtiere, von Kräften überspannt. Baumeister werden sie sein auf den zertrümmerten Fundamenten der Welt. Denn dieser Krieg ist nicht, wie viele meinen, das Ende, sondern der Auftakt der Gewalt.«[21]

Dem von Jünger beschworenen, gefeierten neuen Menschen ist Walther Rathenau in der Stunde seines Todes begegnet.

Doch noch reden wir vom begeisterten Aufbruch in den Krieg. Natürlich war die Vielfalt der Motive den Beteiligten kaum bewußt. Erst im Rückblick kann man sie unterscheiden und analysieren. Im Juli und August 1914 bildeten sie ein undeutliches, im einzelnen oft unterschiedliches, manchmal sogar sehr widersprüchliches, doch in der Summe brisantes Gemisch aus Gedanken und mehr noch aus Gefühlen. Mit dem Funken der Kriegserklärungen explodierte es zu der Begeisterung, die den Nachgeborenen so rätselhaft erscheint und uns schaudern läßt.

Doch zurück zum Schlieffen-Plan, von dessen Gelingen für Deutschland sehr viel, zu viel, alles abhing. Für den Generalstab war er der Schlüssel zum Erfolg. Später, nach dem Scheitern, hat man dann seine »Verwässerung« und Fehler bei der Durchführung beklagt. In Wahrheit war er von Anfang an und durch und durch problematisch.[22]

Schon vorab muß man fragen: Wie war es möglich, daß dieser Feldzugsplan ohne Koordinierung mit der politischen Führung entworfen wurde? Er begründete den Vorrang des Militärs vor der zivilen, staatsmännischen Leitung, einen Vorrang, der dann im Verlauf des Krieges immer deutlicher zutage trat. Bereits der Beginn der russischen Mobilmachung degradierte den Reichskanzler zum Erfüllungsgehilfen des Generalstabs; Bethmann Hollweg blieb gar keine Wahl mehr, er mußte die Kriegserklärung an Frankreich aussprechen und die Verletzung der belgischen Neutralität rechtfertigen, so gut er es vermochte. Daß Bismarck sich eine solche Verschiebung der Gewichte und Verantwortlichkeiten hätte gefallen lassen, übersteigt jede Vorstellungskraft.

In seinen »Gedanken und Erinnerungen« schreibt der Reichsgründer: »Wenn man die Theorie, welche der Generalstab [im Krieg von 1870/71] mir gegenüber zur Anwendung brachte und die auch kriegswissenschaftlich gelehrt werden soll, so ausdrücken kann: der Minister der Auswärtigen Angelegenheiten kommt erst wieder zu Wort, wenn die Heeresleitung die Zeit gekommen findet, den Janustempel zu schließen.« Doch nur die politische Führung dürfe darüber entscheiden, wann der Friedensschluß notwendig sei. Immer müsse sie die neutralen Mächte im Auge behalten und die Frage stellen, ob ihr Eingreifen drohe und daher ein Abbruch des Krieges noch vor dem vollständigen Sieg notwendig werde. »Die Verhandlungen in Nikolausburg 1866 [nach dem Sieg bei Königgrätz] beweisen, daß die Frage von Krieg und Frieden auch im Kriege stets zur Kompetenz des verantwortlichen Ministers gehört und nicht von der technischen Armeeleitung entschieden werden kann.«[23] Daß aber schon bei der Kriegseröffnung der Generalstabschef dem Kanzler die Führung entreißt, wäre für Bismarck undenkbar gewesen, und darum erwähnt er es gar nicht erst.

Sogar militärisch brachte der Einmarsch in Belgien schwere Nachteile. Zusätzlich zum französischen Heer bekam man es mit der belgischen und der britischen Armee zu tun – und zwar auf jenem rechten Flügel, auf dem die eigene Überlegenheit die Entscheidung bringen sollte. Zudem hatte man offenbar die Weiterentwicklung der Militärtechnik nicht bedacht, die jetzt von den Repetier- und Maschinengewehren bestimmt wurde.[24] Damit konnten wenige entschlossene Männer Massen von Angreifern in Schach halten. Der ganze spätere Kriegsverlauf hat bewiesen, daß die Angreifer schwerere Verluste erlitten als die Verteidiger, und da an der Westfront meist die Franzosen und Engländer angriffen, mußten sie auch den höheren Blutzoll entrichten. Das änderte sich erst wieder mit der deutschen Offensive im Frühjahr 1918 – mit dem Ergebnis, daß sie die deutsche Niederlage einleitete.[25] Ein dramatisches Beispiel lieferte indessen schon der deutsche Angriff bei Langemarck im November 1914. Er ist zum Mythos geworden, weil die kaum ausgebildeten Kriegsfreiwilligen mit dem Deutschlandlied auf den Lippen in den Tod stürmten. Doch nüchtern betrachtet handelte es sich um eine verheerende Niederlage; in Massen wurden die jungen Menschen von den Maschinengewehren der englischen Berufssoldaten niedergemäht.[26]

Wußten die militärischen Fachleute eigentlich nichts von Maschinengewehren, Feldspaten und Stacheldrahtverhauen? Warum gab es keinen Alternativplan? Jede Firma, die auf sich hält und erfolgreich sein will, entwickelt für unterschiedliche Herausforderungen unterschiedliche Strategien. Muß man es nicht als eine unerhörte Pflichtvergessenheit des Generalstabs ansehen, daß er nur ein einziges Siegesrezept besaß und an ihm über viele Jahre hinweg festhielt, so als sei es ein Glaubensbekenntnis und eben nicht eine Strategie?[27]

Wären aber andere Möglichkeiten denkbar gewesen? Selbstverständlich. Eine – auch politisch weit bessere – bestand zum Beispiel darin, im Westen ruhig abzuwarten, den Franzosen die Kriegserklärung zu überlassen, sie gegen vorbereitete Stellungen längs der Vogesen anrennen und sich dort aufreiben zu lassen. Inzwischen hätte man sich mit der Hauptkraft nach Osten wenden, in seinen Weiten die technisch noch rückständigen und schlecht geführten russischen Armeen zerschlagen und unter der Voraussetzung, daß man vernünftige statt eroberungssüchtige Bedingungen stellte, wahrscheinlich einen baldigen Friedensschluß erreichen können. Aber man spielte mit höchstem Risiko um alles oder nichts und erreichte fast folgerichtig nichts. Im September geriet der deutsche Vormarsch ins Stocken, in der Marneschlacht kam er zum Stillstand, die Heeresleitung zweifelte am Erfolg ihres Feldzugsplans und ordnete den Rückzug an. Dann erstarrte der Krieg in den Schützengräben, und die britische Seeblockade bekam Zeit, sich auszuwirken.

Wie nur soll man das fatale Kriegsspiel erklären? Die Antwort muß wohl sarkastisch ausfallen: Generale, falls sie einmal siegreich waren, bereiten nicht den kommenden, sondern den vergangenen Krieg vor. Hinter aller vordergründigen Professionalität, hinter Berechnungen und Marschtabellen verbarg sich das Irrationale, der Mythos von Sedan. Dort hatte im September 1870

Helmuth von Moltke die französische Armee gegen die belgische Grenze gedrängt und sie triumphal vernichtet. So und nicht anders sollte es nun wieder geschehen. Schlieffen war Moltkes Schüler, der bei Kriegsbeginn 1914 amtierende Generalstabsschef Moltke sein Neffe – und der Schlieffenplan eine Kopie von Sedan, nur seitenverkehrt angelegt und ins Gigantische übersteigert.[28]

Daß dann Deutschland den Krieg noch für vier Jahre durchhielt, verdankte es neben der Opferbereitschaft und Tapferkeit seiner Soldaten zwei Zivilisten: Walther Rathenau organisierte die Belagerungs-Kriegswirtschaft, und Fritz Haber hatte die Ammoniaksynthese entwickelt; dank des Haber-Bosch-Verfahrens war man für die Herstellung von Schieß- und Sprengstoffen unabhängig von der Einfuhr des Chilesalpeters. Zwei deutsche Patrioten, zwei Juden: Der eine wurde 1922 ermordet, der andere starb 1934 in der Emigration.

Der Sturz in den Abgrund

»An das deutsche Volk!

Seit der Reichsgründung ist es durch 43 Jahre Mein und Meiner Vorfahren heißes Bemühen gewesen, der Welt den Frieden zu erhalten und in Frieden unsere kraftvolle Entwicklung zu fördern. Aber die Gegner neiden uns den Erfolg unserer Arbeit. Eine offenkundige und heimliche Feindschaft von Ost und West, von jenseits der See haben wir zu ertragen im Bewußtsein unserer Verantwortung und Kraft. Nun aber will man uns demütigen. Man verlangt, daß wir mit verschränkten Armen zusehen, wie unsere Feinde sich zu einem tückischen Überfall rüsten. Man will nicht dulden, daß wir in entschlossener Treue zu unserem Bundesgenossen stehen, der um sein Ansehen als Großmacht kämpft und mit dessen Erniedrigung auch unsere Macht und Ehre verloren ist. So muß denn das Schwert entscheiden. Mitten im Frieden überfällt uns der Feind. Darum auf zu den Waffen! Jedes Schwanken, jedes Zögern wäre Verrat am Vaterland. Um Sein oder Nichtsein unseres Reiches handelt es sich, das unsere Väter sich neu gründeten. Um Sein oder Nichtsein deutscher Macht und deutschen Wesens. Wir werden uns wehren bis zum letzten Hauch von Mann und Roß, und wir werden diesen Kampf bestehen auch gegen eine Welt von Feinden. Noch nie ward Deutschland überwunden, wenn es einig war. Vorwärts mit Gott, der mit uns sein wird, wie er mit den Vätern war.«

Dieser Aufruf Seiner Majestät des Kaisers erschien am 6. August 1914 im amtlichen *Reichsanzeiger*, und natürlich druckten alle Zeitungen ihn nach.[1] Ob er die Deutschen beeindruckte, steht dahin. Wirklich mitreißend klingt er nicht; man findet keine zündende Formel wie das »Ich kenne keine Parteien mehr …« Was denn deutet das Sich-Wehren »bis zum letzten Hauch« an? Oder was sollte man von der Unüberwindbarkeit im Einigsein halten? Der einzige historische Beleg, der sich dafür allenfalls beibringen ließ, war der Aufbruch gegen Frankreich im Jahre 1870. Deutlich wird eher, im Gegensatz zur allgemeinen Begeisterung, die Resignation zum Krieg, die Bitterkeit des Abschieds vom Frieden. »Jetzt geht heim und betet!« – hatte Wilhelm am Abend des 31. Juli, am Ende seiner Rede, der vor dem Schloß versammelten Menge zugerufen. Das allerdings unterschlugen die meisten Zeitungen, und die Massen gingen nicht nach Hause, sondern »stimmten erneut patriotische Lieder an«.

Es ist merkwürdig: Seine begeisternden, schneidigen, nicht selten auch kriegerisch klingenden Reden hielt Wilhelm II. im Frieden. Seit dem Aufbruch in den Krieg sprach er viel seltener, und was er sagte, wirkte eher matt. Es hätte ja nahegelegen, daß er jetzt, jetzt erst recht, kreuz und quer durchs Land oder hinter den Fronten von Truppe zu Truppe reiste, um mit seinen Ansprachen den Durchhalte- und Siegeswillen zu stärken. Er tat es nicht, und niemand, weder die Regierung noch die Oberste Heeresleitung, drängte ihn dazu, es zu tun. Das große Wort führten jetzt andere.

Der Kaiser verschwand gewissermaßen in den Kulissen des Krieges, und beinahe niemand vermißte ihn. Er war eben wirklich ein Mann der wilhelminischen Epoche, die 1914 zu Ende ging, und er wußte es. »Mit meinem Amt ist es aus«, soll er gesagt haben, als deutlich wurde, daß der Friede nicht mehr zu retten war.

Natürlich, und wie es sich für einen Hohenzollern gehörte, zog Wilhelm II. mit seinen Truppen ins Feld. Das heißt, er hielt sich meist im Hauptquartier der Obersten Heeresleitung auf, das sich am Beginn der Krieges in Koblenz und am Ende im belgischen Kurort Spa befand, zwischendurch aber mehrfach verlegt wurde, unter anderem ins oberschlesische Pleß, als die Operationen an der Ostfront in den Vordergrund rückten. Doch gegenüber den geschäftigen Generalen und Stabsoffizieren blieb Seine Majestät eine dekorative Nebenfigur – und wurde mit dem ihm äußerlich geschuldeten Respekt auch so behandelt: »Der Generalstab sagt mir gar nichts und fragt mich auch nicht. Wenn man sich in Deutschland einbildet, daß ich das Heer führe, so irrt man sich sehr. Ich trinke Tee und säge Holz und gehe spazieren und dann erfahre ich von Zeit zu Zeit, das und das ist gemacht.«[2] Bei aller Übertreibung, wie sie zum Klagen gehört, enthält das den Kern der Wahrheit. Eine der wenigen Entscheidungen, die er als oberster Kriegsherr selbst traf und gegen die nicht einmal der Wille von Tirpitz etwas auszurichten vermochte, bestand darin, die Schlachtflotte nicht rücksichtslos, sondern nur mit äußerster Vorsicht einzusetzen, um sie unbeschädigt zu erhalten. Wenigstens dieses Traumgebilde, das wilhelminische Riesenspielzeug, sollte nicht zerstört werden.

Statt des Kaisers stieg in der Stunde der Not bald ein greiser General zur überragenden Heldenfigur auf: Paul von Beneckendorff und von Hindenburg. 1847 geboren, hatte er zuletzt das IV. Armeekorps in Magdeburg kommandiert und war 1911 pensioniert worden – angeblich, weil er es gewagt hatte, in einem Manöver gegen den Kaiser zu siegen. Am 22. August 1914 wurde er nach Ostpreußen gerufen und zum Befehlshaber der VIII. Armee ernannt, die sich vor der russischen Übermacht bereits hinter die Weichsel zurückzog. Zu seinem Stabschef wurde Erich Ludendorff berufen, geboren 1865. Die beiden Männer bildeten fortan ein Schicksalspaar, Hindenburg als der ruhende Pol, Ludendorff als sein eher nervöser, aber energisch planender und machtbewußter Partner. Gegen alle Wahrscheinlichkeit wurde die russische Narew-Armee in der Schlacht bei Tannenberg vom 26. bis zum 30. August vernichtet, dann die Njemen-Armee in der Schlacht an den Masurischen Seen vom 6. bis 15. September unter schweren Verlusten zum Rückzug gezwungen. Ostpreußen war gerettet. Was die Menschen empfanden, hat die Dichterin aus Königsberg, Agnes Miegel, in ihrer »Hindenburg«-Ballade erzählt. »Und rings um den Dom«, heißt es darin,

»Rauschten jäh die Linden auf,
Als wachten in dem Ordenschor
In ihren Grüften die Hochmeister auf.
Und Fragen liefen Haus ab und auf:
›Was singen die Jungen?
Was wissen sie?‹
Und eine freudezitternde, schwingende Stimme schrie:
›Sieg! Sieg! Wir schlugen die Russen
bei Tannenberg!‹
...
Im Morgengrauen, dicht bei dicht,
Vor dem Anschlag an der Mauerwand
Alt und jung beinander stand.
Sie lasen murmelnd im ersten Licht

Wort für Wort, wieder und wieder
Und den Namen darunter.
Keiner hat ihn gekannt.
›Hindenburg!‹
Sie sprachen ihn laut einander vor.
›Wer ist er? Woher?‹
Welke Hand hob kleine weiche Hand empor
Daß sie ihn nachzog. Greises Haupt beugte sich nieder,
Ließ rosigen Mund ihn stammeln. Sprach:
›Das ist Er,
Der Verheißne, der Greis aus dem Berg Vergessenheit,
Den unsere Not gerufen.
Er kam, er hat uns befreit.
Vergiß ihn nie!‹
›Nie.‹

Und ein verstörtes, zerquältes Land
Griff aufatmend nach deiner mächtigen Hand
Und lehnte sich wie ein Kind an deine Knie!«[3]

Aber nicht nur in Ostpreußen suchte man diese Anlehnung. In dem Maße, in dem der Krieg sich in die Länge zog, die Verluste stiegen und die Leiden der Bevölkerung zunahmen, wuchs, völlig verständlich, zugleich das Bedürfnis nach mächtiger Führung. Doch die Erwartungen richteten sich eben nicht mehr auf den Friedenskaiser Wilhelm II., sondern auf Hindenburg, in dem Wunschdenken oder dem Wunderglauben, daß er den unwahrscheinlichen Sieg bringen werde, so wie er ihn bei Tannenberg gebracht hatte. Am 29. August 1916 übernahmen Hindenburg und Ludendorff die Oberste Heeresleitung, und von da an entstand eine Art von Militärdiktatur. Der Kaiser und der Kanzler sahen sich gezwungen, allem zuzustimmen, was die beiden Männer wollten. Wie das praktisch aussah, hat Arthur Rosenberg geschildert:

»Das Instrument, mit dem Ludendorff seine Diktatur begründete, war die völlig neue, den alten Vorstellungen des deutschen Heeres fremde Auslegung, die er dem Begriff der ›Verantwortung‹ gab ... Wenn zum Beispiel der Reichskanzler eine nach Ansicht des Generals Ludendorff falsche, die Kriegführung schädigende Politik machte, erklärte Ludendorff, daß er dafür die ›Verantwortung‹ nicht tragen könne. Er erbat demgemäß seine Entlassung. Die Folge davon war aber, daß nicht Ludendorff ging, sondern der Reichskanzler. Mit dem Druckmittel seiner ›Verantwortung‹ hat Ludendorff dem Kaiser nicht nur auf militärischem Gebiet, sondern auch in allen entscheidenden politischen Fragen seinen Willen aufgezwungen. – General Ludendorff besaß das unbedingte Vertrauen des Feldmarschalls von Hindenburg. Wenn Ludendorff seinen Rücktritt ankündigte, so schloß Hindenburg sich ihm an. Der Kaiser aber war gar nicht imstande, Hindenburg und Ludendorff zu entlassen. Die kaiserliche Autorität war so gesunken und dafür die Autorität der beiden Heerführer so gestiegen, daß Wilhelm II. gegenüber Ludendorff machtlos war. Hätte der Kaiser etwa im Jahre 1917 versucht, den General Ludendorff zu entlassen, so wäre aus der Ludendorff-Krise sehr bald eine Kaiserkrise geworden.«[4]

Wenden wir uns dem Geschehen an der »Heimatfront« zu. Mit dem Kriegsbeginn 1914 entbrannte nicht nur der Kampf der Soldaten, sondern im doppelten Wortsinne zugleich eine Geisterschlacht. Bereits am 4. Oktober 1914 erschien, mit 56 Unterschriften, der »Aufruf an die Kulturwelt«, der mit den Worten begann: »Wir als Vertreter deutscher Wissenschaft und Kunst erheben vor der ganzen Kulturwelt Protest gegen die Lügen und Verleumdungen, mit denen unsere Feinde Deutschlands reine Sache in dem ihm aufgezwungenen schweren Daseinskampf zu beschmutzen trachten.«[5] Es folgte, mit eindrucksvollen 3016 Unterschriften, eine »Erklärung der Hochschullehrer des Deutschen Reiches«, in der es hieß: »Wir Lehrer an Deutschlands Universitäten und Hochschulen dienen der Wissenschaft und treiben ein Werk des Friedens. Aber es entfüllt uns mit Entrüstung, daß die Feinde Deutschlands, England an der Spitze, angeblich zu unsern Gunsten einen Gegensatz machen wollen zwischen dem Geiste der deutschen Wissenschaft und dem, was sie den preußischen Militarismus nennen. In dem deutschen Heere ist kein anderer Geist als in dem deutschen Volke, denn beide sind eins, und wir gehören auch dazu ... Unser Glaube ist, daß für die ganze Kultur Europas das Heil an dem Siege hängt, den der deutsche ›Militarismus‹ erkämpfen wird, die Manneszucht, die Treue, der Opfermut des einträchtigen freien Volkes.«[6]

Die »Ideen von 1914« wurden entwickelt.[7] Im Kern liefen sie darauf hinaus, daß die deutsche *Kultur*, stellvertretend für Europas heiligste Güter, im Entscheidungs- und Abwehrkampf stehe gegen den Ansturm einer nivellierenden *Zivilisation*. Diese Gegensatzkonstruktion kam von weit her; man findet sie schon im achtzehnten Jahrhundert, zum Beispiel bei Immanuel Kant.[8] Ursprünglich diente sie der bürgerlichen Aufklärung als moralische Waffe gegen die aristokratische und höfische Gesellschaft, jetzt aber dem angeblichen Wesensunterschied von »deutschem Geist« und »Westeuropa«.[9] Am eindrucksvollsten formulierte Thomas Mann:

»Ich will nicht Politik. Ich will Sachlichkeit, Ordnung, Anstand ... Ich bekenne mich tief überzeugt, daß das deutsche Volk die politische Demokratie niemals wird lieben können aus dem einfachen Grunde, weil es die Politik selbst nicht lieben kann, und daß der vielverschriene ›Obrigkeitsstaat‹ die dem deutschen Volk angemessene, zukömmliche und von ihm im Grunde gewollte Staatsform ist und bleibt ... Der Unterschied von Geist und Politik enthält den von Kultur und Zivilisation, von Seele und Gesellschaft, von Freiheit und Stimmrecht, von Kunst und Literatur; und Deutschtum, das ist Kultur, Seele, Freiheit, Kunst und nicht Zivilisation, Gesellschaft, Stimmrecht, Literatur.«[10]

Dies wurde unendlich variiert, meist in schlechterem Deutsch und weitaus grobschlächtiger, dabei mit der unmißverständlichen politischen Konsequenz des angeblich Unpolitischen: der Ablehnung von Demokratie und parlamentarischem Regierungssystem.[11] Daß man hiermit den bei Kriegsbeginn feierlich verkündeten inneren Frieden aufkündigte und besonders die Sozialdemokraten herausforderte, nahm man in Kauf; offenbar war die Gelegenheit günstig, alle, die den alten Obrigkeitsstaat überwinden wollten, auf neue und wirksame Weise als undeutsch, als Vaterlandsverräter, als »das innere England« abzustempeln. Die politische Spaltung der Gesellschaft wurde damit nicht überwunden, sondern vertieft, die Stimmung zusätzlich vergiftet.

Ähnliches gilt für die verborgenen Planungen für die Zukunft und die lautstarken Diskussionen über deutsche Kriegsziele, die von der Proklamation eines Verständigungsfriedens bis hin zu ausschweifenden Vorstellungen von den Eroberungen reichten, die der »Siegfriede« bringen sollte.[12] In der »Seeberg-Adresse« vom Sommer 1915, benannt nach ihrem Verfasser, dem Berliner Theologen Reinhold Seeberg, unterzeichnet von 352 Hochschullehrern, hieß es:

»Wir wollen uns so fest und so breit auf gesicherten Heimatboden stellen, daß unsere unabhängige Existenz auf Generationen gesichert ist. Das Volk ist einmütig geschlossen in diesen Grundzielen. Es ist die echteste und nach allen Seiten begründete Wahrheit: nur eine Furcht besteht in allen Schichten des Volkes, insbesondere breit und tief in den einfachsten Kreisen, die Furcht nämlich, es könnte aus falscher Versöhnungsillusion oder gar aus nervöser Ungeduld ein vorzeitiger und deshalb halber und nimmermehr dauerhafter Friede geschlossen werden; es könnte, wie vor hundert Jahren, die Feder des Diplomaten verderben, was das Schwert siegreich gewonnen.«[13]

Mit dem diplomatischen Verderben vor hundert Jahren war natürlich der Wiener Kongreß von 1815 gemeint, der das besiegte Frankreich nicht demütigte oder zerstückelte, sondern es wie selbstverständlich im Kreis der Großmächte willkommen hieß – mit dem Ergebnis einer europäischen Friedensordnung, die in ihren Grundzügen bis 1914 erhalten blieb. Vom Seeberg-Frieden war das kaum zu erwarten, denn Belgien sollte ein deutsches Protektorat werden, Frankreich wichtige Gebiete von Belfort im Süden bis zur Kanalküste im Norden abtreten, Rußland noch weit mehr Land hergeben, um darauf deutsche Bauern anzusiedeln: Hitler ante portas. Dabei standen Seeberg und seine Mitunterzeichner keineswegs allein; der Eroberungswahn der »Alldeutschen« um Heinrich Claß war fast deckungsgleich, und viele andere wären noch zu nennen, von Regierungskreisen bis zur Schwerindustrie.[14]

Indessen gab es ja noch den Reichstag. Am 17. Juli 1917 nahm er mit 212 Stimmen der Sozialdemokraten – oder jetzt: Mehrheitssozialisten[15] –, des Zentrums und der linksliberalen Fortschrittspartei gegen 126 Stimmen der Konservativen und Nationalliberalen sowie der Unabhängigen Sozialisten eine Friedensentschließung an, deren eine Woche zuvor im »interfraktionellen Ausschuß«[16] beschlossener Text mit den Worten begann: »Der Reichstag erklärt: Wie am 4. August 1914 gilt für das deutsche Volk auch an der Schwelle des vierten Kriegsjahres das Wort der Thronrede: ›Uns treibt nicht Eroberungssucht!‹ Zur Verteidigung seiner Freiheit und Selbständigkeit, für die Unversehrtheit seines territorialen Besitzstandes hat Deutschland die Waffen ergriffen. Der Reichstag erstrebt einen Frieden der Verständigung und der dauernden Aussöhnung der Völker. Mit einem solchen Frieden sind erzwungene Gebietsabtretungen und politische, wirtschaftliche oder finanzielle Vergewaltigungen unvereinbar.«

Als Antwort auf diese Friedensproklamation unterschrieben 1 100 Professoren eine »Erklärung gegen die Reichstagsmehrheit«:

»Die unterzeichneten Lehrer deutscher Hochschulen, unbeeinflußt von Ansichten irgendeiner Partei, frei von Sonderinteressen jeder Art, einzig und allein erfüllt von schwerer Sorge um die Zukunft des Vaterlandes, erklären hiermit: daß nach ihrer Überzeugung die jetzige Mehrheit des Reichstages es nicht für sich in Anspruch nehmen kann, gegenüber den heute zur Entscheidung stehenden Lebensfragen den Volkswillen in unzweifelhafter Weise zum Ausdruck zu bringen.«[17]

Gewiß, die letzte Reichstagswahl hatte unter ganz anderen Voraussetzungen im Jahre 1912 stattgefunden. Aber die Professoren besaßen überhaupt keinen Wählerauftrag. Schon Seeberg und seine Mitstreiter hatten eher kühn als wahrheitsgemäß behauptet, daß man die Meinung »gerade in den einfachsten Kreisen« genau kenne und darum den Volkswillen zum Ausdruck bringe. Was hier gespielt und gegen Parlament und Parteien ausgespielt wurde, war das alte und leidige Lied von der Überparteilichkeit, die – nach einem Wort des großen Juristen Gustav Radbruch – die Lebenslüge des Obrigkeitsstaates darstellt.[18]

Ein besonderes Problem bildete der Kampf gegen England. Nach dem Kriegseintritt Großbritanniens explodierte die wilhelminische Haßliebe zum Haß: »Perfides Albion!« »Gott strafe England!« Damit unterzeichnete man sogar Briefe, wie später mit »Heil Hitler!« oder »Mit deutschem Gruß!« Aber wie dem Inselreich beikommen? Die Schlachtflotte rührte sich nicht und konnte tatsächlich nichts ausrichten.

Um so mehr konzentrierten sich die Hoffnungen auf eine neue Waffe, die U-Boote, und keine Auseinandersetzung ist erbitterter geführt worden als die um ihren Einsatz. Nur am Rande, als Kuriosum, sei vermerkt, daß 1915 der Münchener Professor Geheimrat Max Ritter von Gruber, Verfasser eines Buches zur »Hygiene des Geschlechtslebens«, einen Verein »zur beschleunigten Niederkämpfung Englands« gründete. Gemeint war der rücksichtslose Einsatz der U-Boote zur Seeblockade Großbritanniens; in einem festgelegten Bannkreis sollten alle Handelsschiffe ohne Vorwarnung mit Torpedos angegriffen und versenkt werden.

Doch dies blieb umstritten, sogar völkerrechtlich; die traditionelle Seekriegsordnung kannte noch keine U-Boote und Torpedos. Besonders die Vereinigten Staaten protestierten. Am 7. Mai 1915 wurde das britische Passagierschiff »Lusitania« versenkt; 1198 Menschen, fast so viele wie 1912 beim Untergang der »Titanic«, verloren ihr Leben, darunter 139 Amerikaner. Die Reaktion der amerikanischen Regierung, im Grunde bereits die Drohung mit dem Kriegseintritt, führte zur Einschränkung des U-Boot-Einsatzes.

Doch der Streit ging weiter. Auf der einen Seite stand der Reichskanzler Bethmann Hollweg. Er ahnte, er wußte, daß im Kriegseintritt der Vereinigten Staaten das Verhängnis, die deutsche Niederlage angelegt war. Auf der anderen Seite stand zunächst natürlich die Marineleitung, dann auch die Oberste Heeresleitung, unterstützt von den lautstark lärmenden Scharfmachern. Wie die Dinge sich entwickelten, hat Arthur Rosenberg so kritisch wie anschaulich beschrieben:

»Jedem, der es wissen wollte, versicherte die Marine, daß England binnen sechs Monaten nach Beginn des verschärften U-Boot-Krieges wahrscheinlich werde Frieden schließen müssen. Man ist sogar manchmal von der ›Wahrscheinlichkeit‹ dieser Prophezeiung zur ›Bestimmtheit‹ übergegangen. Hervorragende Admirale nahmen es auf ihr ›Seeoffiziers-Ehrenwort‹, daß kein amerikanischer Soldat das europäische Festland betreten werde und daß die Rolle der Amerikaner im kommenden Landkrieg ›gleich Null‹ sein werde ... Alle diese Männer und die hinter ihnen stehenden Offiziere, hohen Beamten, Industriellen, Gutsbesitzer und Intellektuellen waren davon überzeugt, daß das Deutschland, wie sie es liebten und wie sie es sich allein denken konnten, ohne den U-Boot-Krieg verloren sei. Der U-Boot-Krieg war der Weg zum Siegfrieden und damit zur Rettung Deutschlands und der von ihnen als allein vernünftig angesehenen Gesellschaftsordnung. Es war ein politischer Rausch, der die in Deutschland regierenden Schichten damals ergriffen hatte und in dem die nüchterne Überlegung einfach unterging.«[19]

Es ließe sich auch sagen: Man träumte noch einmal den kaiserlich wilhelminischen Traum von der Weltmacht und von der Zukunft, die auf dem Wasser liegen sollte – nur daß es sich jetzt nicht mehr um ein unverbindliches, sondern um ein unerbittliches Schicksalsspiel um alles oder nichts handelte: Sieg gegen alle Vernunft und Wahrscheinlichkeit oder der Untergang!

»Im Westen nichts Neues«: Frontalltag im Ersten Weltkrieg.

Wesentlich war nicht zuletzt, die politische Unterstützung des Reichstages zu gewinnen. Über die entscheidende Sitzung des Hauptausschusses hat Gustav Stresemann berichtet: »Der Staatssekretär des Reichsmarineamts, Herr von Capelle[20] ... äußerte sich dahin, er schätze die Gefahr, daß Amerika irgendwelche Truppen nach Europa werfen könne, mit Null ein ... Seine Ausführungen über die Verhinderung der Truppentransporte, die er noch durch den Satz ergänzte: ›Wenn die Amerikaner wirklich kommen, freuen sich meine U-Boote schon im voraus auf die Beute, die sie machen werden‹, waren für die Haltung der Fraktion mit entscheidend.«[21]

Am 6. März 1916 stellte sich der Kaiser an die Seite seines Kanzlers. Er verbot den uneingeschränkten U-Boot-Krieg und nahm dafür die Entlassung von Tirpitz in Kauf. Am 9. Januar 1917 stieß er – inzwischen unter dem Diktat Ludendorffs – seine Entscheidung um, und Bethmann Hollweg gab wieder einmal nach, statt zurückzutreten. Erst am 13. Juli 1917 folgte sein Sturz; seine unbedeutenden Nachfolger Georg Michaelis (vom 14. Juli bis zum 30. Oktober 1917) und Georg Graf von Hertling (vom 1. November 1917 bis zum 30. September 1918) standen dann völlig im Schatten der Obersten Heeresleitung.

Am 1. Februar 1917 begann der unbeschränkte U-Boot-Krieg, am 3. Februar brachen die Vereinigten Staaten die diplomatischen Beziehungen mit dem Reich ab, am 6. April erklärten sie den Krieg. Trotz Anfangserfolgen erreichten die U-Boote nichts, weil das perfide Albion das Geleitzugsystem seiner Handelsschiffe organisierte.[22] Kein einziger amerikanischer Truppentransporter ist jemals versenkt, kein deutscher Admiral für seine falschen Versprechungen oder sein gebrochenes Ehrenwort zur Rechenschaft gezogen worden, und noch im Rückblick seiner »Erinnerungen« zeigt sich der kaiserliche Großadmiral und Flottenbaumeister Alfred von Tirpitz vollkommen uneinsichtig.[23]

Der April 1917 veränderte die Welt. Nur drei Tage nach der amerikanischen Kriegserklärung, die die Vereinigten Staaten nach Europa brachte, spielte Ludendorff eine makabre Trumpfkarte aus. Am 9. April setzte sich ein Sonderzug in Bewegung, der russische Emigranten von der Schweiz quer durch Deutschland nach Stockholm führte, von wo aus sie weiter nach Petrograd reisten (wie St. Petersburg seit 1914 hieß). Einer dieser Heimkehrer war Wladimir Iljitsch Uljanow, genannt Lenin. Er sollte dazu verhelfen, den Krieg mit Rußland zu Ende zu bringen. Man könnte auch von einem Witz der Geschichte sprechen: Das kaiserlich konservative Deutschland erhoffte sich Rettung von der bolschewistischen Revolution. Oder wie es Stefan Zweig gesagt hat: »Millionen vernichtender Geschosse sind im Weltkrieg abgefeuert worden ... aber kein Geschoß war weittragender und schicksalsentscheidender in der neueren Geschichte als dieser Zug, der, geladen mit den gefährlichsten, entschlossensten Revolutionären des Jahrhunderts, in dieser Stunde von der Schweizer Grenze über Deutschland sauste, um in Petersburg zu landen und dort die Ordnung der Welt zu sprengen.«[24] Zwar scheiterte Lenins erster

Putschversuch, aber ein paar Monate später gelang die Oktoberrevolution, nach mitteleuropäischem Kalender am 6./7. November. Ludendorffs Rechnung schien aufzugehen. Schon am 15. Dezember wurde ein Waffenstillstand vereinbart; am 3. März 1918 folgte der Friedensschluß von Brest-Litowsk.

Die deutschen Soldaten, die im Osten nicht mehr gebraucht wurden, bestiegen ebenfalls Eisenbahnzüge. Sie allerdings fuhren nach Westen. Mit etwa 3,5 Millionen Mann und fast 200 Divisionen erreichte das Feldheer in Frankreich einen ungefähren Gleichstand mit dem Feind. Am 21. März 1918 begann die große Offensive, die den Sieg bringen sollte, bevor die amerikanischen Truppen einsatzbereit waren. Erfolge, tiefe Einbrüche in die feindliche Front wurden erzielt, aber der strategische Durchbruch mißlang; der Angriff blieb schließlich stecken. Eine zweite, dritte, vierte Offensive folgte, mit allmählich abnehmender Kraft. Die fünfte und letzte, die am 15. Juli begann, mußte schon nach zwei Tagen unter schweren Verlusten abgebrochen werden.

Bereits am 18. Juli begann die Gegenoffensive des französischen Marschalls Foch, der in der Notlage des Frühjahrs zum alliierten Oberbefehlshabers ernannt worden war, mit überraschend großem Erfolg. Viele und immer mehr deutsche Soldaten, von der Sinnlosigkeit des weiteren Kampfes überzeugt, flohen vom Schlachtfeld oder gaben sich gefangen. Es folgte am 8. August »der schwarze Tag des deutschen Heeres«; ganze Divisionen lösten sich ohne nennenswerten Widerstand auf. Auf der Gegenseite aber wuchs von Woche zu Woche die Stärke der amerikanischen Verbände, die ihre mangelnde Kampferfahrung durch Einsatzfreude wettmachten.

Am 14. August fand im Hauptquartier zu Spa eine Konferenz statt, die feststellte, daß auf den Sieg nicht mehr zu hoffen war. Auch der Zusammenbruch der Verbündeten – Österreich-Ungarn, Bulgarien und die Türkei – zeichnete sich ab. Man vereinbarte, die Königin der Niederlande um eine Friedensvermittlung zu bitten.

Etwas später, am 29. September, forderte Ludendorff zur Überraschung der zivilen Reichsleitung den sofortigen Waffenstillstand, dazu den Rücktritt des Reichskanzlers, Verfassungsreformen und eine Übernahme der politischen Verantwortung durch die Mehrheitsfraktionen des Reichstags. Im Angesicht der Niederlage wurden die bisher verachteten Parteien sozusagen zur

Macht befohlen, und im vertrauten Kreis seiner Stabsoffiziere verschwieg der Feldherr seine Hintergedanken nicht: »Ich habe aber Seine Majestät gebeten, jetzt auch diejenigen Kreise an die Regierung zu bringen, denen wir in der Hauptsache zu danken haben, daß wir so weit gekommen sind. Wir werden also diese Herren jetzt in die Ministerien einziehen sehen. Die sollen nun den Frieden schließen, der jetzt geschlossen werden muß. Sie sollen die Suppe jetzt essen, die sie uns eingebrockt haben.«[25]

Wie das? Wer hatte wem etwas eingebrockt? War Ludendorff denn nicht der Militärdiktator gewesen, der alle wichtigen Entscheidungen traf? Und wer stahl sich jetzt aus der Verantwortung? Statt für die Zivilcourage zur Wahrheit entschied sich der General zur Lüge oder zum Selbstbetrug, dafür, der Heimat statt der eigenen Führung die Schuld an der Niederlage zuzusprechen; man erkennt schon den Keim der Dolchstoßlegende, die sich dann verheerend gegen die Weimarer Republik ausgewirkt hat.

Bald nach dem Krieg schloß Hindenburg sich an. In seinen Erinnerungen schrieb er: »Wir waren am Ende! Wie Siegfried unter dem hinterlistigen Speerwurf des grimmen Hagen, so stürzte unsere ermattete Front; vergebens hatte sie versucht, aus dem versiegenden Quell der heimatlichen Kraft neues Leben zu trinken.«[26] Am 3. Oktober 1918 allerdings schrieb der Feldmarschall an den neuen Reichskanzler, den Prinzen Max von Baden, einen Brief, in dem es hieß:

»Die Oberste Heeresleitung bleibt auf ihrer am Sonntag, den 29. September d. J. gestellten Forderung des sofortigen Friedensangebots an unsere Feinde bestehen. Infolge des Zusammenbruchs der mazedonischen Front, der dadurch notwendig gewordenen Schwächung unserer Westreserven und infolge der Unmöglichkeit, die in den Schlachten der letzten Tage eingetretenen sehr erheblichen Verluste zu ergänzen, besteht nach menschlichem Ermessen keine Aussicht mehr, dem Feind den Frieden aufzuzwingen. Der Gegener seinerseits führt ständig neue frische Reserven in die Schlacht. Noch steht das deutsche Heer festgefügt und wehrt siegreich alle Angriffe ab. Die Lage verschärft sich aber täglich und kann die Oberste Heeresleitung zu schwerwiegenden Entschlüssen zwingen. Unter diesen Umständen ist es geboten, den Kampf abzubrechen, um dem deutschen Volke und seinen Verbündeten nutzlose Opfer zu ersparen. Jeder versäumte Tag kostet Tausende von tapferen Soldaten das Leben.«

Der letzte Satz verdient immerhin Würdigung; im Zweiten Weltkrieg haben der Führer und seine Feldherrn auf das sinnlose Sterben keine Rücksicht genommen. Aber kein Wort vom Dolchstoß, nicht die Spur einer Andeutung, daß die Heimat versagt habe!

Im Herbst 1918, in den letzten und bittersten Wochen des Krieges, sah es ohnehin anders aus, wie Ernst Troeltsch feststellte: »An die Lügen vom ›Dolchstoß von hinten‹ oder ›im Felde unbesiegt‹ dachte damals noch niemand. Vielmehr alle Welt fühlte sich, soweit sie nicht längst schon Mißtrauen hegte, von der Aufklärung und Stimmungsmache der bisher Herrschenden betrogen.«[27] Als die Oberste Heeresleitung, um ihre Forderung nach sofortigem Waffenstillstand zu begründen, einen Offizier nach Berlin schickte und dieser den Staatssekretären und Vertretern des Reichstags die militärische Lage erstmals ungeschminkt darstellte, schilderte ein Journalist die Reaktionen: »Ich höre die halberstickten Aufschreie, ich bemerke hervorquellende Tränen. Erwachen aus der Narkose, Zorn, Wut, Scham, Anklage: Wir sind jahrelang von den Militärs belogen worden, und wir haben daran geglaubt wie an ein Evangelium!«[28] Selbst Konservative schlossen sich der Empörung an; erstmals in der neueren deutschen Geschichte verlor der in Bismarcks Einigungskriegen begründete oder erneuerte Glanz der Uniformen, der Mythos des Militärischen seine bannende Kraft, wenn auch noch nicht auf Dauer.

Nein, Ludendorff forderte aus militärischen Gründen den Waffenstillstand und damit praktisch die Kapitulation in einem Augenblick, in dem die Heimat noch standhielt. Und wenn es denn einen »Dolchstoß« gab, der zur inneren Auflösung, zu dem Zusammenbruch führte, den man eine Revolution genannt hat, dann kam er von einer ganz anderen und unerwarteten Seite: von der Marineleitung um den Flottenchef, Admiral Reinhard Scheer. Vom ersten Kriegstag an hatte das deutsche Schicksal in der Hand des Heeres gelegen; die Schlachtflotte dagegen, das Produkt des wilhelminischen Traums von der Weltmacht, dümpelte so nutzlos auf Schillig-Reede, als gäbe es sie nicht. Auch die Skagerrak-Schlacht vom 31. Mai 1916 war eine bloße und folgenlose Episode mit zwiespältigem Ausgang geblieben.[29] Diese Nutzlosigkeit hatte das Ehrgefühl, das Selbstbewußtsein der Admirale und Seeoffiziere hart getroffen.

Jetzt aber, Ende Oktober 1918, als die Oberste Heeresleitung längst den Abbruch des Krieges forderte, sollte die Flotte endlich auslaufen und sich zum Kampf stellen. Sie sollte, so die Begründung, in den Ärmelkanal vorstoßen, um dort den feindlichen Nachschub zu unterbinden und damit das Heer zu entlasten. Militärisch war das vollkommen sinnlos. Nur langsam hätte man sich durch die dichten Minensperren zwischen Dover und Calais vorarbeiten, nur kurz sich im Ärmelkanal aufhalten können. Die alliierten Handelsschiffe hätten Zeit gehabt, schützende Häfen aufzusuchen, und die Unterbrechung des Nachschubs um vielleicht ein oder zwei Tage hätte überhaupt nichts bewirkt. Inzwischen wäre die britische Flotte, deren Überlegenheit im Laufe des Krieges ständig größer geworden war, von Schottland her angerückt. Sie hätte den Rückweg abgeschnitten, und ganz nahe an der britischen Küste, aber weitab von den eigenen Häfen hätte man sich ihr zum Kampf stellen müssen.

In Wahrheit ging es auch gar nicht um eine militärisch sinnvolle Aktion, sondern ganz bewußt um die Ehrenrettung, den heroischen Untergang, der zum Mythos taugte, um das Nibelungen-Finale. In den Kreisen um Admiral Scheer spielte man sogar mit dem Gedanken, Seine Majestät den Kaiser zum Mitfahren einzuladen, damit er an Bord des Flottenflaggschiffs an der Ehre des Untergangs teilhabe.

Man kommt nicht umhin, den Gegensatz zur Haltung Hindenburgs festzustellen, der aus altpreußischer Verantwortung seine Soldaten nicht mehr opfern wollte, als der Krieg verloren war. Die Marine stammte aus anderen, neudeutschen, nationalistischen Wurzeln, und der zerbrochene Traum von der Weltmacht verlangte danach, im Untergang sein letztes Wort zu haben. Mit Schaudern und mit Bewunderung sollten die Welt und dereinst die Enkel zurückblicken: Unsterblichkeit war das Endziel des wilhelminischen Wahns, vom Sterben beglaubigt .

Natürlich ahnten, wußten das die Matrosen, und wer kann es ihnen verdenken, daß sie nicht für das Traumbild, für einen Wahn sterben, sondern unheroisch überleben wollten? Die Signale des Kriegsausgangs waren längst gesetzt. Am 3./4. Oktober erging das deutsche Waffenstillstandsangebot, am 26. Oktober trat Ludendorff zurück und entzog sich damit seiner Verantwortung, am 27. Oktober folgte das österreichische Waffenstillstandsgesuch, das zur raschen Auflösung des verbündeten Heeres führte. Am 28. Oktober meuterten also die Matrosen und verhinderten das

Auslaufen der Flotte. Dabei nahmen sich die Forderungen der Meuterer zunächst eher bescheiden, in manchem fast skurril und jedenfalls kaum revolutionär aus.[30] Ein Hauptteil der Flotte wurde dann nach Kiel verlegt.

Aber in der Meuterei war eine eigene Konsequenz und Dynamik angelegt. Denn entweder setzte sich die bisherige militärische Ordnung mit Standgerichten und Erschießungskommandos durch – oder man mußte diese Ordnung zerbrechen. Schon hatte es Verhaftungen und bei Zusammenstößen mit Militärpatrouillen Tote geben. So war vom Beginn der Meuterei am 28. Oktober der Weg vorgezeichnet zum Aufstand in Kiel am 3. November, der wie ein Lauffeuer im morschen Gebälk binnen Tagen ganz Deutschland ergriff. Doch unerbittlich gilt die Feststellung von Arthur Rosenberg: »Nicht die USPD, sondern Admiral Scheer hat den Revolutonsherd geschaffen, der sich im November 1918 zeigte.«[31]

Und was sagte der Kaiser zu alledem? Er ist merkwürdig wortkarg geblieben und hat sich in seinem Rückblick auf einen einzigen Satz beschränkt: »Daß in meiner stolzen Flotte, meiner Schöpfung, die Empörung zuerst offen zutage getreten ist, hat mich am tiefsten ins Herz getroffen.«[32] Und das läßt sich so gut verstehen wie das Handeln seiner Matrosen.

Kaiseropfer und Exil

Im Herbst 1918, in den letzten, verworrenen Kriegswochen war der Kaiser im Grunde nur noch eine hilflose Nebenfigur. Daß die Sozialdemokraten und die Gruppen, die sich links von ihnen bildeten, keine Monarchie und auf jeden Fall keinen Kaiser wie diesen mehr wollten, kann niemanden überraschen.[1] »Lehmann muß weg«, hieß es in Berlin. Das war eine Anspielung auf den Großvater, Wilhelm I., der 1848 die Revolution mit dem Einsatz aller verfügbaren militärischen Mittel niederschlagen, niederkartätschen wollte und sich damit den Beinamen »Kartätschenprinz« einhandelte. Als dann sein Bruder, König Friedrich Wilhelm IV., die Truppen zurückzog und die Revolution so vorübergehend siegte, wie das in Deutschland der Fall zu sein pflegt, mußte er bei Nacht und Nebel nach England fliehen – und tat das unter dem Decknamen »Lehmann«.

Unter der Übergangskanzlerschaft des Prinzen Max von Baden zogen inzwischen die Vertreter der Parteien, »diese Herren«, wie Ludendorff sie verächtlich nannte, in die Regierungsämter ein, und der Reichstag erarbeitete eine Verfassungsreform, die am Tag der Marinemeuterei, am 28. Oktober 1918, Gesetzeskraft erlangte. Ihre beiden wichtigsten Sätze lauteten: »Der Reichskanzler bedarf zu seiner Amtsführung des Vertrauens des Reichstages ... Der Reichskanzler und sein Stellvertreter sind für ihre Amtsführung dem Bundesrat und dem Reichstag verantwortlich.« Das bedeutete den Übergang zum parlamentarischen Regierungssystem, zur Demokratie nach britischem Vorbild. Aber für die Rettung der Monarchie kam die Reform um Jahre, wenn nicht um Jahrzehnte zu spät.

Am Tag nach seiner Entmachtung, am 29. Oktober, verließ Wilhelm II. das Neue Palais in Potsdam, wo er sich für einige Zeit aufgehalten hatte, und reiste ins Große Hauptquartier nach Spa – auf Nimmerwiedersehen fort aus Deutschland, wie sich bald zeigen sollte. Er selbst hat berichtet:

»Ich konnte diesen Entschluß um so eher ausführen, als ich, seitdem die neue Regierung eingesetzt war, von dieser wie vom Kanzler in keiner Weise mehr in Anspruch genommen wurde, mein Aufenthalt zu Hause also zwecklos schien ... Als der Reichskanzler Prinz Max von meinem Entschluß zur Abreise an die Front erfuhr, versuchte er, sie auf alle Weise zu verhindern. Er fragte, warum ich reisen wollte, und erhielt zur Antwort, daß ich die Rückkehr ins Feld für meine Pflicht als Oberster Feldherr hielte, nachdem ich fast einen Monat von der schwerringenden Armee getrennt gewesen sei. Auf den Einwurf des Kanzlers, ich sei zu Hause unentbehrlich, entgegnete ich, wir befänden uns im Kriege und der Kaiser gehöre zu seinen Soldaten.«[2]

Daß sich Wilhelm II. in der Nähe »dieser Herren«, die jetzt regierten, unwohl fühlte, kann man verstehen. Und man mag spekulieren: Vielleicht glaubte er in der unruhigen Heimat nicht mehr sicher zu sein. Wer würde ihn hier vor dem Pöbel, vor Aufrührern schützen? Oder würde man ihn opportunistisch opfern? In der Antwortnote des prinzipienfesten und kenntnisarmen amerikanischen Präsidenten, Woodrow Wilson, auf das deutsche Friedensersuchen hieß es, daß man mit den »militärischen Beherrschern und monarchistischen Autokraten« nicht verhandeln werde;[3] deutlich genug zielte das auf den Kaiser. Im übrigen war er ohnehin daran gewöhnt, daß die Schicksalsentscheidungen von der Obersten Heeresleitung getroffen wurden, auch wenn ihr Stabschef jetzt nicht mehr Ludendorff, sondern Wilhelm Groener hieß.[4]

In den folgenden Tagen wurde die Abdankung zum beherrschenden Thema. Darauf drängten von Berlin aus der Kanzler und Abgesandte der Regierung. Der Kaiser wehrte sich verzweifelt und klammerte sich an Illusionen. Könnte er nicht wenigstens König von Preußen bleiben? Oder gar an der Spitze des Feldheeres in die Heimat zurückkehren, um dort Ordnung zu schaffen?

Die Entscheidung fiel am 9. November. Die Revolution erreichte Berlin, Karl Liebknecht rief die sozialistische, Philipp Scheidemann die deutsche Republik aus. General Groener erklärte seinem Obersten Kriegsherrn kühl: »Das Heer wird unter seinen Führern und kommandierenden Generalen in Ruhe und Ordnung in die Heimat zurückmarschieren, aber nicht unter dem Befehl Eurer Majestät, denn es steht nicht mehr hinter Eurer Majestät.«[5] Um seiner Auffassung Nachdruck zu verschaffen, befahl Groener fünfzig Frontoffiziere nach Spa. Von den 39, die eintrafen, wollte einer mit dem Kaiser gegen die Revolution marschieren, 15 bezweifelten den Erfolg, 23 urteilten wie Groener. Mittags ließ Prinz Max von Baden durch das Wolffsche Telegrafen-Büro eigenmächtig und unzutreffend die Nachricht verbreiten, daß der Kaiser und König abgedankt habe.[6] Am Nachmittag trat der Kanzler zurück und übergab die Regierungsgeschäfte an Friedrich Ebert.

In Spa stand der Sonderzug schon bereit, der Wilhelm II. ins niederländische Exil bringen sollte; am 10. November gegen fünf Uhr morgens setzte er sich in Bewegung. Aus Furcht vor Meuterern verließ Wilhelm allerdings den Zug und fuhr dann im Kraftwagen weiter; gegen sieben Uhr morgens erreichte er die holländische Grenzstation Eijsden. Nachdem, mit einiger Verzögerung, Königin Wilhelmina und die niederländische Regierung ihm Asyl gewährt hatten, fand er Aufnahme in Amerongen, im Wasserschloß des Grafen Godard Bentinck van Aldenburg, und traf am Nachmittag des 11. November dort ein, wenige Stunden nachdem der Waffenstillstand den Ersten Weltkrieg beendet hatte. Der erschöpfte Flüchtling bat um eine Tasse Tee und begrüßte seine Gastgeberin mit den Worten: »Verehrte Gräfin, entschuldigen Sie, daß ich störe, es ist aber nicht meine Schuld.«[7]

Mit dem Kaiser und König von Preußen verschwanden alle deutschen Fürsten, die 1871 einen »ewigen Bund« geschlossen hatten, nahezu spurlos irgendwo im historischen Abseits. Das ist ein merkwürdiger Vorgang. Die Geschichtsbücher verzeichnen ihn, als sei er selbstverständlich. Aber war er das wirklich? Seit Menschengedenken hatten sich die Deutschen unter die Herrschaft ihrer Herzöge, Großherzöge oder Könige geduckt, manchmal mit heimlichem, selten mit offenem Murren, mehr noch zufrieden. Bismarck hatte geglaubt und geschrieben: »Die deutsche Vaterlandsliebe bedarf eines Fürsten, auf den sich ihre Anhänglichkeit konzentriert. Wenn man den Zustand fingierte, daß sämtliche deutsche Dynastien plötzlich beseitigt wären, so wäre nicht wahrscheinlich, daß das deutsche Nationalgefühl alle Deutschen in den Friktionen europäischer Politik völkerrechtlich zusammenhalten würde, auch nicht in der Form föderierter Hansestädte und Reichsdörfer. Die Deutschen würden fester geschmiedeten Nationen zur Beute fallen, wenn ihnen das Bindemittel verloren ginge, welches in dem gemeinsamen Standesgefühl der Fürsten liegt.«[8]

Diese Annahme wurde 1918 widerlegt: Das Verschwinden ihrer

»Wir weinen ihm keine Träne nach, er hat uns keine zu weinen übrig gelassen«: So kommentierte der Zeichner Thomas Theodor Heine im Simplizissimus vom 3. Dezember 1918 die Abdankung des Kaisers.

Fürsten brachte die Deutschen kaum aus der Fassung, und die Nation hielt dennoch zusammen. Freilich muß man hinzufügen, daß kaum jemand der Auflösung des dynastischen Gefühls so wirksam vorgearbeitet hat wie Bismarck. 1866 zeigte er, wie man Fürsten mit Schwertstreich und Federstrich beseitigt, darunter ein so altes Herrscherhaus wie das der Welfen in Hannover. Im übrigen schrumpften seit der Reichsgründung die bisher souveränen Herrscher zu Provinzregenten von allenfalls regionalem Ansehen. Auch der König von Preußen verlor sich im Bewußtsein der Zeitgenossen ja mehr und mehr hinter dem strahlenumglänzten Kaiser.

Aber warum gab es nirgendwo Widerstand gegen das, was geschah? Als Wilhelm II. im Novembernebel entschwand, schloß

Wilhelm Groener mit Friedrich Ebert einen Pakt, um die Revolution einzudämmen und die Entwicklung in ruhige, »geordnete« Bahnen zu lenken. Was dachten die anderen Generale und Offiziere, was die Beamten im Reich und in den Ländern, die doch ihrem Monarchen einen Treueeid geschworen hatten? Sehr geschmeidig fügte man sich in die Macht der Umstände und tat seine Pflicht, sei es auch mit zusammengebissenen Zähnen und oft genug doppelbödig, mit heimlichem Haß auf die Republik. Aber man diente eben, wenn schon nicht mehr einem ewigen Fürstenbund, dann dem ewigen Staat und keiner offenbar beliebigen Staatsform.

Bloß als Beispiel zur Anschauung: Die Universität von Berlin, die sich einst gerühmt hatte, das »geistige Leibregiment der Hohenzollern« zu sein, verkündete durch ihren Rektor – keinen anderen als Professor Reinhold Seeberg, den Verfasser der eroberungswütigen »Seeberg-Adresse« von 1915: »Angesichts der ungeheuren Umwälzungen, die aus dem Welt- und Massenkriege hervorgegangen sind, erklären die an der Universität vereinigten Geistesarbeiter, daß auch sie sich bereitwillig der provisorischen Regierung unterstellen, die endgültige Ordnung der Verhältnisse von einer auf lauteren demokratischen Grundätzen aufgebauten Nationalversammlung erwarten und ihre ganze Arbeitskraft in den Dienst der zurückgekehrten Studenten und der neu sich darbietenden Aufgaben der Volksbildung zu stellen bereit sind.«[9] Früher sprach man gern von einer Geistesaristokratie, nun von Geistes-»Arbeitern«: welch ein Wortewechsel!

Wie die Stimmung unmittelbar nach den Ereignissen des 9. November in Berlin aussah, hat Ernst Troeltsch geschildert: »Nach banger Nacht ward das Bild in den Morgenzeitungen klar: der Kaiser in Holland, die Revolution in den meisten Zentren siegreich, die Bundesfürsten im Abdanken begriffen. Kein Mann tot für Kaiser und Reich! Die Beamtenschaft in den Dienst der neuen Regierung getreten! Die Fortdauer aller Verpflichtungen gesichert und kein Sturm auf die Banken! – Sonntag, den 10. November, war ein wundervoller Herbsttag. Die Bürger gingen in Massen wie gewöhnlich im Grunewald spazieren. Keine eleganten Toiletten, lauter Bürger, manche wohl absichtlich einfach angezogen. Alle etwas gedämpft wie Leute, deren Schicksal irgendwo weit in der Ferne entschieden wird, aber doch beruhigt und behaglich, daß alles so gut abgegangen war. Trambahnen und Untergrund-

Ein Hoch auf die Republik nach der Wahl Friedrich Eberts zum Reichspräsidenten am 11. Februar 1919.

bahnen gingen wie sonst, das Unterpfand dafür, daß für den unmittelbaren Lebensbedarf alles in Ordnung war. Auf allen Gesichtern stand geschrieben: Die Gehälter werden weiterbezahlt.«[10]

Es hätte auch heißen können: Wie gut, daß der Kaiser fort war! Jetzt galt es, sich aus der alten, jäh versunkenen Ordnung in eine neue zu retten. Dafür mußte ein Opfer erbracht werden, und welches bot sich preiswerter an als das Kaiseropfer? Wilhelm II. war der Repräsentant der wilhelminischen Bürgergesellschaft, ihres Fortschritts im Frieden und ihres Traums von der Weltmacht gewesen. Aber aus dem Frieden war man in den Krieg gestürzt, der in die Niederlage mündete, und der Traum hatte sich zum Alptraum der Ohnmacht verzerrt. Um nicht der Selbstanklage ausgeliefert zu sein und ein gutes Gewissen zu bewahren, brauchte man den Sündenbock, den man mit der Schuld am Unheil beladen in die Wüste schicken konnte. Darum schlug nun die Glorifizierung des Kaisertums jäh in die Verurteilung Wilhelms II. um, und bei diesem bequemen, entlastenden Schuldspruch ist es geblieben.[11] Ehre allerdings bringt das Kaiseropfer niemandem ein – und um so mehr erweist sich das zum guten gewendete schlechte Gewissen als hartnäckig. Um mit Nietzsche zu reden: »›Das habe ich getan‹, sagt mein Gedächtnis. ›Das kann ich nicht getan haben‹ – sagt mein Stolz und bleibt unerbittlich. Endlich – gibt das Gedächtnis nach.«

Es blieb noch, die formelle Abdankungsurkunde zu unterzeichnen:

»Ich verzichte hierdurch für alle Zukunft auf die Rechte an der Krone Preußens und die damit verbundenen Rechte an der deutschen Kaiserkrone.

Zugleich entbinde ich alle Beamten des Deutschen Reiches und Preußens sowie alle Offiziere, Unteroffiziere und Mannschaften der Marine, des preußischen Heeres und die Truppen der Bundeskontingente des Treueeides, den sie Mir als ihrem Kaiser, König und Obersten Befehlshaber geleistet haben. Ich erwarte von ihnen, daß sie bis zur Neuordnung des Deutschen Reiches den Inhabern der tatsächlichen Gewalt in Deutschland helfen, das deutsche Volk gegen die drohende Gefahr der Anarchie, Hungersnot und Fremdherrschaft zu schützen.

Urkundlich unter Unserer höchsteigenhändigen Unterschrift und beigedrucktem Kaiserlichen Insiegel.

Gegeben Amerongen, den 28. November 1918.

Wilhelm.«[12]

Was kam, war das Exil. Der Begriff bezeichnet einen Fluch des zwanzigsten Jahrhunderts, nicht zuletzt einen deutschen Fluch. Nach der nationalsozialistischen Machtergreifung von 1933 begann eine einzigartige Vertreibung des Geistes.

Das Exil bedeutete Lebensrettung, doch in der Regel zugleich bittere Not. Zwar gab es die Hochberühmten, Nobelpreisträger wie Thomas Mann oder Albert Einstein. Für sie bestanden keine Schwierigkeiten; man rechnete es sich zur Ehre an, sie willkommen zu heißen. Es gab auch internationale Erfolgsschriftsteller wie Lion Feuchtwanger oder Stefan Zweig, die auf den gewohnten Lebensstandard nicht zu verzichten brauchten. Aber das blieben die Ausnahmefälle. Die Regel besagte, daß man wenig oder nichts besaß und kaum eine Möglichkeit fand, wieder zu einem geregelten Einkommen zu gelangen. Selbst wer sich in Deutschland schon einen Namen gemacht hatte, war in der übrigen Welt meist unbekannt. Schon der Bruder Thomas Manns, Heinrich Mann, stand bettelarm da. Ähnlich Bertolt Brecht, Arnold Zweig, Jakob Wassermann und viele andere.

Die Mittellosigkeit schuf Barrieren. Die Aufnahmeländer kamen durchweg nur den Wohlhabenden freundlich entgegen, die eine Garantie dafür boten, nicht zur Last zu fallen. Zur Bitterkeit der Vertreibung trat also die zweite hinzu, nicht willkommen zu sein. Alfred Polgar, einer der großen Theaterkritiker der Weimarer Republik, hat das im *Prager Tageblatt* vom 18. September 1938 so beschrieben: »Ein Mensch fällt in den Strom. Er droht zu ertrinken. Von beiden Seiten springen, eigener Gefahr nicht achtend, Leute ins Wasser, ihn zu retten. – Ein Mensch wird hinterrücks gepackt und in den Strom gestoßen. Er droht zu ertrinken. Die Leute auf beiden Seiten des Stroms sehen mit wachsender Beunruhigung den verzweifelten Schwimmversuchen des ins Wasser Geworfenen zu, denkend: wenn er sich nur nicht an *unser* Ufer rettet.«

Ein weiteres Problem hat Klaus Mann beschrieben: »Ohne Paß kann der Mensch nicht leben. Das scheinbar unbedeutende Dokument ist in Wahrheit ebenso kostbar wie der Schatten, dessen Wert der arme Schlemihl erst so recht begriff, als er sich seiner leichtfertigerweise entledigt hatte.«[13] Hier jedoch ging es nicht um Leichtfertigkeit, sondern ums Überleben, um den zermürbenden, oft vergeblichen Kampf mit verständnislosen Einwanderungsbehörden, mit Paßämtern und der Polizei.[14]

Für Wilhelm II. sah das Exil anders aus. Gewiß, zunächst einmal gab es Sorgen oder sogar Ängste. Die Siegermächte forderten seine Auslieferung, um ihn als Kriegsverbrecher vor Gericht zu stellen. Aber die niederländische Regierung verweigerte sich hartnäckig, zuletzt am 5. März 1920. Der Sachverhalt bedeutete allerdings, daß die Bewegungsmöglichkeiten des früher so reisefreudigen Kaisers fortan eng begrenzt blieben. In England und anderen ehemaligen Feindstaaten durfte er sich nicht blicken lassen, und ins republikanische Deutschland wollte er auch dann nicht mehr zurückkehren, als das im Prinzip wieder möglich war.

Mit der republikanischen Regierung wurde indessen bald eine Übereinkunft erreicht, die den umfangreichen Güter-, Haus- und Schloßbesitz ebenso betraf wie Geldüberweisungen und die Zustellung von Möbeln, Porzellan, Gemälden, persönlichen Andenken. Beileibe nicht alles war wertvoll, vieles bloß Nippes,[15] doch zu den Bildern gehörten Werke von Antoine Pesne, Daniel Chodowiecki, Adolph von Menzel und weiteren berühmten Künstlern. Wilhelm II. war und blieb darum ein wohlhabender Mann ohne materielle Sorgen – was Kurt Tucholsky boshaft kommentiert hat:

»Sie sitzen in den Niederlanden
und gucken in die blaue Luft,
der Alte mit den hohen Granden,
der Junge in der Tenniskluft …
Sie schreiben Fibeln für die Kleinen,
drin steht: ›Ich hab' es nicht gewollt!‹
Die Krone fiel. Wer wird denn weinen!
Das ganze Geld kam nachgerollt.«[16]

Vom nachgerollten Geld kaufte Wilhelm II. Haus Doorn, ein kleines Schloß unweit von Amerongen, mit dem zugehörigen Parkgelände von fast sechzig Hektar.[17] Das Schloß wurde gründlich renoviert und modernisiert, mit Zentralheizung und Lift versehen. Zusätzlich wurde ein Torgebäude mit Dienstwohnungen und Gästeräumen errichtet. Den 62 oder noch mehr Güterwagen, die von Deutschland in die Niederlande fuhren, folgten im April 1920 140 Möbelwagen von Utrecht nach Doorn, und des Kaisers letzte Residenz wurde bezogen.

Das Exil kann sich als fruchtbar erweisen. Neue Herausforderungen führen zu neuen Antworten, unerwartete Kräfte werden

Haus Doorn, Niederlande: Das Arbeitszimmer eines Monarchen im Exil.

geweckt, ein Zugewinn an Eindrücken, Erfahrungen, Leistungen stellt sich ein. Und das Neue verändert das Alte; aus dem Abstand lernt man das Verlorene mit anderen Augen sehen, genauer, kritischer und liebevoller zugleich.[18] Aber es gibt auch das unfruchtbare Exil, das immerwährende leere Kreisen, das dumpfe Brüten im Rückblick, das Erzählen der stets gleichen Geschichten, die sonst niemand mehr hören mag, und das Suchen nach der Schuld am Unheil der Vertreibung, natürlich nicht bei sich selbst, sondern bei anderen.[19]

Wilhelm II. gehörte zu denen, für die sich das Exil fast zwangsläufig als unfruchtbar erwies. Wenig oder nichts forderte ihn zur

Auseinandersetzung mit seiner neuen Umgebung heraus, besonders nachdem er von Amerongen nach Doorn umgezogen war. Hier lebte er im Bannkreis seines, sei es auch kleingewordenen Hofstaats, mit Menschen, die ihn mit »Majestät« ansprachen und ihm nach dem Munde redeten wie je – entsprechend die Besucher, die nach Doorn drängten, und die Briefe, die er aus Deutschland empfing.

Seit Urzeiten gehört zur Situation jedes Regenten ein »Korridorproblem«, das heißt die Frage, wer eigentlich den Zugang zu ihm gewinnt, um zu sprechen, Informationen zu vermitteln und Rat zu erteilen – und wer nicht.[20] Und je höher hinauf, je größer und glanzvoller die Machtentfaltung, desto schwerwiegender das Problem. Für Wilhelm II. kam noch hinzu, daß es ihm nie gelang, zwischen den Schmeichlern und den Aufrichtigen zu unterscheiden. Mit dem Sturz aus der Macht änderte sich nichts, im Gegenteil. Als ruhelos reisender, wißbegieriger, vielfältig interessierter Kaiser war Wilhelm II. nicht nur den Hofschranzen oder den Eulenburgs und Bülows begegnet, sondern auch welterfahrenen Männern wie Albert Ballin. Jetzt, in Doorn, wurde sein Korridor nicht weiter, sondern enger. Wie zum Beispiel sollte er zutreffend urteilen, wenn diejenigen, die auf ihn einredeten und einschrieben, unentwegt von der Hoffnung, fast der Gewißheit sprachen, daß die Wiederherstellung der Monarchie bald zu erwarten sei? Oder wenn sie die Schuld am Geschehenen den Republikanern und Demokraten, den Sozialisten und Bolschewisten, einer internationalen Verschwörung des Judentums zusprachen? Man muß dieses Problem bedenken, um halbwegs gerecht zu urteilen.[21]

Am 27. Januar 1919 beging Wilhelm II. seinen sechzigsten Geburtstag. Er war jetzt ein zwar deutlich gealterter, aber beileibe kein alter Mann, körperlich durchaus vital. Doch wie sollte er seine Zeit im Exil verbringen, die sich von Tagen zu Wochen, zu Monaten, am Ende zu fast 23 Jahren dehnte? Wie der eigenen Unruhe, der inneren Verspannung entfliehen? Es gab Spaziergänge, Spazierfahrten im Auto und Ausflüge ans Meer, besonders ins Seebad Zandvoort, aber vom Reisen im früheren Sinne läßt sich schwerlich sprechen: Grenzen ringsum. Sogar der einstige Jagdeifer konnte nicht mehr befriedigt werden.

Ein leidenschaftlicher Bücherleser war schon der regierende Kaiser nicht gewesen und ist es auch der Mann im Exil nicht geworden. Die Literatur und die Kunst seiner Tage stießen ihn eher ab, als daß sie ihn anzogen. Kein Gerhart Hauptmann oder Thomas Mann hat sich jemals nach Doorn verirrt; nur Schriftsteller von allenfalls zweitem Rang waren willkommen, wie Börries von Münchhausen, Rudolf Herzog, Rudolf Presber oder Josef von Lauff.[22] Was dagegen blieb, war ein lebhaftes Interesse an frühen Kulturen und Ausgrabungen; Gelehrte wie der Afrikaforscher Leo Frobenius (1873–1938) und der Archäologe Wilhelm Dörpfeld (1853–1940) trafen sich regelmäßig zur Herbsttagung der »Doorner Akademie«, aus der 1932 die »Doorner Arbeitsgemeinschaft« (DAG) samt Satzung, Mitgliederwahl und förmlichem Schriftführer hervorging.[23]

Viel bekannter wurde das Holzhacken, das unermüdliche Fällen, Zersägen und Zerspalten von Bäumen. Es mochte, modern ausgedrückt, dem Fitneß-Training dienen und wie einst das Schießen, Reiten und Soldatsein bestätigen, daß der verkrüppelte linke Arm Wilhelm nicht daran hinderte, ein ganzer Mann zu sein. Aber dieses Holzhacken wuchs sich zur Manie aus. Schon der Gastgeber in Amerongen, Godard Graf Bentinck, geriet in Sorge um den Kahlschlag, der seinem Park drohte. Gottlob bot Doorn einen reichen Baumbestand, dem selbst in zwanzig Jahren nicht beizukommen war, und es gibt wahrlich schlimmere Laster.[24]

Am 11. April 1921 starb die Kaiserin Auguste Viktoria, die schon länger an Arterienverkalkung und einer Herzkrankheit gelitten hatte. Am 19. April wurde sie in Potsdam zu Grabe getragen. Die Trauerfeier, im Beisein unter anderem von Hindenburg, Ludendorff und Tirpitz, geriet zu einer politischen Demonstration monarchistischer Verbände. Anderthalb Jahre später, am 5. November 1922, heiratete der Witwer eine um 28 Jahre jüngere Witwe mit fünf Kindern, die Prinzessin Hermine zu Schönaich-Carolath. Ihre »Ebenbürtigkeit« ließ sich kaum bezweifeln; sie stammte aus dem bis 1918 regierenden Hause Reuß ältere Linie. Dennoch nahmen viele Monarchisten an dieser »Pietätlosigkeit« gegenüber der verstorbenen Kaiserin Anstoß. Wohl um den schlechten Eindruck zu mindern, ist das Buch Wilhelms II. über »Ereignisse und Gestalten aus den Jahren 1878–1918« mit einer Widmung versehen: »Dem Gedächtnis der Kaiserin, deren Anregung diese Aufzeichnungen ihre Entstehung verdanken.« Aber was, außer in der ärgsten Spießbürgerei, ist dagegen einzuwenden, daß ein vom Schicksal geschlagener, doch noch lebenskräftiger Mann nicht einsam bleiben möchte?

Es steht auf einem anderen Blatt, daß Hermine sich als umtriebig, um nicht zu sagen als eine politische Intrigantin erwies, die alljährlich für Wochen oder Monate nach Deutschland reiste, weniger um sich auf dem schlesischen Güterbesitz der Caroliaths aufzuhalten, als um im Dienste einer Wiederherstellung des Kaisertums Fäden zu spinnen. Es wäre ermüdend, alles aufzuzählen, was in diesem Sinne geschah und was entsprechend der verstoßene Kaiser erhoffte und sagte.

Die Selbsttäuschung hätte kaum größer sein können. In der Weimarer Republik gab es einen unerbittlichen Kampf der Parteien und Weltanschauungen, und die Demokratie stand auf schwachen Füßen. Doch die rechtsradikalen Freikorps und Fememörder, aber auch alle Gedanken und Schriften, die Personen und Bewegungen, die man im Rückblick unter dem Begriff der »konservativen Revolution« zusammenfaßt,[25] wollten Führertum, Diktatur, straffe Herrschaft und wenn nötig Gewalt, nicht eine eher dämpfende monarchische Verfassungsordnung oder gar diesen Kaiser, der in ihren Augen viel zu friedfertig gewesen war und – eben darum – schmählich versagt hatte. Die kaiser- oder preußisch-königstreuen Verbände sind daher stets eine Randerscheinung und sentimentale Altherrenbeschäftigung ohne wirklichen Einfluß geblieben.[26]

Hoffnungen und Illusionen gab es auch gegenüber den Nationalsozialisten, als die Hitlerbewegung nach dem Beginn der Weltwirtschaftskrise von 1929 die Massen ergriff und bei den Reichstagswahlen von 1930 zur stärksten Partei aufrückte. Während Wilhelm II. sich noch unschlüssig zurückhielt, wagten sich Hermine und der Kronprinz sehr viel weiter vor; der Kaisersohn August Wilhelm trat sogar aktiv als SA-Führer auf. Vom 17. bis 19. Januar 1931 und wiederum am 20. und 21. Mai 1932 war dann einer der wichtigsten Gefolgsleute Hitlers, Hermann Göring, in Doorn zu Gast, unverdächtig als Offizier des Ersten Weltkriegs und Träger des Ordens Pour le mérite. Er machte, wie auch Hitler, vage Versprechungen: Ja, natürlich, wahrscheinlich oder vielleicht sollte die Monarchie wiederhergestellt werden, nur nicht jetzt, sondern später. Dabei ging es bloß um ein taktisches Manöver: Solange man sich auf dem Weg zur Macht befand, mit vielen Stolpersteinen und keineswegs garantiertem Erfolg, brauchte man die Konservativen und Monarchisten als Steigbügelhalter oder, härter ausgedrückt, als nützliche Idioten. Als aber die Macht errungen und gefestigt war, fegte man die früheren Zusagen beiseite und verbot die monarchistischen Vereinigungen, sofern sie sich nicht selbst auflösten.[27] *Der Führer* sollte der Abgott, die Bezugsperson der Deutschen sein – und niemand außer ihm.

Eine besondere Aufmerksamkeit verdient das Verhältnis oder Mißverhältnis zu den Juden. Als regierender Kaiser ist Wilhelm II. mit Juden wie Albert Ballin freundschaftlich und respektvoll umgegangen. In der Verbiesterung des Exils, auf der Suche nach Schuldigen an seinem Unglück, hat er sich immer wieder antisemitisch geäußert, und es ist nicht überliefert, daß ihn Hitlers Judenhaß abstieß. Doch Worte und Taten waren für ihn stets zweierlei gewesen. Nach dem Judenpogrom vom 9. November 1938, als in Deutschland die Häuser Gottes, die Synagogen, brannten, sprach er von »Schande«, von »Gangstertum« und erklärte, »die alten Offiziere und alle anständigen Deutschen müßten protestieren«.[28] Deutlicher hätte er kaum demonstrieren können, daß er der fast schon vergessene Mann einer anderen, der wilhelminischen Zeit war, in der man die Juden zwar daran hinderte, den begehrten Offiziersrock zu tragen, aber verständnislos den Kopf schüttelte, wenn man von Pogromen im offenkundig barbarischen Rußland hörte.

Inzwischen mündete die Gewaltherrschaft noch einmal in den Wahn von der Weltmacht und in einen neuen Weltkrieg. Nicht mehr ein Kaiser oder der König von Preußen war jetzt der Kriegsherr, sondern Adolf Hitler, und am 10. Mai 1940 überfielen seine Heere die neutralen Niederlande, mit nicht einmal der Spur jener militärischen Notwendigkeit, die sich 1914 beim Einmarsch in Belgien aus dem Schlieffenplan ergeben hatte. Im Gegenteil, der Hauptstoß durch Belgien hindurch wurde diesmal noch südlicher angesetzt als 1914 und schwenkte erst auf französischem Boden, im Rücken der alliierten Armeen, nach Norden ein.

In Doorn durfte zunächst nur das Kaiserpaar mit einem kleinen Teil des Personals verbleiben; die übrigen deutschen Angestellten wurden interniert und die Radiogeräte beschlagnahmt. Am 12. Mai machte die britische Regierung im Einverständnis mit König Georg V. dem alten Mann das Angebot, »unter Wahrung seiner Ehre und seines Schutzes« nach England zu kommen wie die Königin Wilhelmina und die niederländische Regierung. Durchaus verständlich lehnte Wilhelm II. das ab. Er wollte nicht noch einmal ins Ungewisse fliehen und nicht zur Propaganda mißbraucht werden, sich nicht »mit Churchill zusammen fotografieren« lassen.

Eine Episode am Rande der Geschichte, die Möglichkeit, die Lebensreise im gehaßten und doch mehr noch bewunderten Lande der Mutter und Großmutter zu beenden, schon wieder vorüber, kaum daß sie sich eröffnet hatte: Am Morgen des 14. Mai erreichten deutsche Truppen Doorn, am nächsten Tag kapitulierten die Niederlande. Die Internierten und die Radiogeräte kehrten zurück, und die Wehrmacht stellte für Doorn eine Ehrenwache.

Wenig später beging Wilhelm II. die letzte und wohl schlimmste seiner politischen Taktlosigkeiten. Nach dem deutschen Sieg über Frankreich schickte er an Hitler ein Glückwunschtelegramm: »Unter dem tiefgreifenden Eindruck der Waffenstreckung Frankreichs beglückwünsche ich Sie und die gesamte deutsche Wehrmacht mit den Worten Kaiser Wilhelms des Großen von 1870: ›Welche Wendung durch Gottes Fügung!‹ In allen deutschen Herzen erklingt der Choral von Leuthen, den die Sieger von Leuthen, des großen Königs Soldaten, anstimmten: Nun danket alle Gott.«

Hitler antwortete: »Euerer Majestät danke ich für die anläßlich der Kapitulation Frankreichs der deutschen Wehrmacht und mir persönlich ausgesprochenen Glückwünsche. Ich hoffe, daß dieser Sieg bald seine Krönung in einem Frieden erhält, der dem Großdeutschen Reiche die Möglichkeit der vollen Entfaltung aller Kräfte der Deutschen Nation sichert.« Im Gegensatz zur sonstigen Taktik des Verschweigens wurde dieser Telegrammwechsel zwischen dem ehemaligen und dem jetzigen Kriegsherrn in allen deutschen Zei tungen veröffentlicht.[29]

Man stelle sich das bildhaft vor: Ein verfolgter, verzweifelter Mensch findet gastfreundliche Aufnahme und Schutz im Haus seiner Nachbarn und bleibt dort behütet für viele Jahre. Dann überfallen Räuber und Mörder das Haus, die Besitzer müssen fliehen, um ihr Leben zu retten – und der Mensch verwandelt sich zum Unmenschen, er beglückwünscht die Räuber und Mörder! War denn völlig vergessen, was die Königin Wilhelmina und die niederländische Regierung für den Kaiser getan hatten? Oder jede Erinnerung an die langen und guten Beziehungen zwischen dem Hause Oranien und dem Hause Hohenzollern, zwischen den Niederlanden und Brandenburg-Preußen ausgelöscht?[30]

Ratlos sucht man nach Erklärungen und findet keine. Hatte

Der regierende Kriegskaiser bei einer militärischen Besprechung? Fast sieht es so aus. Gefeiert aber wird hier der siebzigste Geburtstag Wilhelms II. am 27. Januar 1929.

Hermine oder sonst jemand die kaiserliche Feder geführt? Nein, im Text des Glückwunschtelegramms zeigt sich ganz unverwechselbar der Stil der Reden und Trinksprüche aus der Zeit vor 1914. Oder soll man von Senilität sprechen? Nein, nichts unter den sonstigen Zeichen aus Doorn deutet darauf hin. Bei allem Bemühen, Wilhelm II. zu verstehen und ihm gerecht zu werden: Hier wurde die Grenze des Entschuldbaren überschritten.

Zur Wiedergutmachung, wenigstens einer Geste, blieb keine Zeit mehr und keine Gelegenheit. Die Ehrenwache der Wehrmacht stellte sich doppelsinnig dar, auch als Abriegelung. Am 1. März 1941 erlitt Wilhelm II. beim Holzhacken einen Ohnmachtsanfall. Nur noch vorübergehend erholte er sich, aber ein rascher Kräfteverfall begann. Ein Darmleiden kam hinzu und am 3. Juni eine Lungenembolie. Als die Krankenschwester ihn tröstete: »Majestät, oben ist es besser, bei unserem Allhöchsten Herrn haben wir es besser als auf Erden«, antwortete der Sterbende: »Ich bin bereit. Oben sehen wir uns wieder.« Dann, unter Anfällen von Atemnot: »Es geht mit mir zu Ende. Ich versinke, ich versinke!«[31] Am Vormittag des 4. Juni starb der letzte deutsche Kaiser und König von Preußen.

Die Beisetzung fand am 9. Juni in Doorn statt. Die Wehrmacht stellte ein Ehrenbataillon und wurde zwar durch Generale und einen Admiral, aber durch keinen Feldmarschall vertreten. Hitler schickte einen großen Kranz und seinen Statthalter in den Niederlanden, Arthur Seyß-Inquart. Die alte preußische Armee verkörperte der greise Feldmarschall August von Mackensen. Die Kapelle spielte den Choral »Eine feste Burg ist unser Gott« und intonierte den Großen Zapfenstreich: »Ich bete an die Macht der Liebe«. Als seinen Grabspruch hatte Wilhelm II. ausgewählt:

> »Lobt mich nicht, denn ich bedarf keines Lobes;
> Rühmet mich nicht, denn ich bedarf keines Ruhmes;
> Richtet mich nicht, denn ich werde gerichtet werden.«

Anmerkungen und Materialien

Vorwort

1 *Gedanken und Erinnerungen,* Band II, Kapitel 32, besonders die Teile 3, 5 und 6. Erstausgabe der *Gedanken und Erinnerungen,* Band I und II, 1898, Band III, 1919; Neuausgabe Berlin 1990. Wie so oft in Bismarcks Texten ist auch das Porträt Wilhelms I. doppelbödig angelegt. Es wurde nach der Entlassung von 1890 geschrieben; die positive Schilderung des alten Kaisers dient dazu, den jungen, seit 1888 regierenden anzuklagen, weil er nach Bismarcks Überzeugung die genau gegenteiligen Charakterzüge zeigt.

2 Eine anschauliche Darstellung des Dreikaiserjahres findet man bei J. Alden Nichols, *The Year of the Three Kaisers – Bismarck and the German Succession,* Urbana–Chicago 1987.

3 Zu Friedrichs Krankheit und zur Diskussion über seine Behandlung seien genannt: *Die Krankheit Friedrichs III., dargestellt nach amtlichen Quellen und den im Königlichen Hausministerium niedergelegten Berichten der Ärzte,* Berlin 1888; Hans Joachim Wolf, *Die Krankheit Kaiser Friedrichs III. und ihre Wirkung auf die deutsche und englische Öffentlichkeit,* Berlin 1958; aus der Perspektive des in Deutschland leidenschaftlich angefeindeten englischen Arztes schildert Sir Morell Mackenzie *The Fatal Illness of Frederick the Noble,* London 1888.

4 Harry Graf Kessler, *Gesichter und Zeiten – Erinnerungen. Gesammelte Schriften,* Band 1, Frankfurt/M. 1988, S. 221f.

5 »Der Nationalstaat und die Volkswirtschaftspolitik – Akademische Antrittsrede«, in: *Gesammelte Politische Schriften, herausgegeben von Johannes Winckelmann,* 2. Auflage Tübingen 1958, S. 19f.

6 Bloß als Beispiele und nur für die Zeit seit dem Zweiten Weltkrieg ließen sich nennen: Erich Eyck, *Das persönliche Regiment Wilhelms II.,* Zürich 1948; Friedrich Hartau, *Wilhelm II. – Mit Selbstzeugnissen und Bilddokumenten,* 6. Auflage Reinbek bei Hamburg 1997; John C. G. Röhl, *Wilhelm II. – Die Jugend des Kaisers 1859–1888*, München 1993. Ein Gegenstück zur Jugendbiographie bildet die Altersdarstellung von Willibald Gutsche, *Der Kaiser im Exil – Eine kritische Biographie,* Marburg 1991. Siehe von Gutsche auch: *Wilhelm II. – Der letzte Kaiser des Deutschen Reiches. Eine Biographie,* Berlin 1991. Im Grunde ist es bemerkenswert, wie wenig sich die Porträts im Wandel der Zeiten und darstellenden Temperamente verändern, anders als etwa bei Bismarck.

7 *Reden des Kaisers – Ansprachen, Predigten und Trinksprüche Wilhelms II.,* herausgegeben von Ernst Johann, München 1966, S. 57f. Diese Auswahl wird im folgenden vorzugsweise zitiert, weil sie für die Leser eher zugänglich ist. Zur eigentlichen Dokumentation ist zu nennen: *Die Reden Kaiser Wilhelms II.,* 4 Bände, Band I bis III herausgegeben von Johannes Penzler, Band IV von Bogdan Krieger, Leipzig 1897–1913.

8 Zitiert nach Virginia Cowles, *Wilhelm der Kaiser,* Frankfurt/M. 1965, S. 148.

9 Die Rede wurde unter anderem abgedruckt in: *Frankfurter Allgemeine Zeitung* vom 29. 4. 1997.

10 Siehe dazu vom Verfasser: *Der deutsche Niedergang – Ein Ausblick ins 21. Jahrhundert,* Stuttgart 1998.

11 *Briefe an Georg Friedländer,* herausgegeben von Kurt Schreinert, Heidelberg 1954, S. 309.

12 *Otto Braun oder Preußens demokratische Sendung,* Frankfurt/M. – Berlin – Wien 1977, S. 31. Schulze nennt neben Stresemann Ebert, Erzberger und Rathenau. Er sagt dann: »Was wäre gewesen, wenn einer von ihnen in verantwortlicher Stellung die Jahre des Niedergangs und des schließlichen Schweigens erlebt hätte? Wäre die Geschichte anders verlaufen oder wäre ihr Name ebenso wie der Brauns aus unserer Erinnerung verdrängt? Oder, umgekehrt: Was wäre gewesen, wenn Braun früher gestorben wäre, etwa vor den Preußenwahlen im Jahre 1932? Wir können es uns ausmalen: Es gäbe eine Braun-Legende, etwa dahingehend, er hätte die Republik gestützt und verteidigt, wie er es seit dem Beginn der Weimarer Zeit getan hatte; eine Braun-Biographie wäre überflüssig, es gäbe ihrer bereits genug. Gedankenexperimente dieser Art sind nützlich; sie verdeutlichen uns die Schwierigkeit, historische Alternativen zu durchdenken, aber auch die Ungerechtigkeiten und die Zufälligkeiten, die am Nachruhm großer Namen mitwirken.«

13 *Fabulous Monster* hieß das Buch von J. Daniel Chamier, das 1934 in London erschien, *Ein Fabeltier unserer Zeit* die deutsche Übersetzung von 1937; eine Nachkriegsausgabe (Berlin 1954) trug den farblosen Titel: *Als Deutschland mächtig schien – Die Ära Wilhelms II.* Vor dem Hintergrund allgemeiner Verurteilung war der ursprüngliche Titel jedoch ironisch gemeint; ausgerechnet der englische Autor begegnete Wilhelm II. mit Verständnis und Sympathie.

Die Kindheit eines Kaisers

1 Queen Victorias Journal, 27. Januar 1859, aus: Royal Archives Windsor Castle, zitiert nach John C. G. Röhl, *Wilhelm II. – Die Jugend des Kaisers 1859–1888,* München 1993, S. 22.

2 Die Prinzessin Viktoria war in dem Sinne eine moderne Frau, daß sie ihre Gefühle ungehemmt zum Ausdruck brachte, etwa wenn sie ihrem Mann von England aus schrieb: »In dieser Stube war der glücklichste Augenblick meines Lebens – wo Du mich zum ersten Mal als Deine Frau in Deinen Armen an Dein Herz drücktest. Wenn ich nur an den Augenblick denke so schlägt mir das Herz ganz ungestüm, und ich habe eine schreckliche Sehnsucht nach Dir, ich glaube ich würde Dich erdrücken wenn ich Dich jetzt hätte. Die Trennung ist mir unerträglich, und ich warte auf den Moment wo ich zu Bett sein werde um zu weinen, denn selbst in meiner alten Heimat halte ich es nicht aus ohne Dich, mein Alles, mein angebeter Mann. Gott wenn Du nur wüßtest, was Du mir bist, wie gern ich für Dich leiden möchte, wie inbrünstig ich jeden Morgen und jeden Abend zu Gott flehe, daß er alles Unangenehme, alles Leiden körperlich oder geistig welches Dir zustoßen könnte auf mich lege und es Dir erspare. Ich bin wie verrückt, solch eine Sehnsucht habe ich nach Dir.« Zitiert nach Röhl, a.a.O., S. 76. Der Hauptteil des Briefwechsels, den Röhl ausgewertet hat, befindet sich im Archiv der Hessischen Hausstiftung, Schloß Fasanerie bei Fulda.

3 »Kritik der Hegelschen Rechtsphilosophie«, in: *Die Frühschriften,* herausgegeben von Siegfried Landshut, Stuttgart 1953, S. 112 und 54.

4 Die wohl tiefgründigste Darstellung des Sachverhalts findet man bei Alexis de Tocqueville in seinem großen Werk *De la démocratie en Amérique,* zuerst 1835 und 1840. Deutsche Ausgabe in zwei Bänden: *Über die Demokratie in Amerika,* Zürich 1987 (Manesse Bibliothek der Weltgeschichte).

5 »Kommunistisches Manifest«, abgedruckt in: *Die Frühschriften,* a.a.O., S. 529.

6 Die ausführliche Schilderung der Geburt bei Röhl, a.a.O., S. 21ff.

7 Den Bericht der Hebamme findet man in einer anonymen Veröffentlichung: *Wilhelm II. – Von einem alten Diplomaten,* Zürich 1905, S. 14f.

8 Gewiß mit Recht sagt Röhl, »daß die meisten der zweifellos gutgemeinten Versuche der Ärzte, Wilhelms Geburtsverletzungen wieder in Ordnung zu bringen, objektiv gesehen einer massiven Mißhandlung des zarten kleinen Jungen gleichkamen«. (A.a.O., S. 71.)

9 Nach Wilhelm wurden noch geboren: Charlotte (1860), Heinrich (1862), Sigismund (1864), Viktoria (1866), Waldemar (1868), Sophie (1870) und Margarethe (1872).

10 Zitiert nach Röhl, a.a.O., S. 88.

11 Röhl, a.a.O., S. 98.

12 Röhl, a.a.O., S. 94.

13 Röhl, a.a.O., S. 99.

14 *Darling Child – Private Correspondence of Queen Victoria and the German Crown Princess 1871–1878*, herausgegeben von Roger Fulford, London 1976, S. 26.

15 Zitiert nach Röhl, a.a.O., S. 475f.

16 Siehe zur näheren Darstellung vom Verfasser: *Fahrten durch die Mark Brandenburg,* Stuttgart 1991, S. 221ff.

17 Natürlich gibt es in der Beurteilung des Sachverhalts unterschiedliche Auffassungen. Eher oberflächlich und unkritisch heißt es manchmal, daß Wilhelm II. seine Behinderung bewundernswert gemeistert habe, ohne daß dabei die Kompensation oder Überkompensation nennenswert in sein Verhalten durchschlug; so zum Beispiel Bernhard von Bülow, der Reichskanzler des Kaisers von 1900 bis 1909. (Bernhard Fürst von Bülow, *Denkwürdigkeiten,* Band I, Berlin 1930, S. 107.) Dagegen hat bereits Emil Ludwig betont, daß der »lebenslange Kampf gegen die angeborene Schwäche« über Wilhelms Charakterbildung entschieden habe. Gerade die Meisterung der Schwäche sei »das Vorspiel zahlloser Auftritte und Einzüge, klirrender Reden und drohender Fäuste [gewesen], mit denen er sich jahrzehntelang vor seinem Selbstgefühl zu legitimieren suchte«. (*Wilhelm der Zweite*, Berlin 1926, S.38 und 19.) Sigmund Freud hat diese These abgewandelt: Nicht die Behinderung an sich sei bedeutsam gewesen, sondern die Reaktion der Umgebung, besonders der Liebesentzug der Mutter. Als dann »aus dem Kinde ein großmächtiger Mann geworden war, bewies dieser durch seine Handlungen unzweideutig, daß er der Mutter nie verziehen hatte«. (*Vorlesungen,* Neue Folge, Studienausgabe Band I, Frankfurt/M. 1978, S. 504.) Ein Biograph unserer Zeit, Thomas A. Kohut, weist die Deutung Ludwigs und Freuds fast wie Bülow wieder zurück, wohl darum, weil er verhindern will, daß die »krankhafte« Deutung des Kaisers ihn zum bequemen Sündenbock für deutsches Versagen macht. *(Wilhelm II and the Germans – A Study in Leadership,* New York–Oxford 1991.) Solche preiswerten Deutungen hat es unmittelbar nach dem Kaisersturz allerdings gegeben, zum Beispiel: Adolf A. Friedländer, *Wilhelm II. – Eine politisch-psychologische Studie,* Halle 1919; Franz Kleinschrod, *Die Geistes-*

krankheit Wilhelms II., Wörrishofen 1919; Hermann Lutz, *Wilhelm II. periodisch geisteskrank! Ein Charakterbild des wahren Kaisers*, Leipzig 1919; H. Wilm, *Wilhelm II. als Krüppel und Psychopath – Abrechnung mit der Entente und dem Monarchismus*, Berlin 1920. Doch wie will man Sigmund Freud für solche Alibikonstruktionen in Anspruch nehmen – oder den linksliberalen Emil Ludwig, der 1914 als Journalist nach London ging, 1932 die Staatsbürgerschaft der Schweiz erwarb, 1940 vor der deutschen Gefahr in die amerikanische Integration auswich und 1948 in Moscia bei Ascona starb?

18 Brief von Stockmar an Sir Robert Morier, der Hinzpeter ins Gespräch gebracht hatte. Zitiert bei Rosslyn Wemyss, *Memoirs and Letters of the Right Hon. Sir Robert Morier*, Band II, London 1911, S. 97. Morier zählte ebenfalls zum Freundeskreis der Kronprinzessin. Seit 1858 gehörte er zur britischen Botschaft in Berlin und war seit 1866 Gesandter am Hessischen Hof in Darmstadt.

19 Denkschriften Hinzpeters im Archiv der Hessischen Hausstiftung, Schloß Fasanerie bei Fulda; zitiert nach Röhl, a.a.O., S. 155.

20 Röhl, a.a.O., S. 240f. Fatal wirkt, wie sich in dieser Verurteilung die offenkundige Lieblosigkeit, ja die Ablehnung des Schülers durch seinen Lehrer mit der devoten Haltung verbindet, wenn nicht etwa in der Anrede die Großschreibung gebraucht wird, sondern wenn von Ihm und Seinem Verhalten die Rede ist, dessen Er Sich schuldig macht.

21 Siehe vom Verfasser: *Winston Churchill und das 20. Jahrhundert*, Hamburg 1999.

22 *Philipp Eulenburgs politische Korrespondenz*, herausgegeben von John C. G. Röhl, 3 Bände, Boppard am Rhein 1978–1993, hier Band III, S. 1848f.

23 Kaiser Wilhelm II., *Aus meinem Leben 1859–1888*, Berlin – Leipzig 1927, S. 4ff.

Das Kaisererbe

1 *Das Staatsrecht des Deutschen Reiches*, Band I, 1876, S. 87f.

2 Ganz wesentlich ist in jedem politischen System die Ämterpatronage: Das Recht zur Stellenbesetzung entscheidet wesentlich über Macht und Ohnmacht. Der Reichstag blieb hier ohnmächtig, weil er nicht über die Regierungsbildung entschied. Um so mächtiger war der Kaiser beziehungsweise der König von Preußen, von dem die preußische Verfassung in Artikel 47 sagte: »Der König besetzt alle Stellen im Heere sowie in den übrigen Zweigen des Staatsdienstes, soweit nicht das Gesetz ein anderes verordnet.« Im verzweifelten Versuch, den Zusammenbruch des Kaiserreiches noch abzuwenden, ist es am 28. Oktober 1918 zu einer Verfassungsergänzung gekommen, die die Parlamentarisierung nach englischem Vorbild durchsetzen sollte: »Der Reichskanzler bedarf zu seiner Amtsführung des Vertrauens des Reichstages.« Doch dazu hat die Geschichte schon nach wenigen Tagen ihr unerbittliches »Zu spät!« geschrieben.

3 Neben den Abgeordneten der Zweiten Kammer gab es noch das Herrenhaus. Zu ihm gehörten teils erbliche, teils vom König auf Lebenszeit ernannte Mitglieder besonders des Hochadels und des Großgrundbesitzes, gewählte Mitglieder der großen Steuerzahler, also des Reichtums, dazu Vertreter der großen Städte. Linke oder linksliberale Auffassungen konnten hier schwerlich zum Zuge kommen. Aber Gesetze bedurften der Zustimmung des Herrenhauses ebenso wie der des Abgeordnetenhauses und der des Königs. Die preußische

Verfassung stammte aus dem Jahre 1850; sie war Ausdruck des Sieges der Reaktion über die Revolution von 1848 und dazu bestimmt, allen »radikalen« Bestrebungen einen Riegel vorzuschieben.

4 Die Differenz zwischen Stimmen- und Sitzanteil hatte mit zwei Umständen zu tun. Erstens war die Wahlkreiseinteilung der Bevölkerungsentwicklung nicht gefolgt; in den alten Agrargebieten erreichte man daher mit weit weniger Stimmen ein Mandat als in den neuen industriellen und großstädtischen Ballungsräumen. Zweitens wurden Stichwahlen abgehalten, wenn ein Kandidat beim ersten Wahlgang nicht die absolute Mehrheit erreichte. Hierbei entstanden gegen die SPD oft Koalitionen der bürgerlichen Parteien, die dann den Sieg davontrugen.

5 »Kommunistisches Manifest«, abgedruckt in: *Die Frühschriften,* herausgegeben von Siegfried Landshut, Stuttgart 1953, S. 530 und 528.

6 Besonders merkwürdig muten uns aus heutiger Sicht die rituellen Heilungen der Könige an. Aber bis tief in die Neuzeit hinein, bis zur Schwelle der Revolution von 1789, ja nach der Unterbrechung eines Vierteljahrhunderts bis 1825 heilen die französischen Könige bestimmte Krankheiten – besonders die Skrofeln – durch rituelles Handauflegen, während sie sagen: »Le roi te touche, Dieu te guérisse.« Eine beziehungsreiche Verbindung: Gott heilt durch die Hand des Königs. Ähnlich in England; aus der Regierungszeit Karls II. wird von annähernd hunderttausend Heilungen berichtet. Warum auch nicht? Hier wie so oft ist es der Glaube, der die Berge versetzt. Natürlich muß es sich um eine wirklich ehrwürdige Monarchie und ein unvordenklich altes Ritual handeln; im traditionsarmen und aufgeklärten Preußen kann man sich Friedrich den Großen bei solchen Praktiken schwerlich vorstellen.

7 *Die englische Verfassung,* deutsche Ausgabe Neuwied–Berlin 1971, S. 210. Die englische Erstausgabe erschien im Jahre 1867.

8 *Die englische Verfassung,* deutsche Ausgabe, a.a.O., S. 95.

9 *Die englische Verfassung,* deutsche Ausgabe, a.a.O., S. 49ff.

10 Eine besondere Bedeutung kann die ehrwürdige Institution in Ausnahme- und Krisensituationen gewinnen. Um ein Beispiel zu geben: Von 1940 bis 1945 residierte die niederländische Regierung in London. Aber kaum ein älterer Niederländer, der die Jahre der deutschen Besetzung miterlebt hat, weiß noch zu sagen, wer die Männer waren, die diese Regierung bildeten. Das ist verständlich, denn Regierungen sind nun einmal machtbezogene Institutionen, und darum wirken sie wenig eindrucksvoll, wenn sie sich ohnmächtig im Exil befinden und kaum mehr einen Spielraum zum Handeln haben. Aber jeder erinnert sich an die Königin und ihre Rundfunkansprachen. Denn die Königin verkörperte das Haus Oranien und das Haus Oranien den Ursprung der Nation im Freiheitskampf gegen Habsburg-Spanien. Darum wurde eine Frau namens Wilhelmina zum Symbol der Hoffnung auf die Wiederkehr der Freiheit, auf den Sieg im Kampf gegen die Fremdherrschaft. Ähnlich ist König Håkon VII. für die Norweger zum Symbol geworden, ähnlich auch, obwohl im Lande verblieben, König Christian X. für die Dänen. Im Normalfall des demokratischen Alltags geht es weniger dramatisch zu, aber angesichts stürmischer Veränderungen und damit immer neu aufbrechender Probleme gehört die sozusagen alltägliche Krise zur freiheitlichen Ordnung. Sie ersetzt die Scheinruhe anderer Systeme, auf die das große Erdbeben, die politische Katastrophe um so verhängnisvoller folgen. Darum braucht man auch alltäglich das Vertrauen auf die übergeordnete Einheit und Kontinuität, die im Symbol der ehrwürdigen Institution seine Darstellung finden. Am Ende ist es nur folge-

richtig, daß die Nationen im Norden und Nordwesten Europas, denen die Funktionenteilung von Monarchie und Demokratie zeitgerecht gelungen ist, die Wechselfälle der neueren Geschichte durchweg mit weniger schweren Erschütterungen überstanden haben als andere Länder.

11 *Über die Demokratie in Amerika,* Band I, deutsche Standardausgabe Stuttgart 1959, S. 344.

12 Die Kaiserproklamation von Versailles am 18. Januar 1871 wurde bewußt auf diesen preußischen Ursprung bezogen; sie fand am 170. Jahrestag der Königsberger Königskrönung statt.

13 *Die Reden Kaiser Wilhelms II.,* herausgegeben von Johannes Penzler, Leipzig 1897ff., Band III, S. 182f.

14 Robert Graf Zedlitz-Trützschler, *Zwölf Jahre am deutschen Kaiserhof – Aufzeichnungen,* Stuttgart–Berlin–Leipzig 1923, S. 230.

15 Brief an Alexander von Below-Hohendorf vom 18. September 1861, abgedruckt in: *Bismarck-Briefe,* herausgegeben von Hans Rothfels, 2. Auflage Göttingen 1955, S. 282.

16 Brief vom 2. Juli 1861, a.a.O., S. 277f. Die Vendée gilt als Symbol des Widerstands bis zum äußersten gegen die Revolution: In dem Gebiet Westfrankreichs südlich der Loiremündung brach 1793 nach der Hinrichtung Ludwigs XVI. ein royalistischer Aufstand los, der erst nach jahrelangen und blutigen Kämpfen unterdrückt werden konnte.

17 *Der Stechlin,* 1. Kapitel. Fontane spricht von einem »eigentümlich sympathisch berührenden Selbstgefühl« und fügt für seinen Titelhelden hinzu: »Aber er hegte dieses Selbstgefühl nur ganz im stillen, und wenn es dennoch zum Ausdruck kam, dann kleidete sich's in Humor, auch wohl in Selbstironie.« Das kann man von Bismarck kaum behaupten; er meinte bitter ernst, was er sagte.

18 Siehe dazu Moritz Busch, *Tagebuchblätter,* Band I, Leipzig 1899, S. 249 und 229.

19 Als Literaturauswahl zum Kronprinzen Friedrich Wilhelm beziehungsweise zum Kaiser Friedrich III. und zur Prinzessin/Kaiserin Viktoria seien genannt: Kaiser Friedrich III., *Tagebücher von 1848 bis 1866,* herausgegeben von Heinrich-Otto Meisner, Leipzig 1929; Margaretha von Poschinger (Hg.), *Kaiser Friedrich in neuer quellenmäßiger Darstellung,* 3 Bände, Berlin 1899–1900; Werner Richter, *Friedrich III. – Leben und Tragik des zweiten Hohenzollern-Kaisers,* 2. Auflage München 1981; Franz Herre, *Friedrich III. – Deutschlands liberale Hoffnung,* Stuttgart 1987; R. Barkeley, *Die Kaiserin Friedrich, Mutter Wilhelms II.,* Dordrecht 1959; Daphne Bennett, *Vicky, Princess Royal of England and German Empress,* New York 1971; Andrew Sinclair, *The Other Victoria – The Princess Royal and the Great Game of Europe,* London 1981; Sir Frederick Ponsonby (Hg.), *Briefe der Kaiserin Friedrich,* Berlin 1929; Egon Caesar Conte Corti, *Wenn ... Sendung und Schicksal einer Kaiserin,* Graz–Wien–Köln 1954.

20 Bismarck zu seinem Sohn Herbert, zitiert in der Tagebucheintragung Friedrich von Holsteins vom 15. Mai 1888: *Die geheimen Papiere Friedrich von Holsteins,* herausgegeben von Norman Rich, M. H. Fisher und Werner Frauendienst, 4 Bände, Göttingen–Berlin–Frankfurt/M. 1956–1963; hier Band II, S. 421f.

Die Vorbereitung

1 In Kassel beaufsichtigte Hinzpeter zunächst noch Wilhelms jüngeren Bruder Heinrich. Dann zog er sich, ein allgemein bekannter und dennoch an seiner zentralen Lebensaufgabe gescheiterter Mann, an seinen Herkunftsort Bielefeld in den frühzeitigen Ruhestand zurück.

2 Der Schwarze Adlerorden wurde am 18. Januar von Friedrich I. aus Anlaß seiner Königskrönung gestiftet, mit dem preußischen Wahlspruch: *Suum cuique* – Jedem das Seine. Für gewöhnliche Sterbliche gab es, ursprünglich vom Erbprinzen Georg Wilhelm von Bayreuth gestiftet, seit 1791 in Preußen verliehen, den Roten Adlerorden mit dem Motto: *Sincere et constanter* – Aufrichtig und standhaft. Wie das heutige Bundesverdienstkreuz gab es den Roten Adlerorden in mehreren, insgesamt vier Klassen. Ausgezeichnet wurden zum Beispiel die Professoren, die für Wilhelm II. während seiner Bonner Studienzeit Vorlesungen gehalten hatten. Der Kunsthistoriker Carl Justi vermerkte bei dessen Abgang: »Gestern ist der Prinz in Godesberg von der Hochschule weggegessen worden, und an demselben Tage hat ein Niederfall roter Vögel verschiedener Ordnung stattgefunden.« (Brief vom 3.8.1879, abgedruckt in: Carl Justi/Otto Hartwig, *Briefwechsel 1859–1903,* herausgegeben von Rupprecht Leppla, Veröffentlichungen des Stadtarchivs Bonn Nr. 108, Bonn 1968.)

3 Brief der Kronprinzessin an die Königin Victoria vom 18. Januar 1877, in: Sir Frederick Ponsonby (Hg.), *Briefe der Kaiserin Friedrich,* Berlin 1929, S. 185f.

4 Brief vom 21. Januar 1877 an die Königin, zitiert nach John C. G. Röhl, *Wilhelm II. – Die Jugend des Kaisers 1859–1888,* München 1993, S. 269.

5 Brief vom 28. Mai 1878, zitiert nach Thomas A. Kohut, *Wilhelm II and the Germans – A Study in Leadership,* New York–Oxford 1991, S. 73.

6 »Beantwortung der Frage: Was ist Aufklärung?«, zuerst 1784. Im Zusammenhang lautet die berühmte Anfangspassage dieser unsterblichen Schrift: »*Aufklärung ist der Ausgang des Menschen aus seiner selbst verschuldeten Unmündigkeit. Unmündigkeit* ist das Unvermögen, sich seines Verstandes ohne Leitung eines anderen zu bedienen. *Selbstverschuldet* ist diese Unmündigkeit, wenn die Ursache derselben nicht am Mangel des Verstandes, sondern der Entschließung und des Mutes liegt, sich seiner ohne Leitung eines andern zu bedienen. Sapere aude! Habe Mut, dich deines eigenen Verstandes zu bedienen! ist also der Wahlspruch der Aufklärung.«

7 Röhl hat hierfür in seiner Jugendbiographie Wilhelms II. überwältigendes Material zusammengetragen. Siehe – unter anderem – das Kapitel »Der Bruch mit den Eltern«, a.a.O., S. 379ff.

8 Brief vom 16. Juli 1878, zitiert nach Röhl, a.a.O., S. 282.

9 Brief vom 15. Mai 1878, zitiert nach Röhl, a.a.O., S. 282f.

10 Bismarck hat seinerseits mit Abscheu, um nicht zu sagen mit Haß auf »politisierende« Frauen reagiert. Fast wie ein roter Faden durchzieht seine *Gedanken und Erinnerungen* die Empörung über die Schwierigkeiten, die sie ihm (oft auch nur seiner Einbildung nach) bereiteten, zunächst in der Gestalt der Königin und Kaiserin Augusta, der Gemahlin Wilhelms I., dann der Kronprinzessin Viktoria.

11 Rede beim Festmahl des Brandenburgischen Provinziallandtages vom 26. Februar 1897; abgedruckt in: *Die Reden Wilhelms II. – Ansprachen, Reden und Trinksprüche,* herausgegeben von Ernst Johann, München 1966, S. 69f.

12 *Briefe,* herausgegeben von Christfried Coler, Band II, Berlin 1963, S. 495f.

13 *Bismarck im Denkmal des In- und Auslandes.* Unter Mitarbeit von Persön-

lichkeiten der Denkmal-Städte gesammelt und beschrieben von Max Ehrhardt-Apolda, Band I, Eisenach–Leipzig 1903, Vorrede.

14 Während das monarchische, in der Regel auch verwandtschaftliche Hin und Her bis 1914 in Europa fast alltäglich war, verbot sich ein Kaiserbesuch im republikanischen Frankreich angesichts angespannter Feindschaft von selbst. Schon bei einem Besuch der Kaiserwitwe Viktoria, die eigentlich doch britisch legitimiert war, kam es im Februar 1891 in Paris zu Demonstrationen.

15 *Die Gründung des Deutschen Reiches 1859–1871,* zuerst 1892, 3. Auflage Leipzig 1902, S. 101f.

16 Siehe dazu G. G. Winkel, *Biographisches Corpsalbum der Borussia zu Bonn 1821–1928,* Aschaffenburg 1928. Ferner von Winkel: *Corpsgeschichte der Bonner Borussia,* Bonn 1938.

17 *Gesichter und Zeiten – Erinnerungen.* Gesammelte Schriften in drei Bänden, herausgegeben von Cornelia Blasberg und Gerhard Schuster, Band I, Frankfurt/M. 1988, S. 172f.

18 *Die Reden Kaiser Wilhelms II. in den Jahren 1888–1895,* herausgegeben von Johannes Penzler, Leipzig ohne Jahr (Band I der vierbändigen Ausgabe, 1897–1913), S. 181.

19 Siehe Anmerkung 2.

20 *Die Reden Kaiser Wilhelms II.,* herausgegeben von Johannes Penzler, Band III: 1901-1905, Leipzig 1906, S. 20ff.

21 Zitiert nach Röhl, a.a.O., S. 380.

22 Zitiert nach Isabel V. Hull, *The Entourage of Kaiser Wilhelm II,* Cambridge 1982, S. 20.

23 Von Wilhelms militärischer Laufbahn und den Jahren in Potsdam erzählt Prinz Heinrich von Schönburg-Waldenburg, *Erinnerungen aus kaiserlicher Zeit,* Leipzig 1929, S. 47ff.

24 Das Leben des Feldmarschalls Hermann von Boyen, Band II, Stuttgart 1899, S. 511f. Die fachliche Verengung, auch im Sinne des vorgeblich Unpolitischen (bei in Wahrheit konservativ-nationalen Vorgaben), hat sich über das Kaiserreich hinaus erhalten. Wie Meinecke hat darum Gordon A. Craig in seinem Buch über die preußisch-deutsche Armee einen Vergleich mit den Reformern nach 1807 gezogen und gesagt: »Bis zum allerletzten Ende zeigten die Befehlshaber der deutschen Armeen die technische Virtuosität und den physischen Mut, die seit der Wiedererhebung nach Jena und Auerstedt für das preußische Offizierkorps stets charakteristisch gewesen waren. Aber was die meisten von ihnen in diesen letzten verzweifelten Jahren nicht zeigten, war das, was sie auch nicht gezeigt hatten, als Hitler 1933 auf der Schwelle zum Kanzleramt stand, was sie nicht gezeigt hatten, als Schleicher ermordet und Fritsch degradiert wurde: nämlich eine Spur jenes moralischen Mutes, jener geistigen Unabhängigkeit, jener tiefen Vaterlandsliebe, die so große Soldaten der Vergangenheit wie Scharnhorst, Boyen und Gneisenau ausgezeichnet hatten. Ohne diese Eigenschaften waren ihre anderen Befähigungen wertlos und sie selbst machtlos, um die Katastrophe abzuwenden, die in so hohem Maße das Ergebnis ihres mangelnden politischen Verantwortungsgefühls gewesen ist.« (*Die preußisch-deutsche Armee 1640–1945. Staat im Staate,* Düsseldorf 1960, S. 543, Schlußpassage des Buches.) Kaum von ungefähr hat Friedrich Meinecke Boyen eine große Biographie gewidmet, und nicht zufällig ist Boyen fast vergessen worden. Er war, wie Scharnhorst, ein strikter Gegner des Standesgeistes und »der Vater der Landwehr«. Der Konflikt um die Heeresreform zwischen Wilhelm I. und dem Preußischen Landtag, in dem der König Bis-

marck zu Hilfe rief und 1862 zum preußischen Ministerpräsidenten ernannte, wurde nicht zuletzt um das Erbe Boyens ausgefochten – und gegen Boyen entschieden.

25 Fritz Haller, *Aus dem Leben des Fürsten Philipp zu Eulenburg-Hertefeld,* Berlin 1924, S. 245.

26 Die Verwandtschaft bestand doppelt: Die Schwester des Großvaters, Wilhelms I., war die Großmutter des Zaren; der Preußenkönig Friedrich Wilhelm III. war also der gemeinsame Urgroßvater. Außerdem war über die Großmutter, die Kaiserin Augusta, Zar Paul I. – der Sohn Katharinas der Großen – Wilhelms Ururgroßvater.

27 Es gab damals Spannungen zwischen dem russischen Großreich und dem britischen Empire, weil die Interessen in Persien und Afghanistan aufeinanderstießen, und nicht wenige Beobachter rechneten früher oder später mit einem Krieg. Erst 1907 erfolgte im Abkommen von St. Petersburg eine wechselseitige Abgrenzung, die die Spannungen behob und die Allianz des Ersten Weltkriegs vorbereitete.

28 Zum österreichischen Thronfolger seien genannt Oskar Freiherr von Mitis, *Das Leben des Kronprinzen Rudolf,* neu herausgegeben von Adam Wandruszka, Wien 1971; Brigitte Hamann, *Rudolf – Kronprinz und Rebell,* Wien – München 1978.

29 Zitiert nach Röhl, a.a.O., S. 595.

30 Kaum zufällig hat Bismarck, als er in seinen *Gedanken und Erinnerungen* das Porträt Wilhelms I. entwarf, die soldatischen Züge des Kaisers hervorgehoben. Er war, heißt es, in der »Furcht vor *berechtigter* Kritik der Mit- und Nachwelt ... ganz preußischer Offizier, der, sobald er durch höhern Befehl gedeckt ist, ohne Schwanken dem sichern Tode entgegengeht, aber durch die Furcht vor dem Tadel des Vorgesetzten und der öffentlichen Meinung in zweifelnde Unsicherheit gerät, die ihn das Falsche tun läßt«. Und weiter: »Wenn er überzeugt war, daß Pflicht und Ehre, oder eins von beiden, ihm geboten, einen Weg zu betreten, so ging er ihn ohne Rücksicht auf die Gefahren, denen er ausgesetzt sein konnte, in der Politik ebenso wie auf dem Schlachtfeld.« (*Gedanken und Erinnerungen,* Band II, Kapitel 32.) Vom Verhalten auf dem Schlachtfeld erzählt Bismarck in einem Briefe an seine Ehefrau Johanna: »Der König exponierte sich am 3. [Juli 1866 bei Königgrätz] allerdings sehr, und es war gut, daß ich mit ihm war, denn alle Mahnungen andrer fruchteten nicht, und niemand hätte gewagt, ihn so hart anzureden, wie ich es mir beim letzten Male, welches half, erlaubte, nachdem ein Knäuel von 10 Kürassieren und 15 Pferden ... sich neben uns blutend wälzte und die Granaten den Herrn in unangenehmster Nähe umschwirrten. Die schlimmste sprang zum Glück nicht. Er kann mir noch nicht verzeihn, daß ich ihm das Vergnügen, getroffen zu werden, verkümmerte; ›an der Stelle, wo ich auf allerhöchsten Befehl wegreiten mußte‹, sagte er gestern noch mit gereiztem Fingerzeig auf mich. Es ist mir aber doch lieber so, als wenn er die Vorsicht übertriebe.« (*Bismarck-Briefe,* herausgegeben von Hans Rothfels, 2. Auflage Göttingen 1955, S. 328f.)

Der Beginn

1 Zitiert nach Bismarck, der in seinen *Gedanken und Erinnerungen* über die Auseinandersetzungen mit dem Kaiser sagt: »Das Wort ›Erfahrung‹ in meinem Munde verstimmte ihn ...« Ja, was wohl sonst? Wenigstens halbwegs einfühl-

sam heißt es dann: »Wenn ich jetzt zurückblicke, so nehme ich an, daß der Kaiser während der 21 Monate, die ich sein Kanzler war, seine Neigung, einen ererbten Mentor loszuwerden, nur mit Mühe unterdrückt hat, bis sie explodierte.« Die Bereitschaft allerdings, selbst seinen Abgang einzuleiten, wenn er dies gewußt hätte, muß man Bismarck so wenig glauben wie die Behauptung, daß eine andere, würdigere Form der Entlassung ihn nicht beleidigt hätte. (Siehe *Gedanken und Erinnerungen,* Band III, 3. und 1. Kapitel.)

2 Ein anderer war der Historiker Heinrich von Treitschke; mit seinen antijüdischen Ausfällen entfesselte er den Berliner Antisemitismusstreit, in dem ihm – unter anderen – Theodor Mommsen widersprach. (Siehe zum Thema: *Der Berliner Antisemitismusstreit,* herausgegeben von Walter Boehlich, Frankfurt/M. 1965, Neuausgabe 1988.)

3 Siehe dazu *Gedanken und Erinnerungen,* Band III, Kapitel 1.

4 Ebenda.

5 *Denkwürdigkeiten des Generalfeldmarschall Grafen Waldersee,* herausgegeben von Heinrich-Otto Meisner, 3 Bände, Stuttgart 1922–1925, hier Band I, S. 297ff.

6 Siehe dazu wieder *Gedanken und Erinnerungen,* Band III, 1. und 3. Kapitel.

7 Die Boxer waren ein chinesischer Geheimbund. Ursprünglich gegen die Dynastie gerichtet, wurde er ins Fremdenfeindliche umgelenkt. Beim Aufstand, der im Jahre 1900 losbrach, wurde der deutsche Gesandte in Peking, von Ketteler, ermordet. Nach der Niederwerfung des Aufstandes bestimmte das »Boxerprotokoll« vom 7. September 1901: Bestrafung der Schuldigen, Zahlung einer Entschädigung, Entschuldigung des chinesischen Kaisers durch einen seiner Prinzen beim deutschen Kaiser. Es war dann vom »Sühneprinzen« die Rede, der nach Berlin reisen mußte.

8 Wenn man Anlässe zum Streit sucht, dann findet man sie auch. Der Kaiser machte dem Kanzler zum Vorwurf, daß er ihm die Verlegung russischer Truppen – in Wahrheit nur einiger Kosakenschwadronen – in die Grenznähe verschwiegen habe; Bismarck bestritt dem Kaiser das Recht, ohne seine Genehmigung Minister und Staatssekretäre zum Vortrag zu empfangen. Nicht zu bestreiten ist, daß der Kaiser sich bei der Entlassung ungeschickt und sogar höchst doppelzüngig verhielt. Während das Entlassungsschreiben vom 20. März 1890 Bismarck überschwenglich lobte, hielt Wilhelm II. noch am gleichen Abend vor Generalen eine Rede voller Wut und Anklagen gegen den »ungehorsamen Diener«. (Siehe dazu Arnold Oskar Meyer, *Bismarck, der Mensch und der Staatsmann,* 2. Auflage Stuttgart 1949, S. 654.) In einem Telegramm an den Großherzog von Weimar hieß es wiederum: »Mir ist so weh ums Herz, als hätte ich meinen Großvater noch einmal verloren. Es ist mir aber von Gott einmal bestimmt, also habe ich es zu tragen, wenn ich auch darüber zugrunde gehen sollte.« (*Weimarische Zeitung* vom 22. März.)

9 Siehe zum Gesamttext *Die Reden Wilhelms II. – Ansprachen, Predigten und Trinksprüche,* herausgegeben von Ernst Johann, München 1966, S. 44f.

10 *Die Reden Wilhelms II.,* a.a.O., S. 45ff.

11 Bötticher, 1833–1907, war von 1880 bis 1897 Staatssekretär im Reichsamt des Innern und preußischer Staatsminister, das heißt für ein Jahrzehnt Bismarcks wichtigster Mitarbeiter in Fragen der Wirtschafts- und Sozialpolitik. Wenn also der gestürzte Kanzler sich in den *Gedanken und Erinnerungen* in einem eigenen Kapitel (Band III, 3. Kapitel) über Böttichers Charakterlosigkeit und Verrat beschwert, dann tadelte er sein eigenes Geschöpf.

12 Zitiert nach Georg von Eppstein (Hg.), *Fürst Bismarcks Entlassung,* 2. Auf-

lage Berlin 1920, S. 157ff. Zu Bismarcks Entlassung seien noch genannt Ernst Galiardi, *Bismarcks Entlassung,* 2 Bände, Tübingen 1927 und 1941; Wilhelm Mommsen, *Bismarcks Sturz und die Parteien,* Stuttgart 1924; Wilhelm Schüssler, *Bismarcks Sturz,* 3. Auflage Leipzig 1922.

13 Zu neueren Untersuchungen über die Staatsstreichpläne sei verwiesen auf Werner Pöls, »Sozialistenfrage und Revolutionsfurcht in ihrem Zusammenhang mit den angeblichen Staatsstreichplänen Bismarcks«, in: *Historische Studien,* 377, 1960; John C. G. Röhl, »Staatsstreichpläne oder Staatsstreichbereitschaft? Bismarcks Politik in der Entlassungskrise«, in: *Historische Zeitschrift* 203, 1966, S. 610ff.; Michael Stürmer, »Staatsstreichgedanken im Bismarckreich«, in: *Historische Zeitschrift* 209, 1969, S. 566ff.

14 *Briefe an Georg Friedlaender,* herausgegeben von Kurt Schreinert, Heidelberg 1954, S. 125.

15 *Erlebtes 1862–1901,* Leipzig 1941, S. 171ff.

16 Zitiert nach Eppstein, a a.O., S. 152ff.

17 *Deutscher Reichs-Anzeiger und Königlich Preußischer Staatsanzeiger,* 1890, Nr. 34, Berlin, den 5. Februar, Abends, S. 1. Neuabdruck des Textes in: *Das Kaiserliche Deutschland 1871–1914. Ein historisches Lesebuch,* herausgegeben von Gerhard A . Ritter, 4. Auflage Göttingen 1981, S. 264f.

18 Zitiert nach Karl Bachem, *Vorgeschichte, Geschichte und Politik der deutschen Zentrumspartei,* Band V, Köln 1929, S. 122. Das Echo, das der kaiserliche Erlaß bei den politisch und sozial engagierten Zeitgenossen hervorrief, hat im Rückblick der evangelische Pfarrer, politische Publizist und ehemalige Vorsitzende des national-sozialen Vereins Martin Wenck anschaulich geschildert: »So gewaltig erschütternd Bismarcks Sturz wirkte, einem Erdbeben gleich – um der sozialen Frage willen, die gebieterisch alle anderen zurückdrängte, empfanden viele Millionen Deutsche diesen Rücktritt doch wie eine Erlösung. Nun sollte und konnte die Bahn frei werden für eine Epoche des sozialen Wirkens. Der alte deutsche Idealismus, der sich in der Geschichte bald in dieser, bald in jener Form gezeigt hat, erwachte in einer sozialreformerischen Begeisterung, an die wir Älteren, die diese Tage miterlebten, zurückdenken wie an die schönsten, reinsten und edelsten Träume unserer Jugend. Man jubelte über die Februarerlasse des Kaisers. Man jauchzte dem Tag der Aufhebung des Sozialistengesetzes entgegen, an dem sich nun die nationalen und sozialen Kräfte Jung-Deutschlands gegenüber dem entfesselten Riesen, der Sozialdemokratie, messen konnten. Man stürzte sich auf die sozialistische Literatur, um die Spreu vom Weizen scheiden zu können, einen neuen besseren nationalen oder auch christlichen Sozialismus zu schaffen, in Volksversammlungen, Gewerkschaftsversammlungen mit der Sozialdemokratie zu diskutieren. Wilhelm II. wurde der ›Arbeiterkaiser‹, der ›uns großen Tagen entgegenzuführen‹ schien. Dieser Begeisterungsstrom drang sogar in die Amtsstuben der Regierung und die Aktenbündel der Konsistorien hinein. ›Sozial sein‹ war jetzt so gut wie ›königstreu‹, war so gut wie ›hoffähig‹ geworden. Eine Flut von sozialen Schriften, Vorträgen, Predigten, Gedichten, Dramen, Romanen ging durch das Land, und Organisationen über Organisationen entstanden, um die sozialreformerischen Kräfte zu positiver Arbeit zusammenzuschließen. Es war viel ehrlicher Wille und aufrichtige Überzeugung dabei, aber auch reichlich viel Modesache und ein Strebertum, das sich dem Willen eines jungen, tatendurstigen Monarchen gefällig erweisen wollte. Das hielt natürlich nur so lange stand, bis der Wind umzuschlagen schien, das soziale Barometer am Kaiserhof auf ›veränderlich‹ hindeutete und darüber hinuntersank.« (*Die Hilfe. Wochenschrift für Kultur, Literatur und Kunst,* 19. Jahrgang 1913, S. 392f.)

19 Vollmar, *Über die nächsten Aufgaben der deutschen Sozialdemokratie – Zwei Reden,* München 1891, S. 5ff.
20 *Die Reden Wilhelms II.,* a.a.O., S. 56.
21 *Philipp Eulenburgs politische Korrespondenz,* herausgegeben von John C. G. Röhl, 3 Bände, Boppard am Rhein 1978–1983, hier Band III, Nr. 1399 (Eulenburgs Mitteilung an Bernhard von Bülow, 21. Juli 1899).
22 Zitiert nach Robert Graf Zedlitz-Trützschler, *Zwölf Jahre am deutschen Kaiserhof – Aufzeichnungen,* Stuttgart–Berlin–Leipzig 1923, S. 75.
23 Bloß als Beispiel: »Der 25. November 1895 sah die ganze politische Polizei Berlins samt Hilfsmannschaften vom frühen Morgen an auf den Beinen, überall Hausdurchsuchungen vorzunehmen, wo man hoffen konnte, Material für strafbare Verbindungen innerhalb der Sozialdemokratie aufzutreiben. Auf dem Büro des Parteivorstands, in der Redaktion des Vorwärts, in den Privatwohnungen der Abgeordneten Bebel und Singer sowie bei fast sämtlichen Parteigenossen, die in der Berliner Parteibewegung ein Vertrauensamt innehatten, bei den Vorstandsmitgliedern der Wahlvereine, bei den Mitgliedern der Lokalkommission, der Preßkommission, der Agitationskommission und selbstverständlich bei den Vertrauenspersonen der Partei wurde hausgesucht. Wer nach dem Anlaß zur Haussuchung fragte, erhielt den Bescheid, es handle sich um den Nachweis, daß die Paragraphen 8 und 14 des Vereinsgesetzes vom 11. März 1850 verletzt worden seien, und was nur irgend darauf aussah, als könne es einen solchen Nachweis unterstützen, wie Kassenbücher der Wahlvereine, Abrechnungstabellen von Sammlungen für irgendwelche Zwecke, Sammellisten, Notizbücher, Sammelbons sowie in vielen Fällen auch Privatbriefe, wurde beschlagnahmt. Wo man nicht gründlich genug gesucht zu haben glaubte, ward einige Tage später noch eine Nachhaussuchung gehalten.« (Eduard Bernstein, *Die Geschichte der Berliner Arbeiterbewegung – Ein Kapitel zur Geschichte der deutschen Sozialdemokratie,* Dritter Teil: Fünfzehn Jahre Berliner Arbeiterbewegung unter dem gemeinen Recht, Berlin 1910, S. 80f.)
24 Ein junger Engländer ist hiervon tief beeindruckt worden. Siehe Bertrand Russell, *Die deutsche Sozialdemokratie,* herausgegeben von Achim von Borries, Berlin–Bonn 1978, S. 37.
25 Von der »Verjunkerung der Bourgeoisie« hat Heinrich August Winkler gesprochen; »Bürgerliche Emanzipation und nationale Einigung´, in: *Probleme der Reichsgründungszeit 1848–1879,* herausgegeben von Helmut Böhme, Köln–Berlin 1968, S. 226ff.; hier S. 237. Siehe bei Winkler auch die Literaturhinweise. Die Entwicklung läßt sich mit vielen Beispielen belegen, von der wachsenden Uniformgläubigkeit bis zum Stil- und Inhaltswandel der *Gartenlaube* als bürgerlicher Familienzeitschrift. Bernhard Guttmann hat den Sachverhalt anschaulich beschrieben: »Verglichen mit dem Reichtum und der realen Macht der rheinisch-westfälischen Industrieherren nahm sich jetzt der Adel in Brandenburg und Pommern kümmerlich aus. Aber Kohle und Stahl bezogen von Roggen und Zuckerrübe die Maßstäbe der Vornehmheit und politischen Korrektheit. Sich dem freiheitlichen Gedanken zuliebe Richtungen anzuschließen, die ihren Söhnen den Eintritt ins Offizierkorps der Reserve und ihren Töchtern das Tanzen mit Leutnants verwehrt hätte, waren die großen Bürgerlichen nicht geneigt.« (*Schattenriß einer Generation, 1888–1919,* Stuttgart 1950, S. 41f.) Noch viel schärfer, mit der Bitterkeit des Außenseiters, urteilt Walther Rathenau: »Schmachvoll war die Haltung des Großbürgertums, das, durch Beziehungen und Vergünstigungen preiswert bestochen, seinen Vorteil im An-

kriechen an die herrschende Schicht und in der Lobpreisung des Bestehenden suchte. Die geistige Verräterei des Großbürgertums, das seine Abkunft und Verantwortung verleugnete, das um den Preis des Reserveleutnants, des Korpsstudenten, des Regierungsassessors, des Adelsprädikats, des Herrenhaussitzes und des Kommerzienrats die Quellen der Demokratie nicht nur verstopfte, sondern vergiftete, das feil, feig und feist und durch sein Werkzeug, die nationalliberale Partei, das Schicksal Deutschlands zugunsten der Reaktion entscheiden ließ: diese Verräterei hat Deutschland zerstört, hat die Monarchie zerstört und uns vor allen Völkern verächtlich gemacht.« (*Der Kaiser – Eine Betrachtung*, Berlin 1919, S. 11.)

26 *Briefe an Georg Friedlaender*, a.a.O, S. 309ff.

27 Fürst Philipp zu Eulenburg, *Mit dem Kaiser als Staatsmann und Freund auf Nordlandreisen*, Dresden 1931, Band II, S. 136f.

28 Joseph A. Schumpeter, *Kapitalismus, Sozialismus und Demokratie*, 2. Auflage Bern 1950, S. 21.

29 Siehe dazu Thomas Meyer, *Bernsteins konstruktiver Sozialismus – Eduard Bernsteins Beitrag zur Theorie des Sozialismus*, Berlin–Bonn-Bad Godesberg 1977, S. 83.

30 Bernsteins Hauptwerk erschien 1899: *Die Voraussetzungen des Sozialismus und die Aufgaben der Sozialdemokratie* (Neuausgabe Reinbek bei Hamburg 1969). Weil es um eine Revision der marxistischen Theorie oder Ideologie ging, war fortan vom »Revisionismus« die Rede. Bernstein repräsentierte damit den Gegenpol zur Orthodoxie Karl Kautskys – und zum Leninismus. Siehe zum Thema: Helga Grebing, *Der Revisionismus – Von Bernstein bis zum »Prager Frühling«*, München 1977. Weiter seien genannt Francis Ludwig Carsten, *Eduard Bernstein 1850–1932. Eine Politische Biographie*, München 1993; Till Schelz-Brandenburg, *Eduard Bernstein und Karl Kautsky – Entstehung und Wandel des sozialdemokratischen Parteimarxismus im Spiegel ihrer Korrespondenz 1879 bis 1932*, Köln–Weimar–Wien 1992.

31 Zitiert nach Helga Grebing, a.a.O., S. 36.

32 *Die deutsche Sozialdemokratie*, a.a.O., S. 178f.

Im Banne des Fortschritts

1 Im ersten Reichstag von 1871 errangen die Sozialdemokraten 3,2 Prozent der Stimmen und zwei Mandate, 1912 waren es 34,8 Prozent und 110 Mandate. 1877, bei der letzten Wahl vor dem Bismarckschen Ausnahmegesetz, gab es 9,1 Prozent und 12 Mandate, 1890, nach dem Fall des Gesetzes, 19,8 Prozent und 35 Mandate. Dieser Trend setzte sich 1893, 1898 und 1903 fort. Nur 1907 war ein Rückschlag zu verzeichnen.

2 1903 erreichten das Zentrum (mit Welfen, Polen, Elsässern) und die SPD zusammen 212, 1912 sogar 233 von insgesamt 397 Reichstagsmandaten, also nach heutigen Maßstäben eine sichere Regierungsmehrheit. Hinzu kam als möglicher Partner noch die linksliberale Deutsche Fortschrittspartei mit zuletzt 42 Mandaten. Die Tatsache, daß die Parteien unter den Bedingungen des Kaiserreichs nicht an die Regierungsverantwortung und entsprechend an Koalitionen und Kompromisse gewöhnt wurden, daß sie vielmehr in den Wagenburgen ihrer Weltanschauungen sich verschanzten, hat sich in der Weimarer Republik bitter gerächt. Auch die Intellektuellen wußten wenig von den Voraussetzungen einer Demokratie. Weil Ebert und Genossen Kom-

promisse schlossen, also sich demokratisch verhielten, hat zum Beispiel Kurt Tucholsky sie verhöhnt, als seien sie die Verräter der Republik.

3 Noch im Rückblick wird kaum beachtet, daß die Enttäuschung der marxistischen Erwartungen auch etwas mit technischen Entwicklungen zu tun hatte. Marx entwarf und verfestigte seine Lehre im Zeitalter der Dampfmaschine; ironisch könnte man von einer Dampftheorie sprechen. Sie schien durchaus angemessen zu sein: Dampfmaschinen begünstigen die Entwicklung von Großunternehmungen und fördern die Zentralisierung; sie taugen nicht für Kleinbetriebe. Entsprechend waren die Dampfpflüge sozusagen die Dinosaurier moderner Agrartechnik. Der Tendenz nach steht einer schrumpfenden Zahl von Betrieben (und Eigentümern) das ständig wachsende Heer der Besitzlosen gegenüber. Aber der Sachverhalt ändert sich im Zeichen der Elektrifizierung und der Elektromotoren, an die sich der Siegeszug von Diesel- und Ottomotoren anschließt. Kleinbetriebe und wirtschaftliche Dezentralisierung bekommen eine neue Chance. Die sozialistische Planwirtschaft wird vielleicht möglich, wenn man es mit einer überschaubaren Zahl von Großbetrieben zu tun hat, aber bei einer wimmelnden Vielfalt von Mittel- und Kleinunternehmen wird sie hoffnungslos überfordert. Wenn darum Lenin vom Kommunismus als »Sowjetmacht plus Elektrifizierung« gesprochen hat, dann erwies sich schließlich das Gegenteil als wahr; die bis zur Mikroelektronik und ins Zeitalter der Computer fortschreitende Elektrifizierung widerlegte die Sowjetmacht.

4 Brigitte Hamann, *Das Leben des Kronprinzen Rudolf von Österreich-Ungarn nach neuesten Quellen,* Dissertation, Wien 1977, S. 619f.

5 *Der Untertan,* ursprünglich als erster Teil eines Romans über das Kaiserreich gedacht, erschien 1918, nachdem 1914 ein Vorabdruck wegen des Kriegsbeginns abgebrochen worden war. Eine russische Übersetzung gab es bereits 1915. Der zweite, kaum mehr beachtete Teil, *Der Kopf,* folgte 1925.

6 Siehe die farbige Schilderung des Vorgangs und der Folgen bei Oldenburg selbst: Elard von Oldenburg-Januschau, *Erinnerungen,* Leipzig 1936, S. 109ff. Bezeichend ist, was Oldenburg von einem Regimentsessen in den Kasinoräumen der 2. Garde-Ulanen berichtet, das bald nach seiner Reichstagsrede in Anwesenheit des Generalstabschefs Graf von Schlieffen stattfand: »Der große Schlachtenlenker ... sagte in seiner Rede, wenn es einmal nötig sein werde, den Übergriffen der Volksvertretung mit der Waffe in der Hand entgegenzutreten, dann hoffe er, ›daß der Leutnant und die 10 Mann von den 2. Garde-Ulanen gestellt würden‹.«

7 *Gold und Eisen – Bismarck und sein Bankier Bleichröder,* Frankfurt/M.–Wien–Berlin 1978, S. 213. Man kann den überragenden Kulturbeitrag deutscher Juden sogar an Zahlen ablesen: Bis zu Hitlers Machtergreifung gingen rund 30 Prozent aller wissenschaftlichen Nobelpreise nach Deutschland – und davon wiederum 30 Prozent an Juden. Der Anteil der Juden an der Bevölkerung betrug jedoch knapp ein Prozent, mit abnehmender Tendenz (0,95 Prozent im Jahre 1910 und 0,76 Prozent 1933). Weil die Juden gerade in Deutschland einen solch überragenden Kulturbeitrag erbrachten, hat man mit Recht von einer »Symbiose« des deutschen und des jüdischen Geistes gesprochen. Man muß nur hinzufügen, daß zu den Kulturleistungen die Diskriminierung als Kehrseite gehörte. Trotz der mit der Reichsgründung erreichten formellen Gleichstellung blieb zum Beispiel die Offizierslaufbahn für Juden weiterhin verschlossen. Wer darum auf den Antisemitismus in Frankreich verweist, der in der Verfolgung und Verurteilung des Hauptmanns Dreyfus seinen Ausdruck

fand, muß sich von Fritz Stern sagen lassen: »In Deutschland gab es keine Dreyfus-Affäre, weil es keinen Dreyfus gab.« (*Der Traum vom Frieden und die Versuchung der Macht – Deutsche Geschichte im 20. Jahrhundert,* Berlin 1988, S. 122f.)

8 *Wider den Strom – Vom Werden und Wachsen der nationalen Opposition im alten Reich,* Leipzig 1932, S. 17f. Claß war seit 1908 Vorsitzender des Alldeutschen Verbandes, einer 1891 gegründeten, innen- wie außenpolitisch scharfmacherischen Vereinigung, die den Kaiser und seine Kanzler von rechts her angriff, weil sie die Regierungspolitik für halbherzig und hasenfüßig hielt.

9 Sein Hauptwerk, *Die Welt als Wille und Vorstellung,* erschien 1819 und wurde zunächst kaum beachtet. Erst um die Mitte des Jahrhunderts war Schopenhauers Zeit gekommen.

10 Siehe dazu Hans Bürger-Prinz und Annemarie Segelke, *Julius Langbehn der Rembrandtdeutsche – Pathopsychologische Studie,* Leipzig 1940.

11 *Rembrandt als Erzieher.* Von einem Deutschen, 33. Auflage Leipzig 1891. Da das Buch zunächst ohne Namen erschien, gab es ein Rätselraten um den Verfasser. Später wurde Langbehn – teils bewundernd, teils ironisch – »der Rembrandtdeutsche« genannt.

12 *Kulturpessimismus als politische Gefahr – Eine Analyse nationaler Ideologie in Deutschland,* Taschenbuchausgabe München 1986, S. 150f. Neben Langbehn behandelt Stern Paul de Lagarde und Arthur Moeller van den Bruck. Nur am Rande sei vermerkt, daß es den deutschen Kulturpessimismus zumindest in Ausläufern bis heute gibt. Man denke an den *Anschwellenden Bocksgesang* von Botho Strauß, zuerst und Aufsehen erregend 1993 im SPIEGEL veröffentlicht; Neuabdruck in: Die selbstbewußte Nation – *»Anschwellender Bocksgesang« und weitere Beiträge zu einer deutschen Debatte,* herausgegeben von Heimo Schwilk und Ulrich Schacht, Frankfurt/M.–Berlin 1994. Siehe insgesamt zum Thema vom Verfasser: *Von deutschen Mythen – Rückblick und Ausblick,* Stuttgart 1995.

13 Stern, *Kulturpessimismus* ..., a.a.O., S. 52.

14 Bei Paul de Lagarde, einem Vorgänger Langbehns, heißt es über die Jugend: »Sie will Krieg für ein konkretes Ideal führen, sie will Gefahr, Wagnis, Wunder, Tod, will nicht das Einerlei wiederkäuen, das ihre Großväter bereits gekaut haben.« (»Über die Klage, daß der deutschen Jugend der Idealismus fehle«, zuerst 1885, in: *Deutsche Schriften,* 3. Auflage München 1937, S. 439.) Spengler rief der Jugend zu: »Wenn ... sich Menschen der neuen Generation der Technik statt der Lyrik, der Marine statt der Malerei, der Politik statt der Erkenntniskritik zuwenden, so tun sie, was ich wünsche, und man kann ihnen nichts Besseres wünschen.« (*Der Untergang des Abendlandes,* zitiert nach der 48./52. Auflage, Einleitung zum Ersten Band, München 1923, S. 56.) Spengler bezeichnet damit nicht nur ein Ende, sondern zugleich einen Auftakt, der vom Traumgebilde des Kaiserreiches in die Zukunft der Gewalt hinausweist, als Verbindung von Rückwärtsgewandtheit mit technischer Modernität. Lagarde und Langbehn sind heute fast vergessen; Spengler ist es keineswegs: *Der Untergang des Abendlandes* erschien in seiner neuesten Auflage 1998 beim angesehenen Stammverlag des Autors, C. H. Beck, in München.

15 *Die Welt von gestern – Erinnerungen eines Europäers,* zuerst 1944; Taschenbuchausgabe Frankfurt/M. 1970ff., S. 14f. Wenn die Sicherheit am Anfang steht, dann muß man wohl auch lesen, was gegen Ende des Buches gesagt wird, über die Vorgänge nach dem deutschen Einmarsch in Wien im März 1938: »Da die anderen Staaten offen ihre Furcht zeigten, brauchte sich die

Brutalität keinerlei moralische Hemmung mehr aufzuerlegen, sie bediente sich – was galt noch England, was Frankreich, was die Welt? – keiner heuchlerischen Vorwände mehr von ›Marxisten‹, die politisch ausgeschaltet werden sollten. Jetzt wurde nicht mehr bloß geraubt und gestohlen, sondern jedem privaten Rachegefühl freies Spiel gelassen. Mit nackten Händen mußten Universitätsprofessoren die Straßen reiben, fromme weißbärtige Juden wurden in die Tempel geschleppt und von johlenden Burschen gezwungen, Kniebeugen zu machen und im Chor ›Heil Hitler‹ zu schreien. Man fing unschuldige Menschen auf der Straße wie Hasen zusammen und schleppte sie, die Abtritte der S.A.-Kasernen zu fegen; alles, was krankhaft schmutzige Haßphantasie in vielen Nächten sich orgiastisch ersonnen, tobte sich am hellen Tage aus. Daß sie in die Wohnungen einbrachen und zitternden Frauen die Ohrgehänge abrissen – dergleichen mochte sich bei Städteplünderungen vor Hunderten Jahren in mittelalterlichen Kriegen ebenfalls ereignet haben; neu aber waren die schamlose Lust des öffentlichen Quälens, die seelischen Marterungen, die raffinierten Erniedrigungen ...« (a.a.O., S. 460). Aus Verzweiflung über die Zerstörung eines kultivierten Europa, das seine Heimat gewesen war, hat Stefan Zweig 1942 in Brasilien Selbstmord begangen.

16 Im Jahre 1817, zum dreihundertsten Jahrestag der Reformation, versuchte der preußische König Friedrich Wilhelm III., die Spaltung zwischen Lutheranern und Reformierten innerhalb der evanglischen Kirche durch eine Union zu überwinden. Das Ergebnis war, daß es fortan in Deutschland drei statt zwei Bekenntnisse gab – und daß aus Preußen einige standhafte lutherische Gemeinden mit ihren Pfarrern auswanderten.

17 Friedrich Hecker zum Beispiel, der berühmte badische Freischärler, kämpfte als Oberst in der Armee der Nordstaaten. Einer seiner Mitkämpfer war Carl Schurz, der es schließlich bis zum Innenminister der Vereinigten Staaten brachte.

18 Zu den Ursachen des Bevölkerungswachstums gehörten: frühere und häufigere Heiraten, weil mit der Industrialisierung und Verstädterung die Schranken brachen, die es in der vormodernen Gesellschaft gegeben hatte; die Fortschritte der Medizin und Hygiene bei der Seuchenbekämpfung und der Absenkung der Kindersterblichkeit; die verbesserte Ernährung und die Überwindung von Hungersnöten durch die Transportmöglichkeiten, die Eisenbahnen und Dampfschiffe boten. Erst verzögert folgte die Senkung der Geburtenraten. Sie setzte bereits im Kaiserreich ein, wurde aber durch den Anstieg der durchschnittlichen Lebenserwartung noch kompensiert. Heute findet man in sogenannten Entwicklungsländern ähnliche Bedingungen und Entwicklungen, nur mit dem Unterschied, daß es kaum noch, wie für Europa im neunzehnten Jahrhundert, das Überdruckventil der Massenauswanderung gibt.

19 Die nach einem Berliner Theologen benannte Seeberg-Adresse wurde von 352 Hochschullehrern unterzeichnet. Siehe dazu: *Aufrufe und Reden deutscher Professoren im Ersten Weltkrieg,* herausgegeben von Klaus Böhme, Stuttgart 1975, S. 125ff.

20 *Bismarcks Erbe*, Berlin 1915, S. 202. Siehe auch: »Versöhnungsfriede – Machtfriede – Deutscher Friede«, in: *Aufrufe und Reden deutscher Professoren,* a.a.O., S. 198ff. Genannt sei von Delbrück noch: *Krieg und Politik 1914–1918,* 3 Bände, Berlin 1918–1919. Festzuhalten ist, daß Delbrück – der Nachfolger Treitschkes an der Universität von Berlin – scharfe Kritik an Ludendorff und Tirpitz übte und die »Dolchstoß«-Legende bekämpfte.

21 Clemens Delbrück (1856–1921) war ein Großneffe von Rudolf Delbrück, dem Regisseur deutscher Modernisierung in der Zeit der Reichsgründung. Im

Oktober 1918 war Clemens Delbrück der letzte Chef des Zivilkabinetts Wilhelms II.

22 *Verhandlungen des Reichstags,* XIII. Legislaturperiode, I. Session, Band 292, 195. Sitzung, 20. Januar 1914, Berlin 1914, S. 6637ff.

23 Liebigs epochemachendes Werk *Die organische Chemie in ihrer Anwendung auf Agrikulturchemie und Physiologie* erschien schon 1840, aber bis zur praktischen Umsetzung durch die chemische Industrie und – vor allem – bis zur Durchsetzung der künstlichen Düngung bei den Landwirten vergingen noch Jahrzehnte.

24 Die Zahl der verwendeten Pferde sank, dank Eisenbahnen, elektrischen Straßenbahnen und Motorfahrzeugen, zuerst im Verkehrswesen. In der Landwirtschaft stieg sie noch im Gefolge einer intensiveren Bewirtschaftung. Die Dampfpflüge spielten stets nur eine Nebenrolle auf den Großbetrieben; Traktoren kamen nennenswert erst zwischen den Weltkriegen auf. Die eigentliche agrartechnische Revolution begann in der Bundesrepublik sogar erst um 1950. Seitdem verschwanden nicht nur die Pferde, sondern es sank die Zahl der in der Landwirtschaft tätigen Menschen – und zwar absolut und nicht nur, wie vorher schon, relativ zu den übrigen Beschäftigten.

25 Nicht nur für die Kriegs-, sondern auch für die Handelsflotten, für Weltwirtschaft und Welthandelsverkehr liefert viel Material das *Taschenbuch der Kriegsflotten,* XV. Jahrgang 1914, herausgegeben von Bruno Weyer, Nachdruck München 1978, S. 518ff.

26 Der Sachverhalt galt sogar über die deutschen Grenzen hinaus. Aus der Wiener Perspektive hat ein großer Gelehrter geschrieben: »Österreich verstand es zu begreifen, daß seine Ebenbürtigkeit mit Deutschland nicht bloß auf seiner Industrie, auf seinen Schulen, auf seiner Presse, auf seiner Armee, auf seiner großen Geschichte, sondern auf der Ebenbürtigkeit seiner Universitäten mit den deutschen beruhe, und daß ein Zurückbleiben auf diesem Punkte ein Zurückbleiben auf allen bedinge. Da war es, wo Österreich mit seiner ganzen vollen Kraft das deutsche Universitätswesen bei sich aufnahm; und diese deutsche Ordnung unserer Universitäten ist wahrlich nicht das letzte Blatt in dem großen Buche voll Achtung und Furcht, voll Neid und Liebe gewesen, das von der Geschichte Österreichs und Deutschlands redet! Denn so groß war die Kraft dieser Errungenschaft, daß nicht ein Jahrzehnt vorüberging, und die Universitäten Österreichs standen mit ihrem vollen Kraftbewußtsein neben jenen deutschen, auf die das deutsche Volk so stolz war, als eine glänzendste Zierde seiner Geltung in Europa.« (Lorenz von Stein, *Lehrfreiheit, Wissenschaft und Collegiengeld,* Wien 1875, S. 15.)

27 Obwohl durch den Ersten Weltkrieg schon erschüttert, galt dieser Vorrang weithin doch noch bis zur nationalsozialistischen Machtergreifung im Jahre 1933. Mit ihr wurden Tausende von Gelehrten und wissenschaftlichen Nachwuchskräften, keineswegs nur Juden, in die Emigration getrieben, und vor allem die Vereinigten Staaten nahmen sie willig auf. Man muß von einer beispiellosen Selbstzerstörung des deutschen Geistes sprechen – und von einem Entwicklungsschub für Amerika. Seitdem ist die wissenschaftliche Vorrangstellung auf die Vereinigten Staaten übergegangen, und das Englische ist statt des Deutschen zur Weltsprache der Wissenschaften geworden. Siehe zum Thema vom Verfasser: *Scheiterhaufen – Größe und Elend des deutschen Geistes,* Berlin 1983; Nachdruck Reinbek bei Hamburg 1993.

28 Heute scheint es umgekehrt zu sein: Deutschland behauptet eine Führungsposition in den inzwischen »klassischen« Bereichen wie dem Maschinen- und

Automobilbau, nicht aber in Zukunftsbereichen wie der Mikroelektronik, der Informatik oder der Biotechnologie. Es liegt nahe, auf den Vergleich zwischen Großbritannien und Deutschland am Beginn des zwanzigsten Jahrhunderts zurückzugreifen und Schlüsse für das 21. Jahrhundert zu ziehen. Siehe dazu vom Verfasser: *Der deutsche Niedergang – Ein Ausblick ins 21. Jahrhundert,* Stuttgart 1998.

29 Siehe zur Literatur Reinhard Lüdicke, *Die preußischen Kultusminister und ihre Beamten im ersten Jahrhundert des Ministeriums, 1817–1917,* Stuttgart–Berlin 1918; Arnold Sachse, *Friedrich Althoff und sein Werk,* Berlin 1928. Die Selbstherrlichkeit von Althoffs Berufungspolitik wird anschaulich in der Geschichte, die Ernst von Hippel erzählt: »Unsere Rostocker Zeit endete damit, daß Vater zu Althoff, dem fast allmächtigen Leiter der Hochschulabteilung im preußischen Kultusministerium, nach Berlin gerufen wurde. Die Unterhaltung dort verlief nach dem Bericht meines Vaters in der Hauptsache so: ›Da ist der Lehrstuhl in A. frei‹ – erwartungsvolle Pause – ›und da kommt der B. hin.‹ ›Und dann ist da ein Lehrstuhl in C . frei‹ – wiederum Pause – ›und da kommt der D. hin.‹ ›Und dann ist da ein Lehrstuhl in Göttingen frei‹ – längere Pause – ›und da kommen Sie hin.‹ Die freudige Überraschung meines Vaters war um so größer, als er an Göttingen gar nicht gedacht hatte, während er wußte, daß er an anderen Stellen in Frage stand.« (*Meine Kindheit im Kaiserlichen Deutschland,* Meisenheim/Glan 1975, S. 14.)

30 Im Kaiserreich lag die Kulturhoheit bei den Einzelstaaten, wie noch heute bei den Bundesländern: Welten stürzen ein, aber manche Dinge verändern sich niemals. Ein Unterschied lag allerdings darin, daß Preußen allein schon durch seine Größe und durch die Leistungskraft seiner Ministerialbürokratie zur Führung bestimmt und fähig war, Reformen durchzusetzen.

31 Adolf Slaby (1849–1912), von 1883 bis 1912 Professor an der Hochschule in Berlin, nahm an der Versuchen Marconis in England teil und entwickelte mit Georg von Arco ein eigenes System der drahtlosen Telegrafie. Auf seine Anregung hin richtete die AEG 1898 eine einschlägige Fabrikationsabteilung ein. Otto Intze (1843–1904), seit 1870 Professor für Baukonstruktionen und Wasserbau in Aachen, schuf neue Konstruktionsgrundlagen für Wasser- und Gasbehälter und war ein Wegbereiter des modernen Talsperrenbaus.

32 Wilhelm II., *Ereignisse und Gestalten aus den Jahren 1878–1918,* Leipzig–Berlin 1922, S. 164.

33 *Die Reden Wilhelms II. – Ansprachen, Predigten und Trinksprüche,* herausgegeben von Ernst Johann, München 1966, S. 84f.

34 Prinz Wilhelm an Emil Hartwich, 2. April 1885. Siehe dazu Wilhelm Preyer, *Unser Kaiser und die Schulreform,* Dresden 1900, S. 41f. Ferner: *Kaiserreden – Reden und Erlasse, Briefe und Telegramme Kaiser Wilhelms II. Ein Charakterbild des deutschen Kaisers,* herausgegeben von A. O. Klaußmann, Leipzig 1902, S. 275ff.

35 Harnack (1851–1930), eigentlich Theologe, erwies sich als ein fähiger Organisator des modernen wissenschaftlichen Großbetriebes. Von 1905 bis 1921 war er Generaldirektor der Preußischen Staatsbibliothek und bis zu seinem Tod der erste Präsident der Kaiser-Wilhelm-Gesellschaft.

36 Die Namensänderung nach 1945 erfolgte auf Anweisung der amerikanischen Militärregierung. Vor dem Ersten Weltkrieg hat ein Amerikaner, der Präsident der Universität von Kalifornien B. J. Wheeler, Deutschland in Abständen besucht und berichtet: »Vierzig Friedensjahre, durch den Staat und die Soldaten gesichert, haben die Herrschaft der Industrie und wissenschaftlichen For-

schung gekräftigt und brachten die Verbindung von Geschäftskontor und Laboratorium zu einer ungeahnten Blüte. Seit mehr als fünfundzwanzig Jahren hat der jetzige Kaiser den gedeihlichen Frieden zwischen der Wissenschaft und dem Staat wirksam unterstützt und geleitet.« (Zitiert nach Heinrich Fraenkel (Hg.), *Deutschland im Urteil des Auslandes früher und – jetzt,* München 1916, S. 171f.)

37 Robert Graf Zedlitz-Trützschler, *Zwölf Jahre am deutschen Kaiserhof – Aufzeichnungen,* Stuttgart–Berlin–Leipzig 1923, S. 60f.

38 Zedlitz-Trützschler, a.a.O., S. 8.

39 *Die Reden Wilhelms II.,* a.a.O, S. 122f.

40 Die Baronin Spitzemberg notierte in ihrem Tagebuch: »Die Begeisterung für Zeppelin und seine Fahrt nach Berlin ist ein so eigenartiges, psychologisches Symptom, daß ich immer darüber nachdenken muß und doch keine völlig genügende Erklärung dafür finde. Wenn man liest, daß Zeppelinseichen gepflanzt werden, daß nach seiner Lieblingsblume gefragt und diese dann, natürlich und künstlich, überall angebracht wird, die Nelke, wie seinerzeit die Kornblume des alten Kaisers; wenn hier eine Menge Fremder und Einheimischer gestern morgen 5 Uhr auf die Bahn eilten und den alten Herrn, der zufällig einen Augenblick ausgestiegen, vor Begeisterung kaum wieder in den Zug ließen; wenn unsere Helene mit den Kindern gestern blindlings auf den Höhen umherfuhr in der Hoffnung, das Luftschiff zu ›sichten‹, so greift man sich an den Kopf, denkend, unser deutsches Volk ist übergeschnappt! Denn wenn man ruhig nachdenkt, entspricht das Maß des Enthusiasmus weder der Leistung des Mannes noch dem errungenen Ziele ... Selbst für Kriegszwecke ist er [der Luftschiffeinsatz] noch sehr problematisch und doch vorerst für wirklichen Verkehr oder ernste wissenschaftliche Zwecke gleich Null. Und doch dieser Jubel, Zeppelin wie ein Held, ein Heiland gefeiert und angebetet! Voriges Jahr sah Axel darin eine Sehnsucht nach idealen Zwecken ... Aber daneben spüre ich auch die Sucht heraus, zu feiern, zu festen, zu schreien und zu lärmen, anstatt in der Stille zu arbeiten und die Taten für sich selbst sprechen zu lassen. ›Kein Augenmaß‹ – sagte Bismarck vom jungen Herrn [Wilhelm II.], und kein Augenmaß ist auch das Wahrzeichen dieses Zeppelinrausches.« (*Das Tagebuch der Baronin Spitzemberg – Aufzeichnungen aus der Hofgesellschaft des Hohenzollernreiches,* herausgegeben von Rudolf Vierhaus, 4. Auflage Göttingen 1976, S. 510f.)

Wilhelm II. und die wilhelminische Gesellschaft

1 Der Kaiser nahm seine Stellung als Ehrenkommandeur ausländischer Regimenter ernster, als sie gemeint war, wie der Hofmarschall notierte: »Er wollte beispielsweise eines Tages ganz ohne Vorbereitung und ohne daß jemand davon wußte nach Rußland fahren, sein russisches Regiment völlig überraschen, alarmieren und auf diese Weise inspizieren. Es kostete große Mühe, ihn von diesem Vorhaben abzuhalten. Mit seinem englischen Regiment hat er die Beziehungen in einer Weise unterhalten, daß dies den Engländern unbequem wurde und sie dieses Regiment, das bisher das Vorrecht hatte, außer im Kriegsfalle, immer im Vereinigten Königreich in Garnison zu stehen, nach Indien schickten. Der Kaiser selbst hat das sehr empfunden, er hat mehrfach geäußert, daß er das geradezu als eine persönliche Kränkung ansehe. Der Gedanke aber, daß er den Engländern mit diesem seinem Regiment unbequem

geworden ist, kommt ihm gar nicht, oder er hält ihn für so unberechtigt, daß er ihn niemals gelten läßt … Aber nicht nur den ausländischen Regimentern mißt er eine ungewöhnliche Bedeutung zu, sondern auch den ausländischen Ehrenstellen, besonders seiner Stellung als englischer Admiral. So kommt es schließlich, daß er sich bei einem ganz einfachen Empfang des englischen Botschafters als englischer Admiral anzuziehen liebt. – Wie weit diese Anziehungs- und Äußerlichkeitsfrage ihre Blüten treibt, geht daraus hervor, daß er sich zur Oper ›Der Fliegende Holländer‹ die Uniform eines Seeoffiziers anzieht.« (Robert Graf Zedlitz-Trützschler, *Zwölf Jahre am deutschen Kaiserhof – Aufzeichnungen,* Stuttgart–Berlin–Leipzig 1923, S. 89.)

2 Wer wollte, könnte eine politische Sprachgeschichte entwickeln, wobei auch die Verzögerungen aufschlußreich wären. Um nur eines zu erwähnen: In den ersten Jahren nach 1945 hörten sich die Wochenschauen kaum anders an als die Sondermeldungen und Wochenschauen des Zweiten Weltkriegs, immer noch metallisch klirrend; erst in den fünfziger Jahren trat allmählich ein Wandel ein, der schließlich zum fast privaten Plauderton der Nachrichtensprecher und Moderatoren geführt hat.

3 Noch aus eigenem Erleben hat Sebastian Haffner geschildert, worum es sich handelte: »Der Sedantag war ein rundes halbes Jahrhundert lang der deutsche Nationalfeiertag, mit Paraden, Beflaggung, Schulfeiern, patriotischen Reden und allgemeinen Hochgefühlen. Was nachher an seine Stelle trat, der 11. August, Verfassungstag der Weimarer Republik, der 1. Mai der Nazis, der 17. Juni der Bundesrepublik, das war alles nichts Rechtes mehr: halt ein freier Tag und ein paar Weihestunden und Reden, die keinen sonderlich interessierten. Aber der 2. September, Sedantag, mein Gott, da war wirklich noch was los! Das war eine Stimmung – ich finde für die heutige Zeit keinen anderen Vergleich –, als ob die deutsche Nationalmannschaft die Fußballweltmeisterschaft gewonnen hätte, und zwar jedes Jahr aufs neue.« (*Im Schatten der Geschichte – Historisch politische Variationen aus zwanzig Jahren,* Stuttgart 1985, S. 65.) Haffners letzter Satz sagt übrigens für die Gegenwart mindestens so viel aus wie über das Kaiserreich.

4 Margarete Buber-Neumann, *Von Potsdam nach Moskau – Stationen eines Irrwegs,* Stuttgart 1957, S. 19.

5 Der berühmte, aus Österreich stammende Opernsänger Leo Slezak (1873–1946) hat von seiner ersten Begegnung mit dieser Respektsperson erzählt: »Dem nächsten Schutzmann, der mit einem kriegerisch aufgezwirbelten Kaiser-Wilhelm-Schnurrbart und einer Pickelhaube an der Ecke stand, legte ich vertraulich die Hand auf die Schulter und wollte fragen – da schrie er mich an: ›Nicht anfassen, wat fällt Ihnen denn ein? Sie sind wohl!‹ Ich erschrak und fragte eingeschüchert: ›Ich bitte schön, wie komme ich zum Potsdamer Platz?‹ ›Da jehn Se mal die Friedrichstraße lang bis zur Leizija Straße, dort rechts ab zum Leizija Platz, den überqueren Se, und dann sind Se am Potsdamer Platz.‹ ›Ich danke schön.‹ ›Gedankt wird nicht, wiederholen!‹« Slezak berichtet auch davon, wie genau der Kaiser sich auf Kostümierungen verstand: »Oft wollte ich ins Parkett, um einer Bühnenprobe beizuwohnen, da stand der Leibjäger des Kaisers vor der Türe und verwehrte den Eingang: ›Majestät ist im Parkett.‹ Er entwarf Zeichnungen von Kostümen fürs Schauspielhaus, alle historischen Trachten waren ihm geläufig, und des öfteren ließ er sich den Oberregisseur Gruber kommen und deutete mißbilligend auf einen Komparsen: ›Gruber, sehen Sie sich die Schuhe des Mannes an – ganz falsch.‹ Schon nahm er einen Block vom Tisch und zeichnete die richtigen Schuhe auf. So war es auf allen

Gebieten. Oft verblüffte er Fachleute mit seiner Vertrautheit in verschiedenen Dingen. Jedenfalls war es sympathisch, daß er sich für alles interessierte und spontan, wenn ihm etwas gefiel, seiner Befriedigung Ausdruck gab.« (*Mein Lebensmärchen,* Frankfurt/M. 1958, S. 51.)

6 Fontane am 22. März 1896; *Briefe an Georg Friedlaender,* herausgegeben von Kurt Schreinert, Heidelberg 1954, S. 295.

7 Zuckmayer, *Der Hauptmann von Köpenick,* 1. Akt, 7. Szene, in: *Gesammelte Werke. Die Deutschen Dramen,* Frankfurt/M.–Berlin 1951, S. 148ff.

8 *Gesammelte Schriften,* Band V, Berlin 1897, S. 333.

9 Bismarck prägte das Wort in einer Reichstagsrede vom 6. Februar 1888. Der ganze Satz lautete: »Wir Deutschen fürchten Gott, aber sonst nichts auf der Welt, und die Gottesfurcht ist es schon, die uns den Frieden lieben und pflegen läßt.« Bezeichnenderweise wurde der Nachsatz vergessen oder verdrängt. Es spricht aber für Bismarck, daß ihm das Echo unheimlich wurde, so daß er auf plattdeutsch seufzte: »Hätt ich dat Wort man nicht seggt.«

10 *Politische Ethik und Christentum,* Göttingen 1904, S. 6. Auf einen weiteren, kaum weniger einflußreichen Erzieher der wilhelminischen Generation wies Troeltsch hin, wenn er schrieb: »Die Auffassung von Staat und Gesellschaft steht heute im Zeichen des Realismus ... Die Geheimnisse der Politik sind die Geheimnisse der Kunst, Macht zu bilden, zu befestigen, auszubreiten, gegen drohende Veränderungen zu schützen, aber nicht die Geheimnisse einer Staatstheorie oder politischen Ethik ... Wie hat uns als jungen Studenten seinerzeit das Herz geklopft, wenn uns Heinrich v. Treitschke mit seiner glühenden Rhetorik so den Staat beschrieb und die ethischen und juristischen Doktrinäre des Staatsbegriffs mit wenig wählerischem Spotte übergoß. Mit einer Art Wollust der Entsagung haben wir auf die dem jugendlichen Sinn so nahe liegenden theoretischen und ethischen Ideale verzichtet, und mit dem nicht minder jugendlichen Bedürfnis, irgend etwas gründlich zu verachten, haben wir in unseren Gesprächen seinen Spott noch zu überbieten gesucht.« (A.a.O., S. 5.) Ähnlich urteilte unter den Eindrücken seiner Berliner Studienzeit 1887 der junge Max Weber: »Und wäre bei meinen Altersgenossen nicht an sich schon die Anbetung der militärischen und sonstigen Rücksichtslosigkeit, die Kultur des sogenannten ›Realismus‹ und die banausische Mißachtung aller derjenigen Bestrebungen, welche ihr Ziel ohne Appell an die schlechten Seiten des Menschen, insbesondere die Roheit, zu erreichen hoffen, zeitgemäß, so würden die zahllosen, oft schroffen Einseitigkeiten, die Leidenschaftlichkeit des Kampfes gegen andere Meinungen und die durch den mächtigen Eindruck des Erfolgs hervorgerufene Vorliebe für das, was man heute Realpolitik nennt, nicht das einzige gewesen sein, was sie aus den Treitschkeschen Kollegien mitnehmen.« (Zitiert nach Golo Mann, »Max Weber als Politiker«, in: *Zwölf Versuche,* Frankfurt/M. 1973, S. 33.)

11 Rudolf von Thadden, »Berührung zwischen Vergangenheit und Zukunft«, in: *Politik und Kultur,* Heft 3, 5. Jahrgang, Berlin 1978, S. 63.

12 Das Lächerliche hat Ludwig Thoma aufgespießt, und das Lesevergnügen sei hier wenigstens in Ausschnitten weitergegeben: »Man sagt uns, daß die Uniformen der deutschen Armee im Kriege nicht mehr verwendet würden. Es sei Vorsorge getroffen, daß eine praktische Bekleidung an ihre Stelle treten werde. Also ist die heutige Uniform nur mehr Zierat und hat in ihrer Buntheit die einzige Aufgabe, die nicht unwichtige Freude am kriegerischen Stand zu erhöhen. – Man kann zugeben, daß schmucke Bekleidung, Hervorheben der Persönlichkeit viele zur Offizierskarriere führen, und daß die Spekulation im großen

und ganzen richtig ist. Wer aber künstlerisch empfindet, wird sogleich beifügen, daß die deutsche Uniform ihren Zweck nicht erfüllt. – Sie ist im Schnitt schlecht, in der Farbe noch schlechter; vielfach sogar häßlich. Das Beiwerk ist läppisch, kindisch und vernichtet geradezu das gewollte kriegerische Aussehen. Der Schnitt, ich rede hier von Offiziersuniformen, hebt eine jugendliche, schlanke Gestalt nicht, sondern verdeckt sie. Der Oberkörper steckt in einem langen Bratenrock, welcher für Oberlehrer, Pastoren, kurz für alle Menschen, die des Reizes entbehren, vom lieben Gott und seinen Schneidern erfunden worden ist ... –Wie kann man einen zwanzigjährigen Leutnant genau so anziehen wie einen Konsistorialrat von schwabbeligem Fleische? – Das kann man nur in Deutschland, wo alles Offizielle ganz von selbst unkünstlerisch ist. Der bewegliche Österreicher, der kokette Italiener, der schlanke Franzose, der sportlich ausgebildete Engländer, sie alle sind hübsch uniformiert ... Vom ekelhaften Lohengrinkostüm des Garde du Corps will ich schon gar nicht reden. – Sodann der Helm oder die Pickelhaube. – Kein Sachverständiger wird beweisen, daß er noch irgendeinen Zweck erfüllt. Im Zeitalter der Acht-Millimeter-Geschosse ist ausgesäbelt, und die teuren Häupter unserer Offiziere sind vor wuchtigen Quarthieben sicher. – Warum muß der Nachttopf noch länger den Soldatenschädel verunzieren? Bei jeder Art von Sport müßte der umgestülpte Kübel lächerlich wirken. Man stelle sich einen Rennreiter, einen Touristen, einen Skifahrer, einen Ruderer, Radfahrer, Segler, kurz irgendeinen männlichen Kerl, unter solch einem Schmalzhafen vor! ... – Kommen wir auf das Beiwerk, die Kinkerlitzchen und Mätzchen der deutschen Uniform. Unter den kindischen Zieraten hat vornehmlich der ältere Offizier zu leiden. – Der alte Offizier müßte eigentlich einen famosen Anblick gewähren, wenn er uns den Eindruck körperlicher Frische in hohen Jahren wachriefe. Die Würde des Alters gäbe mit dem Ernst des kriegerischen Handwerks eine glückliche Mischung, und ich glaube, daß kaum eine Persönlichkeit so malerisch wirkt, wie zum Beispiel der alte Blücher [in den Jahren 1813 bis 1815]. – Aber wie sieht so ein General von 1907 aus! Über dem greisen Haupt flattern Gockelfedern, deren Sinn oder Bedeutung kein Mensch zu fassen vermag. Denn was das Hahnenmäßige anlangt, so hat der alte Herr längst davon Abschied genommen. Und bloß ironisch kann der Schmuck nicht gemeint sein ... – Unter dem beengenden Kragen trägt der alte Herr einen Jahrmarkt von emaillierten, versilberten, vergoldeten Orden, Schnüren mit Quästchen und Stiftchen, wie man sie olim an Tabakspfeifen hing, womöglich auch ein Bandelier und Krimskrams. Man hat den Eindruck, daß diese wandelnde Weihnachtsbude bei Regenwetter zerfließen müßte ...« (zuerst 1908; abgedruckt in Ludwig Thoma, *Die Reden Kaiser Wilhelms II. und andere zeitkritische Stücke,* München 1965, S. 25– 29.)

13 *Herrschaft oder Freiheit? – Ortsbestimmung der Gegenwart,* Band III, Erlenbach-Zürich–Stuttgart 1957, S. 673.

14 Rüstow, a.a.O., S. 411.

15 Rüstow, a.a.O., S. 409.

16 Die Gegenanekdote läßt im November 1918 den König von Sachsen nach der Meldung, daß Leute mit roten Fahnen über die Elbbrücke auf das Schloß zumarschieren, fassungslos ausrufen: »Ja, dürfen die das denn?«

17 *Erinnerungen,* Leipzig 1936, S. 50.

18 Werner Freiherr von Rheinbaben, *Kaiser, Kanzler, Präsidenten – Erinnerungen,* Mainz 1968, S. 102.

19 Hans Lothar von Schweinitz, *Denkwürdigkeiten des Botschafters General von*

Schweinitz, herausgegeben von Wilhelm von Schweinitz, Band I, Berlin 1927, S. 259.

20 Albrecht Graf von Roon, *Denkwürdigkeiten,* 5. Auflage, Berlin 1905, Band III, S. 390.

21 Thoma, a.a.O, S. 29.

22 Der Begründer der zionistischen Bewegung, Theodor Herzl (1860–1904), stammte aus Österreich, wo der Antisemitismus weitaus stärker war als in Deutschland. 1896 erschien Herzls Schrift *Der Judenstaat,* und 1897 trat in Basel der Zionistische Weltkongreß zusammen, der Herzl zum ersten Präsidenten der Zionistischen Weltorganisation wählte. Praktisch angesprochen wurden aber vor allem Juden in Osteuropa, wo es immer wieder Pogrome gab, die in Mitteleuropa ausgeschlossen schienen. Die deutschen Juden haben daher auf die zionistische Bewegung ganz überwiegend mit Unverständnis und Ablehnung reagiert.

23 Der Reichsbund jüdischer Frontsoldaten hat – natürlich vergeblich – nachgewiesen, daß die Zahl der im Ersten Weltkrieg gefallenen deutschen Juden durchaus dem Bevölkerungsanteil entsprach. Siehe zu einem weiteren Zusammenhang Egmont Zechlin, *Die deutsche Politik und die Juden im Ersten Weltkrieg,* Göttingen 1969.

24 Philipp Scheidemann, *Memoiren eines Sozialdemokraten,* Band I, Dresden 1928, S. 212f.

25 Paul Lentzer in: *Unter der roten Fahne – Erinnerungen alter Genossen,* herausgegeben vom Institut für Marxismus-Lenismus beim Zentralkomitee der Sozialistischen Einheitspartei Deutschlands, Berlin 1958, S. 39f.

26 Einen Einblick gibt Oscar Stillich, *Die Lage der weiblichen Dienstboten in Berlin,* Bern 1902.

27 Rosa Luxemburg, 1871 geboren, stammte aus einer wohlhabenden Kaufmannsfamilie in Polen. 1889 emigrierte sie nach Zürich und studierte dort Nationalökonomie. Sie war Mitbegründerin der »Sozialdemokratischen Partei des Königsreichs Polen und Litauen«. 1897 kam sie nach Deutschland und trat als Theoretikerin des linken Flügels gegen den »Revisionismus« Eduard Bernsteins auf. Im Ersten Weltkrieg bekämpfte sie die Politik des nationalen »Burgfriedens«, den die Mehrheits-SPD vertrat. Mit Karl Liebknecht gründete sie den Spartakusbund und wurde am 15. Januar 1919 in Berlin von Soldaten ermordet.

28 Lily Braun (1865–1916), die abtrünnige Tochter eines Generals und in zweiter Ehe mit dem Sozialpolitiker Heinrich Braun verheiratet, veröffentlichte ihre zweibändigen *Memoiren einer Sozialistin* 1909 und 1911. Schon 1901 erschien ihr Buch *Die Frauenfrage.*

29 Die Doppelbödigkeit und ihre Auswirkungen auf die Frauenerziehung hat Stefan Zweig so anschaulich geschildert, daß ihm hier ausführlich das Wort gegeben sei: »Diese ›gesellschaftliche Moral‹, die einerseits das Vorhandensein der Sexualität privatim voraussetzte, andererseits öffentlich um keinen Preis anerkennen wollte, war aber sogar doppelt verlogen. Denn während sie bei jungen Männern ein Auge zukniff und sie mit dem anderen sogar zwinkernd ermutigte, ›sich die Hörner abzulaufen‹, schloß sie gegenüber der Frau ängstlich beide Augen und stellte sich blind. Daß ein Mann Triebe empfinde und empfinden dürfe, mußte sogar die Konvention stillschweigend zugestehen. Daß aber eine Frau gleichfalls ihnen unterworfen sein könne, daß die Schöpfung zu ihren ewigen Zwecken auch einer weiblichen Polarität bedürfe, hätte gegen den Begriff der ›Heiligkeit der Frau‹ verstoßen. Es wurde also in der vor-

freudianischen Zeit die Vereinbarung als Axiom durchgesetzt, daß ein weibliches Wesen keinerlei körperliches Verlangen habe, solange es nicht vom Manne geweckt wurde, was aber selbstverständlich offiziell nur in der Ehe erlaubt war. Da aber die Luft – besonders in Wien – auch in jenen moralischen Zeiten voll gefährlicher erotischer Infektionsstoffe war, mußte ein Mädchen aus gutem Hause von der Geburt bis zu dem Tage, da es mit seinem Gatten den Traualtar verließ, in einer völlig sterilisierten Atmosphäre leben. Um die jungen Mädchen zu schützen, ließ man sie nicht einen Augenblick allein. Sie bekamen eine Gouvernante, die dafür zu sorgen hatte, daß sie gottbewahre nicht einen Schritt unbehütet vor die Haustür traten, sie wurden zur Schule, zur Tanzstunde, zur Musikstunde gebracht und ebenso abgeholt. Jedes Buch, das sie lasen, wurde kontrolliert, und vor allem wurden die jungen Mädchen unablässig beschäftigt, um sie von möglichen gefährlichen Gedanken abzulenken. Sie mußten Klavier üben und Singen und Zeichnen und fremde Sprachen und Kunstgeschichte und Literaturgeschichte lernen, man bildete und überbildete sie. Aber während man versuchte, sie so gebildet und gesellschaftlich wohlerzogen wie nur denkbar zu machen, sorgte man gleichzeitig ängstlich dafür, daß sie über alle natürlichen Dinge in einer für uns heute unfaßbaren Ahnungslosigkeit verblieben. Ein junges Mädchen aus guter Familie durfte keinerlei Vorstellungen haben, wie der männliche Körper geformt sei, nicht wissen, wie die Kinder auf die Welt kommen, denn der Engel sollte ja nicht nur körperlich unberührt, sondern auch seelisch völlig ›rein‹ in die Ehe treten. ›Gut erzogen‹ galt damals bei einem jungen Mädchen für vollkommen identisch mit lebensfremd; und diese Lebensfremdheit ist den Frauen jener Zeit manchmal für ihr ganzes Leben geblieben. Noch heute amüsiert mich die groteske Geschichte einer Tante von mir, die in ihrer Hochzeitsnacht um ein Uhr morgens plötzlich wieder in der Wohnung ihrer Eltern erschien und Sturm läutete, sie wolle den gräßlichen Menschen nie mehr sehen, mit dem man sie verheiratet habe, er sei ein Wahnsinniger und ein Unhold, denn er habe allen Ernstes versucht, sie zu entkleiden. Nur mit Mühe habe sie sich vor diesem sichtbar krankhaften Verlangen retten können.« (*Die Welt von Gestern – Erinnerungen eines Europäers,* Taschenbuchausgabe Frankfurt/M. 1970, S. 97f.) Das Wirken und die Wirkungen von Sigmund Freud sind wohl nur vor dem Hintergrund zu verstehen, den Zweig schildert.

30 Den exemplarischen Roman zum Thema, *Effi Briest,* veröffentlichte Theodor Fontane im Jahre 1895.

31 Unheroisch nüchtern betrachtet war indessen, trotz aller Kriege, das Sterberisiko der Frauen in älterer Zeit ungleich größer als das der Männer. Es gab viele Geburten und mit ihnen den häufigen Tod im Kindbett; folgerichtig gab es auch mehr Witwer als Witwen. Die Kaiserzeit war die Epoche, in der ein Wandel sich abzeichnete. Die Fortschritte der Medizin verminderten das Gebärrisiko, und die Geburtenbeschränkung begann. Inzwischen gibt es in den älteren Jahrgängen weit mehr Frauen als Männer. Zunächst aber wirkte sich der Wandel für das Ansehen der Frauen eher negativ aus. Nicht sie, sondern die Männer galten nun erst recht als die Auserwählten, die »dem Tod ins Angesicht schauten«.

32 Als Muster eines wilhelminischen Bilderbuches sei genannt und nachdrücklich empfohlen: *Der alte Fritz in fünfzig Bildern für Jung und Alt von Carl Röchling und Richard Knötel,* Erstauflage Berlin 1895, Reprint München–Zürich 1986. Das Buch, so heißt es, entstand auf Anregung Wilhelms II. und ist »Seiner Majestät dem Deutschen Kaiser und Könige von Preußen Wilhelm II. in

tiefster Ehrfurcht gewidmet«; das Bild zum Tabakskollegium findet sich auf S. 3. Im Kommentar hierzu findet sich ein – sonst sehr seltener – Ansatz von Kritik: »Schon den Zeitgenossen erschien Friedrich Wilhelm I., der ›Soldatenkönig‹, als Inbegriff preußischer Kargheit, Nüchternheit und Strenge. Entspannung suchte er vor allem auf der Jagd und im Tabakskollegium. Im Kreise geladener Gäste – Generale, Stabsoffiziere, Minister – wurde holländischer Tabak geraucht und Starkbier gezecht, verflachten ernste Gespräche zusehends zu derben Scherzen plump-trunkener Heiterkeit. Auch Friedrich sollte nach dem Wunsch des Vaters an dieser Art von Geselligkeit Gefallen finden. Von Zeit zu Zeit wurden er und sein Bruder Heinrich herbeizitiert. Unter dem Kommando eines Offiziers mußten sie zum Gaudium der Zecherrunde militärischen Drill exerzieren ...«

33 Brief an Marie Gräfin Dönhoff vom 11. Dezember 1878, zitiert nach Isabel V. Hull, *The Entourage of Kaiser Wilhelm II,* Cambridge 1982, S. 20.

34 *Das Tagebuch der Baronin Spitzemberg, geb. Freiin v. Varnbühler – Aufzeichnungen aus der Hofgesellschaft des Hohenzollernreiches,* herausgegeben von Rudolf Vierhaus, 4. Auflage Göttingen 1976, S. 289.

35 Besonders dramatisch zeigte sich der Sachverhalt im deutschen Zusammenbruch 1945. Auf einmal waren alle Uniformen und Orden nichts mehr wert. Die auf sie eingeschworenen Männer wußten nicht mehr aus noch ein, und die Frauen mußten das Leben retten. Siehe zur Darstellung vom Verfasser: *Die Stunde der Frauen – Bericht aus Pommern 1944–1947,* zuerst Stuttgart 1988.

36 Siehe dazu in Bismarcks *Gedanken und Erinnerungen,* Band III, das Kapitel über Wilhelm II.

37 Siehe John C. G. Röhl, *Wilhelm II. – Die Jugend des Kaisers 1859–1888,* München 1993, 464ff.

38 Siehe bei Röhl das Kapitel »Eros und Österreich«, a.a.O., S. 461ff.

39 Ein kompliziertes diplomatisches Manöver ging dieser Eheschließung voraus. Ernst August konnte die Regierung erst übernehmen, nachdem sein Vater auf alle Ansprüche in Braunschweig verzichtet und er selbst einen Erbanspruch auf Hannover ausgeschlossen hatte.

40 *Denkwürdigkeiten,* Band I, Berlin 1930, S. 261.

41 Röhl, a.a.O., S. 462f.

42 Seinem Freund Philipp Eulenburg hat Wilhelm II. dies ausdrücklich eingestanden und es aus seiner unglücklichen Kindheit, besonders aus der fehlenden Mutterliebe und der Erziehung durch Hinzpeter erklärt: »So kommt es, daß ich absolut nichts empfinde, wo andere leiden. Der Abschied von Frau und Kindern ist mir gleichgültig – aber ich mache mir Vorwürfe darüber. Und doch kann ich es nicht ändern ... Es fehlt mir etwas, was andere haben. Alle Lyrik in mir ist tot.« (Aufzeichnung Eulenburgs vom 26. Juli 1897, abgedruckt in: *Philipp Eulenburgs politische Korrespondenz,* herausgegeben von John C. G. Röhl, Band III, Boppard am Rhein 1983, S. 1848f.)

Bismarcks Schatten und der Platz an der Sonne

1 Wilhelm II., *Ereignisse und Gestalten aus den Jahren 1878–1918,* Leipzig–Berlin 1922, S. 3.

2 Wilhelm II., a.a.O., S. 4f.

3 »Der Nationalstaat und die Volkswirtschaftspolitik«, abgedruckt in: *Gesammelte Politische Schriften,* herausgegeben von Johannes Winckelmann, 2. Auflage Tübingen 1958, S. 21.

4 Im Laufe des neunzehnten Jahrhunderts kann man eine innere Umstellung erkennen. Noch Honoré de Balzac (1799–1850) führte in seiner Novelle *Das Rote Wirtshaus* den Erzähler als Geschäftsfreund eines Pariser Bankiers mit den Worten ein: »Dieser Freund, der Inhaber einer bedeutenden Nürnberger Firma, war ein biederer, dicker Deutscher. Er verfügte über Geschmack und Bildung und war ein leidenschaftlicher Pfeifenraucher; er hatte ein hübsches, breites Nürnberger Gesicht und eine viereckige offene Stirn, die von spärlichen blonden Haaren umrahmt war. Er war der echte Sohn des edlen und reinen Germanien, das so fruchtbar ist an ehrenwerten Charakteren, deren friedfertige Sitten sich selbst nach sieben Invasionen nicht verleugnen. Der Freund hatte ein argloses Lachen, hörte aufmerksam zu und trank sein gehöriges Quantum; dem Champagner schien er ebensoviel Geschmack abzugewinnen wie dem Johannisberger. Er hieß Hermann, wie fast alle Deutschen, die uns von den Schriftstellern geschildert werden. Als ein Mensch, der nichts leichtzunehmen weiß, saß er behäbig am Tisch des Bankiers und speiste mit dem in Europa so berühmten altdeutschen Appetit.« Welcher Franzose einer späteren Generation hätte darin wohl noch den »typischen« Deutschen erkannt? Ausgerechnet ein Brite, Thomas Carlyle (1795–1881), hat dann einen geistigen Anstoß zum Umschwung gegeben. Im Jahre 1841 veröffentliche er sein Buch *On Heroes, Hero-Worship, and the Heroic in History,* bald auch ins Deutsche übertragen unter dem Titel *Über Helden und Heldenverehrung*. Es folgte zwischen 1858 und 1865 – in sechs Bänden – die Darstellung des exemplarischen Helden: Friedrichs des Großen. 1945, in den gespenstischen letzten Bunkerwochen unter der zerfallenden Reichskanzlei, hat Dr. Joseph Goebbels seinem Führer aus diesem Buch vorgelesen, um ihn aufzurichten.

5 Zitiert nach: *Bismarck im Denkmal des In- und Auslandes*. Unter Mitarbeit von Persönlichkeiten der Denkmal-Städte gesammelt und beschrieben von Max Ehrhardt-Apolda, Band I, Eisenach u. a. 1903. Nicht selten wurde Bismarck sogar zur mythischen Figur, zum eher heidnischen als christlichen Gründergott stilisiert. In der Beilage zum Entwurf einer krönenden nationalen Gedenkstätte bei Bingerbrück, die dann doch nicht mehr gebaut wurde, hieß es: »Fromme Scheu umfängt uns, wenn wir an den Recken vom Sachsenwald denken; nicht als unseresgleichen bewundern wir ihn; wenn wir nicht Vater und Mutter wüßten, würden wir wie die Alten seine Zeugung einem von den Göttern zuschreiben. So stellen wir ihm halb festlich verehrende, halb Opferrausch spendende Feuerschalen neben seinen Tempel, und zwei Wächter, die den frommen Wallfahrer schützen, den Neiding fernhalten, decken den Treppenaufgang ...« (Ebenda.)

6 Siehe Bismarck, *Die Gesammelten Werke* (Friedrichsruher Ausgabe, Berlin 1924ff.), Band XIII, S. 464.

7 Siehe dazu Nicolaus Sombart, *Wilhelm II. – Sündenbock und Herr der Mitte,* Berlin 1996; siehe dort besonders S. 136ff.

8 *Das Tagebuch der Baronin Spitzemberg, geb. Freiin v. Varnbüler – Aufzeichnungen aus der Hofgesellschaft des Hohenzollernreiches,* herausgegeben von Rudolf Vierhaus, 4. Auflage Göttingen 1976, S. 289f. Im Zusammenhang heißt es bei der Baronin: »Da er [Bismarck] alsbald wieder von Politik anfing, faßte ich den Mut ihn zu fragen: ›Durchlaucht, können Sie, alles überlegt, sich den Grund in Kürze klarmachen, warum des Kaisers Wandlung gegen Sie so plötzlich eintrat?‹ ›Gewiß kann ich das. Ein Wort Versens, seines Hauptschmeichlers, drückt es aus; dieser sagte ihm, wenn Friedrich der Große einen solchen Kanzler gehabt oder vorgefunden hätte, wäre er nie der Große gewor-

den. Und er will der Große werden – möge Gott ihm die Gaben dazu verleihen! Ich bin der dicke Schatten, der zwischen ihm und der Ruhmessonne steht, er kann nicht wie der Großvater zugeben, daß von dem Glanze der Regierung etwas auf seine Minister falle. Dazu der Mangel an Rechtsgefühl und Augenmaß...‹« Max von Versen (1833–1893) war preußischer Generaladjutant Wilhelms II.

9 Caprivi selbst hat von seiner Ernennung erzählt: »Am 1. Februar 1890 war ich nach Berlin beschieden, um aus Allerhöchstem Munde zu vernehmen, daß für den Fall eines Bruches mit dem Fürsten Bismarck ich für die Nachfolge ausersehen sei. Ich glaube, damals dagegen vorgebracht zu haben, was mir an Bedenken zu Gebote stand ... Bis zum 18. März 1890 habe ich dann kein Wort mehr von der Sache gehört und glaubte die Idee beseitigt; als Seine Majestät an letzterem Tage vor einer größeren Versammlung von Generalen aussprach, Er habe den Fürsten Bismarck entlassen und mich zum Kanzler ernannt. Ich habe danach nur noch einen Abend ... im Kreise meiner hannoverschen Kameraden verbracht. Der Abend schloß mein Soldaten-Dasein ab. Ich habe diesen Offizieren mitgeteilt, was mir bevorstand, mit wie schwerem Herzen ich mein neues Amt antrat und habe ihnen ... gesagt, ich wüßte, daß ich mit Dreck beschmissen werden würde, daß ich unrühmlich fallen würde, aber ich wolle dem Verlangen des Kaisers zu genügen versuchen und mich dessen getrösten, daß was mir auch passiere – diese meine Kameraden den Glauben nie würden fallenlassen: ich sei doch ein anständiger Kerl.« (»Briefe des Reichskanzlers Georg Leo Graf von Caprivi«, mitgeteilt von Max Schneidewin, in: *Deutsche Revue,* 47. Jahrgang Band II, Stuttgart 1922, S. 142f.)

10 *Gedanken und Erinnerungen,* Band III, 9. Kapitel: Graf Caprivi.

11 Max Weber, »Parlament und Regierung im neugeordneten Deutschland«, in: *Gesammelte Politische Schriften,* a.a.O., S. 307f.

12 Zitiert nach Otto Hammann, *Der neue Kurs – Erinnerungen,* Berlin 1918, S. 73. In seinen Briefen hat Caprivi selbst geschrieben: »Meines Dafürhaltens mußte der Nachfolger [Bismarcks] – auch wenn seine Befähigung weiter gegangen wäre – danach trachten, dem Volke das Bewußtsein wiederzugeben: es muß auch mit Durchschnitts-, oder wenn Sie lieber wollen, mit Normalmenschen gehen, und wir müssen verlangen, daß die Regierung der Nation das Beispiel treuer Pflichterfüllung, der Wahrhaftigkeit, der Unbestechlichkeit Einflüssen aller Art gegenüber, der Selbstlosigkeit bietet.« (A.a.O., S. 142.)

13 Hugo Graf von und zu Lerchenfeld-Köfering, *Erinnerungen und Denkwürdigkeiten 1843–1925,* Berlin 1935, S. 369.

14 Zur Person sei genannt Heinrich-Otto Meisner, *Der Reichskanzler Caprivi – Eine biographische Skizze,* 2. Auflage Darmstadt 1969. Schon seine preußische Offizierslaufbahn hatte Caprivi sehr entbehrungsreich und eigentlich als Außenseiter begonnen; er war der Sohn eines Juristen aus altösterreichischer Familie und einer Mutter aus dem Bildungsbürgertum.

15 Siehe zum Thema Hans-Jürgen Puhle, *Agrarische Interessenpolitik und preußischer Konservatismus im wilhelminischen Reich 1893–1914,* Hannover 1967.

16 Claß veröffentlichte das Buch unter dem Pseudonym »Daniel Frymann«, einer typischen Maskierung: Unter dem Namen »Einhart« erschien 1909 seine stark antisemitisch gefärbte *Deutsche Geschichte,* die bis 1914 in 50000 Exemplaren verkauft wurde (4. Auflage Leipzig 1912). Von Claß sei noch genannt: *Wider den Strom – Vom Werden und Wachsen der nationalen Opposition im alten Reich,* Leipzig 1932. Zum Alldeutschen Verband siehe Gerd

Fesser, *Der Traum vom Platz an der Sonne – Deutschlands Weltpolitik 1897–1914,* Bremen 1996, S. 152ff.; Alfred Kruck, *Geschichte des Alldeutschen Verbandes 1890–1939,* Wiesbaden 1954; Roger Chickering, *We Men Who Feel Most German – A Cultural Study of the Pan-German League 1886–1914,* London 1984.

17 Hammann, a.a.O., S. 159ff.

18 Chlodwig Fürst zu Hohenlohe-Schillingsfürst, *Denkwürdigkeiten der Reichskanzlerzeit,* herausgegeben von Karl Alexander von Müller, Stuttgart 1931, S. 4.

19 Bernhard Fürst von Bülow, *Denkwürdigkeiten,* herausgegeben von Franz von Stockhammern, Band I, Berlin 1930, S. 9.

20 *Ereignisse und Gestalten* ..., a.a.O., S. 51f.

21 *Ereignisse und Gestalten* ..., a.a.O., S. 52.

22 Hohenlohe-Schillingsfürst, *Denkwürdigkeiten,* a.a.O., S. 582.

23 *Das Tagebuch der Baronin Spitzemberg,* a.a.O., S. 370.

24 *Gedanken und Erinnerungen,* Band III, 10. Kapitel: Kaiser Wilhelm II.

25 Brief an Bülow vom 18. August 1897, abgedruckt in: *Philipp Eulenburgs politische Korrespondenz,* herausgegeben von John C. G. Röhl, Band III, Boppard am Rhein 1983, S. 1852. Im Anschluß an den zitierten Text heißt es: »Die Grenze zum Schmeicheln werden wir immer genau einhalten.« Das war freilich leichter gesagt als getan, und jedenfalls Bernhard von Bülow hat diese Grenze ständig und vorsätzlich überschritten.

26 Robert Graf Zedlitz-Trützschler, *Zwölf Jahre am deutschen Kaiserhof – Aufzeichnungen,* Stuttgart–Berlin–Leipzig 1923, S. 170.

27 Bülow, Bernhard Fürst von: *Fürst Bülows Reden nebst urkundlichen Beiträgen zu seiner Politik,* herausgegeben von Johannes Penzler und Otto Hötzsch, Band I, Berlin 1907, S. 70.

28 *Fürst Bülows Reden* ..., a.a.O., S. 90 und S. 96.

29 Im Jahre 1912 lebten in allen deutschen Schutzgebieten Afrikas und Asiens gerade einmal 25 000 Deutsche (nicht gerechnet etwa 5000 Soldaten) – dagegen mehr als 66 Millionen im Reichsgebiet. Der Handel zwischen Deutschland und den deutschen Schutzgebieten belief sich (Ein- und Ausfuhren zusammengezählt) auf einen Wert von 104 Millionen Mark – gegen 21,256 Milliarden für den Welthandel des Reiches.

30 »Der Nationalstaat und die Volkswirtschaftspolitik«, a.a.O., S. 23.

Das Riesenspielzeug

1 Um Mißdeutungen zu vermeiden: Tirpitz wurde bürgerlich geboren und im Jahre 1900 geadelt. Entsprechend muß man bei Bülow unterscheiden: 1899 wurde er in den Grafen-, 1905 in den Fürstenstand erhoben.

2 *Denkwürdigkeiten,* herausgegeben von Franz von Stockhammern, Band I, Berlin 1930, S. 108f.

3 Der damalige Staatssekretär des Auswärtigen Amtes, Adolf Freiherr Marschall von Bieberstein, am 5. Februar 1895, hier zitiert nach Peter Winzen, *Bülows Weltmachtkonzept – Untersuchungen zur Frühphase seiner Außenpolitik 1897–1901,* Boppard am Rhein 1977, S. 64, Anmerkung 12.

4 Am 16. Februar 1894 ereignete sich auf dem Panzerschiff »Brandenburg« eine Kesselexplosion; es gab 40 Tote. Am 17. Februar telegrafierte der Kaiser an den Kapitän, Kapitän zur See Bendemann, und schloß mit den Worten:

»Wir stehen alle in Gottes Hand ... Im festen Vertrauen auf ihn fügen wir uns in Ergebung seinem unerforschlichen Willen und sehen der Zukunft zuversichtlich und getrost entgegen. Ich werde den Gefallenen zur Erinnerung eine Gedächtnistafel in der Garnisonskirche zu Kiel stiften, und im übrigen Volldampf voraus!« Aus diesem Telegramm ist das geflügelte Wort entstanden. Es findet sich aber schon in dem Telegramm, das der Kaiser 1890 bei Bismarcks Entlassung an den Großherzog von Weimar schickte. Da hieß es, nur mit etwas anderer Schreibweise: »Das Amt des wachhabenden Offiziers auf dem Staatsschiff ist mir zugefallen. Der Kurs bleibt der alte, und nun voll Dampf voran!«

5 Tischrede in Köln am 18. Juni 1897, siehe *Die Reden Wilhelms II. – Ansprachen, Predigten und Trinksprüche,* herausgegeben von Ernst Johann, München 1966, S. 71.

6 Rede zur Eröffnung des neuen Hafens in Stettin am 23. September 1898, aus: *Die Reden Wilhelms II.,* a.a.O., S. 81.

7 Abschiedsrede vom 15. Dezember 1897 an den Prinzen Heinrich, der nach Ostasien in See ging, aus: *Die Reden Wilhelms II.,* a.a.O, S. 75. In seiner Antwort verstieg sich der Prinz zur Kaiserhymne besonderer Art: »Mich lockt nicht Ruhm, mich lockt nicht Lorbeer, mich zieht nur eines: das Evangelium Eurer Majestät geheiligter Person im Auslande zu künden, zu predigen jedem, der es hören will, und auch denen, die es nicht hören wollen.« (A.a.O., S. 76.)

8 An den Prinzen Rupprecht von Bayern am 3. Juli 1900, aus Anlaß der Taufe des neuen Linienschiffs »Wittelsbach«, aus: *Die Reden Wilhelms II.,* a.a.O., S. 89. Im Zusammenhang heißt es: »Der Ozean ist unentbehrlich für Deutschlands Größe. Aber der Ozean beweist auch, daß auf ihm in der Ferne, jenseits von ihm, ohne Deutschland und ohne den Deutschen Kaiser keine große Entscheidung mehr fallen darf. – Ich bin nicht der Meinung, daß unser deutsches Volk vor dreißig Jahren unter der Führung seiner Fürsten gesiegt und geblutet hat, um sich bei großen auswärtigen Entscheidungen beiseite schieben zu lassen. Geschähe das, so wäre es ein für allemal mit der Weltmachtstellung des deutschen Volkes vorbei, und Ich bin nicht gewillt, es dazu kommen zu lassen. Hierfür die geeigneten, und, wenn es sein muß, auch die schärfsten Mittel rücksichtslos anzuwenden, ist Meine Pflicht nur, Mein schönstes Vorrecht.«

9 Zum kaiserlichen Dilettantismus erzählt Bülow die folgende Geschichte: »In den neunziger Jahren hatte der Kaiser bei einem Besuch in Italien die Bekanntschaft des damaligen italienischen Marineministers, des Admirals Brin, gemacht, der für einen der hervorragendsten Schiffskonstrukteure in Italien und selbst in Europa galt. Nach langen Gesprächen über die beste Art, Schiffe und insbesondere große Schlachtschiffe zu bauen, hatte der Kaiser den Admiral Brin gefragt, ob er ihm den Plan für den Bau eines Kampfschiffes übersenden dürfe, den er mit besonderer Sorgfalt ausgearbeitet habe und der die Frucht jahrelanger Studien, sauren Fleißes und vielen Nachdenkens wäre. Einige Wochen später erhielt der Minister Brin aus Potsdam den ihm in Aussicht gestellten Plan. Er schickte die Zeichnung dem Kaiser mit einem Brief zurück, der ein Meisterstück italienischer Feinheit, aber auch kühler Ironie war. ›Das Schiff, das Eure Majestät bauen wollen‹, schrieb etwa der Admiral, ›wird das mächtigste, furchtbarste und dabei schönste Kriegsschiff werden, das je gesehen wurde. Es wird eine Schnelligkeit entfalten, die noch nirgends erreicht wurde, seine Armatur übertrifft alles bisher Dagewesene, seine Masten sind die höchsten, seine Geschütze die weittragendsten der Welt. Dabei ist es im Innern prächtig eingerichtet, es muß ein wahres Vergnügen sein, auf diesem Schiffe zu

fahren, für die ganze Mannschaft, vom Kapitän bis zum Schiffsjungen. Das herrliche Fahrzeug hat nur einen Fehler: wenn es aufs Wasser gesetzt wird, geht es unter wie eine bleierne Ente.‹« (*Denkwürdigkeiten,* a.a.O., Band I, S. 68f.) Ob die Geschichte wahr oder nur Bülows Bosheit entsprungen ist, läßt sich nicht nachprüfen. Sie ist aber charakteristisch für Bülows *Denkwürdigkeiten,* die dem Ansehen des Autors noch nachträglich schwer geschadet haben.

10 Der in der Mark Brandenburg ansässige Freund des Kaisers Philipp Eulenburg hat über den »Wassermilitarismus« gespottet und in einer hellsichtigen Studie nachgewiesen, daß der Schlachtflottenbau nicht dem Frieden diente, sondern den Krieg heraufbeschwor. Das geschah freilich erst im Jahre 1912, als die Freundschaft mit Wilhelm II. zerbrochen und Eulenburg ein verfemter Mann war. Siehe Philipp Eulenburgs politische Korrespondenz, herausgegeben von John C. G. Röhl, Band III, Boppard am Rhein 1983, S. 2202ff.

11 Es gibt ein langes Gedicht mit dem Titel »Die deutsche Flotte«, an dessen Anfang es heißt:

»Erwach, mein Volk, mit neuen Sinnen!
Blick in des Schicksals goldnes Buch,
lies aus den Sternen dir den Spruch:
Du sollst die Welt gewinnen!
...
Hinweg die feige Knechtsgebärde;
zerbrich der Heimat Schneckenhaus,
zieh mutig in die Welt hinaus,
daß sie dein eigen werde!
Du bist der Hirt der großen Völkerherde,
du bist das große Hoffnungsvolk der Erde,
drum wirf den Anker aus!«

Man möchte meinen, daß dies in der wilhelminischen Zeit von einem Poeten geschrieben wurde, der im Solde von Tirpitz stand. Aber es wurde 1841 von Georg Herwegh (1817–1875) verfaßt, der mit seinen Gedichten eines Lebendigen zu den Wegbereitern der Revolution gehörte, 1848 am badischen Aufstand teilnahm, dann lange im Exil lebte und seine freiheitlichen Ideale niemals verriet. Um so eindrucksvoller wird sichtbar, wie sehr Nationalbewußtsein und Marinebegeisterung zusammengehörten. Am Ende des Gedichts heißt es:

»Schon schaut mein Geist das nie Geschaute,
mein Herz wird segelgleich geschwellt,
schon ist die Flotte aufgestellt,
die unser Volk erbaute;
schon lehn ich selbst, ein deutscher Argonaute,
an einem Mast und kämpfe mit der Laute
ums goldne Vlies der Welt.«

12 Siehe zum Seeoffizierkorps Holger H. Herwig, *The German Naval Officer Corps – A social and political history, 1890–1918,* London 1973.

13 Den letzten namhaften Kavallerieangriff ritt 1898 britische Kavallerie, allerdings nicht in Europa, sondern am oberen Nil in der Schlacht bei Omdurman, gegen einen noch fast mittelalterlich organisierten und bewaffneten Gegner. Einer der Teilnehmer war Winston Churchill, der über den Angriff farbig

berichtet hat – nicht ohne die Feststellung, daß selbst hier sich mit Pistole oder Gewehr mehr ausrichten ließ als mit Säbel oder Lanze. Siehe von Churchill, *Weltabenteuer im Dienst,* 2. Auflage Leipzig–München 1946, S. 186ff.

14 Über die »Alldeutschen«, die natürlich auch Propagandisten des Schlachtflottenbaus als Mittel des Kampfes um Weltmacht waren, hat Heinrich Mann 1919 im Rückblick gesagt: »Das ›Alldeutschtum‹ ist herangewachsen an der Flotte, diesen Maschinen bürgerlicher Herkunft, für die Produktion von ›Weltmacht‹. Das ›Alldeutschtum‹ war eine Ausgeburt der Beziehungen des Bürgers zur Gewalt.« (*Macht und Mensch* – Essays, Frankfurt/M. 1989, S. 184f.)

15 Flottengesetze wurden 1898 und 1900 verabschiedet. Es folgten 1906, 1908 und 1912 Novellierungen, mit dem Gesetz von 1900 zusammengefaßt im Flottengesetz vom 27. Juni 1912. Der Marineetat wurde in nur neun Jahren mehr als verdoppelt, von 206,6 Millionen im Jahre 1904 auf 467,4 Millionen im Jahre 1913 – eine für die damalige Zeit gewaltige Summe. Damit erreichte der Marineetat fast die Hälfte des Heeresetats von 1008,7 Millionen im Jahre 1913. Zum Vergleich: Der britische Marineetat belief sich auf 751,9 Millionen im Jahre 1904 und 1913 auf 944,7 Millionen.

16 Jürg Meyer, *Die Propaganda der deutschen Flottenbewegung 1897–1900,* Bern 1967, S. 137 und S. 26. Siehe außerdem Wilhelm Deist, *Flottenpolitik und Flottenpropaganda – Das Nachrichtenbureau des Reichsmarineamtes 1897–1914,* Stuttgart 1976.

17 Siehe dazu Wolfgang Marienfeld, *Wissenschaft und Schlachtflottenbau in Deutschland 1897–1906,* Beiheft 2 der Marine-Rundschau, Berlin–Frankfurt/M. 1957.

18 Zitiert nach Gerd Fesser, *Der Traum vom Platz an der Sonne – Deutsche »Weltpolitik« 1897–1914,* Bremen 1996. 800 Mark entsprachen damals etwa dem Jahresgehalt eines Facharbeiters, und natürlich ging es nicht um ein Honorar, sondern um ein Geschenk als Abart von Bestechung, als Ansporn für den künftigen publizistischen Einsatz.

19 Zu den bekanntesten Marinemalern gehörten Hans Bohrt und Willy Stöwer. Siehe Helmut R. Leppien, »Marinemalerei zu Kaisers Zeiten«, in: *Übersee, Seefahrt und Seemacht im deutschen Kaiserreich,* herausgegeben von Volker Plagemann, München 1988, S. 338ff.

20 Siehe Robert Kuhn und Bernd Kreutz, *Der Matrosenanzug – Kulturgeschichte eines Kleidungsstücks,* 2. Auflage Dortmund 1991. Wilhelm Bleyle (1850–1915) gründete 1889 in Stuttgart die Firma Wilhelm Bleyle, genau rechtzeitig vor der beginnenden Konjunktur. Er erfand »die industrielle Anfertigung von Strickbekleidung nach Schneiderart«. Was er schuf, hat Generationen von Kindern geplagt, weil es kratzte, aber sich als unzerstörbar erwies.

21 Zitiert nach Heinrich Ritter von Poschinger (Hg.), *Fürst Bismarck und die Parlamentarier,* 3 Bände, Breslau 1894–1896; hier: Band III, S. 54.

22 Zitiert nach Wolfgang Petter, »Systemkrise und Marinekonzeption im wilhelminischen Deutschland«, in: *Die deutsche Marine – Historisches Selbstverständnis und Standortbestimmung,* herausgegeben von dem Deutschen Marine-Institut und der Deutschen Marine-Akademie, Herford–Bonn 1982, S. 47.

23 Die zaristische Ostseeflotte fuhr in einer abenteuerlichen Weltreise nach Ostasien, um in den russisch-japanischen Krieg einzugreifen. Sie wurde bei Tsushima von den Japanern zusammengeschossen. Die überlebenden Schiffe kapitulierten und taten dann noch jahrelang Dienst in der japanischen Flotte. Nur die »Aurora« entkam, später berühmt, weil sie in der Oktoberrevolution

von 1917 den Signalschuß zum Sturm auf das Winterpalais abfeuerte. Man kann die »Aurora« noch heute in St. Petersburg besichtigen. Die Geschichte der unglücklichen russischen Flotte und ihres Befehlshabers, Admiral Rozdestvenskij, hat Frank Thieß in seinem Roman *Tsushima* (zuerst 1936) erzählt.

24 Für die Firma Krupp ging es um viel; entsprechend war sie an der Werbung für den Schlachtflottenbau interessiert. Als am 30. April 1898 in Berlin der Flottenverein gegründet wurde, nahmen Friedrich Alfred Krupp und sein Generaldirektor Johann Friedrich Jencke persönlich teil und sorgten dafür, daß ihr Hausjournalist Victor Schweinburg zum Vereinssekretär gewählt wurde.

25 Für die Anschauung des 1914 erreichten Standes sei empfohlen: *Taschenbuch der Kriegsflotten,* XV. Jahrgang 1914, herausgegeben von Bruno Weyer, Reprint München 1978.

26 Zitiert nach *Rüstung im Zeichen der wilhelminischen Weltpolitik – Grundlegende Dokumente 1890–1914,* herausgegeben von Volker R. Berghahn und Wilhelm Deist, Düsseldorf 1988, S. 122.

27 Volker R. Berghahn, *Der Tirpitzplan – Genesis und Verfall einer innenpolitischen Krisenstrategie unter Wilhelm II.,* Düsseldorf 1971, S. 185. Auf dieses Buch sei besonders hingewiesen; es stellt das wichtigste Werk zum Thema dar.

28 *The Influence of Sea Power upon History, 1660–1783,* Boston 1890. Weiterführende Werke folgten; siehe als zusammenfassende Darstellung Mahan, *Der Einfluß der Seemacht auf die Geschichte 1660–1812,* bearbeitet und herausgegeben von Gustav-Adolf Wolter, Herford 1967. Mahan (1840–1914) beeinflußte die Marine-Ideologien seiner Zeit besonders in Deutschland, Großbritannien und Japan.

29 *Naval Strategy, compared and contrasted with the principles of military operations on land,* Boston 1891, S. 166.

30 Im Jahrhundert zwischen Trafalgar 1805 und Tsushima 1905 hat es im Grunde nur eine nennenswerte, dabei eher kleine als große Seeschlacht gegeben: die zwischen Österreichern und Italienern im Krieg von 1866 bei der dalmatinischen Insel Lissa.

31 Für die Zeitdimension gilt das im doppelten und zugleich gegenläufigen Sinne. Während die Landschlacht sich über Tage, manchmal Wochen hinzieht, so daß bei relativ langsamen Bewegungen den Befehlshabern Zeit bleibt, um Entschlüsse zu fassen und Befehle zu geben, läßt die Gefechtsgeschwindigkeit zur See hierfür nur Sekunden oder im besten Falle Minuten. Andererseits kann der Landfeldzug mit Angriff, Durchbruch und Sieg über die feindliche Armee binnen Wochen ans Ziel kommen, während der Seekrieg einen viel längeren Atem erfordert; die Blockade der feindlichen Zufuhren wirkt sich erst nach vielen Monaten oder nach Jahren aus. Daher hätte im Ersten Weltkrieg die Behauptung deutscher Admirale, der unbeschränkte U-Boot-Krieg werde England »binnen sechs Monaten« auf die Knie zwingen, allein schon wegen dieser Zeitangabe mißtrauisch stimmen sollen.

32 Die deutschen Linienschiffe der »Schleswig-Holstein«-Klasse, die bis 1906 vom Stapel liefen, verfügten über vier schwere Geschütze vom Kaliber 28 Zentimeter, die »Dreadnought« und ihre Schwesterschiffe über zehn 30,5-Zentimeter-Geschütze, die Schlachtschiffe der Queen-Elizabeth-Klasse, die ab 1913 vom Stapel liefen und noch im Zweiten Weltkrieg Dienst taten, über acht 38,1-Zentimeter-Geschütze. Das Geschoßgewicht einer Breitseite stieg von 1690 über 3084 auf 7442 Kilogramm.

33 Um zu unterscheiden: Der Erste Seelord war stets Admiral (wie von 1904 bis 1910 John Fisher) und damit der oberste Fachmann im Marineministerium,

nach unseren heutigen Begriffen ein beamteter Staatssekretär; der Erste Lord der Admiralität war dagegen der politisch verantwortliche Minister. Churchill war dies von 1911 bis 1915 und wieder vom Beginn des Zweiten Weltkriegs im September 1939 bis zu seiner Ernennung zum Premierminister am 10. Mai 1940. Zur Rede des Ersten Lords der Admiralität und zur Erregung über die »Luxusflotte«, die sie in Deutschland hervorrief, siehe Winston Churchill, *Weltkrisis,* Band I, Leipzig 1924, S. 83f.

34 Zu Tirpitz sei genannt Michael Salewski, *Tirpitz. Aufstieg – Macht – Scheitern,* Göttingen 1979. Tirpitz selbst hat *Erinnerungen* geschrieben; neue durchgesehene Auflage Leipzig 1920. Selbstkritische Einsichten findet man darin allerdings nicht. Siehe von Tirpitz auch: *Politische Dokumente,* Band I: Der Aufbau der deutschen Weltmacht, Stuttgart–Berlin 1924.

35 Untertitel: *Patriotische Besinnungen,* München–Leipzig 1915.

36 Scheler, *Der Genius des Krieges und der deutsche Krieg,* Leipzig 1915; die Kategorientafel S. 442f.

37 »Krieges Anfang«, abgedruckt in: *Aufrufe und Reden deutscher Professoren im Ersten Weltkrieg,* herausgegeben von Klaus Böhme, Stuttgart 1975, S. 59f.

38 Neben Volker Berghahn (siehe Anmerkung 27) sei hier genannt Eckart Kehr, *Der Primat der Innenpolitik,* herausgegeben von Hans-Ulrich Wehler, Berlin 1965. Ferner von Kehr, *Schlachtflottenbau und Parteipolitik 1894–1910. Versuch eines Querschnittes durch die innenpolitischen, sozialen und ideologischen Voraussetzungen des deutschen Imperialismus,* Berlin 1930.

39 Zitiert nach Kehr, *Der Primat der Innenpolitik,* a.a.O., S. 146f.

40 Zu Ballin sei als Biographie genannt Bernhard Huldermann, *Albert Ballin,* London 1922.

41 Praktisch wurde der Schlachtflottenbau nur möglich, weil er Reichssache war und damit in die Zuständigkeit des Reichstags fiel. Am konservativ und besonders im Herrenhaus aristokratisch beherrschten Preußischen Landtag wäre er wahrscheinlich gescheitert.

42 *Briefe,* herausgegeben von Max Cornicelius, Band II, 1918, S. 238.

43 *Politik – Vorlesungen,* herausgegeben von Max Cornicelius, 2 Bände, Leipzig 1897/98; hier: Band I, S. 50f.

44 Bei der Einschätzung Frankreichs spielte auch die Bevölkerungsentwicklung eine Rolle. 1870 hatte es noch einen ungefähren Gleichstand von jeweils rund 40 Millionen gegeben. Dabei blieb dann Frankreich für lange Zeit stehen, während es am Vorabend des Ersten Weltkriegs in Deutschland mehr als 67 Millionen Menschen gab. Nicht nur in den Augen der »Alldeutschen« galten darum die Franzosen als ein »alterndes«, die Deutschen dagegen als ein »junges« Volk.

45 *Die sieben Todsünden des Deutschen Reiches,* Hamburg 1965, Neuauflage Bergisch Gladbach 1981.

46 *Das ruhelose Reich – Deutschland 1866–1918,* 2. Auflage Berlin 1983, S. 320.

47 Als im Jahre 1906 Elisabeth Förster-Nietzsche und Peter Gast das angebliche Hauptwerk von Friedrich Nietzsche *Der Wille zur Macht – Versuch einer Umwertung aller Werte* herausgaben, wirkte allein schon der Titel wie eine Fanfare. Dabei handelte es sich um eine höchst fragwürdige Zusammenstellung aus Notizen und Aphorismen. Doch immer fand man, aus dem Zusammenhang gerissen, die passende Formel, etwa über das verächtliche »grüne Weideglück der Herdentiere« oder die Aufforderung zum »gefährlichen Leben«, das den »Übermenschen« züchtete.

48 Philipp Eulenburg berichtet von der ersten Nordlandreise des Kaisers im Jahre 1889: »Ein Telegramm hatte die Nachricht gebracht, daß die Königin von England den Kaiser bei dem bevorstehenden Besuch in London zum Großadmiral der englischen Flotte mit dem Rang eines Feldmarschalls ernennen wird. Eine Auszeichnung, die bis jetzt niemals stattgefunden hat und politisch ihre Wirkung nicht verfehlen kann... Der Kaiser freut sich wie ein Kind über seine neue Würde, und sagte mir, daß er seine Auszeichnung nicht als leere Form ansähe, sondern es sich zur Aufgabe stellen werde, die englische Flotte völlig zu reorganisieren, um bündnisfähige Freunde zu haben.« (*Mit dem Kaiser als Staatsmann und Freund auf Nordlandreisen,* Band I, Dresden 1931, S. 50.)

49 *Weltkrisis,* Band I: 1911–1914, Leipzig 1924, S. 137.

Vom Reisen und Reden

1 Die Tatsache, daß wir von der Fremde her das Vertraute neu sehen lernen oder es überhaupt erst verstehen, hat Helmuth Plessner schön beschrieben in seinem Aufsatz »Mit anderen Augen«, abgedruckt unter anderem in Plessner, *Zwischen Philosophie und Gesellschaft – Ausgewählte Abhandlungen und Vorträge,* Frankfurt/M. 1979, S. 233ff.

2 Der Verfasser hat in seiner hinterpommerschen Heimat noch Frauen gekannt, die – jedenfalls bis 1945 – lebenslang niemals über die Kreisstadt Stolp hinausgelangt waren.

3 Im »Dritten Reich« entstand mit der Organisation »Kraft durch Freude« ein bemerkenswerter Ansatz, in dem man im Rückblick schon erkennt, was dann in der Bundesrepublik massenwirksam wurde. Damals entstand, einem bekannten Lied nachgedichtet, halb im Spott und halb bewundernd der Vers:

»Kraft durch Freude fährt nach Helgoland,
jeder Volksgenosse muß mal an die See.
Drei Mark achtzig,
ja das macht sich,
und den Rest bezahlt die NSDAP.«

4 Das Kaiserlied von August Schwartzkopff war bis 1918 zwar nicht amtlich, aber praktisch die Hymne, die besonders in Preußen bei den entsprechenden Anlässen gesungen wurde.

5 Mathilde Gräfin von Keller, *Vierzig Jahre im Dienst der Kaiserin,* Leipzig 1935, S. 282f. Ein weiterer Bericht sei hier noch angefügt: »23. Januar 1896. Die großen Festlichkeiten am Hofe haben begonnen. Der volle Pomp des Zeremoniells wurde am 18. bei der Versammlung der kapitelfähigen Ritter des Schwarzen Adlerordens entfaltet... Glanz und Gepränge wirken imponierend... Der feierliche Zug setzte sich von der sogenannten boisierten Galerie aus, neben den Königszimmern, in Bewegung. Voran schritten zwei Herolde in altdeutscher Tracht, dann folgten die Leibpagen des Kaisers von Trotha und Freiherr von Rechenberg und die Hofpagen in ihren roten goldbordierten Röcken, auf Samtkissen die Insignien der neu aufzunehmenden Ritter tragend, der Ordensschatzmeister Geheimer Hofrat Borck und der Ordenssekretär Graf Kanitz mit den Statuten, der Oberzeremonienmeister Graf Eulenburg, die kapitelfähigen Mitglieder des Ordens in großer Uniform mit Band, Kette und Mantel, die Prinzen und die fürstlichen Ordensritter und endlich der Kaiser

selbst. Als der Zug den Rittersaal erreichte, blies das Trompetenkorps auf dem sogenannten silbernen Chore (eigentlich nur versilberten, denn das Original hatte Friedrich der Große vor dem Siebenjährigen Kriege einschmelzen lassen) eine schmetternde Fanfare ... Die Zahl der Geladenen war diesmal besonders groß. Schon die gesamten männlichen Hofchargen repräsentieren ein stattliches Gefolge; ihre Uniformen stufen sich vom goldüberladenen Hofkleide bis zum einfach dunkelblauen Kammerherrnfrack ab. Dazu kommen die Minister und der Riesenschwarm der Generale und Admirale. Zwischen ihnen verschwinden fast die wirklichen Geheimen Räte erster Klasse, gleichfalls in Uniformen und allesamt in Eskarpins – eine förmliche Wadenparade. Die Fanfaren, von dem fernerstehenden Trompeterchor aufgenommen, dauern an, bis der Kaiser den Thron bestiegen und sich der Hofstaat um ihn nach vorgeschriebenem Zeremoniell versammelt hat. Dann erst beginnt der Akt der Investitur ...« (Fedor von Zobeltitz, *Chronik der Gesellschaft unter dem letzten Kaiserreich,* Berlin 1921, S. 138f.)

6 Die »Hohenzollern«, 1892/93 von der Vulkan-Werft in Stettin erbaut, verdrängte 4250 Tonnen Wasser und erreichte eine Spitzengeschwindigkeit von 21,5 Knoten (Seemeilen pro Stunde). 1913 wurde mit einem Ersatzbau begonnen, der jedoch wegen des Kriegsbeginns nicht mehr zum Einsatz kam.

7 Es gibt ein Foto, das den Kaiser, entspannt wie selten, auf seiner Segeljacht »Meteor« zeigt. Er sitzt, und neben ihm steht Albert I., Fürst von Monaco, für den es gewiß eine Ehre war, hier der Gast zu sein. Als die Aufnahme gemacht wurde, hätte gewiß niemand sich träumen lassen, daß die Familie Grimaldi dereinst für Fotografen weitaus interessanter sein würde als die Hohenzollern.

8 Nicolaus Sombart, *Wilhelm II. – Sündenbock und Herr der Mitte,* Berlin 1996, S. 124.

9 Weil in Jerusalem eine evangelische Kirche eingeweiht werden sollte, war die Geistlichkeit so zahlreich vertreten. Die Baronin Spitzemberg erzählt dazu: »Einen vortrefflichen Witz machte der Salesker Pastor: ›Mein Gott‹, sagte er, ›wenn nun dieses ganze Schiff voll Kirchlichter unterginge, würden die im Wasser zischen! Und – welches Avancement für uns!‹ fügte er lächelnd hinzu.« (*Das Tagebuch der Baronin Spitzemberg, geb. Freiin v. Varnbüler – Aufzeichnungen aus der Hofgesellschaft des Hohenzollernreiches,* herausgegeben von Rudolf Vierhaus, 4. Auflage Göttingen 1976, S. 379.)

10 Zitiert bei Bernhard Fürst von Bülow, *Denkwürdigkeiten,* Band I, Berlin 1930, S. 260.

11 Siehe zum Redetext im Zusammenhang: *Die Reden Wilhelms II. – Ansprachen, Predigten und Trinksprüche,* herausgegeben von Ernst Johann, München 1966, S. 81.

12 Ausgabe vom 6. November 1898. Wenn es heißt, daß der Landweg nach Indien »wieder« in deutsche Hände kommen solle, fragt man verwirrt: Wann denn war er das? Etwa im Jahre 1190, als der Stauferkaiser Friedrich Barbarossa bei seinem Kreuzzug zu erhitzt badete und im Saleph ertrank?

13 Neuabdruck des Gedichts in: *Simplicissimus 1889 bis 1914*, herausgegeben von Richard Christ, Berlin 1978, S. 55. Zwei Abschnitte seien noch zitiert:

»Willkommen, Fürst, in meines Landes Grenzen,
Willkommen mit dem hohen Eh'gemahl,
Mit Geistlichkeit, Lakaien, Exzellenzen
Und Polizeibeamten ohne Zahl.
Es freuen rings sich die histor'schen Orte

Seit vielen Wochen schon auf Deine Worte,
Und es vergrößert ihre Sehnsuchtspein
Der heiße Wunsch, fotografiert zu sein.
...
Der Menschheit Durst nach Taten läßt sich stillen,
Doch nach Bewund'rung ist ihr Durst enorm.
Der Du ihr beide Durste zu erfüllen
Vermagst, sei's in der Tropenuniform,
Sei es in Seemannstracht, im Purpurkleide,
Im Rokoko-Kostüm aus starrer Seide,
Sei es im Jagdrock oder Sportgewand,
Willkommen, teurer Fürst, im Heil'gen Land!«

14 *Das Tagebuch der Baronin Spitzemberg* ..., a.a.O., S. 380.
15 *Mit dem Kaiser als Staatsmann und Freund auf Nordlandreisen,* 2 Bände, Dresden 1931.
16 Eulenburg, a.a.O., Band I, S. 58. Genaugenommen war es nicht der Kaiser, der seines »priesterlichen Amtes waltete« – denn der war gemäß der Reichsverfassung von 1871 nur »das Präsidium« des Bundes deutscher Fürsten und Hansestädte –, sondern der Markgraf von Brandenburg und König von Preußen. Aus der Reformation waren die evangelischen Landeskirchen entstanden, und der jeweilige Landesherr war »summus episcopus«, ihr oberster Bischof.
17 Eulenburg, a.a.O., Band I, S. 295. Eulenburg erzählt weiter: »Einmal, als ich während der entsetzlich lauten Musik mit dem Kaiser auf und ab ging und ihm etwas in lautkreischendem Ton erzählte, um durchzudringen, hörte die Musik plötzlich auf. Mein Wort konnte ich nicht so plötzlich abdämpfen, und der Kaiser bekam noch mein Trompetenwort ins Ohr. Er war ganz erschreckt und mußte doch lachen, so wie ich.« (Band I, S. 296.) Daß nicht nur bei den Nordlandreisen die Diskotheken-Lautstärke ins Spiel kam, belegt in seinen *Denkwürdigkeiten* der Fürst Hohenlohe-Schillingsfürst, der spätere Reichskanzler, mit einem Bankettbericht vom 22. März 1890: »Ich saß gegenüber der Kaiserin und zwischen Moltke und Kameke. Ersterer wäre sehr gesprächig gewesen, wurde aber durch die unaufhörliche Musik gestört und war darüber sehr ärgerlich. Man hatte nämlich zwei Musikkorps einander gegenüber aufgestellt, und wenn eins aufhörte, fing das andere an zu trompeten. Es war kaum zum Aushalten.« (Georg von Kameke [1817–1893] war General und von 1873 bis 1883 Kriegsminister.)
18 Eulenburg, a.a.O., Band I, S. 304.
19 Eulenburg, a.a.O., Band I, S. 374.
20 Eulenburg, a.a.O., Band II, S. 266.
21 Eulenburg, a.a.O., Band II, S. 249.
22 Eulenburg, a.a.O., Band II, S. 341.
23 Eulenburg, a.a.O., Band II, S. 338 und S. 353. Es gab noch andere Szenen, die Eulenburg nicht in seinen Reisenotizen, sondern in Briefen festhielt und die ihn wirklich zur Verzweiflung brachten: »Mit ganz verzerrtem Gesicht erschien der arme Herr nach der Lektüre der Berichte im Eßsaal, und jede harmlose Unterhaltung war ausgeschlossen. Krieg, Rache, Ohnmacht und ein grimmiger Zug verletzter Eitelkeit ... stand auf seinem blassen, nervösen Gesicht geschrieben ... Ich stehe so sehr unter dem Eindruck der Trauer, daß ich gerne sofort das Schiff verließe. Ich fühle die Tränen in mir aufsteigen, wenn ich den lieben, gütigen Herrn ... in maßlosen Ausfällen gegen allerhand Windmühlen höre

und sein in Heftigkeit ganz entstelltes Gesicht sehe ... Der arme, arme Kaiser! – wie zerstört er alles um sich, was sein Halt, sein Stolz sein sollte.« (*Philipp Eulenburgs politische Korrespondenz,* herausgegeben von John C. G. Röhl, 3 Bände, Boppard am Rhein 1976–1983; hier: Band III, S. 2094, S. 2091f.

24 *Gedanken und Erinnerungen,* Band II, 32. Kapitel: Kaiser Wilhelm I.

25 Sombart, a.a.O., S. 85ff. und besonders 122ff.

26 Im Zeitalter von Rundfunk und Fernsehen kann man sich kaum noch vorstellen, welches Maß an gedruckter Dienstleistung es einst gab. Die großen Zeitungen erschienen meist dreimal täglich, mit Morgen-, Mittags- und Abendausgaben, und auch die Post wurde mindestens zweimal am Tag ausgetragen.

27 Bei den Eisenbahnen wird über dem Bau der Hauptstrecken oft vergessen, daß man bis 1870 und manchmal sogar bis zum Beginn der wilhelminischen Zeit auf Nebenwegen noch die Postkutsche benutzen mußte. Im Jahre 1850 gab es in Deutschland 5856 Streckenkilometer, 11 089 im Jahre 1860, 18 876 im Jahre 1870, 33 838 im Jahre 1880, 42 869 im Jahre 1890, und 1913, im letzten Friedensjahr vor dem Ersten Weltkrieg, waren es 63 378 Kilometer. Man erkennt, daß das Streckennetz erst nach der Reichsgründung sprunghaft ausgeweitet wurde.

28 Man könnte von hier aus eine Philosophie des Stolzes und des Neides entwikkeln, in jenem Sinne, in dem der englische Philosoph Thomas Hobbes schon im siebzehnten Jahrhundert gesagt hat: »Wie mit dem Ruhm ist es mit der Ehre; wenn alle Menschen sie haben, so hat keiner sie, da ihr Wesen im Vergleichen und im Vorzug vor anderen liegt.« (De Cive, Kapitel 1, Abschnitt 2.) Für die Berliner gab es in der Vorkriegszeit bereits den Wochenendzug, der vom Stettiner Bahnhof, ohne anzuhalten, auf die Insel Usedom fuhr, während die Hamburger sich bis zur Fertigstellung des Hindenburgdammes 1927 gedulden mußten, um entsprechend bequem von Altona nach Westerland auf ihre Insel Sylt zu gelangen.

29 Liliencron (1844–1909), ursprünglich Offizier und durch seine Schulden zum Abschied von der Armee gezwungen, lebte meist unter bedrängten Umständen. Seit 1901 erhielt der Dichter von Wilhelm II. einen Ehrensold. Es war nicht zu ermitteln, auf welches Schiff das Gedicht sich bezieht. Für »des Großherrn Namen« gibt es zwei Möglichkeiten: »Kaiser Wilhelm der Große« lief 1897 vom Stapel, »Kaiser Wilhelm II.« im Jahre 1902.

30 *Die Reden Wilhelms II. – Ansprachen, Predigten und Trinksprüche,* herausgegeben von Ernst Johann, München 1966, S. 91. Nochmals sei auf die ältere und umfassende Sammlung verwiesen: *Die Reden Kaiser Wilhelms II.,* 4 Bände, Leipzig 1897–1913; Band I bis III herausgegeben von Johannes Penzler, Band IV von Bogdan Krieger.

31 Bülow hat behauptet, daß er noch während der Rede die anwesenden Journalisten darauf verpflichtete, nur eine überarbeitete Fassung zu veröffentlichen. Er erzählt weiter: »Bei der Abendtafel wurden die Zeitungen gebracht. Der Kaiser griff nach ihnen und war sehr verwundert, seine Rede nur in der von mir gegebenen Fassung ... zu finden. ›Sie haben ja gerade das Schönste weggestrichen‹, meinte er zu mir ... Da wurde ein kleines, in Wilhelmshaven erscheinendes Blatt gebracht, das die kaiserliche Rede in extenso veröffentlicht hatte. Ein Mitarbeiter dieses Blättchens hatte, auf einem Dache sitzend, die Rede nachstenographiert und sofort publiziert ... Er hatte auch schon die betreffende Nummer seines Blattes nach Bremen, Hamburg, Hannover, Emden und Berlin in Tausenden von Exemplaren expediert, froh über das gute Geschäft, das er machen würde. Der Kaiser war entzückt, als er nun seine Rede

in ihrem vollen Wortlaut las ...« (*Denkwürdigkeiten,* herausgegeben von Franz von Stockhammern, Band I, Berlin 1930, S. 359f.)

32 Zitiert nach *Die Reden Wilhelms II.,* a.a.O., S. 142.

33 Bülow, a.a.O., Band I, S. 359f.

34 *Die Reden Wilhelms II.,* a.a.O., S. 91f.

35 Zitiert nach Die Reden Wilhelms II., a.a.O., S. 38.

36 Zuerst 1907, Neuabdruck in: Ludwig Thoma, *Die Reden Kaiser Wilhelms II. und andere zeitkritische Stücke,* München 1965, S. 5ff.

37 Thoma, a.a.O., S. 10f.

38 Thoma, a.a.O., S. 11f.

39 Die Empörung dröhnt in der Einleitung der von Ernst Johann herausgegebenen *Reden Wilhelms II.* Ein anderes Beispiel liefert der Literaturwissenschaftler Hans Schwerte: »Selten dürfte in der neueren Geschichte der deutschen Sprache mehr Sprachvernutzung und Sprachverhunzung betrieben worden sein als hier, Wort- und Begriffsabwertungen sondergleichen, bombastisch ausgeleert in einem ideologischen Protz- und Trotzstil, dem superlativisch und adjektivisch nichts zuviel wurde: schneidig und kolossal, energisch und brutal, fest entschlossen und absolut, und das Ganze verbrämt zugleich so idealistisch wie soldatisch, Weltanmaßung großer Worte über geistiger Flachheit – das war mehr oder minder die offizielle Sprache dieser wilhelminischen Jahrzehnte.« (»Deutsche Literatur im wilhelminischen Zeitalter«, in: *Wirkendes Wort,* 14. Jahrgang 1964, Heft IV.)

40 In seinem Buch *Kaiser Wilhelm II. und die Byzantiner* (München 1906) sagt Graf Ernst zu Reventlow: »In der Natur des Kaisers liegt, und wir müssen es deshalb als unabänderlich ansehen, im rednerischen Ausdruck an die obere Grenze zu gehen. Der byzantinische Teil der Presse hauptsächlich, und nicht weniger hochgestellte Beamte etc. haben sich aller Mittel der Sprache bedient, um noch eine Steigerung möglich zu machen, und in diesem Paroxysmus von Worten leben wir nun schon länger als ein halbes Menschenalter.« (S. 78.) Ob der rednerische Ausdruck des Kaisers naturgegeben war, scheint zweifelhaft. Sicher ist aber, daß es zwischen Wilhelm II. und der wilhelminischen Öffentlichkeit ein Wechselverhältnis gab, das in die Übersteigerung trieb.

41 Zitiert nach Alfred Graf Waldersee, *Denkwürdigkeiten,* herausgegeben von Heinrich-Otto Meisner, Band I, Stuttgart 1922, S. 570.

42 Wenigstens zur Schadensbegrenzung hat Thoma einen Vorschlag gemacht: »Wenn ich königlich preußischer Hausminister wäre und meinem Herrn mit ganzem Herzen ergeben, dann würde ich die Sammlung des Johannes Penzler aufkaufen und aus dem Buchhandel entfernen. Und ich würde glauben, eine überaus loyale Tat vollführt zu haben.« (A.a.O., S. 24.)

43 Bülow, Bernhard Fürst von, *Fürst Bülows Reden nebst urkundlichen Beiträgen zu seiner Politik,* herausgegeben von Johannes Penzler und Otto Hoetzsch, 3 Bände, Leipzig 1907–1909, hier: Band II (für die Jahre 1901–1903), S. 210.

Vom Geist der Zeit

1 Adalbert von Hanstein, *Das jüngste Deutschland – Zwei Jahrzehnte miterlebter Literaturgeschichte,* Leipzig 1900, S. 171.

2 Hanstein, a.a.O., S. 170f. Die Radau-Flöten scheinen heute wieder in Mode zu kommen, wenn schon nicht im Theater, dann doch bei Straßendemonstrationen aller Art: Man wappnet sich mit Trillerpfeifen, so als sei das Schrillsein ein Argument, wenn es niemanden mehr zu Wort kommen läßt.

3 Vor Hauptmann und nach Theodor Mommsen (1902) erhielt 1910 der heute vergessene Paul Heyse den Nobelpreis für Literatur. Es folgten Thomas Mann 1929 und Heinrich Böll 1972.

4 Siehe zur Entwicklung des Kabaretts Volker Kühne (Hg.), *Donnerwetter – tadellos. Kabarett zur Kaiserzeit 1900–1918,* Weinheim–Berlin 1987.

5 Zitiert nach Walther Kiaulehn, *Berlin – Schicksal einer Weltstadt,* 3. Auflage München–Berlin 1958, S. 413.

6 *Wo liegt Berlin? Briefe aus der Reichshauptstadt 1895–1900,* herausgegeben von Günther Rühle, Berlin 1997. Kerr hieß eigentlich Kempner und war ein Neffe des »schlesischen Schwans« Friederike Kempner, des Genies der unfreiwilligen Komik (1836–1904). Als ihn deshalb Bertolt Brecht wegen seiner freiwilligen (Pseudo-)Komik als den Neffen seiner Tante anrempelte, konterte Kerr:

»Nächtlich über dem Gebeinfeld
Hört man manchmal I-a schrein:
Wenn dem Esel sonst nichts einfällt,
Fällt ihm meine Tante ein!«

Die allerdings hatte es schon schöner gesagt:

»Wie den Dichter ihr ankläfft,
Nie ihr doch ihn tödlich trefft,
Schnell er steiget auf den Baum,
Träumt daselbst den schönsten Traum!«

Oder noch schöner:

»Wie wüßtet ihr, was ich empfinde?
Ihr wißt es nicht, ich sag es frei!
Wart ihr denn etwa auch dabei,
Als sich entfesselten die Winde?»

7 Neben Trakl wäre besonders der sehr jung verstorbene Georg Heym zu nennen (1887–1912).

8 *Eine Tür steht offen – Erinnerungen,* Berlin 1954, S. 61f.

9 »Meine Erinnerungen an die Familie Bernstein«, in: *Gesammelte Schriften,* Berlin 1922, S. 123f.

10 Zitiert nach Hans Delbrück, »Die gute alte Zeit« (1893), in: Delbrück, *Erinnerungen, Aufsätze und Reden,* Berlin 1902, S. 179.

11 Ebenda. Der Historiker Delbrück hat die Zeugnisse der Verfinsterung zusammengestellt und gefragt, wann eigentlich es das Bessere, die »gute alte Zeit« wirklich gegeben habe. Er schreibt: »Die Zustände, das ist klar, sind allenthalben morsch, unbefriedigend, faul, gehen ihrem Untergang entgegen, oder sind wenigstens wert, ihm entgegenzugehen. Der eine sieht das Übel hier, der andere da: der bei den Juden, der bei den Pfaffen, der beim Kapital, der bei der Arbeit, der bei dem Mangel an Autorität, der bei dem Mangel an Freiheit – nur das eine ist unzweifelhaft: es steht übel; niemand hat das kleinste Wörtchen des Lobes übrig für unsere Zeit. Sie ist schlecht, grundschlecht, wird immer schlechter. Wir leben in einer bösen Zeit. Wenden wir, um einigen Trost zu finden, den Blick einmal rückwärts und suchen ein Bild der guten, alten Zeit heraufzubeschwören, um aus der bösen Gegenwart zu flüchten in die Welt der Erinnerungen und der Gedanken und uns an ihr zu erfrischen. Schon seit vielen Jahren suche und forsche ich nach den Zeugnissen und habe sie mir gesam-

melt und gute Freunde haben mich dabei unterstützt. Wann war sie, die gute alte Zeit?« Man findet sie nicht: »Soweit solche Berichte reichen, ist uns die gute alte Zeit nicht erschienen.« (S. 180ff.)

12 *Der Wille zur Macht – Eine Auslegung allen Geschehens,* neu ausgewählt und geordnet von Max Brahn, Leipzig 1917, Erstes Buch: Der europäische Nihilismus, S. 9. Bewußt wird hier nicht nach den neuen, textkritischen Erkenntnissen, sondern nach einer der alten Ausgaben zitiert, wie sie einst im Gebrauch waren und Popularität gewannen.

13 *Jahrbuch für die geistige Bewegung,* herausgegeben von Friedrich Gundolf und Friedrich Wolters, Band III, Berlin 1912, S. VIII. Insgesamt sind zwischen 1910 und 1912 drei Jahrbücher erschienen. Ormuzd ist eine neuere Bezeichnung für Ahura Masda, der in Zarathustras Lehre der Gott und Herr der guten Schöpfung ist und im Kampf steht mit Ahriman, dem Herrn der bösen Schöpfung. Die aus der »Amerikawelt« drohende Kulturkatastrophe wurde keineswegs nur im George-Kreis, sondern überall beschworen. Ein paar Jahre später schrieb Rainer Marie Rilke so einleuchtend wie problematisch: »Noch für unsere Großeltern war ein ›Haus‹, ein ›Brunnen‹, ein ihnen vertrauter Turm, ja ihr eigenes Kleid, ihr Mantel: unendlich mehr, unendlich vertraulicher; fast jedes Ding ein Gefäß, in dem sie Menschliches vorfanden und Menschliches hinzusparten. Nun drängen, von Amerika her, leere, gleichgültige Dinge herüber, Schein-Dinge, Lebens-Attrappen ... Ein Haus, im amerikanischen Verstande, ein amerikanischer Apfel oder eine dortige Rebe, hat nichts gemein mit dem Haus, der Frucht, der Traube, in die die Hoffnung und Nachdenklichkeit unserer Vorväter eingegangen war ... Die belebten, die erlebten, die uns mitwissenden Dinge gehen zur Neige und können nicht mehr ersetzt werden. Wir sind vielleicht die Letzten, die noch solche Dinge gekannt haben.« (Brief an Witold Hulewicz vom 13.11.1925.)

14 Diese Eile kennzeichnete den Kaiser auch sonst, zum Beispiel beim Essen. Statt in behaglicher Ruhe zu speisen, schlang er seine Mahlzeiten hastig hinunter. Bei Galadiners führte das zu Mißhelligkeiten, denn wenn Seine Majestät das Besteck aus der Hand legte, erforderte die Etikette, daß alle es taten. So stand mancher von der Tafel mit Hunger wieder auf, und nur die Diener oder Pagen füllten sich hinter den Kulissen die Mägen.

15 Im Jahre 1890 gab es in Deutschland 258 Vermittlungsstellen für den Telefonverkehr und immerhin schon 50 000 Telefonanschlüsse, bei einem Fernleitungsnetz von 18 300 Kilometern. Im Jahre 1910 waren daraus schon 6787 Vermittlungsstellen und 1,03 Millionen Anschlüsse geworden, mit einem Leitungsnetz von 1,153 Millionen Kilometern. Bemerkenswert ist, daß der weitere Ausbau weniger stürmisch verlief. 1940 gab es im Reich 4,82 Millionen Anschlüsse, 1950 in der Bundesrepublik nur 2,4 Millionen. Erst seitdem begann, wie bei der Motorisierung, die Entwicklung, die diese modernen Errungenschaften für jedermann zugänglich machte.

16 Den früheren dänischen Außenminister, dann Gesandten in Wien und Berlin, Christan Günther Graf von Bernstorff, machten die Preußen im Jahre 1818 kurzerhand zu ihrem eigenen Außenminister und behielten ihn für vierzehn Jahre. Ebenso stammten die größten Soldaten des neunzehnten Jahrhunderts, Scharnhorst und Moltke, aus fremden Diensten. Weil Preußen kein Nationalstaat war, dachte man auch nicht nationalistisch.

17 Wolf Jobst Siedler, *Weder Maas noch Memel – Ansichten vom beschädigten Deutschland,* Stuttgart 1982, S. 83.

18 *Die literarische Welt – Erinnerungen,* 2. Auflage München 1958, S. 114f.

19 Zitiert nach Ludwig Marcuse, *Mein zwanzigstes Jahrhundert – Auf dem Weg zu einer Autobiographie,* München 1960, S. 54. Zum Thema insgesamt sei genannt: *Das Wilhelminische Berlin,* herausgegeben von Ruth Glatzer, Berlin 1997. Zur Bismarckzeit: *Berlin wird Kaiserstadt – Panorama einer Metropole,* herausgegeben von Ruth Glatzer, Berlin 1993. Außerdem sei hingewiesen auf: Walter Kiaulehn, *Berlin – Schicksal einer Weltstadt,* Neuausgabe München 1997.

20 *Ereignisse und Gestalten aus den Jahren 1878–1918,* Leipzig–Berlin 1922, S. 143ff.

21 Man findet diese langwierigen Häutungen auch in anderen Bereichen. Die ersten Automobile sahen noch aus wie Kutschwagen, denen man die Pferde ausgespannt hatte. Die Panzerkreuzer und Linienschiffe des ausgehenden neunzehnten Jahrhunderts stellten ihre Geschütze noch so auf, als müßten sie auf die Segelschiffstakelage Rücksicht nehmen, die sie längst nicht mehr führten; erst mit britischen Schlachtschiffen, die seit 1913 vom Stapel liefen, wurde die volle Funktionsgerechtigkeit hergestellt.

22 Im Jahre 1991 hat ein Nachtwächter, der das heruntergekommene, seiner Rekonstruktion entgegendämmernde Marmorpalais vor ungebetenen Gästen schützen sollte, dem Verfasser eine vortreffliche Erklärung gegeben: »Der Cecilie war es hier viel zu kühl, die brauchte Holz statt Marmor; sie kam eben vom Lande, aus Mecklenburg.«

23 Paul Schultze-Naumburg (1869–1949) war seit 1930 Direktor der Weimarer Kunsthochschule, eines Gegenpols des Bauhauses, das wegen der reaktionären Weimarer Atmosphäre nach Dessau umsiedelte. Eher beschwichtigend sagt ein Lexikon über Schultze-Naumburg: »Starken Einfluß hatte er zeitweise durch seine kunsterzieherischen Bestrebungen, die dem Heimatschutz und einer Erneuerung des Kunstlebens aus den Kräften des Volkstums galten.« Man könnte auch von »Blut und Boden« reden; die Bücher von Schultze-Naumburg *Das Gesicht des deutschen Hauses* (1929) und *Das Glück der Landschaft* (1942) sprechen für sich.

24 *Betrachtungen zum Weltkriege,* herausgegeben von Jost Dülffer, Essen 1989, S. 65f. Ernst von Heydebrand und der Lasa war ein rechtskonservativer Politiker und Parteiführer, dank des Drei-Klassen-Wahlrechts von großem Einfluß im Preußischen Landtag.

25 In der Zeit der DDR ist in Cecilienhof eine »nationale Gedenkstätte« eingerichtet worden, zur Erinnerung an die Potsdamer Konferenz vom Sommer 1945, als hier die »Großen Drei«, Stalin, Truman und Churchill beziehungsweise Attlee, über Deutschland zu Gericht saßen.

26 Der bedeutendste unter den Bildhauern und ein Berater des Kaisers war Reinhold Begas (1831–1911). Das wilhelminische Neubarock ist von ihm weitgehend geprägt worden, am gelungensten – abgestimmt auf die Barockarchitektur des Berliner Schlosses – mit dem Neptunbrunnen auf dem Schloßplatz und dem Denkmal Wilhelms I. auf der alten Schloßfreiheit. Umstritten blieb sein Bismarckdenkmal vor dem Reichstag.

27 *Die Reden Wilhelms II. – Ansprachen, Predigten und Trinksprüche,* herausgegeben von Ernst Johann, München 1966, S. 102.

28 *Die Reden Wilhelms II.,* a.a.O., S. 103.

29 Adolf Behne hat im Rückblick beschrieben, wie moderne Künstler auf den Vorwurf der »Rinnsteinkunst« reagierten: »Hatte man bis dahin auf Seiten der Künstler den Kaiser auf seine Weise selig werden lassen, ohne den Bekundungen seines persönlichen Geschmacks besondere Aufmerksamkeit zu schen-

ken, so fühlte man sich jetzt beleidigt, absichtlich gekränkt durch einen Fürsten, der offenbar niemals die Gelegenheit sich wirklich an Ort und Stelle zu informieren genommen hatte, auf das ungerechteste verspottet. Die Berliner Sezession brachte für ihre nächste Ausstellung ein Plakat, auf dem ein blasses, kränkliches Mädchen aus einem Rinnstein Rosen pflückt, während ein aufgeputztes, schön frisiertes Mädchen, einen verdorrten Blumentopf in den Händen, verächtlich auf ihr Tun herabblickt.« (»Der Kaiser und die Kunst«, in: *Die Tat,* 5. Jahrgang, Heft 6, September 1913.)

30 Im *Grenzboten* hieß es: »Jetzt ist in Berlin die Siegesallee in aller Munde. Ihre künstlerische Ausschmückung durch unsern Kaiser hat sie sogar ungewöhnlich populär gemacht. Mit Stolz sieht der Berliner und der Preuße jedes Standes auf die Straße, die in der Welt nicht ihresgleichen hat. Kein Fremder, der nach Berlin kommt, versäumt, wenn er es irgend einrichten kann, durch diese in ihrer Art einzigen beiden Reihen fürstlicher Standbilder zu gehen. Auch der Gleichgültige und der Philister empfinden hier einen Hauch geschichtlicher Größe. Der hier verkörperte Gedanke des Kaisers ist ein Stück Volkserziehung im größten Stil, ein künstlerisches, marmornes Volksliederbuch von leuchtender Schönheit und überwältigendem Eindruck.« (Zitiert nach Jeannot Emil Freiherr von Grotthuss, *Aus deutscher Dämmerung – Schattenbilder einer Übergangskultur,* 2. Auflage Stuttgart 1909, S. 85.) Den *Grenzboten* hatte ein halbes Jahrhundert zuvor Gustav Freytag zum einflußreichsten Organ des deutschen Liberalismus gemacht; inzwischen war er mit den Nationalliberalen zunehmend konservativ geworden.

31 »Schwarzsehen dulde ich nicht!« gehörte zu den Aussprüchen des Kaisers. Eine anonyme Veröffentlichung hat darauf reagiert: *Wilhelm II. und die Schwarzseher,* 9. Auflage von *Unser Kaiser und sein Volk,* Freiburg im Breisgau 1919.

32 Zitiert nach Grotthuss, a.a.O., S. 85. Karl Scheffler (1869–1951) war nicht irgendwer, sondern auf dem Gebiet der bildenden Künste neben Julius Meier-Gräfe der führende Publizist.

33 In der alles andere als modernistischen Zeitschrift *Der Kunstwart* schrieb der Herausgeber Ferdinand Avenarius schon im Novemberheft 1901 über die Siegesallee: »Stimmen, die dagegen sprachen, Stimmen, die auch das Unkünstlerische der ganzen Anlage zeigten, wurden nicht gehört. Und so ward mit der Siegesallee wiederum nicht Kunst als Lebensvermittlerin gebildet, sondern Dekoration und Scheinkunst zu einem politischen Zweck, zur Verherrlichung der Dynastie, und zwar ohne Auswahl unter ihren Gliedern, ohne Rücksicht darauf, ob der einzelne einer Verherrlichung oder der Vergessenheit im Volke wert war.« Etwas später sagte der erst recht konservative Ernst Graf zu Reventlow: »Die Siegesallee endlich predigt den künstlerischen Byzantinismus ebenso laut wie die Auffassung des Kaisers vom Fürsten und seinen Handlangern. Sie ist ein vollkommener Ausdruck des Byzantinismus, nicht nur weil sie die Bedeutung einer langen Reihe von Fürsten, von wenigen abgesehen, in einer Weise hervorhebt, die der Geschichte widerspricht, nein, hauptsächlich ist es die Uniformität der Auffassung und Durchführung, das sklavische Befolgen der kaiserlichen Auffassung. Bei einem einzelnen Denkmal fällt das nicht so sehr auf, eine so große Ansammlung aber macht dies Gefühl zu dem für den Eindruck Bestimmenden.« (*Kaiser Wilhelm II. und die Byzantiner,* München 1906, S. 166f.)

34 Der genau beobachtende Hofmarschall hat es so ausgedrückt: »Der Kaiser ist absolut gegen alle modernen Richtungen eingenommen, er gibt dieser Auf-

fassung nicht nur in Gesprächen sehr entschiedenen Ausdruck, sondern versucht auch bei Preisverteilungen, Aufträgen staatlicher oder privater Natur, bei Ankäufen sowie Auszeichnungen und persönlichen Gunstbezeigungen auf das entschiedenste Stellung zu nehmen und einzuwirken.« (Robert Graf Zedlitz-Trützschler, *Zwölf Jahre am deutschen Kaiserhof – Aufzeichnungen,* Stuttgart–Berlin–Leipzig 1923, S. 46f.

35 Als im Krieg die Feindmächte das kaiserliche Deutschland wegen der angeblich unterdrückten Geistesfreiheit anklagten, hat Thomas Mann ironisch geschrieben: »Ich will nicht vom Sozialen reden – wovon ich hörte, daß Volksbildung, Volkswohlsein vergleichsweise anständig gefördert worden seien. Aber lagen Künste und Wissenschaften in Deutschland geknebelt am Boden? Pfiff die Knute über den Wagnissen des Geistes? Furchtbares Erwachen! Ich, der ich mir einbildete, von leidlich dünner Haut, leidlich reizbar und freiheitsbedürftig zu sein, ich bin vierzig Jahre alt geworden in Deutschland, ohne zu wissen, ohne es zu merken, daß ich ein Knecht war unter der Faust von ›Herren‹.« (»Betrachtungen eines Unpolitischen«, in: *Werke,* Stockholmer Gesamtausgabe Band XIV, Frankfurt/M. 1956, S. 337.)

36 Sehr schön hat Stefan Zweig den Sachverhalt in seinen Erinnerungen beschrieben: »Die Welt vor uns oder über uns, die alle ihre Gedanken einzig auf den Fetisch der Sicherheit stellte, liebte die Jugend nicht oder vielmehr: sie hatte ein ständiges Mißtrauen gegen sie. Eitel auf ihren systematischen ›Fortschritt‹, auf ihre Ordnung, proklamierte die bürgerliche Gesellschaft Mäßigkeit und Gemächlichkeit in allen Lebensformen als einzig wirksame Tugend des Menschen ...; junge Menschen, die ja aus Instinkt immer schnelle und radikale Veränderungen wollen, galten deshalb als ein bedenkliches Element, das möglichst lange ausgeschaltet oder niedergehalten werden mußte ... Dieses Mißtrauen, daß jeder junge Mensch ›nicht ganz verläßlich‹ sei, ging damals durch alle Kreise. Mein Vater hätte nie einen jungen Menschen in seinem Geschäft empfangen, und wer das Unglück hatte, besonders jung auszusehen, hatte überall Mißtrauen zu überwinden. So geschah das heute fast Unbegreifliche, daß Jugend zur Hemmung in jeder Karriere wurde und nur Alter zum Vorzug. Während heute in unserer vollkommen veränderten Welt Vierzigjährige alles tun, um wie Dreißigjährige auszusehen und Sechzigjährige wie Vierzigjährige, während heute Jugendlichkeit, Energie, Tatkraft und Selbstvertrauen fördert und empfiehlt, mußte in jenem Zeitalter der Sicherheit jeder, der vorwärts kommen wollte, alle denkbare Maskierung versuchen, um älter zu erscheinen ... Man legte sich lange schwarze Gehröcke zu und einen gemächlichen Gang und wenn möglich einen leichten Embonpoint, um diese erstrebenswerte Gesetztheit zu verkörpern ... Alles, was uns heute als beneidenswerter Besitz erscheint, die Frische, das Selbstbewußtsein, die Verwegenheit, die Neugier, die Lebenslust der Jugend, galt jener Zeit, die nur Sinn für das ›Solide‹ hatte, als verdächtig.« (*Die Welt von Gestern – Erinnerungen eines Europäers,* Ausgabe Frankfurt/M. 1970, S. 49ff.)

37 Aus der umfangreichen Literatur zur Jugendbewegung seien hier nur genannt Hans Blüher, *Wandervogel – Geschichte einer Jugendbewegung,* 2 Bände, 4. Auflage Prien 1919; *Die deutsche Jugendbewegung – Quellenschriften,* herausgegeben von Werner Kindt, 3 Bände, Düsseldorf–Köln 1963–1974; Walter Laqueur, *Die deutsche Jugendbewegung – Eine historische Studie,* Köln 1978; Otto Neuloh und Wilhelm Zilius, *Die Wandervögel – Eine empirisch-soziologische Untersuchung der frühen deutschen Jugendbewegung,* Göttingen 1982; Julius Groß, *Bilder aus dem Wandervogel-Leben – Die bürgerliche Jugend-*

bewegung in Fotos von Julius Groß, herausgegeben von Winfried Mogge, Köln 1986; *Der Zupfgeigenhansl,* herausgegeben von Hans Breuer unter Mitwirkung vieler Wandervögel, Neuausgabe München 1988 (zuerst 1908, das »klassische« Liederbuch der Jugendbewegung).

38 Sehr ähnliches gilt noch für die studentische Protestbewegung von 1968.

39 *Gemeinschaft und Gesellschaft – Grundbegriffe der reinen Soziologie,* 6. und 7. Auflage Berlin 1926, S. 3 und S. 5.

40 Die ersten Reformhäuser, die »Reformwaren« verkauften, entstanden um 1890.

41 Ihre eigentliche Wirkung entfaltete die Reformpädagogik erst in der Weimarer Republik. Aber fast alle Ansätze und Ideen stammen aus der Vorkriegszeit. Anreger der Reformpädagogik waren unter anderen: Paul Geheeb, Ludwig Gurlitt, Georg Kerschensteiner, Alfred Lichtwark, Hermann Lietz, Berthold Otto, Rudolf Steiner. Wichtige Anstöße kamen auch aus dem Ausland, so von John Dewey, Maria Montessori, Ellen Key.

42 Siehe dazu Ulrich Linse (Hg.), *Zurück, o Mensch, zur Mutter Erde – Landkommunen in Deutschland 1890–1933,* München 1983.

43 Zur eingehenden soziologischen Kritik am »Erfinder« Ferdinand Tönnies siehe René König, »Die Begriffe Gemeinschaft und Gesellschaft bei Tönnies«, in: *Kölner Zeitschrift für Soziologie und Sozialpsychologie,* 7. Jahrgang 1955, Heft 3, S. 348ff. Eine zu den anthropologischen Fundamenten vordringende Kritik hat Helmuth Plessner schon 1924 versucht, freilich vergeblich gegen den Zeitgeist ankämpfend: *Grenzen der Gemeinschaft – Eine Kritik des sozialen Radikalismus,* Neuausgabe Bonn 1972. Zur Ehrenrettung von Tönnies sei gesagt, daß er der Revolution nach rückwärts nie das Wort geredet hat – und schon gar nicht der nationalsozialistischen »Volksgemeinschaft«. Zu einem abgewogenen Urteil kommt Helmuth Plessner; siehe sein »Nachwort zu Ferdinand Tönnies«, in: *Kölner Zeitschrift,* a.a.O, S. 341ff.

Die Zeit der Skandale

1 *Gedanken und Erinnerungen,* Band II, 32. Kapitel: Kaiser Wilhelm I.

2 Ein Musterbeispiel liefern die *Denkwürdigkeiten* Bernhard von Bülows.

3 Theodor Fontane hat Liebenberg, die Hertefelds und auch noch die Eulenburgs eingehend beschrieben. Sogar Philipp Eulenburg wird schon erwähnt, »künftiger Besitzer von Liebenberg, zur Zeit Legationsrat in München, Verfasser des Dramas ›Seestern‹ und anderer Dichtungen«. (*Wanderungen durch die Mark Brandenburg,* Nymphenburger Ausgabe, München 1971, Band V, S. 227–314; Zitat S. 304.) Man spürt an der Schilderung, daß Fontane sich in Liebenberg wohl gefühlt hat. Man hieß ihn willkommen und wußte den Schriftsteller zu schätzen. Denn dies war ein Haus, in dem musiziert und gelesen wurde, mit einer großen Bibliothek. Die Aufgeschlossenheit war vor allem der Gräfin Alexandrine Eulenburg zu verdanken, Philipps Mutter. Die Liebenberger Gastlichkeit dürfte um so nachhaltiger gewirkt haben, als sie keineswegs selbstverständlich war. In den meisten Gutshäusern bildeten Roggenpreis und Rehböcke ein weit wichtigeres Thema als die Literatur. Und dann von einem Literaten heimgesucht und porträtiert zu werden, hielt man wohl eher für anstößig. Fontane jedenfalls hat bitter vermerkt, daß gerade die seine Hingabe, seine Liebe kaum erwiderten, denen sie galt; davon zeugt sein berühmtes Geburtstagsgedicht »An meinem Fünfundsiebzigsten«.

4 Zur anschaulichen Beschreibung des Erbvorganges und zur neueren, wechselvollen Geschichte von Liebenberg sei genannt Wend Graf zu Eulenburg-Hertefeld, *Ein Schloß in der Mark Brandenburg – Erinnerungen an Liebenberg,* Stuttgart 1990.

5 Prökelwitz gehörte dem Grafen zu Dohna-Schlobitten, bei dem Prinz Wilhelm als Jagdgast geladen war; Philipp Eulenburg war wiederum mit Richard und Eberhard Dohna befreundet, den Söhnen des Hausherrn.

6 Eulenburg in Briefen an seine Frau, abgedruckt in R. C. Muschler, *Philipp zu Eulenburg,* Leipzig 1930, S. 151f.

7 *Philipp Eulenburgs politische Korrespondenz,* herausgegeben von John J. G. Röhl, 3 Bände, Boppard am Rhein 1976–1983, Band I, S. 225.

8 *Philipp Eulenburgs politische Korrespondenz,* a.a.O., Band I, S. 195f., S. 200, S. 312.

9 Holstein an Eulenburg, 14. März 1892, in: *Philipp Eulenburgs politische Korrespondenz,* a.a.O., Band II, S. 799.

10 Fürst Philipp zu Eulenburg, *Mit dem Kaiser als Staatsmann und Freund auf Nordlandreisen,* Dresden 1931, Band II, S. 121.

11 *Philipp Eulenburgs politische Korrespondenz,* a a.O., Band III, S. 2114f.

12 Axel Freiherr von Varnbüler im November 1890 an Graf Kuno von Moltke, abgedruckt in: *Philipp Eulenburgs politische Korrespondenz,* a.a.O., Band I, S. 602. Zur Literatur über Eulenburg seien noch erwähnt Johannes Haller, *Aus dem Leben des Fürsten Philipp zu Eulenburg-Hertefeld,* Berlin 1924; John C. G. Röhl, *Kaiser, Hof und Staat – Wilhelm II. und die deutsche Politik,* München 1987; darin S. 35ff.: Graf Philipp zu Eulenburg – Des Kaisers liebster Freund.

13 *Wilhelm II. – Sündenbock und Herr der Mitte,* Berlin 1996, S. 184ff.

14 *Die Zukunft,* 25. Juni 1908.

15 *Lebensbekenntnisse,* Berlin 1923, Brief vom 25. Februar 1907.

16 Siehe dazu *Philipp Eulenburgs politische Korrespondenz,* a.a.O., Band III, S. 2141f.

17 In den Erinnerungen des Enkels heißt es: »Für uns Kinder war das alles noch nicht verständlich. Später habe ich dann immer bedauert, daß ich diesen Großvater nicht anders denn als einen immer gütigen, heiteren, für uns Kinder amüsanten, aber alten und kranken Mann, meist an Krücken oder an zwei Stöcken gehend, im Gedächtnis behalten habe... Wir wußten nichts von den Widerwärtigkeiten der Welt; wir liebten ihn, und er liebte uns, und darüber konnte er dann wohl auch manchmal alles andere vergessen. – Wenn wir die Großeltern besuchten [vom Nebenschloß, dem Liebenberger »Seehaus« aus] – und das war mehrmals in der Woche –, war einer unserer schönsten Späße, daß sich der Großvater mit uns auf ein Sofa setzte, sich eine dicke blaue Kladde und einen Bleistift geben ließ und eine aufregende Geschichte von zwei Kindern erfand, deren Abenteuer dann während der Erzählung von ihm mit gekonnten Strichen illustriert wurden. ›Rudolf und Anna‹ hießen die beiden Helden, die immer neue Streiche verübten oder gefahrvolle Dinge erlebten. Und während der Großvater langsam und bedächtig erzählte, entstanden die erstaunlichsten Zeichnungen, die uns fast noch mehr als die Geschichten selbst zu fesseln vermochten. Er war ein Meister der Erzählkunst.« (Wend Graf zu Eulenburg-Hertefeld, a.a.O., S. 66f.)

18 »Prozesse«, in: *Köpfe,* Teil III, Berlin 1913, S. 167–283 und S. 409–505.

19 *Die Zukunft,* 13. April 1907. Es handelte sich um »schwärmende Friedensstifter«, hieß es weiter, und »die träumen nicht von Weltbränden, haben's schon warm genug«.

20 Die Sozialdemokraten gehörten zu den wenigen, die in die Schwulenhetze nicht einstimmten, obwohl sie natürlich das »persönliche Regiment« Wilhelms II. und dessen unverantwortliche Berater verurteilten. Dennoch muß man fragen, ob nicht auch sie dem Zeitgeist zum Opfer fielen. In ihrer marxistischen Dogmatik und Revolutionsrhetorik vertraten sie gegenüber der bürgerlichen Gesellschaft eine unerbittlich »harte« Linie und verurteilten den Revisionismus Eduard Bernsteins, der auf eine »weiche« Haltung, das heißt auf eine Reformpolitik und das kompromißbereite Vorgehen, Schritt um Schritt hinauslief.

21 In der Jugendbewegung hat Hans Blüher Aufruhr und Entsetzen verursacht, als er die Dinge beim Namen nannte und sein Buch *Die deutsche Wandervogelbewegung als erotisches Phänomen veröffentlichte* (2. Auflage Tempelhof-Berlin 1914). Etwas später folgte von Blüher *Die Rolle der Erotik in der männlichen Gesellschaft,* 2 Bände, Jena 1917 und 1919. Für den George-Kreis wird der Sachverhalt besonders deutlich im Rückblick von Friedrich Wolters, *Stefan George und die Blätter für die Kunst,* Berlin 1930; siehe ferner die Jahrbücher für die geistige Bewegung, herausgegeben von Friedrich Gundolf und Friedrich Wolters, Berlin 1910–1912. Angeregt vom George-Kreis, hat Hermann Schmalenbach den zugehörigen Begriff entwickelt, als Alternative zur »Gemeinschaft« von Ferdinand Tönnies: »Die soziologische Kategorie des Bundes«, in: *Die Dioskuren,* Band I, München 1922. Innerhalb der Männerbünde kann man »harte« und »weiche« Spielarten unterscheiden. Zu den »harten« gehörten die Offizierskreise und die studentischen Korporationen, zu den »weichen«, auf Empfindsamkeit eingestimmten die Wandervögel, der George-Kreis und die »Liebenberger Tafelrunde«. Bei den Nordlandreisen an Bord der »Hohenzollern« verstörte den Ästheten Eulenburg, daß sie sich zunehmend kasinohaft »hart« statt stimmungsvoll »weich« entwickelten. Von der anfänglichen »Weichheit« im Freundeskreis zeugt auch ein Brief Bernhard von Bülows an Eulenburg: »Als Du mich mit dem brüderlichen Du anredetest, kamst Du den Wünschen wie dem Gefühl meines Herzens entgegen... Als schwesterliche entstiegen einst unsere Seelen dem rätselhaft Born allen Daseins; nur andere Hüllen und verschiedenfarbige Flügel wurden uns gegeben... Die höhere Einheit, in welcher wir uns begegnen, ist das volle gegenseitige Verständnis, welches zur Sympathie führt und zu jener Harmonie zwischen zwei Menschen, die das Köstlichste ist, was dieses arme Leben bieten kann. Seitdem ich Dich kenne, warst Du mir sympathisch und habe ich Dich von Herzen lieb...; möchtest Du mir lange, lange erhalten bleiben, solange ich lebe, mein lieber Philipp, wirst Du an mir einen treuen Freund haben.« (*Philipp Eulenburgs politische Korrespondenz,* a.a.O., Band II, S. 1046f.) Die lebenslang treue Freundschaft erwies sich dann natürlich als falsch beschworen.

22 Faksimile der seinerzeit gedruckten Redefassung bei Wend Graf zu Eulenburg-Hertefeld, a.a.O., S. 13ff.

23 Am 5. Juni 1907 notierte Eulenburg in einem Brief an Bernhard von Bülow ahnungsvoll: »Den langjährigen Freund zu verlieren, von dessen Treue ich sprechen konnte, war nicht die grausame Enttäuschung, die Du vielleicht in mir vermutet hast, denn ich kannte den Seefahrer doch zu genau, der das ›Ölzeug‹ stets anzieht, wenn es noch lange nicht nötig ist. Die Enttäuschung lag nur in der häßlichen Form, mich abzuschlachten. – Und doch bin ich objektiv genug zu verstehen, daß ein Monarch, bei der widerlichen Wendung, die meine Sache, dank der Kompagnie Holstein-Harden, nahm, so schnell als möglich einen unbequemen Freund los sein will. Für mich liegt darin die

Gefahr, daß ich ihm nun so schuldvoll, so schlecht als möglich sein muß, damit er seine Handlungsweise vor der Öffentlichkeit motivieren kann.« (*Philipp Eulenburgs politische Korrespondenz,* a.a.O., Band III, S. 2164.) Später, im niederländischen Exil, hat Wilhelm II. zwar eingestanden, daß Eulenburg »als hingebungsvoller Märtyrer« den Schlag auffing, der ihm selber galt – und dabei von einem Anschlag der »internationalen Judenschaft« gefaselt –, aber niemals sich zu einem persönlichen Wort des Bedauerns und der Entschuldigung durchgerungen. (Siehe dazu Wend Graf zu Eulenburg-Hertefeld, a.a.O, S. 71ff.)

24 Brief an Haussmann vom 31. Dezember 1909, in: *Philipp Eulenburgs politische Korrespondenz,* a.a.O., S. 2192.

25 *Philipp Eulenburgs politische Korrespondenz,* a.a.O., S. 2197 und S. 2199.

26 Abgedruckt bei Bernhard Fürst von Bülow, *Denkwürdigkeiten,* herausgegeben von Franz von Stockhammern, 4 Bände, Berlin 1930, Band II, Anlage zu S. 352.

27 Als seinerzeit James Balfour mit der Königin Victoria die »schwarze Woche« erörtern wollte, schnitt sie ihm wahrhaft majestätisch das Wort ab: »Nehmen Sie bitte zur Kenntnis, daß in diesem Hause niemand niedergeschlagen ist. Wir sind an der Möglichkeit einer Niederlage nicht interessiert. Eine solche Möglichkeit existiert nicht.« (Zitiert nach Winston Churchill, *Geschichte,* Band IV: Die großen Demokratien, Bern-Wien-Stuttgart 1958, S. 358.)

28 Bülow hat berichtet: »In der von mir zusammenberufenen Sitzung erklärten alle Minister, daß es die *Pflicht des Königlichen Staatsministeriums* sei, Seine Majestät den Kaiser im Interesse, für das Wohl, ja vielleicht für die Rettung der preußischen Monarchie auf das entschiedenste vor weiteren Fehlern zu warnen, ihm mehr Selbstbeherrschung, mehr Ernst anzuempfehlen, ihn auf das Vorbild seiner großen Ahnen, vor allem auf das Vorbild seines Herrn Großvaters hinzuweisen. Der Kriegsminister von Einem führte aus, daß die Unzufriedenheit mit dem Verhalten und Gebaren des Kaisers, mit den Auswüchsen des persönlichen Regiments, mit den kaiserlichen Temperamentsausbrüchen und Launen auch in Offizierskreisen mehr und mehr um sich greife. Das wirke demoralisierend und darin liege eine große Gefahr ... Der Staatssekretär von Tirpitz sprach sich im gleichen Sinne aus. Die Marine, die Lieblingswaffe seiner Majestät, denke ebenso. Sie sei gewiß dankbar für das große Interesse, das der Kaiser seiner Flotte entgegenbringe, für alles, was er für die Flotte getan habe und noch tue. Aber es gebe wenig Marineoffiziere, die nicht der Überzeugung wären, daß der größte Dienst, den der Kaiser wie der Armee so insbesondere auch der Marine erweisen könne, größere Zurückhaltung, mehr Ernst, Umsicht und Vorsicht in seinem ganzen Verhalten sein würde. Der Staatssekretär des Innern, Herr von Bethmann Hollweg, zog daraus das Fazit, daß es die Pflicht des Ministerpräsidenten sei, Seiner Majestät dem Kaiser ein ›Bis hierher und nicht weiter!‹ zuzurufen. Gegenüber dem Reichstag aber dürfe der Kanzler keinen Zweifel daran lassen, daß der Kaiser künftig Handlungen und Worte unterlassen müsse und würde, die für die Autorität der Krone und die Ruhe im Lande gleich gefährlich wären. Ich darf nicht verschweigen, daß, als ich einige Monate später das Protokoll dieser denkwürdigen Sitzung verlangte, der Unterstaatssekretär im Staatsministerium mir mit einiger Verlegenheit meldete, auf dringende Bitte mehrerer Mitglieder des Hohen Staatsministeriums sei dieses Protokoll ›im Interesse der Würde der Krone‹ vernichtet worden.« (*Denkwürdigkeiten,* a.a.O., Band II, S. 363f.) Wer hat diese Vernichtung wirklich veranlaßt? Auf jeden Fall kam sie Bülow

sehr zustatten. Denn damit ließ sich nicht mehr nachprüfen, ob die preußischen Minister und Staatssekretäre der Reichsregierung gesagt hatten, was er behauptete, und ob Bethmann Hollweg ihn drängte, im Reichstag so zu sprechen, wie er es dann tat.

29 Zitiert nach Friedrich Hartau, *Wilhelm II. – Mit Selbstzeugnissen und Bilddokumenten,* 6. Auflage Reinbek bei Hamburg 1997, S. 86. Alfred von Kiderlen-Wächter (1852–1912) war Diplomat und vertrat seit 1908 den Staatssekretär im Auswärtigen Amt, das er dann von 1910 bis zu seinem Tod leitete.

30 *Stenographische Berichte der Verhandlungen des Reichstages,* XX. Legislaturperiode, I. Session 1908, Band 233, 158. Sitzung, 10. November 1908, S. 5396 C. Man beachte die Verschiebung, die Bülow vornimmt, wenn er von »Privatgesprächen« redet. Niemand kann sie lenken oder darf sie zensieren, nicht einmal beim Monarchen. Aber darum ging es auch gar nicht, sondern um den nachher ausgearbeiteten Text, für dessen Veröffentlichung der Kanzler die Verantwortung trug. Ernst Graf zu Reventlow hat geschrieben: »Nicht lange nachher begannen an verschiedenen politischen Seiten Stimmen laut zu werden, daß der Reichskanzler, nicht der Kaiser, an dem ›Daily-Telegraph‹-Skandal schuldig gewesen sei. Die folgenden Jahre haben dies als Tatsache, auch dokumentarisch, bestätigt. Der Hergang hat sich tatsächlich folgendermaßen abgespielt: Der englische Gastgeber des Kaisers hatte durch einen bekannten englischen Journalisten die kaiserlichen Gespräche in die Form eines längeren Zeitungsaufsatzes bringen lassen und übersandte sie dann dem Kaiser. Dieser ließ das Manuskript dem Reichskanzler übermitteln, mit der ausdrücklichen Weisung, es auf die Möglichkeit der Veröffentlichung zu prüfen. Der Kaiser handelte also durchaus korrekt. Bülow hatte das saubere und durchaus nicht schwer lesbare Manuskript gelesen, durch einen höheren Beamten des Auswärtigen Amtes Veränderungen angemerkt und andere direkte Weisungen gegeben, es schließlich dem Kaiser zurückstellen lassen. Als dann, nach der Genehmigung und Veröffentlichung in der englischen und danach in der deutschen Presse, die Explosion erfolgt war, hatte Bülow nicht den Mut, die Wahrheit zu sagen, nämlich zu erklären, er sei der allein Schuldige, denn er habe das Manuskript gelesen und gebilligt. So nämlich hat die Sache gelegen … Gleichzeitig belastete der Kanzler den Kaiser: derselbe habe nicht verfassungsmäßig gehandelt, während nicht dieser, sondern Bülow der einzig Schuldige war. Dem Fürsten Bülow aber war die Beibehaltung seines Postens wertvoller als die Wahrheit.« (Von Potsdam nach Doorn, Berlin 1940, S. 424.) Hierzu ist noch anzumerken: Selbst wenn Bülow das Manuskript nur überflogen oder überhaupt nicht gelesen hat, ändert das nichts. Dann tritt nur um so schärfer seine Leichtfertigkeit zutage, denn mit der Genehmigung der Veröffentlichung hatte er die politische Verantwortung übernommen.

31 Der Text dieses Aktenstücks lautete: »In der heute dem Reichskanzler gewährten Audienz hörte Seine Majestät der Kaiser und König einen mehrstündigen Vortrag des Fürsten von Bülow. Der Reichskanzler schilderte die im Anschluß an die Veröffentlichung des ›Daily Telegraph‹ im deutschen Volk hervorgetretene Stimmung und ihre Ursachen, er erläuterte ferner die Haltung, die er in den Verhandlungen des Reichstages … eingenommen hatte. Seine Majestät nahm die Darlegungen und Erklärungen des Reichskanzlers mit großem Ernst entgegen und gab Seinen Willen dahin kund: Unbeirrt durch die von Ihm als ungerecht empfundenen Übertreibungen der öffentlichen Kritik, erblicke er Seine vornehmste kaiserliche Aufgabe darin, die Stetigkeit der Politik des

Reiches unter Wahrung der verfassungsmäßigen Verantwortlichkeiten zu sichern. Demgemäß billigt Seine Majestät der Kaiser die Ausführungen des Reichskanzlers im Reichstage und versicherte den Fürsten Bülow Seines fortgesetzten Vertrauens.« Hier wird der Kaiser der Öffentlichkeit von seinem Kanzler wie ein Schuljunge vorgeführt, der etwas Schlimmes angestellt hat und dann vor dem erzürnten Lehrer Besserung gelobt. Und mit der abgepreßten Unterschrift zwingt Bülow den Kaiser auch gleich noch dazu, ihn im Amt zu belassen, obwohl – verfassungsrechtlich gesehen – die Ernennung und Entlassung des Kanzlers im freien Ermessen des Kaisers lag.

32 *Ereignisse und Gestalten aus den Jahren 1878–1918*, Leipzig und Berlin 1922, S. 99f.

33 In seinen Erinnerungen hat Wilhelm II. den Vorgang so geschildert: »Gegen Ausgang des Winters erbat sich der Kanzler eine Audienz. Ich ging mit ihm in der Bildergalerie des Schlosses auf und ab, zwischen den Bildern meiner Ahnen, der Schlachten des Siebenjährigen Kriegs sowie der Kaiserproklamation in Versailles, und war erstaunt, als der Kanzler auf die Vorgänge vom Herbst 1908 zurückkam und sein Verhalten zu erklären unternahm. Darauf nahm ich Gelegenheit, die ganze Vergangenheit mit ihm durchzusprechen. Die offene Aussprache und die mich befriedigenden Ausführungen des Fürsten beseitigten die Spannung. Das Ergebnis war sein Verbleiben im Amte. Der Kanzler bat mich, ich möchte am Abend dieses Tages, um auch der Außenwelt zu dokumentieren, daß wieder alles in Ordnung sei, wie früher so oft das Essen bei ihm einnehmen. Ich tat das. Ein angeregter Abend, von der sichtlich erfreuten Fürstin mit reizvoller Liebenswürdigkeit, vom Fürsten mit der gewohnten lebhaften, geistvollen Konversation getragen, beschloß den denkwürdigen Tag. Ein Spaßvogel hat nachher in einer Zeitung über die Audienz nach berühmtem Muster den Vers gedichtet: ›Die Träne quillt, Germania hat mich wieder.‹« (*Ereignisse und Gestalten aus den Jahren 1878–1918*, a.a.O., S. 100f.)

34 Robert Graf Zedlitz-Trützschler, *Zwölf Jahre am deutschen Kaiserhof – Aufzeichnungen*, Stuttgart–Berlin–Leipzig 1923, S. 216f.

35 Erinnerungen, herausgegeben von Karl Rosner, Stuttgart–Berlin 1922, S. 92f.

36 Siehe zum Beispiel Friedrich Hartau: »Lange hält es den Kaiser nicht auf seinem ›Schmerzenslager‹. Auch sein Zusammenbruch ist nicht ohne Schau-Effekt. Bei ihm ist eben alles groß, selbst ein Schnupfen, wie er zu seinem Leibarzt sagt, der einen ›kleinen‹ Schnupfen diagnostiziert. In historischer Sicht ist es leider umgekehrt. Seinen Nervenzusammenbruch Ende 1908 hat nicht nur der Kronprinz dramatisiert...« (*Wilhelm II.*, a.a.O., S. 96.)

37 Unter dem Eindruck der Daily-Telegraph-Affäre schrieb Naumann in der von ihm herausgegebenen Zeitschrift *Die Hilfe* im Januar 1909 eine Artikelserie, hier zitiert nach: *Das Deutsche Kaiserreich 1871–1914. Ein historisches Lesebuch*, herausgegeben von Gerhard A. Ritter, 4. Auflage Göttingen 1981, S. 318. Friedrich Naumann (1860–1919), ursprünglich Pfarrer, löste in der christlich-sozialen Bewegung die Konservativen ab, die Adolf Stoecker repräsentierte. 1896 gründete er den Nationalsozialen Verein mit dem Ziel demokratischer und sozialer Reformen. 1900 erschien sein Buch Demokratie und Kaisertum (3. Auflage Berlin-Schöneberg 1904). Als Reichstagsabgeordneter betrieb er den Zusammenschluß der linksliberalen Gruppen zur Fortschrittlichen Volkspartei (1910). Einer seiner Schüler war Theodor Heuss.

1 Der Autor war Rudolf Herzog (1869–1943), von dem ein modernes Lexikon sagt, daß er »in seinen in großen Auflagen verbreiteten historischen Unterhaltungsromanen der Sprecher eines national fühlenden Bürgertums« war. Insofern erscheinen auch seine Gedichte als repräsentativ. Übrigens hat Herzog zum gegebenen Anlaß seine Gedichte gleich in Serie geliefert, und ein zweites mit dem Titel »Deutsche Wallfahrt – Zum Kaiserjubiläum am 15. Juni 1913« sei dem Leser nicht vorenthalten:

»Das ist ein Wandern heut' im weiten Land…
Ein ernsthaft Schreiten. Doch die Luft voller Lieder.
Es naht heran durch weißen Dünensand,
Von blauen Bergeshöhen steigt's hernieder,
Die Heide gab zum Schmuck die Blumen her,
Es gab der Wald die frischen Eichenreiser.
Wohin, wohin, du strömend Menschenmeer?
Hörst du's am Liede nicht? Zu unserm Kaiser!

Auf deutscher Wallfahrt! Feierlicher kann
Zum Kaiserthron kein Bibelwort erklingen.
Auf deutscher Wallfahrt zieht das Volk heran,
Es kommt zum Fest und nicht zum Reigensingen,
Es kommt zum Feiertag, der groß und klar
Zur Andacht stimmend über uns erglommen,
Zu seinem Kaiser, der ihm Jahr um Jahr
So Haus wie Hof in blanken Schutz genommen.«

Natürlich erschienen zum Jubiläum nicht nur Gedichte, sondern auch Zeitungsbeiträge, Aufsätze und Bücher. Als Beispiel sei genannt: Paul Meinhold, *Wilhelm II. – 25 Jahre Kaiser und König,* Berlin 1913.

2 Helfferich (1872–1924) veröffentlichte tatsächlich eine Jubiläumsbilanz: *Deutscher Volkswohlstand 1888–1913,* 6. Auflage Berlin 1915. Im Krieg wurde Helfferich zum Politiker. Er übernahm die Leitung der Finanzpolitik, dann das Reichsamt des Innern. Nach dem Krieg entwickelte er die Pläne, die 1923 zur Beendigung der Inflation führten. Er entwickelte sich jedoch auch zum rechtsextremen Demagogen; viele schrieben ihm eine geistige Mittäterschaft an der Ermordung Walther Rathenaus zu. Zu Helfferich siehe John G. Williamson, *Karl Helfferich 1872–1924. Economist, Financier, Politician,* Princeton/New Jersey 1971. Zur Wirtschaftsentwicklung in längerfristiger Perspektive seien noch genannt F. W. Henning, *Die Industrialisierung Deutschlands 1800–1914,* Paderborn 1973; W. G. Hoffmann u. a., *Das Wachstum der deutschen Wirtschaft seit der Mitte des 19. Jahrhunderts,* Berlin u. a. 1965; Hubert Kiesewetter, *Industrielle Revolution in Deutschland 1815–1914,* 2. Auflage Frankfurt/M. 1991.

3 Siehe zur genaueren Darstellung Christoph Deutschmann, *Der Weg zum Normalarbeitstag – Die Entwicklung der Arbeitszeiten in der deutschen Industrie bis 1918,* Frankfurt/M. u.a. 1985.

4 Im Jahre 1898 betrug der Eingangssatz bei der Einkommenssteuer 2,3 Prozent, der Spitzensatz (bei einem Einkommen von 100 000 Mark oder darüber) 10 Prozent. Eine Umsatzsteuer gab es nicht. Die durchschnittliche Erbschaftssteuer betrug 1,52 Prozent, in England schon 10,99 Prozent.

5 Eine Übersicht über die Reichstagswahlen von 1871 bis 1912 findet man in: *Das Deutsche Kaiserreich 1871–1914. Ein historisches Lesebuch,* herausgegeben von Gerhard A. Ritter, 4. Auflage Göttingen 1981, S. 366f. Angemerkt sei, daß die antisemitische »Wirtschaftliche Vereinigung« 1912 nur 2,9 Prozent der Stimmen und 13 Sitze erreichte.

6 *Herrschaft der Verbände?*, Stuttgart 1955.

7 Es sei hier hingewiesen auf Hans-Ulrich Wehler, *Krisenherde des Kaiserreichs, 1871–1918,* 2. Auflage Göttingen 1979.

8 Siehe dazu näher Peter-Christian Witt, *Die Finanzpolitik des Deutschen Reiches von 1903 bis 1913 – Eine Studie zur Innenpolitik des Wilhelminischen Deutschland,* Lübeck–Hamburg 1970.

9 Dieser Großvater, Moritz August von Bethmann Hollweg, gehörte zur »Kamarilla«, dem vertrauten Beraterkreis um den preußischen König Friedrich Wilhelm IV., und wurde darum geadelt. Er war der Sohn von Johann Jakob Hollweg, der als Teilhaber am Bankhaus Bethmann Susanne Elisabeth Bethmann heiratete. So entstand der Doppelname Bethmann Hollweg.

10 Zitiert nach Jean-Pierre Cartier, *Der Erste Weltkrieg 1914–1918,* München–Zürich 1984, S. 85.

11 »Beamtenherrschaft und politisches Führertum«, in: *Parlament und Regierung im neugeordneten Deutschland* (Mai 1918), abgedruckt in: *Gesammelte Politische Schriften,* herausgegeben von Johannes Winckelmann, 2. Auflage Tübingen 1958, S. 339 und S. 322f.

12 Brief an Leopold von Gerlach vom 2./4. Mai 1860, siehe Bismarck, *Die Gesammelten Werke* (Friedrichsruher Ausgabe), Berlin 1924–1935, Band XIV, S. 549.

13 Natürlich ist Rußland noch lange, im Grunde bis zum Beginn der forcierten stalinistischen Industrialisierung gegen Ende der zwanziger Jahre, ein Agrarland geblieben. Dennoch machte es um die Wende vom neunzehnten zum zwanzigsten Jahrhundert schon deutliche Fortschritte. Allein im Jahrzehnt von 1890 bis 1900 wuchs die Zahl der Industriearbeiter von 1,425 auf 2,373 Millionen. Das Streckennetz der Eisenbahnen umfaßte 501 Kilometer im Jahre 1850, 10 731 Kilometer im Jahre 1870, 30 723 Kilometer im Jahre 1890 und 70 156 Kilometer im Jahre 1913. Bei den natürlich ungleich weiteren Entfernungen, die es im Zarenreich gab, wurde damit Deutschland um die Jahrhundertwende überboten. Die landwirtschaftliche Entwicklung wurde vor dem Ersten Weltkrieg durch die Stolypinschen Reformen mit dem Ziel vorangetrieben, den Gemeindebesitz in bäuerliches Einzeleigentum zu verwandeln und leistungsfähige Betriebe zu schaffen – das genaue Gegenteil der späteren bolschewistischen Kollektivierung. »Noch dreißig Jahre Frieden, und Rußland ist ein reiches Land«, soll der Ministerpräsident und Innenminister Stolypin gesagt haben. Aber nach sechs vorangegangenen und mißlungenen Mordversuchen fiel Stolypin im Beisein des Zaren bei einer Theatervorstellung in Kiew einem Attentat zum Opfer, an dessen Folgen er am 18. September 1911 starb. Diese Schüsse von Kiew auf den leitenden russischen Staatsmann gehören ebenso zur Vorgeschichte des Ersten Weltkriegs wie die Schüsse von Sarajevo auf den österreichischen Thronfolger am 28. Juni 1914; die herrschenden russischen Kreise setzten seitdem statt auf den Frieden verstärkt auf die Umleitung der inneren Probleme nach außen. Wie früher schon angedeutet, wird bei dem Streit um die Verlängerung oder Nichtverlängerung des Bismarckschen Rückversicherungsvertrages meist kaum bedacht, wie wenig Unterschriften auf einem (noch dazu geheimen, der Öffentlichkeit unbekannten) Blatt Papier auf

die Dauer gegen handfeste Wirtschaftsinteressen auszurichten vermögen; genau darum hatte ja Caprivi die Geheimbündelei durch Handelsverträge ersetzt.

14 Siehe näher zum Thema G. N. Sanderson, *A Study in the Partition of Africa,* Edinburgh 1965.

15 Im Blick auf die Ereignisse von 1914 ist anzumerken, daß hier in einem historisch älteren Sinne die vereinigten oder in der Trennung doch zusammengehörigen Niederlande unter Einschluß Belgiens gemeint sind.

16 *Geschichte,* Band III: Das Zeitalter der Revolutionen, Stuttgart 1957, S. 283. Eine farbige Darstellung des Kampfes gegen die französische Vormacht im Zeitalter Ludwigs XIV. hat Churchill mit seiner großen Biographie geliefert: *Marlborough – His Life and Times,* 4 Bände, London 1933–1938; gekürzte deutschsprachige Ausgabe in 2 Bänden Zürich 1990. Zum Hauptthema der europäischen Politik sei verwiesen auf Ludwig Dehio, *Gleichgewicht oder Hegemonie – Betrachtungen über ein Grundproblem der neueren Staatengeschichte,* Neuausgabe Zürich 1996.

17 Hansard, 3. Serie, Band CCIV, S. 8f.; siehe auch W. F. Monypenny und G. E. Buckle, *The Life of Benjamin Disraeli,* Band II, 1929, S. 473f.

18 Wilbrandt (1837–1911) war von 1859 bis 1861 Leiter der Süddeutschen Zeitung und von 1881 bis 1887 Direktor des Wiener Burgtheaters, ein umtriebiger Mann und vielseitiger Autor. Für seine patriotischen Verdienste wurde er 1884 geadelt.

19 Bismarck, *Die großen Reden,* herausgegeben von Lothar Gall, Berlin 1981, S. 330.

20 Es sei auch an das Wort von Max Weber aus dem Jahre 1895 erinnert, daß man die Reichsgründung besser unterlassen hätte, »wenn sie der Abschluß und nicht der Ausgangspunkt einer deutschen Weltmachtpolitik sein sollte«.

21 Wilhelm II., *Ereignisse und Gestalten aus den Jahren 1878–1918,* Leipzig–Berlin 1922, S. 91. Der begleitende Sicherheitsbeamte, den der Kaiser erwähnt, war übrigens Engländer und von einer britischen Agentur angemietet worden, da man in Deutschland über derlei Fachleute zum Personenschutz offenbar nicht verfügte.

22 *Die Große Politik der Europäischen Kabinette 1871 bis 1914 – Sammlung der Diplomatischen Akten des Auswärtigen Amtes,* herausgegeben von Johannes Lepsius, Albrecht Mendelsohn Bartholdy, Friedrich Thimme, Berlin 1922ff., Band XIX/II, Nr. 6220, S. 463.

23 *Mit dem Kaiser als Staatsmann und Freund auf Nordlandreisen,* Band II, Dresden 1931, S. 96. Der drauflosfahrende Steuermann folgt einem auf den 23. Juli 1898 datierten »Lustspiel in einem Akt«, das dem Leser nicht vorenthalten werden darf, hier nur leicht verkürzt. Personen der Handlung an Bord der »Hohenzollern«: der Kaiser, Kapitän von Bodenhausen, Erster Offizier von Grumme, Eulenburg.

Eulenburg (zu Grumme tretend): Wo ist die nächste Telegraphenstation?
Grumme: Das weiß ich wirklich nicht.
Eulenburg: Ja, aber wo fahren wir denn hin?
Grumme: Das weiß ich auch nicht.
Eulenburg (etwas erstaunt): Das wissen Sie als diensthabender Offizier nicht? Weiß es denn der Steuermann auch nicht?
Grumme: Ich werde den Kapitän fragen.
...
Eulenburg: Wohin fahren wir, Herr von Bodenhausen?

Bodenhausen (verlegen): Das weiß ich wirklich nicht. Grumme, hat Seine Majestät nichts befohlen?

Grumme: Nein.

Eulenburg (noch erstaunter): Ja – wir fahren doch, wie ich zu bemerken glaube – aber wohin fahren wir denn?

Bodenhausen und Grumme schweigen.

Eulenburg: Nun, dann wird es wohl Seine Majestät sagen können... (Zum Kaiser tretend:) Verzeihen Eure Majestät die Frage: Wohin fahren wir? – Die Depeschen nach Berlin sind dringend...

Der Kaiser: Wohin wir fahren? (Ruft:) Bodenhausen!

Bodenhausen (den Degen haltend, die Finger an der Mütze): Eure Majestät befehlen?

Der Kaiser: Bodenhausen – wohin fahren wir?...

Bodenhausen: Wir fahren – ja, Eure Majestät haben – wohl befohlen – wohl noch nicht befohlen? –

Der Kaiser (erst zerstreut, dann aufblickend): Ja – ich denke, wir wollten zum Lyngenfjord fahren. Da ist doch wohl der Svartisen?

Bodenhausen: Zu befehlen, Majestät, da ist er.

Eulenburg (für sich): Ich gehe die höchste Wette ein, daß Bodenhausen nicht weiß, wer der Svartisen ist.

24 Nach der Erinnerung des Kaisers war es so: »Am Vormittag des 29. Januar ließ sich im Schloß zu Berlin Herr Ballin bei mir anmelden und um Audienz bitten. Ich nahm an, daß es sich um eine nachträgliche Geburtstagsgratulation handeln werde. Ich war daher nicht wenig erstaunt, als Ballin nach kurzem Glückwunsch mir meldete, daß er als Abgesandter von Sir Ernest Cassel erschienen sei, der in besonderer Mission soeben in Berlin eingetroffen sei und um Empfang bäte.« (*Ereignisse und Gestalten aus den Jahren 1878–1918*, a.a.O., S. 122.) Wie sich herausstellte, wollte die britische Regierung, um kein Aufsehen zu erregen, die üblichen diplomatischen Wege ausdrücklich meiden.

25 Eine Schilderung des Cassel-Besuchs und die Notentexte findet man bei J. Daniel Chamier, *Als Deutschland mächtig schien – Die Ära Wilhelms II.*, Berlin 1954, S. 190f.

26 Wieder in der Schilderung des Kaisers: »Der Kanzler bat mich, da ich am besten Englisch verstände, die Note aufzusetzen; nach einigem Hin und Her mußte ich mich dazu entschließen, das Schreiberhandwerk selbst zu versehen... Ich saß am Schreibtisch im Adjutantenzimmer, die Herren standen um mich herum. Ich las einen Satz aus der Note vor und entwarf eine Antwort, die wieder verlesen wurde. Darauf setzte die Kritik von rechts und von links ein. Dem einen war es zu entgegenkommend, dem andern zu schroff; es wurde gemodelt, umgegossen, verbessert und gedrechselt. Besonders der Kanzler mit seiner philosophisch prüfenden, tiefforschenden Gründlichkeit, der jedes Wort auf die Goldwaage legte, damit es von allen Seiten beleuchtet nachher niemandem einen Anlaß zur Kritik bieten könnte, bereitete mir manche grammatikalische und stilistische Pein. Nach stundenlanger Arbeit war der Guß endlich gelungen...« (*Ereignisse und Gestalten aus den Jahren 1878–1918,* a.a.O., S. 124f.)

27 Von Haldane erschien 1929 *An Autobiography,* 1930 in deutscher Übersetzung als *Erinnerungen aus meinem Leben.*

28 Harry Graf Kessler, »Curriculum vitae«, in: *Gesichter und Zeiten – Erinnerungen. Gesammelte Werke,* Bd. 1, Frankfurt/M. 1988, S. 325.

29 Max Weber, *Parlament und Regierung im neugeordneten Deutschland* (Mai 1918), abgedruckt in: *Gesammelte Politische Schriften,* a.a.O., S. 323.

30 *Ereignisse und Gestalten aus den Jahren 1878–1918,* a.a.O., S. 129. Noch weitaus schroffer äußerte sich der Kaiser, unter dem unmittelbaren Eindruck der gescheiterten Verhandlungen, am 31. März 1912: »Ich habe ihn [Haldane] und seine sauberen Kollegen rechtzeitig durchschaut und ihnen den Spaß gründlich versalzen. Dem Deutschen Volke habe ich sein Anrecht auf die Seegeltung und sein Selbstbestimmungsrecht in Rüstungsangelegenheiten gerettet. Den Engländern gezeigt, daß sie, wenn sie an unsere Rüstung tasten, auf Granit beißen, und dadurch vielleicht ihren Haß vermehrt, aber ihren Respekt erworben, der sie in gegebener Zeit zur Fortsetzung von hoffentlich in bescheidenerem Ton geführten Verhandlungen mit günstigem Ausgang veranlassen wird.« (*Die Große Politik der Europäischen Kabinette…,* a.a.O., Band XXXI, Nr. 11422, Anlage, S. 210.)

31 Churchill schickte Wilhelm II. die Biographie, die er über seinen Vater, Lord Randolph Churchill, geschrieben hatte, und erhielt als Gegengeschenk ein gewiß beeindruckendes Werk mit dem Titel *Der Kaiser und die Kunst.*

32 *Große Zeitgenossen,* Frankfurt/M.–Hamburg 1959, S. 149. (Der Text ist hier nach dem englischen Original etwas überarbeitet worden.)

33 Lissauer (1882–1937) erlangte nach dem Kriegsbeginn 1914 zweifelhafte Berühmtheit durch seinen »Haßgesang gegen England«, von dem er sich später nachdrücklich distanzierte.

Der Aufbruch in den Krieg

1 Man vergleiche mit der Anmerkung 21 zum vorigen Kapitel: Beim Kaiserbesuch in Tanger war der britische Leibwächter zur Stelle. Einen solchen Mann, der bereit und fähig gewesen wäre, den Attentäter rechtzeitig niederzuschießen, hätte man sich in Österreich doch wohl auch noch leisten können.

2 Siehe die Dokumente, die Willibald Gutsche zitiert: *Wilhelm II. – Der letzte Kaiser des Deutschen Reiches. Eine Biographie,* Berlin 1991, S. 157f.

3 *Die deutschen Dokumente zum Kriegsausbruch 1914,* zusammengestellt von Karl Kautsky, herausgegeben von Max Graf von Montgelas und Walter Schücking, Band I, Ausgabe Berlin 1927, Nr. 271, S. 233ff.

4 *Die deutschen Dokumente zum Kriegsausbruch,* a.a.O., Band II, Berlin 1927, Nr. 293, S. 16f.

5 *Die deutschen Dokumente zum Kriegsausbruch,* a.a.O., Bd. II, Nr. 323, S. 37f.

6 Jean-Pierre Cartier, *Der Erste Weltkrieg 1914–1918,* München–Zürich 1984, S. 13f. Nachdrücklich ist hier hinzuweisen auf Barbara Tuchmann, *August 1914,* Taschenbuchausgabe Frankfurt/M. 1990. Als ein schon älteres, aber glänzend geschriebenes Buch ist zu empfehlen Emil Ludwig, *Juli 1914,* zuerst Berlin 1929, Neuausgabe Hamburg 1961.

7 Privattelegramm des Berliner Korrespondenten an die Zeitung vom 1. August 1914; Abdruck in: *Die Reden Wilhelms II. – Ansprachen, Reden und Trinksprüche,* herausgegeben von Ernst Johann, München 1966, S. 125f. Die Rede wurde am Abend des 31. Juli gehalten. Genau genommen handelte es sich noch nicht um die Mobilmachung, die erst am folgenden Tag bekanntgegeben wurde. Aber das *Berliner Tageblatt* druckte, fälschlich, ein Extrablatt mit der Schlagzeile »Mobilmachung!«, und daraufhin strömte die Menge zusammen.

Die *Berliner Tägliche Rundschau* gab eine Kriegs-Rundschau heraus, die die Ereignisse vor dem Schloß so schildert: »Der Kaiser und die Kaiserin erscheinen. Wie ein Orkan schwillt der Jubel zum Herrscherpaar empor. Die Leute sind gar nicht zu beruhigen. Wer das Meer jubelnd geschwenkter Hüte und Tücher sieht, das da ringsum in wahrhaft majestätischer Großartigkeit zum Schloß emporbrandet, spürt, daß er so etwas noch nie geschaut hat und so leicht nicht wieder schauen wird. Die Kaiserin winkt langsam mit einem Tuche über den Platz hin. Der Kaiser, in dessen Stahlhelm die Abendsonne glitzert, tritt einen Schritt vor. Still! der oberste Kriegsherr, unter dessen Führung unser Heer und unsere Flotte in wenigen Tagen zum Entscheidungskampf über Deutschlands Stellung unter den Völkern ausziehen sollen, will ... zum Volke sprechen ... Und er spricht. Ganz kurz und mit sichtlicher Bewegung ... Dann führt er die Hand zum Helm. Brausende Hurras, die sich nicht erschöpfen wollen, und nochmals Hurra und wieder Hurra!« (*Kriegs-Rundschau,* Berlin 1914ff., Band I, S. 48.)

8 Adolf Hitler, *Mein Kampf,* 190./194. Auflage, München 1936, S. 176f.

9 Tilla Durieux, *Eine Tür steht offen – Erinnerungen,* Berlin 1954, S. 181. Die berühmte Schauspielerin schildert, wie ihr Mann, der Kunsthändler Paul Cassirer, der sich in Paris ebenso zu Hause fühlte wie in Berlin, unbedingt mit in den Krieg ziehen wollte, obwohl er schon 45 Jahre alt und nicht mehr dienstpflichtig war.

10 Siehe zu diesem Produktionsrekord Klaus Vondung, »Deutsche Apokalypse 1914«, in: ders. (Hg.), *Das wilhelminische Bildungsbürgertum – Zur Sozialgeschichte seiner Ideen,* Göttingen 1976, S. 154. Siehe zum Thema auch Thomas Anz und Joseph Vogl (Hg.), *Die Dichter und der Krieg – Deutsche Lyrik 1914–1918,* München–Wien 1982. Im etwas weiteren Zusammenhang sind zu nennen Eckart Koester, *Literatur und Weltkriegsideologie – Positionen und Begründungszusammenhänge des publizistischen Engagements deutscher Schriftsteller im Ersten Weltkrieg,* Kronberg/Ts. 1977; Wolfgang J. Mommsen (Hg.), *Kultur und Krieg – Die Rolle der Intellektuellen, Künstler und Schriftsteller im Ersten Weltkrieg,* München 1996. Eine Auswahl von Kriegsgedichten findet man in: *Deutschland Deutschland – Politische Gedichte vom Vormärz bis zur Gegenwart,* herausgegeben von Helmut Lamprecht, Bremen 1969, S. 276ff.

11 Zu den bekanntesten und noch im »Dritten Reich« vielgesungenen Gedichten (Erstveröffentlichung in der *Täglichen Rundschau* am 21. August 1914; Vertonung von Heinrich Spitta) gehörte Rudolf Alexander Schröders »Deutsches Lied«, in dem es heißt: »Eh der Fremde dir / deine Krone raubt, / Deutschland, fallen wir Haupt bei Haupt.« In seinem Buch *Über politische Lyrik im 20. Jahrhundert* (Göttingen 1965) hat Albrecht Schöne dazu gesagt: »Erst werden wir fallen, dann wird er (der Feind) dir die Krone rauben. Und so geschieht es ja auch. Wider den Willen des Autors sagt der Vers die Wahrheit. Nur geschieht es nicht ›Haupt bei Haupt‹; das Sterben, das hier ins Feierlich-Würdige verharmlost wird, trifft in Wahrheit nicht mehr das enthusiastische ›Wir‹, sondern grauenvoll und schrecklich jeden einzelnen. Unbeschadet aller subjektiven Aufrichtigkeit des Autors erweist sein Lied sich als trügerisches, ja verlogenes Machwerk.« Als ein Gegenbeispiel seien »Die Wortemacher des Krieges« von Franz Werfel zitiert:

»Erhabne Zeit! Des Geistes Haus zerschossen
mit spitzem Jammer in die Lüfte sticht.

Doch aus den Rinnen, Ritzen, Kellern, Gossen
befreit und jauchzend das Geziefer bricht.

Das Einzige, wofür wir einig lebten,
das Brudertum in uns das tiefe Fest,
wenn wir vor tausend Himmeln niederbebten,
ist nun der Raub für eine Rattenpest.

Die Tröpfe lallen und die Streber krächzen,
und nennen Mannheit ihren alten Kot.
Daß nur die fetten Weiber ihnen lechzen,
wölbt sich die Ordensbrust ins Morgenrot.

Die Dummheit hat sich der Gewalt geliehen,
die Bestie darf hassen, und sie singt.
Ach, der Geruch der Lüge ist gediehen,
daß er den Duft des Blutes überstinkt.

Das alte Lied! Die Unschuld muß verbluten,
indes die Frechheit einen Sinn erschwitzt.
Und eh nicht die Gerichts-Posaunen tuten,
ist nur Verweiflung, was der Mensch besitzt.«

12 *Stenographische Berichte der Verhandlungen des Reichstags,* XIII. Legislaturperiode, II. Session 1914/16, Band 306, 2. Sitzung am 4. August 1914, S. 8 C.

13 Siehe dazu Gaston Bodart, *Losses of Life in Modern Wars,* Oxford 1916, S. 56, S. 61, S. 148.

14 Im Ersten Weltkrieg betrug die Gesamtzahl der Gefallenen rund 10 Millionen. Auf Deutschland entfielen 1,808, auf Rußland 1,7, auf Frankreich 1,385, auf Großbritannien 0,947 Millionen.

15 *Der Kampf als inneres Erlebnis,* Berlin 1922, S. 53.

16 *Der Kampf als inneres Erlebnis,* a.a.O., S. 116.

17 *Das Wesen des Völkerrechts und die clausula rebus sic stantibus,* Tübingen 1911, S. 146. Wie bei Treitschke ist für Kaufmann der Staat Machtorganisation; die Macht aber beruht darauf, daß alle wirtschaftlichen, geistigen, moralischen Kräfte geweckt und in Dienst genommen werden. Die Probe kommt im Krieg: »Im Kriege offenbart sich der Staat in seinem wahren Wesen, er ist seine höchste Leistung, in dem seine Eigenart zur vollsten Entfaltung kommt. Hier hat er zu beweisen, daß ihm die Weckung und Zusammenfassung aller Kräfte gelungen ist, daß die höchsten Forderungen, die er stellt, auch wirklich erfüllt werden, und daß das Letzte seinem Bestehen in der Weltgeschichte geopfert wird ... Je stärker diese Anforderungen und Leistungen werden, und je weiter und komplizierter sie sich bis in alle Verästelungen des Lebens hinein erstrecken, um so mehr wird der Krieg zu einer wirklichen Berechtigungs- und Leistungsprobe des ganzen Staates.« (Ebenda.) Im Grunde nimmt Kaufmann schon die Idee der »totalen Mobilmachung« vorweg, die die »Volksgemeinschaft« zur kämpfenden Einheit zusammenschweißt. Im siegreichen Krieg triumphiert diese Gemeinschaft, während sie in der Niederlage zerfällt.

18 »Die Deutschen auf dem Wege zur einigen und freien Nation«, 1915, abgedruckt in: *Aufrufe und Reden deutscher Professoren im Ersten Weltkrieg,* herausgegeben von Klaus Böhme, Stuttgart 1975, S. 105.

19 Beschwörend fährt Oncken an der zitierten Stelle fort: »Darin aber besteht die große Aufgabe der inneren Politik, das rasch Gewonnene, das die Not an einem großen Tag mit Unerbittlichkeit vollbracht, nicht wieder in müderer Zeit zu verlieren: die edlen Kräfte, die unnatürlich brachgelegen hatten oder sich in bitteren Kämpfen untereinander verzehrten, nunmehr dauernd in den natürlichen Organismus einzuordnen. Es gibt kaum ein inneres Kriegsziel, das wertvoller wäre. Jetzt handelt es sich darum, daß nach den deutschen Stämmen auch die deutschen Klassen zu einer einzigen sozialen und nationalen Gemeinschaft sich für immer verschmelzen.«

20 *Der Kaiser – Eine Betrachtung,* Berlin 1919, S. 47.

21 Jünger, a.a.O., S. 32 und S. 74.

22 Siehe zur Literatur Gerhard Ritter, *Der Schlieffenplan – Kritik eines Mythos,* München 1956.

23 *Gedanken und Erinnerungen,* Band II, Kapitel 23.

24 Eine neue Waffe, die wiederum dem Angriff ein Übergewicht verschaffte, entstand mit den Panzerarmeen des Zweiten Weltkriegs. Aber davon wußte man 1914 nichts; die frühen, noch schwerfälligen »Tanks« tauchten erst 1917 auf den Schlachtfeldern auf.

25 Besonders eindringlich hat dies Winston Churchill in seiner Geschichte des Ersten Weltkriegs beschrieben. (*The World Crisis,* 5 Bände, London 1923–1931.) »In ihren Offensiven von 1915, 1916 und 1917 zehrten sich die französischen und britischen Armeen nutzlos auf und erlitten fast doppelt soviel Verluste wie die Deutschen.« (*Die Weltkrisis 1916–1918,* Band I, Zürich–Leipzig–Wien 1928, S. 40.) Umgekehrt erging es vom März bis Juni 1918 den Deutschen: »Ihre eigene, nicht unsere Offensive war es, die ihren Untergang herbeiführte. Nicht durch Joffre, Nivelle oder Haig wurden sie aufgerieben, sondern durch Ludendorff.« (A.a.O., S. 57.) Eine gekürzte Ausgabe, *Die Weltkrise 1911–1918* in zwei Bänden, ist 1946 in Zürich erschienen.

26 Siehe zum Thema Hermann Thimmermann, *Der Sturm auf Langemarck,* 8. Auflage München 1941. Ungefähr 80 000 Gefallene waren zu beklagen, die Jugendblüte der Nation; allein der deutsche Soldatenfriedhof von Langemarck zählt 45 000 Gräber.

27 Sebastian Haffner hat noch härter geurteilt und von einem Verbrechen des deutschen Generalstabs gesprochen: *Von Bismarck zu Hitler – Ein Rückblick,* München 1987, S. 120. Bereits die technischen Bedingungen verschoben sich von Jahr zu Jahr zuungunsten des Schlieffen-Plans. Einerseits schritt die Ausrüstung der Heere mit leistungsfähigen Maschinengewehren voran, andererseits machte der russische Eisenbahnbau große Fortschritte, so daß die Aufmarschzeiten der Armeen sich verkürzten, auf deren Langsamkeit man gesetzt hatte.

28 Zur Übersteigerung gehörten neben anderem die Versorgungsprobleme. Mit dem schnellen und weiträumigen deutschen Vormarsch überdehnten sich die Nachschublinien, während sie sich für die Franzosen verkürzten, bis man schließlich von Paris aus die Soldaten mit Taxis an die Front fahren konnte. Die Tatsache, daß siegreiche Generale den vergangenen statt den kommenden Krieg vorbereiten, gilt auch für die Franzosen. Ihren Mythos von Verdun gossen sie beim Bau der Maginotlinie in Beton und richteten sich ganz auf die Verteidigung ein. Doch dabei übersahen sie die Panzerarmeen als neue Angriffswaffe und bereiteten ihre Niederlage von 1940 vor.

Der Sturz in den Abgrund

1 *Die Reden Wilhelms II. – Ansprachen, Predigten und Trinksprüche,* herausgegeben von Ernst Johann, München 1966, S. 126.
2 Georg Alexander von Müller, *Regierte der Kaiser? Kriegstagebücher, Aufzeichnungen und Briefe des Chefs des Marinekabinetts Georg Alexander von Müller 1914–1918,* herausgegeben von Walter Görlitz, Göttingen 1959, S. 68 (Notiz vom 6. November 1914).
3 Den vollständigen Text findet man in Agnes Miegel, *Deutsche Balladen,* 61.–70. Tausend Jena 1935, S. 53ff.
4 Arthur Rosenberg, *Entstehung der Weimarer Republik,* herausgegeben von Kurt Kersten, Ausgabe Frankfurt/M. 1961, S. 110f. Ludendorff diktierte nicht nur die großen politischen Entscheidungen: »In jedem Korpsbezirk hatte der zuständige General seit Kriegsbeginn die oberste Gewalt. Er übte die Pressezensur, verbot Versammlungen, ordnete die Schutzhaft an usw. Die Generalkommandos unterstanden dem Kriegsministerium. Bis zum August 1916 empfing der Kriegsminister in politischen Fragen die Richtlinien vom Reichskanzler, und so hatte Bethmann Hollweg den Regierungsapparat in der Hand. Mit dem Amtsantritt Ludendorffs wurde das anders. Jetzt fühlte sich der Kriegsminister in erster Linie verpflichtet, den Willen der Obersten Heeresleitung auszuführen ... Das war die reine Militärdiktatur, von der Spitze herunter bis ins letzte Dorf.« (S.118.)
5 Der »Aufruf an die Kulturwelt« wurde abgedruckt in Hermann Kellermann (Hg.), *Der Krieg der Geister – Eine Auslese deutscher und ausländischer Stimmen zum Weltkrieg,* Dresden 1915, S. 64ff.; Neuabdruck in: *Aufrufe und Reden deutscher Professoren im Ersten Weltkrieg,* herausgegeben von Klaus Böhme, Stuttgart 1975, S. 47ff.
6 *Aufrufe und Reden deutscher Professoren,* a.a.O., S. 49f.
7 Siehe dazu Hermann Lübbe, »Die philosophischen Ideen von 1914«, in: *Politische Philosophie in Deutschland,* Basel 1963, S. 173ff.; ferner sei genannt Klaus Schwabe, *Wissenschaft und Kriegsmoral – Die deutschen Hochschullehrer und die politischen Grundlagen des Ersten Weltkriegs,* Göttingen 1969.
8 Bei Kant heißt es: »Wir sind zivilisiert, bis zum Überlästigen, zu allerlei gesellschaftlicher Artigkeit und Anständigkeit. Aber, uns schon für moralisiert zu halten, daran fehlt noch sehr viel. Denn die Idee der Moralität gehört noch zur Kultur; der Gebrauch dieser Idee aber, welcher nur auf das Sittenähnliche in der Ehrliebe und der äußeren Anständigkeit hinausläuft, macht bloß die Zivilisierung aus ... Alles Gute aber, das nicht auf moralisch-gute Gesinnung gepfropft ist, ist nichts als lauter Schein und schimmerndes Elend.« (*Idee zu einer allgemeinen Geschichte in weltbürgerlicher Absicht,* zuerst 1784, Siebenter Satz.)
9 Eine bedeutende, um Differenzierung bemühte Darstellung ist hier hervorzuheben: Ernst Troeltsch, *Deutscher Geist und Westeuropa,* (postum herausgegeben) Tübingen 1925.
10 *Betrachtungen eines Unpolitischen,* 19./24. Auflage Berlin 1922, S. 246, S. XXXIV und S. XXXVI.
11 Voreilig triumphierend erklärte der Historiker Georg von Below: »Die Erlebnisse des Weltkrieges haben den Zusammenbruch der Ideale der französischen Revolution dargetan. Die Ideen der Freiheit, Gleichheit, Brüderlichkeit sind durch die deutschen Ideen von 1914, Pflicht, Ordnung, Gerechtigkeit, überwunden.« (»Heinrich von Treitschkes deutsche Sendung«, in: *Der Panther*, V,

1917, S. 437.) Der Philosoph Max Wundt verkündete: »Zwischen dem deutschen und dem demokratischen Geist gibt es keine Vermittlung. Ob man dem einzelnen allein ursprünglichen Wert zuschreibt und nach seinen Wünschen den Staat sich einrichten läßt oder ob man dem Staat einen ursprünglichen, über alle Einzelwillen erhabenen Eigenwert und Eigensinn zuschreibt, das sind grundsätzliche Verschiedenheiten der Auffassung, die man nicht mit Redensarten und demagogischen Künsten verkleistern soll... Demokratie ist recht eigentlich der Triumph der toten Zahl über die lebendige Form. Dem setzt der deutsche Gedanke die Vernünftigkeit des wirklichen sittlichen Lebens entgegen. Die vernünftige Idee soll herrschen, nicht die Wünsche des einzelnen.« Wer aber verwaltet die vernünftige Idee? Etwa ein deutscher Philosophieprofessor? Oder ein von der Vorsehung geschickter Führer? Wundt fährt fort: »Die Vernunft aber kommt zur klaren Einsicht ihrer selbst nur in der einzelnen Persönlichkeit. Darum soll die Persönlichkeit herrschen, nicht die vielen.« (*Aufrufe und Reden deutscher Professoren,* a.a.O., S. 152ff.)

12 Grundlegend zum Thema: Fritz Fischer, *Griff nach der Weltmacht – Die Kriegszielpolitik des kaiserlichen Deutschland 1914–1918,* Düsseldorf 1961. Siehe auch Karl Heinz Janssen, *Macht und Verblendung – Die Kriegszielpolitik deutscher Bundesstaaten 1914–1918,* Göttingen 1963; *Deutsche Kriegsziele 1914–1918. Eine Diskussion,* herausgegeben von Ernst Wilhelm Graf Lynar, Frankfurt/M.–Berlin 1964.

13 *Aufrufe und Reden deutscher Professoren,* a.a.O., S. 125ff.

14 Nochmals sei auf die in Anmerkung 12 genannte Literatur verwiesen.

15 In der Unzufriedenheit mit der »Burgfrieden«-Politik der Mehrheits-SPD seit 1914 schied 1916 eine Minderheit aus der Reichstagsfraktion aus. Unter Führung von Hugo Haase und Karl Kautsky entstand 1917 die Unabhängige Sozialdemokratische Partei Deutschlands (USPD). Ein radikaler Flügel schloß sich 1920 der KPD an; die übrige USPD schloß sich 1922 wieder der SPD an.

16 Der Interfraktionelle Ausschuß bildete eine Art Vorform der parlamentarischen Koalitionsbildung.

17 *Aufrufe und Reden deutscher Professoren,* a.a.O., S. 184f.

18 Siehe zu Radbruch Arthur Kaufmann, *Gustav Radbruch – Jurist, Philosoph, Sozialdemokrat,* München 1987.

19 *Entstehung der Weimarer Republik,* a.a.O, S. 129.

20 Admiral Eduard von Cappelle (1855–1931) war seit 1914 Unterstaatssekretär im Reichsmarineamt und seit 1916 als Staatssekretär der Nachfolger von Tirpitz.

21 Zitiert nach Rosenberg, a.a.O., S. 258.

22 Die Versenkungserfolge der U-Boote erreichten im April 1917 mit 425 Schiffen und 849 000 Bruttoregistertonnen ihren Höhepunkt. Aber dank der britischen Abwehrmaßnahmen gingen sie rasch zurück. Im August wurden 490 000 BRT versenkt, im November nur noch 270 000 BRT. Gegen Ende 1917 war also der Mißerfolg nicht nur abzusehen, sondern bereits eingetreten, während zugleich die amerikanischen Truppenlandungen in Frankreich begannen.

23 Zusammen mit Ludendorffs *Meine Kriegserinnerungen 1914–1918* (Berlin 1919) gehörten Tirpitz' Erinnerungen (Leipzig 1919) zu den frühesten Rechtfertigungsschriften, die erschienen.

24 *Sternstunden der Menschheit,* zuerst 1927, hier zitiert nach Friedrich Hartau, *Wilhelm II. – Mit Selbstzeugnissen und Bilddokumenten,* Reinbek bei Hamburg, 6. Auflage 1997, S. 113ff.

25 Albrecht von Thaer, *Generalstabsdienst an der Front in der O.H.L. Aus Briefen und Tagebuchaufzeichnungen 1915–1919,* Göttingen 1958, S. 235.

26 *Aus meinem Leben,* Leipzig 1920, S.403. Das Vorwort ist datiert »September 1919«, genau ein Jahr nach den Tagen, als Hindenburg und Ludendorff den Krieg militärisch verloren gaben.

27 *Spektator-Briefe,* herausgegeben von Hans Baron, Tübingen 1924, S. 14. Für den Übergang vom Kaiserreich zur Republik stellen die Spektator-Briefe von Ernst Troeltsch eine unübertroffene Zeugenschaft dar.

28 Johannes Fischart (Pseudonym für Erich Dombrowski), *Das alte und das neue System,* 4 Bände, Berlin 1919– 1925; hier Band I, S. 246.

29 Weil mehrere britische Schlachtkreuzer in die Luft flogen, betrug der Verlust auf britischer Seite 115 000 Tonnen, auf deutscher Seite 61 000 Tonnen. Gleichzeitig geriet jedoch die deutsche Flotte in eine kritische Lage und zog sich während der Nacht hinter ihre Minensperren zurück. Die deutschen Schlachtkreuzer waren praktisch kampfunfähig geschossen; Schiffe wie »Derfflinger« und »Seydlitz« hatten so schwere Treffer erhalten, daß sie nur mit Mühe den Heimathafen erreichten.

30 Daß es den Meuterern zunächst gar nicht um die Revolution, sondern nur darum ging, das sinnlose Sterben und dann die Bestrafung zu vermeiden, hat Arthur Rosenberg drastisch geschildert: »Die Forderungen der aufständischen Matrosen waren durchaus unpolitisch. Unter den 13 Punkten, die der Soldatenrat des ersten Geschwaders aufstellte, geht am weitesten die Forderung, die verhafteten Mannschaften von ›Thüringen‹ und ›Helgoland‹ sowie die im Jahre 1917 verurteilten Matrosen freizulassen. Auch für die Teilnehmer der jetzigen Bewegung wird Straffreiheit gefordert: Es soll ihnen ›keine ungünstige Eintragung in das Führungsbuch gemacht werden‹! Die Revolutionäre wollen also nicht, daß man ihnen die Revolution ins Führungsbuch schreibt ... Unvergleichlich ist Punkt 9: ›Die Anrede ›Herr Kapitän‹ usw. hat nur am Anfang eines Satzes zu dienen. Im weiteren Verlauf fällt sie weg, und ich rede den Vorgesetzten mit Sie an!‹ – Man male sich die Situation aus: 100 000 Matrosen haben gemeutert. Sie haben alle Kanonen. Das Leben der Offiziere hängt von ihrer Gnade ab. Das deutsche Kaisertum zerbricht vor ihrer Erhebung, und dieselben Revolutionäre machen sich darüber Sorgen, daß sie künftig nicht mehr ›wollen Herr Leutnant‹ sagen möchten, sondern einfach: ›Sie‹.« (*Entstehung der Weimarer Republik,* a.a.O., S. 235.) Im Hintergrund stand allerdings die Erfahrung, daß die Hungerstreiks vom Sommer 1917 zur Erschießung der Matrosen Köbis und Reichpietsch geführt hatten. Siehe näher zum Gesamtthema Wilhelm Deist, »Die Politik der Seekriegsleitung und die Rebellion der Flotte Ende Oktober 1918«, in: *Vierteljahrshefte für Zeitgeschichte,* Jahrgang 14, 1966, S. 341ff.

31 Rosenberg, a.a.O., S. 168.

32 *Ereignisse und Gestalten aus den Jahren 1878–1918,* Leipzig–Berlin 1922, S. 245.

Kaiseropfer und Exil

1 Es gab bemerkenswerte Ausnahmen, zum Beispiel Friedrich Ebert. Philipp Scheidemann berichtet, wie ihn Ebert nach seiner Ausrufung der Republik am 9. November 1918 »zornrot« anfuhr: »Du hast kein Recht, die Republik auszurufen! Was aus Deutschland wird, ob Republik oder was sonst, das entscheidet eine Konstituante!« (*Memoiren eines Sozialdemokraten,* Dresden 1928, Band II, S. 313f.)

2 *Ereignisse und Gestalten aus den Jahren 1878–1918,* Leipzig–Berlin 1922, S. 236f.

3 *Amtliche Urkunden zur Vorgeschichte des Waffenstillstandes 1918, Auf Grund der Akten der Reichskanzlei, des Auswärtigen Amtes und des Reichsarchivs herausgegeben vom Auswärtigen Amt und vom Reichsministerium des Innern,* 3. Auflage Berlin 1927, S. 190ff.

4 Wilhelm Groener (1867–1939) stammte nicht aus Preußen, sondern aus Württemberg. In der Weimarer Republik war er in mehreren Ämtern Reichsminister, darunter von 1928 bis 1932 Reichswehrminister.

5 Kuno Graf von Westarp, *Das Ende der Monarchie vom 9. November 1918,* herausgegeben von Werner Conze, Stollhamm–Berlin 1952, S. 46.

6 In Berlin erschienen Extrablätter mit der Schlagzeile »Der Kaiser hat abgedankt!« Dann wurde zitiert, was der Reichskanzler bekanntgegeben hatte: »Seine Majestät der Kaiser und König haben sich entschlossen, dem Throne zu entsagen. – Der Reichskanzler bleibt noch so lange im Amte, bis die mit der Abdankung Seiner Majestät, dem Thronverzichte Seiner Kaiserlichen und Königlichen Hoheit des Kronprinzen des Deutschen Reichs und von Preußen und der Einsetzung der Regentschaft verbundenen Fragen geregelt sind. Er beabsichtigt, dem Regenten die Ernennung des Abgeordneten Ebert zum Reichskanzler und die Vorlage eines Gesetzesentwurfs wegen der Ausschreibung allgemeiner Wahlen für eine verfassunggebende deutsche Nationalversammlung vorzuschlagen, der es obliegen würde, die künftige Staatsform des deutschen Volks einschließlich der Volksteile, die ihren Eintritt in die Reichsgrenzen wünschen sollten, endgültig festzustellen. Berlin, den 9. November 1918. Der Reichskanzler Prinz Max von Baden.« Zur Einsetzung eines Regenten, durch den die Monarchie als Staatsform hätte weitergeführt werden können, ist es nicht mehr gekommen. Mit den Volksteilen, die ihren Eintritt in die Reichsgrenzen wünschen könnten, wird auf das deutschsprachige Österreich angespielt. Am 12. November 1918 erklärte die deutsch-österreichische provisorische Nationalversammlung einstimmig: »Deutsch-Österreich ist ein Bestandteil der Deutschen Republik.« Einen Tag später folgten die Deutschen in Böhmen und Mähren mit einer entsprechenden Erklärung. Die Siegermächte verboten jedoch den Anschluß, der Deutschland größer und bevölkerungsreicher gemacht hätte, als es bis 1918 war.

7 Zitiert nach Sigurd von Ilsemann, *Der Kaiser in Holland – Aufzeichnungen des letzten Flügeladjutanten Kaiser Wilhelms II.,* herausgegeben von Harald von Königswald, Band I: Amerongen und Doorn 1918–1923, München 1967; Band II: Monarchie und Nationalsozialismus 1924–1941, München 1968; hier: Band I, S. 53f. Zum Aufenthalt des Kaisers in Amerongen sei auch verwiesen auf Lady Nora Bentinck, *Der Kaiser im Exil,* Berlin 1921.

8 *Gedanken und Erinnerungen,* Band I, Kapitel 13.

9 Kurt Töpner, *Gelehrte Politik und politisierende Gelehrte – Die Revolution von 1918 im Urteil deutscher Hochschullehrer,* Göttingen 1970, S. 253f.

10 *Spektator-Briefe,* herausgegeben von Hans Baron, Tübingen 1924, S. 23f.

11 Als spucke man sich nicht selbst ins Gesicht, erschienen Schriften wie Franz Kleinschrod, *Die Geisteskrankheit Wilhelms II.,* Wörrishofen 1919; Hermann Lutz, *Wilhelm II. periodisch geisteskrank – Ein Charakterbild des wahren Kaisers,* Leipzig 1919; Erwin Wulff, *Die persönliche Schuld Wilhelms II.,* Dresden 1920. Ein leuchtende Ausnahme bildete Walther Rathenau, *Der Kaiser – Eine Betrachtung,* Berlin 1919; hier wurde im Bilde Wilhelms II. dem wilhelminischen Bürgertum ein Spiegel vorgehalten. Eine Verurteilung aus

konservativer Perspektive ist Paul Graf von Hoensbroech, *Wilhelms II. Abdankung und Flucht,* Berlin 1919; Neudruck Bremen 1985.

12 Abdruck unter anderem in: *Die Reden Wilhelms II. – Ansprachen, Predigten und Trinksprüche,* herausgegeben von Ernst Johann, München 1966, S. 130.

13 *Der Wendepunkt – Ein Lebensbericht,* Frankfurt/M. 1967, S. 321.

14 Siehe näher zum Thema vom Verfasser: *Scheiterhaufen – Größe und Elend des deutschen Geistes,* Berlin 1983, S. 139ff.

15 In seinem Tagebuch hat Harry Graf Kessler notiert: »Berlin, 28. Dezember 1918. – Vor dem Frühstück mit Breitscheid das Schloß besichtigt... Die Verwüstungen im Innern durch die Beschießung sind überraschend gering... Dagegen ist in den Privatgemächern des Kaisers und der Kaiserin ziemlich arg geplündert worden... Die Privaträume, Möbel, Gebrauchsgegenstände, übriggebliebenen Andenken und Kunstgegenstände des Kaisers und der Kaiserin sind aber so spießbürgerlich nüchtern und geschmacklos, daß man keine große Entrüstung gegen die Plünderer aufbringt, nur Staunen, daß die armen, verschreckten, phansasielosen Wesen, die diesen Plunder bevorzugten, im kostbaren Gehäuse des Schlosses zwischen Lakaien und schemenhaften Schranzen nichtig dahinlebend, weltgeschichtlich wirken konnten. Aus dieser Umwelt stammt der Weltkrieg oder was an Schuld am Weltkrieg den Kaiser trifft: aus dieser kitschigen, kleinlichen, mit lauter falschen Werten sich betrügenden Scheinwelt seine Urteile, Pläne, Kombinationen und Entschlüsse. Ein kranker Geschmack, eine pathologische Aufregung die allzu gut geölte Staatsmaschine lenkend! Jetzt liegt diese nichtige Seele hier herumgestreut als sinnloser Kram. Ich empfinde kein Mitleid, nur, wenn ich nachdenke, Grauen und ein Gefühl der Mitschuld, daß diese Welt nicht schon längst zerstört war, im Gegenteil in etwas andren Formen überall noch weiterlebt.« (Aus den Tagebüchern 1918–1937, München 1965, S. 34.) Kessler war freilich ein rigoroser Ästhet, und zur Vervollständigung des Bildes müßte man sich wieder einmal der wilhelminischen Gesellschaft zuwenden. Denn in den weitaus meisten Bürgerwohnungen sah es im Prinzip nicht anders aus als in den Privaträumen des Kaiserpaares.

16 *Deutschland, Deutschland unter andren – Ausgewählte Werke,* herausgegeben von Fritz Raddatz, Berlin 1957, S. 303f.

17 Siehe zur genaueren Darstellung der Geldverhältnisse und Güter Willibald Gutsche, *Ein Kaiser im Exil – Der letzte deutsche Kaiser Wilhelm II. in Holland. Eine kritische Biographie,* Marburg 1991, S. 41ff. Zu Doorn auch J. A. de Jonge, *Wilhelm II.*, Köln–Wien 1988; Th. H. Lunshing-Scheuleer, *Haus Doorn – Kurzgefaßter illustrierter Führer,* 7. Auflage Doorn 1982. Als Literatur zum Exil seien noch genannt Alfred Niemann, *Wanderungen mit Kaiser Wilhelm II.*, Leipzig 1924; Hans Wilderotter und Klaus-D. Pohl, *Der letzte Kaiser – Wilhelm II. im Exil,* München 1991.

18 Der Philosoph Helmuth Plessner hat dies eindringlich beschrieben, und zwar aus seinen Erfahrungen mit dem niederländischen Exil seit 1933. In seinem Aufsatz »Mit anderen Augen« heißt es: »Man muß der Zone der Vertrautheit fremd geworden sein, um sie wieder sehen zu können. Mit erfrischten Sinnen genießt man die Wiederbegegnung mit dem nun sichtbar gewordenen Umkreis... Im verstärkten Maß erlebt diese Entfremdung, wer als Kind seine Heimat verließ und als reifer Mensch dahin zurückkehrt, vielleicht am intensivsten der Emigrant, der auf der Höhe des Lebens seine tausend in heimisches Erdreich und überkommenen Geist gesenkten Wurzelfasern bis zum Zerreißen gespannt fühlt, wenn er die ganze Überlieferung, aus der heraus er wirkt,

nicht, wie die Heimat glaubt, durch die Brille der ihn freundlich beschützenden Fremde, sondern mit anderen Augen wieder entdeckt ... Emsige Arbeit in vorgezeichneten Bahnen paßt zu ruhigen Zeiten, in denen die großen Leidenschaften höchstens um persönliche Dinge gehen, aber den Mut zur Anschauung einer Welt findet nur eine bis in den Grund erschütterte und an sich verzweifelnde Zeit ... Der Schmerz ist das Auge des Geistes.« Und: »Die Kraft zum Sehen ist dem Glück der Epoche umgekehrt proportional.« (*Zwischen Philosophie und Gesellschaft – Ausgewählte Abhandlungen und Vorträge,* Frankfurt/M. 1979, S. 233ff.; Zitate S. 237 und S. 239.)

19 Diese Unfruchtbarkeit gab es nach 1945 vielfach in der älteren Generation der Heimatvertriebenen und Flüchtlinge, für die bloß noch die Erinnerung blieb. Die Jüngeren dagegen ergriffen die Zukunftschancen, die sich ihnen im deutschen Neubeginn unerwartet boten; so kam es nicht selten zu einem bitteren Bruch zwischen den Generationen.

20 Eine eindringliche Problembeschreibung findet man bei Carl Schmitt, *Gespräch über die Macht und den Zugang zum Machthaber,* Pfullingen ohne Jahr.

21 Von diesem Bedenken spürt man bei den Biographen des Exils fast nichts. Mit Fleiß haben sie aus den Steinen der Unfruchtbarkeit eine Mauer erbaut, die kein Verständnis mehr durchdringt. Siehe als Beispiel Gutsche, a.a.O.

22 Münchhausen (1874–1945) machte sich immerhin als Balladendichter einen Namen. Von Herzog war angesichts seiner Lobgesänge zum Kaiserjubiläum 1913 schon die Rede. Presber (1868–1935) war ein Humorist ohne Biß. Lauff (1855–1933) wurde 1913 dafür geadelt, daß er erbauliche Hohenzollerndramen und rührende Heimatgeschichten schrieb. Um gerecht zu bleiben, muß man hinzufügen: Literarisch gesegnete Könige oder Staatsmänner sind selten. Friedrich der Große wurde zwar von Voltaire als großer Dichter umschmeichelt, aber er war es nicht, und er verstand nichts von deutscher Literatur, obwohl er darüber schrieb. Bismarck erwies sich als ein Sprachkünstler von Rang, doch in seinem Friedrichsruher »Exil« fand sich kein Theodor Fontane, nur ein Maximilian Harden ein. Zu den Ausnahmen gehört Winston Churchill, von Jugend an ein wirklicher Schriftsteller und schließlich – mit Recht – Nobelpreisträger für Literatur, dazu ein Maler, wenn schon nicht von Rang, dann jedenfalls voller Begeisterung.

23 Zum Schriftführer wurde der Hofmarschall Generalmajor a.D. Detloff Graf von Schwerin berufen. Von dem Interesse Wilhelms II. zeugen seine späten Veröffentlichungen: *Studien zur Gorgo,* Berlin 1936; *Vergleichende Zeittafeln der Vor- und Frühgeschichte Vorderasiens, Ägyptens und der Mittelmeerländer,* Leipzig 1936; *Das Königtum im alten Mesopotamien,* Leipzig 1938; *Ursprung und Anwendung des Baldachins,* Amsterdam 1939.

24 Unwillkürlich wird man allerdings an Bismarck erinnert, der Bäume nicht umhackte, sondern liebte, ja verehrte und seinem Amtsnachfolger vorwarf: »Ich würde Herrn von Caprivi manche politische Meinungsverschiedenheit eher nachsehn als die ruchlose Zerstörung uralter Bäume.« (*Gedanken und Erinnerungen,* Band III, 9. Kapitel, Anmerkung.)

25 Als Literatur zum Thema seien genannt Armin Mohler, *Die konservative Revolution in Deutschland, 1918–1932. Ein Handbuch,* neu bearbeitete und erweiterte Fassung Darmstadt 1973; Stefan Breuer, *Anatomie der Konservativen Revolution,* Darmstadt 1993; Rolf-Peter Sieferle, *Die Konservative Revolution – Fünf Biographische Skizzen,* Frankfurt/M. 1995.

26 Zu den sentimentalen alten Herren gehörte auch der kaiserliche Feldmarschall und republikanische Reichspräsident Paul von Hindenburg.

27 Zum achtzigsten Geburtstag Wilhelms II. am 27. Januar 1939 wurden sogar die Glückwunschaktivitäten unterbunden oder streng reglementiert. Siehe dazu Gutsche, a.a.O., S. 191f.

28 Siehe dazu die von Gutsche, a.a.O, S. 189f., zitierten Quellen.

29 Im Frankreichfeldzug starb Prinz Wilhelm von Preußen, der Kaiserenkel und älteste Sohn des Kronprinzen, nach einer schweren Verwundung im Feldlazarett; die Beisetzung erfolgte in Potsdam. Obwohl es nur eine knappe, fast versteckte Pressenotiz gegeben hatte, strömten zur Trauerfeier rund 50 000 Menschen in den Park von Sanssouci. Hitler aber wollte keine Hohenzollern-Märtyrer und verbot den weiteren Fronteinsatz. Etwas später wurde das Verbot auf alle ehemals regierenden Fürstenhäuser ausgedehnt und schließlich der Ausschluß aus der Wehrmacht angeordnet. Siehe dazu Friedrich Wilhelm Prinz von Preußen, *Das Haus Hohenzollern 1918–1945,* München–Wien 1985, S. 263; dieses Buch bietet insgesamt keine apologetische, sondern eine um Differenzierung bemühte Darstellung. Zum Wehrmachtausschluß auch Louis Ferdinand Prinz von Preußen, *Im Strom der Geschichte,* München–Wien 1983, S. 352f.

30 Es bestanden enge Beziehungen, seit der brandenburgische Kurfürst Johann Sigismund im Jahre 1613 zum Calvinismus übertrat, um sich im Kampf um Gebiete am Niederrhein die oranisch-niederländische Unterstützung zu sichern. Friedrich Wilhelm, der Große Kurfürst, verbrachte prägende Jugendjahre in den Niederlanden und heiratete Luise Henriette von Oranien. Auch der »Soldatenkönig« Friedrich Wilhelm I. empfing in den Niederlanden wesentliche Eindrücke. Eine Schwester Friedrich Wilhelms II. heiratete den Generalstatthalter der Niederlande; als dem nach einem Volksaufstand die Vertreibung drohte, schickte der Preußenkönig seine Truppen und rettete mit ihnen den oranischen Thron. Es ist nicht zuletzt auf die alten und guten Beziehungen zwischen Oraniern und Hohenzollern zurückzuführen, daß Königin Wilhelmina nach 1918 den Kaiser im Exil beschützte.
Niederländer wurden immer wieder nach Brandenburg-Preußen gerufen, vor allem als Wasserbaukünstler, um Bruchland teils durch Entwässerung urbar zu machen, teils durch Deiche vor der Überflutung zu schützen. An die niederländischen Einwanderungen und Einflüsse erinnern noch Städte- und Dorfnamen wie Oranienburg und Neu-Holland und das »holländische Viertel« in Potsdam. Den schönsten Namen gab es bis 1945 in Ostpreußen nahe am Weichseldelta: Preußisch Holland.

31 Über das Sterben Wilhelms II. gibt es den Bericht des Arztes Dr. von Ortenberg, aufbewahrt im Reichsarchiv Utrecht: Wilhelm II., Nr. 128.

Hinweise zur Literatur – Eine Auswahl

Kaiser Wilhelm II.

Anonym, *Wilhelm II. – Von einem alten Diplomaten,* Zürich 1905.
Ayme, Franz, *Kaiser Wilhelm II. und seine Erziehung – Aus den Erinnerungen seines französischen Lehrers,* Leipzig 1898.
Balfour, Michael, *Kaiser Wilhelm II. und seine Zeit,* Frankfurt/M.–Berlin–Wien 1979.
Benson, E. F., *The Kaiser and English Relations,* London 1936.
Beseler, Dora von, *Der Kaiser im englischen Urteil,* Berlin 1932.
Bentinck, Lady Nora, *Der Kaiser im Exil,* Berlin 1921.
Bismarck, Otto Fürst von, *Gedanken und Erinnerungen,* Band III, Erstausgabe 1919, Neuausgabe Berlin 1990.
Boelcke, Willi, *Krupp und die Hohenzollern,* Berlin 1956.
Buchner, Max, *Kaiser Wilhelm II., seine Weltanschauung und die deutschen Katholiken,* Leipzig 1929.
Cecil, Lamar, *Wilhelm II, Prince and Emperor, 1859–1900,* Chapel Hill–London 1989.
Chamier, J. Daniel, *Ein Fabeltier unserer Zeit,* Zürich–Wien–Leipzig 1937; Neuausgabe unter dem Titel: *Als Deutschland mächtig schien – Die Ära Wilhelms II.,* Berlin 1954.
Cowles, Virginia, *Wilhelm II. – Der letzte deutsche Kaiser,* Frankfurt/M. 1965; Taschenbuchausgabe München 1976.
Cunliffe-Owen, M., *Imperator et Rex – William II of Germany,* London–New York 1904.
Davis, A. N., *The Kaiser I knew,* London 1918.
Eulenburg, Philipp Fürst zu, *Mit dem Kaiser als Staatsmann und Freund auf Nordlandreisen,* 2 Bände, Dresden 1931.
Eyck, Erich, *Die Monarchie Wilhelms II.,* Berlin 1924.
ders., *Das persönliche Regiment Wilhelms II.,* Erlenbach bei Zürich 1948.
Fenske, Hans (Hg.), *Unter Wilhelm II. 1890–1918,* Darmstadt 1982.
Franke, Lydia, *Die Randbemerkungen Wilhelms II.,* Leipzig 1934.
Frederic, Harold, *The Young Emperor – William II of Germany. A Study in Character Development on a Throne,* London 1891.
Friedländer, Adolf Albrecht, *Wilhelm II. – Eine politisch-psychologische Studie,* 2. Auflage Halle 1919.
Fried, Alfred H., *The German Emperor and the Peace of the World,* London 1912.
Grand-Carteret, John, *»ER« im Spiegel der Karikatur,* Wien–Leipzig 1906.
Gutsche, Willibald, *Wilhelm II. – Der letzte Kaiser des deutschen Reiches,* Berlin 1991.

ders., *Ein Kaiser im Exil – Der letzte deutsche Kaiser Wilhelm II. in Holland. Eine kritische Biographie,* Marburg 1991.
Hammann, Otto, *Um den Kaiser,* Berlin 1919.
ders., *Bilder aus der letzten Kaiserzeit,* Berlin 1922.
Hartau, Friedrich, *Wilhelm II. – Mit Selbstzeugnissen und Bilddokumenten,* 6. Auflage Reinbek bei Hamburg 1997.
Hartung, Fritz, *Das persönliche Regiment Kaiser Wilhelms II.,* Berlin 1952.
Hermine (Kaiserin), *My Days in Doorn,* London–New York 1928.
Hinzpeter, Georg, *Kaiser Wilhelm II. – Eine Skizze nach der Natur gezeichnet,* Bielefeld 1888.
Hoensbroech, Paul Graf von, *Wilhelms II. Abdankung und Flucht,* Berlin 1919, Neudruck Bremen 1985.
Hull, Isabel V., *The Entourage of Kaiser Wilhelm II,* New York 1981, Cambridge 1982.
Ilsemann, Sigurd von, *Der Kaiser in Holland – Aufzeichnungen des letzten Flügeladjutanten Kaiser Wilhelms II.,* herausgegeben von Harald von Koenigswald, 2 Bände, München 1967 und 1968.
Johann, Ernst (Hg.), *Die Reden Wilhelms II. – Ansprachen, Reden und Trinksprüche,* München 1966.
Jonge, J. A. de, *Wilhelm II.,* Köln–Wien 1988.
Klaußmann, A. O., *Kaiserreden – Reden und Erlasse, Briefe und Telegramme Kaiser Wilhelms II. Ein Charakterbild des deutschen Kaisers,* Leipzig 1902.
Kleinschrod, Franz, *Die Geisteskrankheit Wilhelms II.,* Wörrishofen 1919.
Kohut, Thomas A., *Wilhelm II and the Germans – A Study in Leadership,* New York–Oxford 1991.
Koester, Adolf, *Wilhelm II. als Diplomat,* Berlin 1921.
Krieger, Bogdan, *Der Kaiser im Felde,* Berlin 1916.
Lamprecht, Karl, *Der Kaiser – Versuch einer Charakteristik,* Berlin 1913.
Lerchenfeld-Köfering, Hugo Graf, *Wilhelm II. als Persönlichkeit und Herrscher,* herausgegeben von Dieter Albrecht, Kallmünz/Oberpfalz 1985.
Liman, Paul, *Der Kaiser – Ein Charakterbild Wilhelms II.,* Berlin 1904.
Ludwig, Emil, *Wilhelm der Zweite,* Berlin 1926.
Lutz, Hermann, *Wilhelm II. periodisch geisteskrank! Ein Charakterbild des wahren Kaisers,* Leipzig 1919.
Mann, Golo, *Wilhelm II.,* München u.a. 1964.
Marschall, Birgit, *Reisen und Regieren – Die Nordlandfahrten Kaiser Wilhelms II.,* Hamburg–Bremerhaven 1991.
McCabe, Joseph, *The Kaiser – His Personality and Career,* London 1915.
Meinhold, Paul, *Wilhelm II. 25 Jahre Kaiser und König,* Berlin 1913.
Müller, Georg Alexander von, *Regierte der Kaiser?,* herausgegeben von Walter Görlitz, Göttingen–Berlin–Frankfurt/M. 1959.
Muret, Maurice, *Guillaume II,* Paris 1940.
Niemann, Alfred, *Wanderungen mit Kaiser Wilhelm II.,* Leipzig 1924.
Palmer, Alan, *The Kaiser – Warlord of the Second Reich,* London 1978.
Penzler, Johannes (Hg.), *Die Reden Kaiser Wilhelms II.,* 4 Bände, Leipzig 1897–1913; Band IV herausgegeben von Bogdan Krieger.
Pfeil, Hans Graf von, *Mein Kaiser!,* Leipzig 1924.
Radziwill, Marie Fürstin, *Briefe vom deutscher Kaiserhof, 1899–1915,* herausgegeben von Paul Wiegler, Berlin 1936.
Rathenau, Walther, *Der Kaiser – Eine Betrachtung,* Berlin 1919.
Reventlow, Ernst Graf zu, *Kaiser Wilhelm II. und die Byzantiner,* München 1906.

Röhl, John C. G., und Nicolaus Sombart, *Kaiser Wilhelm II – New Interpretations*, Cambridge 1982.
Röhl, John C. G., Kaiser, *Hof und Staat – Wilhelm II. und die deutsche Politik*, München 1987.
ders. (Hg.), *Der Ort Kaiser Wilhelms II. in der deutschen Geschichte*, München 1991.
ders., *Wilhelm II. – Die Jugend des Kaisers 1859–1888*, München 1993.
Schmidt-Pauli, Edgar von, *Der Kaiser – Das wahre Gesicht Wilhelms II.*, Berlin 1928.
Schüssler, Wilhelm, *Wilhelm II. – Schicksal und Schuld*, Göttingen–Berlin–Frankfurt/M. 1962.
Schwarzseher (Anonymus), *Kaiser Wilhelm II. und die Schwarzseher*, Freiburg im Breisgau 1919.
Shaw, Stanley, *William of Germany*, London 1913.
Sombart, Nicolaus, *Wilhelm II. – Sündenbock und Herr der Mitte*, Berlin 1996.
Stein, Adolf, *Wilhelm II.*, Leipzig 1909.
Stutzenberger, Adolf, *Die Abdankung Kaiser Wilhelms II.*, Berlin 1937.
Topham, Anne, *Memories of the Kaiser's Court*, London 1914.
Treue, Wilhelm (Hg.): *Drei deutsche Kaiser. Wilhelm I. – Friedrich III. – Wilhelm II.*, Freiburg im Breisgau–Würzburg 1987.
Unser Kaiser – Fünfundzwanzig Jahre der Regierung Kaiser Wilhelms II., 1888–1913, Berlin–Leipzig–Wien–Stuttgart 1913.
Wilderotter, Hans, und Klaus-D. Pohl, *Der letzte Kaiser – Wilhelm II. im Exil*, München 1991.
Wilhelm II., *Ereignisse und Gestalten aus den Jahren 1878–1918*, Leipzig–Berlin 1922.
Wilhelm II., *Erinnerungen an Korfu*, Berlin 1924.
Wilhelm II., *Jugenderinnerungen*, Leipzig 1926.
Wilhelm II., *Aus meinem Leben 1859–1888*, Berlin–Leipzig 1927.
Wilhelm II., *Meine Vorfahren*, Berlin 1929.
Wilhelm II., *Die chinesische Monade*, Leipzig 1934.
Wilhelm II., *Studien zur Gorgo*, Berlin 1936.
Wilhelm II., *Das Königtum im alten Mesopotamien*, Leipzig 1938.
Wilhelm II., *Ursprung und Anwendung des Baldachins*, Amsterdam 1939.
Wilhelm II., *Briefe Wilhelms II. an den Zaren 1894–1914*, herausgegeben von Walter Goetz, Berlin 1920.
Wilm, H., *Wilhelm II. als Krüppel und Psychopath – Abrechnung mit der Entente und dem Monarchismus*, Berlin 1920.
Whittle, Tyler, *Kaiser Wilhelm II.*, München 1979.
Wulff, Erwin, *Die persönliche Schuld Wilhelms II.*, Dresden 1920.
Zedlitz-Trützschler, Robert Graf von, *Zwölf Jahre am deutschen Kaiserhof – Aufzeichnungen*, Stuttgart–Berlin–Leipzig 1923.

Die wilhelminische Zeit

Alvensleben, Constantin von, »Im Glanz der Hohenzollern – Bonner Verbindungsleben in der Zeit des Wilhelminismus«, in: Arbeitskreis Bonner Korporationen (Hg.), *Studentenverbindungen und Verbindungsstudenten in Bonn*, Haltern 1989.

Baumgart, Peter (Hg.): *Bildungspolitik in Preußen zur Zeit des Kaiserreichs,* Stuttgart 1980.
Baumgart, Winfried, *Deutschland im Zeitalter des Imperialismus 1890–1914. Grundkräfte, Thesen und Strukturen,* 4. Auflage Stuttgart–Berlin–Köln–Mainz 1982.
Barkeley, R., *Die Kaiserin Friedrich, Mutter Wilhelms II. Mit einer Vorbemerkung von Theodor Heuss,* Dordrecht 1959.
Bebel, August, *Aus meinem Leben,* herausgegeben von W. G. Oschilewski, Bonn 1986.
Berghahn, Volker R., *Der Tirpitz-Plan – Genesis und Verfall einer innenpolitischen Krisenstrategie unter Wilhelm II.,* Düsseldorf 1971.
Berghahn, Volker, und Wilhelm Deist, *Rüstung im Zeichen der wilhelminischen Weltpolitik – Grundlegende Dokumente 1890–1914,* Düsseldorf 1988.
Bernhardi, Friedrich von, *Deutschland und der nächste Krieg,* Stuttgart 1912.
Blüher, Hans, *Wandervogel – Geschichte einer Jugendbewegung,* 2 Bände, 4. Auflage Prien 1919.
Boehlich, Walter (Hg.): *Der Berliner Antisemitismusstreit,* Frankfurt/M. 1965.
Born, Karl Erich, *Wirtschafts- und Sozialgeschichte des Deutschen Kaiserreiches 1867/71–1914,* Stuttgart 1985.
Bornhak, Conrad, *Deutsche Geschichte unter Kaiser Wilhelm II.,* Leipzig 1921.
Brakelmann, Günter, Martin Greschat und Werner Jochmann, *Protestantismus und Politik – Werk und Wirkung Adolf Stoeckers,* Hamburg 1982.
Braun, Lily, *Memoiren einer Sozialistin,* 2 Bände, Berlin 1909 und 1911.
Bruch, Rüdiger vom, *Wissenschaft, Politik und öffentliche Meinung – Gelehrtenpolitik im wilhelminischen Deutschland, 1900–1914,* Husum 1980.
Bülow, Bernhard Fürst von, *Denkwürdigkeiten,* 4 Bände, herausgegeben von Franz von Stockhammern, Berlin 1930/31.
ders, *Fürst Bülows Reden nebst urkundlichen Beiträgen zu seiner Politik,* 3 Bände, herausgegeben von Johannes Penzler und Otto Hötzsch, Berlin 1907–1909.
ders, *Deutsche Politik,* herausgegeben von Peter Winzen, Bonn 1992.
Burchardt, Lothar, *Wissenschaftspolitik im Wilhelminischen Deutschland – Vorgeschichte, Gründung und Aufbau der Kaiser-Wilhelm-Gesellschaft zur Förderung der Wissenschaften,* Göttingen 1975.
Chickering, Roger, *We Men Who Feel Most German – A Cultural Study of the Pan-German League 1886–1914,* London 1984.
Claß, Heinrich (unter dem Pseudonym Einhart), *Deutsche Geschichte,* 4. Auflage Leipzig 1912.
Claß, Heinrich, *Wider den Strom – Vom Werden und Wachsen der nationalen Opposition im alten Reich,* Leipzig 1932.
Corti, Egon Caesar Conte, *Wenn ... Sendung und Schicksal einer Kaiserin,* Graz–Wien–Köln 1954.
Das Wilhelminische Deutschland – Stimmen der Zeitgenossen, herausgegeben von Georg Kotowski, Werner Pöls, Gerhard A. Ritter, Frankfurt/M. 1965.
Deist, Wilhelm, *Flottenpolitik und Flottenpropaganda – Das Nachrichtenbureau des Reichsmarineamtes 1897–1914,* Stuttgart 1976.
Doerry, Martin, *Übergangsmenschen – Die Mentalität der Wilhelminer und die Krise des Kaiserreiches,* Weinheim–München 1986.
Desai, A. V., *Real Wages in Germany, 1871–1913,* Oxford 1968.
Dülfer, Jost, und Karl Holl (Hg.), *Bereit zum Krieg – Kriegsmentalität im wilhelminischen Deutschland 1890–1940,* Göttingen 1986.
Eckardt, Julius, *Aus den Tagen von Bismarcks Kampf gegen Caprivi,* Leipzig 1920.

Einem, Karl von, *Kriegsminister unter Wilhelm II. – Erinnerungen eines Soldaten 1853–1933,* Leipzig 1933.
Epkenhans, Michael, *Die wilhelminische Flottenrüstung 1908–1914. Weltmachtstreben, industrieller Fortschritt, soziale Integration,* München 1991.
Eucken, Rudolf, *Lebenserinnerungen – Ein Stück deutschen Lebens,* Leipzig 1921.
Eulenburg-Hertefeld, Philipp Fürst zu, *Aus 50 Jahren – Erinnerungen. Tagebücher und Briefe aus dem Nachlaß, herausgegeben von Johannes Haller,* Berlin 1923.
Evans, Richard J. (Hg.), *Kneipengespräche im Kaiserreich – Stimmungsberichte der Hamburger Politischen Polizei 1892–1914,* Reinbek bei Hamburg 1989.
Fesser, Gerd, *Reichskanzler Bernhard von Bülow – Eine Biographie,* Berlin 1991.
ders., *Der Traum vom Platz an der Sonne – Deutsche »Weltpolitik« 1897–1914,* Bremen 1996.
Fischer, Fritz, *Krieg der Illusionen – Die deutsche Politik von 1911–1914,* Düsseldorf 1969.
ders., »Theobald von Bethmann Hollweg«, in: *Die deutschen Kanzler – Von Bismarck bis Schmidt,* herausgegeben von Wilhelm von Sternburg, 2. Auflage Königstein im Taunus 1985, S. 87ff.
Flemming, Jens, *Landwirtschaftliche Interessen und Demokratie – Ländliche Gesellschaft, Agrarverbände und Staat 1890–1925,* Bonn 1978.
Fontane, Theodor, *Briefe an Georg Friedlaender,* herausgegeben von Kurt Schreinert, Heidelberg 1954.
Frank, Walter, *Hofprediger Adold Stoecker und die christlichsoziale Bewegung,* Hamburg 1935.
Freideutsche Jugend, *Zur Jahrhundertfeier auf dem Hohen Meißner,* Jena 1913.
Freund, Michael, *Das Drama der 99 Tage – Krankheit und Tod Friedrichs III.,* Köln 1967.
Glaser, Hermann, *Die Kultur der Wilhelminischen Zeit – Topographie einer Epoche,* Frankfurt/M. 1984.
Glatzer, Ruth (Hg.), *Das Wilhelminische Berlin,* Einleitung von Ernst Engelberg, Berlin 1997.
Göhre, Paul, *Drei Monate Fabrikarbeiter und Handwerksbursche – Eine praktische Studie,* Leipzig 1891.
Groh, Dieter, *Negative Integration und revolutionärer Attentismus – Die deutsche Sozialdemokratie am Vorabend des Ersten Weltkriegs,* Frankfurt/M.–Berlin–Wien 1973.
Grosser, Dieter, *Vom monarchischen Konstitutionalismus zur parlamentarischen Demokratie – Die Verfassungspolitik der deutschen Parteien im letzten Jahrzehnt des Kaiserreichs,* Den Haag 1970.
Gründer, Horst, *Geschichte der deutschen Kolonien,* Paderborn–München–Zürich–Wien 1985.
Guttmann, Bernhard, *Schattenriß einer Generation 1888–1919,* Stuttgart 1950.
Haffner, Sebastian, *Die sieben Todsünden des Deutschen Reiches – Grundfehler deutscher Politik nach Bismarck damals und auch heute,* Hamburg 1965, Neuausgabe Bergisch Gladbach 1981.
Haldane, Richard Burdon, *Viscount Haldane of Cloan, Before the War,* London 1920.
Haller, Johannes, *Aus dem Leben des Fürsten Philipp zu Eulenburg-Hertefeld,* Berlin–Leipzig 1924.
Hallgarten, George W. F., *Imperialismus vor 1914,* 2 Bände, 2. Auflage München 1963.
Hamann, Brigitte, *Rudolf – Kronprinz und Rebell,* Wien–München 1978.

Hammann, Otto, *Der neue Kurs – Erinnerungen,* Berlin 1918.
Harden, Maximilian, *Köpfe,* Berlin 1913.
Helfferich, Karl, *Deutschlands Volkswohlstand 1888–1913,* 6. Auflage Berlin 1915.
Hentschel, Volker, *Wirtschaft und Wirtschaftspolitik im wilhelminischen Deutschland: Organisierter Kapitalismus und Interventionsstaat,* Stuttgart 1978.
Hepp, Corona, *Avantgarde – Moderne Kunst, Kulturkritik und Reformbewegungen nach der Jahrhundertwende,* München 1987.
Herre, Franz, *Kaiser Friedrich III. – Deutschlands liberale Hoffnung,* Stuttgart 1987.
Herre, Franz, *Jahrhundertwende 1900 – Untergangsstimmung und Fortschrittsglauben,* Stuttgart 1998.
Herz, Ludwig, *Spaziergänge im Damals – Aus dem alten Berlin,* Berlin 1933.
Hildebrand, Klaus, *Deutsche Außenpolitik 1871–1918,* München 1989.
Hiller von Gaertringen, Friedrich Freiherr von, *Fürst Bülows Denkwürdigkeiten – Untersuchungen zu ihrer Entstehungsgeschichte und ihrer Kritik,* Tübingen 1956.
Hohenlohe-Schillingsfürst, Chlodwig Fürst zu, *Denkwürdigkeiten der Reichskanzlerzeit,* herausgegeben von Karl Alexander von Müller, Stuttgart–Berlin 1931.
Hohorst, Gerd, *Materialien zur Statistik des Kaiserreichs 1870–1914* (Sozialgeschichtliches Arbeitsbuch, Band 2), München 1975.
Holstein, Friedrich von, *Die geheimen Papiere Friedrich von Holsteins,* 4 Bände, herausgegeben von Norman Rich, M. H. Fisher und Werner Frauendienst, Göttingen–Berlin–Frankfurt/M. 1956–1963.
Hübinger, Gangolf, *Kulturprotestantismus und Politik – Zum Verhältnis von Liberalismus und Protestantismus im wilhelminischen Deutschland,* Tübingen 1994.
Hübinger, Gangolf, und Wolfgang J. Mommsen (Hg.), *Intellektuelle im Kaiserreich,* Frankfurt/M. 1993.
Huldermann, Bernhard, *Albert Ballin,* London 1922.
Jarausch, Konrad H., *The Enigmatic Chancellor – Bethmann Hollweg and the Hybris of Imperial Germany,* New Haven–London 1973.
John, Hartmut, *Das Reserveoffizierkorps im Deutschen Kaiserreich 1890–1914. Ein sozialgeschichtlicher Beitrag zur Untersuchung der gesellschaftlichen Militarisierung im Wilhelminischen Deutschland,* Frankfurt/M. 1981.
Kaelble, Hartmut, *Industrielle Interessenpolitik in der Wilhelminischen Gesellschaft – Centralverband Deutscher Industrieller 1895–1914,* Berlin 1967.
Kaulisch, Baldur, *Alfred Tirpitz und die imperialistische deutsche Flottenrüstung – Eine politische Biographie,* 3. Auflage Berlin 1988.
Kehr, Eckart, *Schlachtflottenbau und Parteipolitik 1894–1901. Versuch eines Querschnittes durch die innenpolitischen, sozialen und ideologischen Voraussetzungen des deutschen Imperialismus,* Berlin 1930.
Keller, Mathilde Gräfin von, *Vierzig Jahre im Dienst der Kaiserin – Ein Kulturbild aus den Jahren 1881–1921,* Leipzig 1935.
Kennan, George F., *Die schicksalhafte Allianz – Frankreich und Rußland am Vorabend des Ersten Weltkrieges,* Köln 1990.
Kessler, Harry Graf, *Gesichter und Zeiten – Erinnerungen,* Berlin 1935; *Gesammelte Schriften,* Band 1, Taschenbuchausgabe Frankfurt/M. 1988.
ders., *Walther Rathenau – Sein Leben und sein Werk,* Berlin-Grunewald 1928; Taschenbuchausgabe Frankfurt/M. 1988.

Kiderlen-Wächter, Alfred von, *Alfred von Kiderlen-Wächter, der Staatsmann und Mensch – Briefwechsel und Nachlaß,* herausgegeben von Ernst Jäckh, 2 Bände, Stuttgart–Berlin–Leipzig 1924.
Kindt, Werner (Hg.), *Die deutsche Jugendbewegung – Quellenschriften,* 3 Bände, Düsseldorf–Köln 1963–1974.
Kitchen, M., *The German Officer Corps 1890–1914,* Oxford 1968.
Kruck, Alfred, *Geschichte des Alldeutschen Verbandes, 1890–1939,* Wiesbaden 1954.
Kuhn, Robert, und Bernd Kreutz, *Der Matrosenanzug – Kulturgeschichte eines Kleidungsstücks,* 2. Auflage Dortmund 1991.
Lee, Sir Sidney, *Life of Kind Edward VII,* 2 Bände, London 1925–27.
Liebermann, Max, *Gesammelte Schriften,* Berlin 1922.
Mahan, Alfred Thayer, *Der Einfluß der Seemacht auf die Geschichte,* herausgegeben von Gustav-Adolf Wolter, Herford 1967.
Mann, Heinrich, *Der Untertan,* Leipzig 1918.
Massie, Robert K., *Die Schalen des Zorns – Großbritannien, Deutschland und das Heraufziehen des Ersten Weltkriegs,* Frankfurt/M. 1993.
Masur, Gerhard, *Propheten von gestern – Zur europäischen Kultur 1890–1914,* Frankfurt/M. 1965.
Meinecke, Friedrich, *Erlebtes 1862–1901,* Leipzig 1941.
Modrow, Hans Otto, *Berlin 1900 – Querschnitt durch die Entwicklung einer Stadt um die Jahrhundertwende,* Berlin 1936.
Mogk, Walter, *Paul Rohrbach und das größere Deutschland. Ethischer Imperialismus im Wilhelminischen Zeitalter. Ein Beitrag zur Geschichte des Kulturprotestantismus,* München 1972.
Münz, Sigmund, *Fürst Bülow – Der Staatsmann und Mensch. Erinnerungen und Erwägungen,* Berlin 1930.
Nipperdey, Thomas, *Die Organisation der deutschen Parteien vor 1918,* Düsseldorf 1961.
ders., *Deutsche Geschichte 1866–1918,* Band I: Arbeitswelt und Bürgergeist, München 1990; Band II: Machtstaat vor Demokratie, München 1992.
Oldenburg-Januschau, Elard von, *Erinnerungen,* Leipzig 1936.
Oertzen, Dietrich von, *Adolf Stoecker – Lebensbild und Zeitgeschichte,* Schwerin 1912.
Paret, Peter, *Die Berliner Sezession – Moderne Kunst und ihre Feinde im Kaiserlichen Deutschland,* Berlin 1981.
Peters, Michael, *Der Alldeutsche Verband am Vorabend des Ersten Weltkrieges (1908–1914). Ein Beitrag zur Geschichte des spätwilhelminischen Deutschland,* Frankfurt/M.–Bern–New York–Paris 1992.
Plagemann, Volker (Hg.), *Übersee – Seefahrt und Seemacht im Kaiserlichen Deutschland,* München 1988.
Ploetz, *Das Deutsche Kaiserreich 1867/71 bis 1918 – Bilanz einer Epoche,* herausgegeben von Dieter Langewiesche, Freiburg–Würzburg 1984.
Ponsonby, Sir Frederick (Hg.), *Briefe der Kaiserin Friedrich,* Berlin 1929.
Pörtner, Rudolf, *Kindheit im Kaiserreich – Erinnerungen an vergangene Zeiten,* Düsseldorf 1987.
Posener, Julius, *Berlin auf dem Wege zu einer neuen Architektur – Das Zeitalter Wilhelms II.,* München 1979.
Potter, Elmar B., und Chester W. Nimitz, *Seemacht – Eine Seekriegsgeschichte von der Antike bis zur Gegenwart,* Herrsching 1986.
Puhle, Hans-Jürgen, *Agrarische Interessenpolitik und preußischer Konservatismus im wilhelminischen Reich 1893–1914,* Hannover 1967.

Quellen zur deutschen Außenpolitik im Zeitalter des Imperialismus 1890–1911, herausgegeben von Michael Behnen, Darmstadt 1977.
Quellen zur Entstehung des Ersten Weltkrieges – Internationale Dokumente 1901–1914, herausgegeben von Erwin Hölzle, Darmstadt 1978.
Quellen zur deutschen Innenpolitik, 1890–1914, herausgegeben von Hans Fenske, Darmstadt 1991.
Quidde, Ludwig, *Erinnerungen – Im Kampf gegen Cäsarismus und Byzantinismus im Kaiserlichen Deutschland,* Berlin 1926.
Radkau, Joachim, *Das Zeitalter der Nervosität. Deutschland zwischen Reichsgründung und Nationalsozialismus,* München 1998.
Rehbein, Franz, *Das Leben eines Landarbeiters,* herausgegeben von Paul Göhre, Jena 1911.
Ritter, Gerhard A., *Die Arbeiterbewegung im Wilhelminischen Reich – Die Sozialdemokratische Partei und die Freien Gewerkschaften 1890–1900,* 2. Auflage Berlin 1963.
ders. (Hg.), *Deutsche Parteien vor 1918,* Köln 1973.
ders. (Hg.), unter Mitarbeit von M. Niehuss, *Wahlgeschichtliches Arbeitsbuch – Materialien zur Statistik des Kaiserreiches 1871–1918,* München 1980.
ders. und Jürgen Kocka (Hg.): *Deutsche Sozialgeschichte – Dokumente und Skizzen,* Band II: 1870–1914, 2. Auflage München 1977.
ders., *Das Deutsche Kaiserreich 1871–1914. Ein historisches Lesebuch,* 4. Auflage Göttingen 1981.
Rohkrämer, Thomas, *Der Militarismus der »kleinen Leute« – Die Kriegervereine im Deutschen Kaiserreich 1871–1914,* München 1990.
Röhl, John C. G. (Hg.), *Philipp Eulenburgs politische Korrespondenz,* 3 Bände, Boppard am Rhein 1976–1983.
Rohrbach, Paul, *Deutschland unter den Weltvölkern – Materialien zur auswärtigen Politik,* Berlin-Schöneberg 1912.
Russell, Bertrand, *Die deutsche Sozialdemokratie,* herausgegeben von Achim vom Borries, Berlin–Bonn 1978.
Sachse, Arnold, *Friedrich Althoff und sein Werk,* Berlin 1928.
Salewski, Michael, *Tirpitz: Aufstieg, Macht, Scheitern,* Göttingen 1979.
Saul, Klaus, *Staat, Industrie, Arbeiterbewegung im Kaiserreich – Zur Innen- und Sozialpolitik des Wilhelminischen Deutschland 1903–1914,* Düsseldorf 1974.
Schönburg-Waldenburg, Heinrich Prinz von, *Erinnerungen aus kaiserlicher Zeit,* Leipzig 1929.
Schulte, Bernd-Felix, *Die deutsche Armee 1900–1914. Zwischen Beharren und Verändern,* Düsseldorf 1977.
Stegmann, Dirk, *Die Erben Bismarcks – Parteien und Verbände in der Spätphase des Wilhelminischen Deutschlands. Sammlungspolitik 1897–1918,* Köln–Berlin 1970.
Stern, Fritz, *Kulturpessimismus als politische Gefahr – Eine Analyse nationaler Ideologie in Deutschland,* München 1986.
Stillich, Oscar, *Die Lage der weiblichen Dienstboten in Berlin,* Bern 1902.
Stoecker, Adolf, *Christlich-Sozial – Reden und Aufsätze,* Berlin 1885.
Stürmer, Michael, *Das ruhelose Reich – Deutschland 1866–1918,* 2. Auflage Berlin 1983.
Das Tagebuch der Baronin Spitzemberg – Aufzeichnungen aus der Hofgesellschaft des Hohenzollernreiches, herausgegeben von Rudolf Vierhaus, 4. Auflage Göttingen 1976.
Thoma, Ludwig, *Erinnerungen,* München 1919.

ders., *Die Reden Kaiser Wilhelms II. und andere zeitkritische Stücke,* München 1965.
Tirpitz, Alfred von, *Erinnerungen,* Leipzig 1919.
ders., *Politische Dokumente,* Band I: Der Aufbau der deutschen Weltmacht, Stuttgart–Berlin 1924.
Treitschke, Heinrich von, *Ein Wort über unser Judentum,* Berlin 1880.
ders., *Politik – Vorlesungen,* herausgegeben von Max Cornicelius, 2 Bände, Leipzig 1897/98.
Ulrich, Volker, *Die nervöse Großmacht – Aufstieg und Untergang des deutschen Kaiserreiches 1871–1918,* Frankfurt/M. 1997.
Vietsch, Eberhard von, *Bethmann Hollweg – Staatsmann zwischen Macht und Ethos,* Boppard am Rhein 1969.
Vondung, Klaus (Hg.), *Das wilhelminische Bildungsbürgertum – Zur Sozialgeschichte seiner Ideen,* Göttingen 1976.
Waldersee, Alfred Graf von, *Denkwürdigkeiten des General-Feldmarschalls Alfred Grafen von Waldersee,* herausgegeben von Heinrich Otto Meisner, 3 Bände, Stuttgart–Berlin 1922–1925.
Weber, Max, *Gesammelte politische Schriften,* herausgegeben von Johannes Winckelmann, 2. Auflage Tübingen 1958.
Wehler, Hans-Ulrich, *Krisenherde des Kaiserreichs, 1871 bis 1918 – Studien zur deutschen Sozial- und Verfassungsgeschichte,* 2. Auflage Göttingen 1979.
ders., *Das deutsche Kaiserreich 1871–1918,* 4. Auflage Göttingen 1980.
Wernecke, K., *Der Wille zur Weltgeltung – Außenpolitik und Öffentlichkeit im Kaiserreich am Vorabend des Ersten Weltkrieges,* Düsseldorf 1970.
Wilhelm (Kronprinz), *Erinnerungen – Aus den Aufzeichnungen, Dokumenten, Tagebüchern und Gesprächen,* herausgegeben von Karl Rosner, Stuttgart–Berlin 1922.
Witt, Peter-Christian, *Die Finanzpolitik des Deutschen Reiches von 1903 bis 1913 – Eine Studie zur Innenpolitik des Wilhelminischen Deutschland,* Lübeck–Hamburg 1970.
Wolff, Theodor, *Die Wilhelminische Epoche – Fürst Bülow am Fenster und andere Begegnungen,* herausgegeben von Bernd Sösemann, Frankfurt/M. 1989.
Wollstein, Günter, *Theobald von Bethmann Hollweg – Letzter Erbe Bismarcks, erstes Opfer der Dolchstoßlegende,* Göttingen–Zürich 1995.
Ziekursch, Johannes, *Geschichte des neuen deutschen Kaiserreichs,* 3 Bände, Frankfurt/M. 1925–1930.
Zobeltitz, Fedor von, *Chronik der Gesellschaft unter dem letzten Kaiserreich,* 2 Bände, Hamburg 1922.
Zweig, Stefan, *Die Welt von Gestern – Erinnerungen eines Europäers,* Frankfurt/M. 1970.

Der Erste Weltkrieg

Anz, Thomas, und Joseph Vogl (Hg.), *Die Dichter und der Krieg – Deutsche Lyrik 1914–1918,* München–Wien 1982.
August 1914 – Ein Volk zieht in den Krieg, herausgegeben von der Berliner Geschichtswerkstatt, Berlin 1989.
Baden, Prinz Max von, *Erinnerungen und Dokumente,* Berlin–Leipzig 1927.
Barnett, Correlli, *Anatomie eines Krieges – Eine Studie über Hintergründe und entscheidende Phasen des Ersten Weltkrieges,* München–Esslingen 1966.

Bermbach, Udo, *Vorformen parlamentarischer Kabinettsbildung in Deutschland – Der interfraktionelle Ausschuß 1917/18 und die Parlamentarisierung der Reichsregierung,* Köln-Opladen 1967.
Bernstorff, Johann-Heinrich Graf von, *Deutschland und Amerika – Erinnerungen aus dem fünfjährigen Krieg,* Berlin 1920.
Bethmann Hollweg, Theobald von, *Betrachtungen zum Weltkriege,* herausgegeben von Jost Dülffer, Essen 1989.
Böhme, Klaus (Hg.), *Aufrufe und Reden deutscher Professoren im Ersten Weltkrieg,* Stuttgart 1975.
Cartier, Jean-Pierre, *Der Erste Weltkrieg 1914–1918,* München–Zürich 1984.
Churchill, Winston, *The World Crisis,* 5 Bände, London 1923–1931; deutsch: *Die Weltkrise 1911–1918,* gekürzte Ausgabe in 2 Bänden, Zürich 1946.
Clemenceau, George, *Größe und Tragik eines Sieges,* Stuttgart 1930.
Deist, Wilhelm, »Die Politik der Seekriegsleitung und die Rebellion der Flotte Ende Oktober 1918«, in: *Vierteljahrshefte für Zeitgeschichte,* Jahrgang 14, 1966, S. 341ff.
Deist, Wilhelm (Hg.), *Militär und Innenpolitik im Ersten Weltkrieg,* 2 Bände, Düsseldorf 1970.
Delbrück, Hans, *Krieg und Politik 1914–1918,* 3 Bände, Berlin 1918–1919.
Deutsche Reden in schwerer Zeit, 3 Bände, Berlin 1915 ff.
Die deutschen Dokumente zum Kriegsausbruch 1914, zusammengestellt von Karl Kautsky, herausgegeben von Max Graf von Montgelas und Walter Schücking, 4 Bände, Neuausgabe Berlin 1927.
Deutschland und der Weltkrieg, herausgegeben von Otto Hintze, Friedrich Meinecke, Hermann Qnoken und Hermann Schumacher, Leipzig 1916.
Erdmann, Karl Dietrich, *Der Erste Weltkrieg,* München 1980 (Gebhardt, *Handbuch der deutschen Geschichte,* Taschenbuchausgabe Band 18).
Erzberger, Matthias, *Erlebnisse im Weltkrieg,* Stuttgart–Berlin 1920.
Falkenhayn, Erich von, *Die Oberste Heeresleitung 1914–1916 in ihren wichtigsten Entschließungen,* Berlin 1920.
Fischer, Fritz, *Griff nach der Weltmacht – Die Kriegszielpolitik des kaiserlichen Deutschland 1914/18,* Düsseldorf 1961.
ders., *Weltmacht oder Niedergang – Deutschland im Ersten Weltkrieg,* 2. Auflage Frankfurt/M. 1968.
Foch, Ferdinand, *Meine Kriegserinnerungen 1914–18,* Leipzig 1931.
Foerster, Wolfgang, *Graf Schlieffen und der Weltkrieg,* Teil I, Berlin 1921.
Geiss, Imanuel, *Julikrise und Kriegsausbruch 1914 – Eine Dokumentensammlung,* 2 Bände, Hannover 1963/64.
ders., *Juli 1914 – Die europäische Krise und der Ausbruch des Ersten Weltkrieges,* München 1980.
Hertling, Karl Graf von, *Ein Jahr in der Reichskanzlei,* Freiburg im Breisgau 1919.
Herzfeld, Hans, *Der Erste Weltkrieg,* München 1968.
Hillgruber, Andreas, *Deutschlands Rolle in der Vorgeschichte der beiden Weltkriege,* 3. Auflage Göttingen 1986.
Hindenburg, Paul von, *Aus meinem Leben,* Leipzig 1920.
Janssen, Karl Heinz, *Der Kanzler und der General – Die Führungskrise um Bethmann Hollweg und Falkenhayn, 1914–1916,* Göttingen 1967.
Janssen, Karl Heinz, *Macht und Verblendung – Die Kriegszielpolitik deutscher Bundesstaaten 1914–1918,* Göttingen 1963.
Johann, Ernst (Hg.), *Innenansicht eines Krieges – Briefe, Bilder und Dokumente 1914–1918,* Frankfurt/M. 1968.

Jünger, Ernst, *Der Kampf als inneres Erlebnis*, Berlin 1922.
Kielmannsegg, Peter Graf, *Deutschland und der Erste Weltkrieg*, Frankfurt/M. 1968.
Kocka, Jürgen, *Klassengesellschaft im Krieg – Deutsche Sozialgeschichte 1914–1918*, Göttingen 1973.
Koester, Eckart, *Literatur und Weltkriegsideologie – Positionen und Begründungszusammenhänge des publizistischen Engagements deutscher Schriftsteller im Ersten Weltkrieg*, Kronberg im Taunus 1977.
Krieg im Frieden – Die umkämpfte Erinnerung an den Ersten Weltkrieg, herausgegeben von Bernd Ulrich und Benjamin Ziemann, Frankfurt/M. 1997.
Kruse, Wolfgang (Hg.), *Eine Welt von Feinden – Der Große Krieg 1914–1918*, Frankfurt/M. 1997.
Legahn, Ernst, *Meuterei in der Kaiserlichen Marine, 1917–1918. Ursachen und Folgen*, Herford 1970.
Liddell Hart, Basil H., *A History of the World War 1914–1918*, London 1948.
Lloyd George, David, *Mein Anteil am Weltkrieg*, 3 Bände, Berlin 1933–1935.
Ludendorff, Erich, *Meine Kriegserinnerungen 1914–1918*, Berlin 1919.
Ludwig, Emil, *Juli 1914*, Neuausgabe Hamburg 1961.
Lynar, Ernst Wilhelm Graf (Hg.), *Deutsche Kriegsziele 1914–1918. Eine Diskussion*, Frankfurt/M.–Berlin 1964.
Mann, Thomas, *Betrachtungen eines Unpolitischen*, zuerst 1918, 19.–24. Auflage Berlin 1922; *Werke*, Stockholmer Gesamtausgabe, Band 14, Frankfurt/M. 1956.
Matthias, Erich, und Rudolf Morsey (Hg.), *Die Regierung des Prinzen Max von Baden*, Düsseldorf 1962.
dies. (Hg.), *Der Interfraktionelle Ausschuß 1917/18*, 2 Bände, Düsseldorf 1959.
Michalka, Wolfgang (Hg.), *Der Erste Weltkrieg – Wirkung, Wahrnehmung, Analyse*, München 1994.
Michelsen, Andreas, *Der U-Boot-Krieg, 1914–1918*, Leipzig 1925.
Miller, Susanne, *Burgfrieden und Klassenkampf – Die deutsche Sozialdemokratie im Ersten Weltkrieg*, Düsseldorf 1974.
Moltke, Helmuth von, *Erinnerungen, Briefe, Dokumente 1877–1915*, Stuttgart 1922.
Mommsen, Wolfgang J. (Hg.), *Kultur und Krieg – Die Rolle der Intellektuellen, Künstler und Schriftsteller im Ersten Weltkrieg*, München 1996.
Müller, Georg Alexander von, *Regierte der Kaiser? – Kriegstagebücher, Aufzeichnungen und Briefe 1914–1918*, herausgegeben von Walter Görlitz, Göttingen–Berlin–Frankfurt/M. 1959.
Pressel, Wilhelm, *Die Kriegspredigt 1914–1918 in der evangelischen Kirche Deutschlands*, Göttingen 1967.
Remarque, Erich Maria, *Im Westen nichts Neues*, zuerst Berlin 1929.
Reiners, Ludwig, *In Europa gehen die Lichter aus*, München 1954.
Riezler, Kurt, *Tagebücher, Aufzeichnungen, Dokumente*, herausgegeben von Karl Dietrich Erdmann, Göttingen 1972.
Ritter, Gerhard, *Der Schlieffenplan – Kritik eines Mythos*, München 1956.
Roesler, Konrad, *Die Finanzpolitik des Deutschen Reiches im Ersten Weltkrieg*, Berlin–München 1967.
Rosenberg, Arthur, *Entstehung der Weimarer Republik*, herausgegeben von Kurt Kersten, Ausgabe Frankfurt/M. 1961.
Scheler, Max, *Der Genius des Krieges und der deutsche Krieg*, Leipzig 1915.
Schieder, Wolfgang (Hg.), *Erster Weltkrieg – Ursachen, Entstehung und Kriegsziele*, Köln–Berlin 1969.

Schöllgen, Gregor (Hg.), *Flucht in den Krieg? Die Außenpolitik des kaiserlichen Deutschland,* Darmstadt 1991.
Schwabe, Klaus, *Wissenschaft und Kriegsmoral – Die deutschen Hochschullehrer und die Grundfragen des Ersten Weltkrieges,* Göttingen 1969.
Simpson, Colin, *Die Lusitania – Amerikas Eintritt in den Ersten Weltkrieg,* Frankfurt/M. 1987.
Skalweit, August, *Die deutsche Kriegsernährungswirtschaft,* Stuttgart 1927.
Sombart, Werner, *Händler und Helden – Patriotische Besinnungen,* München–Leipzig 1915.
Stegemann, Bernd, *Die deutsche Marinepolitik 1916–1918,* Berlin 1970.
Stern, Fritz, *Bethmann Hollweg und der Krieg: Die Grenzen der Verantwortung,* Tübingen 1968.
Stürgkh, Josef Graf von, *Im deutschen Großen Hauptquartier,* Leipzig 1921.
Thaer, Albrecht von, *Generalstabsdienst an der Front in der O.H.L. – Aus Briefen und Tagebuchaufzeichungen 1915–1919,* Göttingen 1958.
Thimmermann, Hermann, *Der Sturm auf Langemarck,* 8. Auflage München 1941.
Troeltsch, Ernst, *Deutscher Geist und Westeuropa,* (postum herausgegeben) Tübingen 1925.
Tuchmann, Barbara, *August 1914,* Bern–München–Wien 1964.
Ulrich, Bernd, *Die Augenzeugen – Deutsche Feldpostbriefe in Krieg und Nachkriegszeit 1914–1933,* Essen 1997.
Weigel, Hans, Walter Lukan und Max D. Peyfuss, *Jeder Schuß ein Ruß – jeder Stoß ein Franzos. Literarische und graphische Kriegspropaganda in Deutschland und Österreich 1914–1918,* Wien 1983.
Werth, German, *Verdun – Die Schlacht und der Mythos,* Bergisch-Gladbach 1979.
Zechlin, Egmont, *Kriegsausbruch und Kriegsziele 1914,* Göttingen 1971.
ders., *Krieg und Kriegsrisiko – Zur deutschen Politik im Ersten Weltkrieg,* Düsseldorf 1979.

Wilhelm II. und seine Epoche – Eine Zeittafel

Die Angaben, die Wilhelm II. persönlich betreffen, sind kursiv gekennzeichnet.

1848	Revolution in Preußen und Deutschland.
1849	Sieg der Reaktion; das Verfassungswerk der Frankfurter Nationalversammlung scheitert.
1852	Louis Napoleon wird als Napoleon III. Kaiser der Franzosen.
1858	Wilhelm I. übernimmt für seinen erkrankten Bruder, Friedrich Wilhelm IV., die Regentschaft. Wilhelms Sohn Friedrich Wilhelm heiratet Viktoria, Tochter der englischen Königin Victoria.
1859	*Prinz Wilhelm wird am 27. Januar geboren. Durch die Umstände der Geburt bleibt sein linker Arm verkürzt und nahezu gelähmt.* Italienischer Krieg zwischen Frankreich und Österreich. Darwin veröffentlicht »Über die Entstehung der Arten durch natürliche Auslese«.
1861	Nach dem Tode Friedrich Wilhelms IV. wird Wilhelm I. König von Preußen.
1861–65	Bürgerkrieg in den Vereinigten Staaten von Amerika.
1862	Wilhelm I. beruft Otto von Bismarck zum preußischen Ministerpräsidenten.
1864	Krieg Österreichs und Preußens gegen Dänemark um Schleswig-Holstein.
1866	Krieg zwischen Preußen und Österreich um die Vorherrschaft in Deutschland. Preußischer Sieg bei Königgrätz. Preußen annektiert Schleswig-Holstein, Hannover, Kurhessen, Nassau und Frankfurt am Main. *Dr. Georg Ernst Hinzpeter übernimnt Wilhelms Erziehung.*
1866/67	Gründung des Norddeutschen Bundes, dessen Verfassung bereits die Reichsverfassung von 1871 vorwegnimmt.
1867	Alfred Nobel erfindet das Dynamit.
1868	Japan beginnt seine moderne Entwicklung.
1869	Gründung der Sozialdemokratischen Arbeiterpartei. Eröffnung des Suezkanals. *An seinem zehnten Geburtstag wird Wilhelm in die Armee aufgenommen.*
1870/71	Deutsch-französischer Krieg; Sieg bei Sedan am 2. September 1870. Gründung des Deutschen Reiches.
1871	Kaiserproklamation von Versailles am 18. Januar. Am 16. April tritt die Reichsverfassung in Kraft. Im Gegensatz zum preußischen Drei-Klassen-Wahlrecht erhält der Reichstag das allgemeine und gleiche Wahlrecht (für Männer).
1872	Beginn des Kulturkampfes.
1873	Beginn des »Gründerkrachs«, der die Hochkonjunktur beendet und die »Große Depression« einleitet. *Wilhelm bezieht das Gymnasium in Kassel.*

1874 Das Festspielhaus in Bayreuth wird mit Richard Wagners »Ring der Nibelungen« eingeweiht.

1877 *Prinz Wilhelm besteht das Abitur, wird volljährig, erhält hohe Orden und beginnt sein Studium in Bonn.*

1878 Der Balkankonflikt der europäischen Mächte wird auf dem Berliner Kongreß beigelegt. Bismarck leitet mit dem Sozialistengesetz die Verfolgung der Sozialdemokratie ein.

1879 *Prinz Wilhelm beginnt seinen Offiziersdienst in Potsdam.* Übergang vom Freihandel zu Schutzzöllen. Bündnisvertrag zwischen Deutschland und Österreich-Ungarn.

1881 *Prinz Wilhelm heiratet Auguste Viktoria, Tochter des Herzogs Friedrich von Schleswig-Holstein-Sonderburg-Augustenburg. Aus der Ehe gehen sechs Söhne und eine Tochter hervor.* Zar Alexander II. wird ermordet. Proklamation Kaiser Wilhelms I. zur staatlichen Sozialpolitik.

1883 Die Sozialgesetzgebung beginnt mit der Krankenversicherung. Es folgen 1884 die Unfallversicherung und 1889 die Invaliditäts- und Altersversicherung.

1884 Erwerbung deutscher Kolonien in Afrika und im Pazifik.

1885 Kongo-Konferenz in Berlin. *Wilhelm wird Oberst des Leib-Garde-Husarenregiments.*

1886 Friedrich Nietzsche veröffentlicht »Jenseits von Gut und Böse«. Carl Benz stellt sein erstes Kraftfahrzeug vor.

1887 Rückversicherungsvertrag zwischen dem Deutschen Reich und Rußland.

1888 Das Dreikaiserjahr: Wilhelm I. stirbt am 9. März. Sein Sohn Friedrich III., an Krebs erkrankt, regiert nur für 99 Tage. *Thronbesteigung Wilhelms II. als deutscher Kaiser und König von Preußen am 15. Juni.*

1889 *Beginn der alljährlichen Nordlandreisen.*

1890 *Bismarcks Entlassung durch Wilhelm II. am 20. März. Fall des Sozialistengesetzes und kaiserliche Erlasse zur Sozialpolitik.*

1890–94 Kanzlerschaft des Generals von Caprivi. Der Rückversicherungsvertrag mit Rußland wird nicht erneuert.

1891 Gründung des Alldeutschen Verbandes.

1892 Abschluß einer Militärkonvention zwischen Rußland und Frankreich. Gerhart Hauptmanns sozialkritisches Drama »Die Weber« erregt Aufsehen und Anstoß.

1894 Thronwechsel in Rußland: Auf den Zaren Alexander III. folgt Nikolaus II.

1894–1900 Kanzlerschaft des Fürsten zu Hohenlohe-Schillingsfürst.

1895 Eröffnung des Nord-Ostsee-Kanals, damals als Kaiser-Wilhelm-Kanal.

1896 In Athen finden die ersten Olympischen Spiele der Neuzeit statt. Einweihung des Kaiser-Wilhelm-Denkmals an der Porta Westfalica. *Kaisertelegramn an »Ohm« Krüger, den Präsidenten der Südafrikanischen Republik Transvaal.*

1897 Bernhard von Bülow wird Staatssekretär des Auswärtigen Amtes, Alfred Tirpitz Staatssekretär des Reichsmarineamtes. *Vom Kaiser nachdrücklich unterstützt, beginnt der Schlachtflottenbau, der seine Spitze gegen England richtet.*

1898 Tod Bismarcks. Mit der »Berliner Sezession« markiert Max Liebermann die Abkehr von hohl gewordener Kunst. Als erstes deutsches

Passagierschiff erobert »Kaiser Wilhelm der Große« das Blaue Band für die schnellste Atlantiküberquerung.

1899 Albert Ballin wird Generaldirektor der HAPAG und entwickelt die Reederei zu einer der größten der Welt. Erste Friedenskonferenz in Den Haag.

1900 Bernhard von Bülow wird Reichskanzler. Erstflug eines Zeppelins. Das Bürgerliche Gesetzbuch tritt in Kraft. Boxer-Aufstand in China; *»Hunnen«-Rede Wilhelms II.*

1901 Thronwechsel in Großbritannien. *Eduard VII., der seinen Neffen Wilhelm II. verachtet, trägt zur englisch-französischen Annäherung bei.* Thomas Mann veröffentlicht »Die Buddenbrooks«. Gründung der Weimarer Kunstgewerbeschule durch Henry van de Velde. *Einweihung der Siegesallee durch Wilhelm II.*

1903 Gründung der Dresdener Künstlervereinigung »Die Brücke«. Beginn des Herero-Aufstandes in Deutsch-Südwestafrika.

1904–05 Russisch-japanischer Krieg und Revolution in Rußland.

1905 In Berlin wird Max Reinhardt Direktor des Deutschen Theaters.

1905 *Landung des Kaisers in Tanger.*

1905–06 Erste Marokkokrise.

1906 »Hauptmann von Köpenick«. Bismarck-Denkmal in Hamburg.

1907 Zweite Haager Friedenskonferenz.

1908 Österreich-Ungarn annektiert Bosnien und die Herzegowina. *Die Daily-Telegraph-Affäre führt zu heftiger Kritik an Wilhelm II.*

1909 Bülow wird als Kanzler entlassen und durch Theobald von Bethmann Hollweg ersetzt.

1910 Tod Eduards VII.; Georg V. wird König von England.

1911 Zweite Marokkokrise. Gründung der Kaiser-Wilhelm-Gesellschaft zur Förderung der Wissenschaften. Tirpitz wird Großadmiral, Winston Churchill Erster Lord der Admiralität.

1912 Scheitern des britischen Versuchs, mit Deutschland zu einer Verständigung über die Flottenrüstung zu kommen. Bei den Reichstagswahlen erringen die Sozialdemokraten einen großen Erfolg. Untergang der »Titanic«.

1912–13 Erster und zweiter Balkankrieg.

1913 Deutsche Heeresverstärkung. Tod August Bebels. *Silbernes Regierungsjubiläum Wilhelms II.*

1914 28. Juni: Ermordung des österreichischen Thronfolgers Franz Ferdinand in Sarajevo. 28. Juli–4. August: Europäische Kriegserklärungen, Beginn des Ersten Weltkriegs. Der deutsche Versuch, mit dem Durchmarsch durch Belgien eine schnelle Kriegsentscheidung im Westen zu erringen, scheitert in der Schlacht an der Marne. Ein Stellungs- und Abnutzungskrieg beginnt. Britische Seeblockade gegen Deutschland, seit 1915 zur totalen Blockade verschärft.

1916 Schlacht bei Verdun und Seeschlacht am Skagerrak. Hindenburg und Ludendorff übernehmen die Oberste Heeresleitung. *Der Kaiser wird praktisch entmachtet.*

1917 Der deutsche Versuch, England mit einem unbeschränkten U-Boot-Krieg in die Knie zu zwingen, führt zum Kriegseintritt der Vereinigten Staaten. Rücktritt Bethmann Hollwegs. Februar- und Oktoberrevolution in Rußland; Beginn der bolschewistischen Herrschaft.

1918 Scheitern der deutschen Offensive und Kriegswende im Westen.

29. September: Hindenburg und Ludendorff fordern den sofortigen Waffenstillstand. 28. Oktober: Eine Marinemeuterei leitet die Revolution ein. 9. November: Scheidemann ruft die Republik aus. Der letzte kaiserliche Reichskanzler, Prinz Max von Baden, übergibt die Regierungsgeschäfte an Friedrich Ebert. 10. November: *Wilhelm II. geht ins niederländische Exil.* 11. November: Waffenstillstand und Ende des Krieges. 28. November: *Wilhelm II. unterzeichnet seine Abdankungsurkunde.*

1919 Friedensvertrag von Versailles und Weimarer Reichsverfassung. Ebert wird erster Reichspräsident. Selbstversenkung der deutschen Flotte in Scapa Flow. *Wilhelm II. kauft Haus Doorn. Die Niederlande lehnen seine Auslieferung an die Siegermächte ab.*

1920 Der Kapp-Putsch gegen die Republik scheitert.

1921 *Tod der Kaiserin Auguste Viktoria.* Ermordung Matthias Erzbergers.

1922 *Wilhelm II. heiratet die verwitwete Prinzessin Hermine von Schönaich-Carolath, geborene Prinzessin Reuß.* Ermordung Walther Rathenaus.

1923 Höhepunkt und Ende der Inflation. Hitlerputsch in München.

1925 Tod Friedrich Eberts; Hindenburg wird Reichspräsident.

1929 Beginn der Weltwirtschaftskrise; mit ihr steigen die Nationalsozialisten zur Massenbewegung auf.

1933 Am 30. Januar ernennt Hindenburg Adolf Hitler zum Reichskanzler. Beginn der Gewaltherrschaft.

1939 Beginn des Zweiten Weltkriegs.

1940 Deutsche Besetzung der Niederlande. *Nach dem deutschen Sieg über Frankreich schickt Wilhelm II. an Hitler ein Glückwunschtelegramm.*

1941 *Wilhelm II. stirbt am 4. Juni in Doorn.*

1945 Der Zweite Weltkrieg endet mit der bedingungslosen deutschen Kapitulation.

Personenregister

Die kursiven Ziffern verweisen auf Bildlegenden.

Bildnachweis

Archive und Leihgeber:

Archiv für Kunst und Geschichte, Berlin: 37, 50, 137
Bildarchiv Preußischer Kulturbesitz, Berlin: 110
Bundesarchiv (SAPMO), Berlin: 71
Deutsches Historisches Museum, Berlin: 197
Friedrich-Ebert-Stiftung, Archiv der Sozialdemokratie, Bonn: 107
Interfoto, München: 56, 91, 103, 121, 155, 265
Landesarchiv Berlin: 169
Hans Meyer-Veden, Hamburg: 62 (Aufnahme Johann und Heinrich Hamann)
National Portrait Gallery, London: 24
Wolfgang Pulfer, München: 259
Henning Rogge, Berlin: 81
The Royal Archives, Her Majesty Queen Elisabeth II., London: 20, 21
Sammlung Jürgen Christen, Gütersloh: 130
Stichting Huis Doorn: 46
Stiftung Stadtmuseum, Berlin: 8, 82 (Repro-Aufnahmen Paulmann und Jungblut, Berlin), 83
Tony Stone Bilderwelten (Hulton Deutsch Collection), München: 144, 243
Ullstein Bilderdienst, Berlin: 11, 28, 53, 63, 94, 180, 196, 213, 223, 255
Verwaltung der Staatlichen Schlösser und Gärten Hessen, Schloß Homburg, Bad Homburg v. d. H.: 26

Publikationen:

Glatzer, Dieter und Ruth, *Berliner Leben 1900–1914*, Berlin 1986: 97, 181
Simplicissimus, Dezember 1918: 253